金陵法律评论

JIN LING LAW REVIEW

南京师范大学法学院《金陵法律评论》编辑部　编

春季卷

2017

法律出版社
LAW PRESS·CHINA

目 录

Contents

法理探索与争鸣

法治发展与实践反思

法理探索与争鸣

从域外新知到朝中实践

——晚清议会知识史研究论纲

汪　强*

内容摘要：议会最初是作为一种域外新知于鸦片战争前借由传教士的出版物进入中国并在士人中传播，鸦片战争后议会知识的主要传播方式为一些官员的作品。总理衙门成立后，域外游记成为传播议会知识的重要载体，同时一些口岸知识分子在他们生产的议会知识中注入一些中国元素。戊戌变法期间，康有为设计的制度局制度是议会知识经过"社会化"后与行动的初次结合的产物。在晚清新政到立宪的过程中，资政院开设、开议，议会由知识进入具体实践。晚清的议会，从一种域外新知到朝中实践，经历了知识传播、重构、改造并实践的过程。晚清议会的研究，在知识的生产、传播、阅读、实践方面仍需进一步思考。

关键词：晚清　议会　知识史

1896 年梁启超撰写《古议院考》一文，为维新派议会〔1〕政治的主张从传统政制中寻找依据，即所谓"托古改制"。〔2〕此时，距林则徐主持编撰《四洲志》向国人介绍西方议会已近一甲子，议会已经成长为一种初具体系化、社会化的知识，成为部分精英提倡的政制理念。两年后，维新派在光绪皇帝支持下进行的一种"变形"议会制尝试，未及展开即因政变而止；10 年后，清政府宣布预备立宪，〔3〕议会具体实践的大幕缓缓地拉开。纵观鸦片战争后晚清 70 余年与议会相关的历史，以甲午战争中国战败为界大致可分为两个阶段，前一阶段主要是关于议会的知识在中国传播、成长的阶段，后一阶段主要是议会逐渐从一种域外的知识向实践方面发展并最终开始具体的实践。进一步言之，前、后两阶段亦可各分为两个时期；即前一阶段以 1860 年总理衙门的成立为界；后一阶段以 1904 年日俄战争日本得胜为界。

---

* 汪强，法学博士，上海师范大学哲学与法政学院讲师。本文受 2016 年"上海高校青年教师培养资助计划"支持，受上海师范大学重点学科法律史学科的建设项目资助，是上海师范大学宪法与行政法教研团队阶段性成果。

〔1〕本文所指议会，即西方宪制中的立法机关。据金观涛研究，该词于 19 世纪 70 年代后成为指涉相应机关的常用语词。本文除特定之处外，均使用"议会"一词。参见金观涛、刘青峰：《观念史研究——中国现代重要政治术语的形成》，法律出版社 2009 年版，第 520 页。

〔2〕关于维新派的托古改制，王尔敏以为有 3 类，即观念的托古议论、庶政的托古议论及制度的托古议论，"凡言论愈见积极，而愈为托古之说"。参见王尔敏：《晚清政治思想史论》，广西师范大学出版社 2005 年版，第 25 ~ 40 页。

〔3〕参见《宣示预备立宪先行厘定官制谕》，载故宫博物院明清档案部编：《清末筹备立宪档案史料》（上），中华书局 1979 年版，第 43 ~ 44 页。

关于晚清议会的研究,顾敦鍒先生的《中国议会史》是较早的著作之一。氏著作对中国议会起自晚清戊戌变法,迄至1925年的制度建构、活动等作出总体研究,几成一种范式。[4] 顾氏以降关于晚清议会的研究约略有三大类型:思想史、制度史及活动史;分别侧重于议会思想的形成、内容,议会制度的设计、建构及议会内外的政治活动。近些年,关于晚清议会研究最显著的变化发生在思想史研究领域,转变的发生在于思想史领域正在经受一场危机,"这场危机严重到足以对这一领域的本质及其目标重新提出问题"。[5] 依据英国史家斯金纳(Quentin Skinner)的看法,既往的思想史研究至少存在三种谬误:学说的神话(the mythology of doctrines)、融贯性神话(the mythology of coherence)以及预见的神话(the mythology of prolepsis)。[6] 斯金纳受到语言哲学尤其是维特根斯坦、奥斯丁等人语言哲学的影响很深,取跨文本的、语境的研究取向;[7]西方史学界亦受到海登·怀特、德里达、福柯等人的影响,出现一种语言学转向的后现代研究径路,[8]并逐渐形成一种概念史(或观念史、或社会概念史)的研究。[9] 这样一种转变,具体到晚清中国法政领域研究而言,一些学者开始从关键词、概念史(或观念史)等角度出发,对晚清中国出现的语词、新知进行探讨,相关研究成果颇丰富。在法学界,比较突出的成果是王人博等以"语境论"为先导对相关语词进行的关键词研究。[10] 关于晚清议会的研究,无论是传统的思想史研究,抑或是采关键词、概念史(观念史)的研究,都离不开对承载议会内容的书籍报刊的考察。传统的书籍报刊的研究,或将书籍当作物质实体,或把书籍当作信息载体,一般而言均脱离具体的历史环境。[11] 这样一种研究径路在法国年鉴学派以及福柯等关于知识研究的影响下亦发生变化,形成两类具有一定关联的研究路径:一是知识史的研究径路;[12]二是阅读史的研究径路。[13] 这样的研究径路转变,具体到晚清中国法政

---

〔4〕 顾敦鍒先生的《中国议会史》于1931年2月出版,由苏州木渎心正堂发行,氏著为燕京大学政治学丛刊第二号,氏著英文书名*A History of the Chinese Parliament*。

〔5〕 [美]多米尼克·拉卡普拉:《对思想史的重新思考与文本阅读》,赵协真译,载丁耘、陈新主编:《思想史研究》(第1卷),广西师范大学出版社2005年版。

〔6〕 参见彭刚:《历史地理解思想——对斯金纳有关思想史研究的理论反思的考察》,载丁耘、陈新主编:《思想史研究》(第1卷),广西师范大学出版社2005年版;Also See Quentin Skinner,*Meaning and Understanding in the History of Ideas*,History and Theory,Vol. 8,No. 1,1969。

〔7〕 同上。

〔8〕 参见[加]南希·帕特那、[英]萨拉·富特主编:《史学理论手册》,余伟、何立民译,格致出版社2017年版,第145~304页。

〔9〕 参见方维规:《概念史研究方法要旨——兼谈中国相关研究中存在的问题》,载黄兴涛主编:《新史学》(第3卷),中华书局2009年版。

〔10〕 参见王人博:《宪政的中国之道》,山东人民出版社2003年版;王人博等:《中国近代宪政史上的关键词》,法律出版社2003年版。

〔11〕 参见戴联斌:《从书籍史到阅读史》,新星出版社2017年版,第13页。

〔12〕 参见[英]彼得·伯克:《知识社会史》,浙江大学出版社2016年版;See Peter Burke,"*What is the History of Knowledge?*",Polity Press 2015。

〔13〕 参见[法]罗杰·夏蒂埃:《书籍的秩序》,吴泓渺、张璐译,商务印书馆2013年版。

领域，最为突出者为潘光哲的相关研究。[14] 近些年关于晚清议会的研究，虽然可以从研究径路上约略做出以上区分，但它们并不是泾渭分明的，并不能完全割裂开来。

本文将晚清时期文本中承载的议会内容、士人有关议会的学理探讨作为议会知识；以时间为基本线索，约略分为知识传入、议会知识注入中国元素、议会知识逐步进入实践层面以及议会知识具体实践。基于此，借鉴既往研究的一些成果，初步考察议会知识在晚清中国的传播、阅读与实践。

一、议会知识在中国的初步传播(1840～1860年)

西方近代知识在中国的传播，大致从晚明开始；[15] 晚清时西方近代知识在中国传播，可溯至19世纪初一批西方传教士在中国南部沿海地区以及南洋的马六甲、新加坡等地传教过程中所进行的文化出版活动。为配合传教，他们主持出版了一些介绍西方近代知识的中文报刊、书籍，成为中国人了解西方近代知识最初的载体。在此期间，麦都思(Walter Henry Medhurst)于1819年出版的《地理便童略传》，[16] 第一次用中文向中国读者介绍了英国、美国的议会。书中介绍英国时说"首有国君在各部治理国内之事……惟设新律、重粮税，此不归君自定也。惟国内有两大会，一是世代公侯会，二是百姓间凡乡绅世家大族之会"。[17] 书中介绍美国时说"花旗国之朝廷，略像英吉利之朝廷，都有两大会，治理法律、钱粮等事，惟花旗国无王，只有一人称总理者治国家事，期在任四年，然后他人得位"。[18] 此外，西方传教士们还出版过诸如《察世俗每月统记传》[19]《东西洋考每月统记传》[20] 等报纸，诸如《美理哥合省

---

[14] 参见潘光哲：《近代中国"民主想象"的兴起(1837～1895)》，台湾大学历史学研究所2000年博士学位论文；潘光哲：《晚清士人的西学阅读史(1833～1898)》，"中央研究院近代史研究所"2014年版。

[15] 陈独秀认为西方知识在中国的传播约略为7个时期，第一期是晚明时期西方知识初步传入中国；第二期是清初火器历法在中国运用；第三期是鸦片战争以降与军力相关的器物知识在中国的传播；第四期为甲午之战以后康梁诸人维新变法带动的政治知识的传播；第五期为民国初年政治知识的传播；第六期为民国五年前后新文化运动前期以及他所期待的新文化运动及其以后的时期。参见陈独秀：《吾人之最后觉悟》，载《独秀文存》(第1卷)，大东书局1933年版，第49～56页。

[16] 《地理便童略传》为麦都思编写，1819年在马六甲出版，总计21页，是一本小学生用的简明教科书，全书八回，一、论地分四分，即亚、欧、非、美四大洲；二、论中国；三、论印度、彼耳西亚(波斯)等国；四、论亚拉彼亚及如氏亚等国；五、论英吉利国；六、论友罗巴列国；七、论亚非利加；八、论亚默利加。书中对英国政治、司法制度介绍颇具体；对美国政治也有所介绍。参见熊月之：《西学东渐与晚清社会》(修订版)，中国人民大学出版社2011年版，第84～85页。

[17] 熊月之：《西学东渐与晚清社会》(修订版)，中国人民大学出版社2011年版，第84～85页；韩大元主编：《中国宪法学说史研究》(上)，中国人民大学出版社2012年版，第33页。

[18] 同上。

[19] 《察世俗每月统记传》于1815年8月在马六甲创刊，米怜主办，梁发协助，月刊，至1821年停刊。该刊物80%以上篇幅介绍基督教义以及宗教内容，20%不到的篇幅介绍世界历史、地理、天文、民情风俗等知识。它最初在华侨中免费散发，后来由一些人带至广州，分送参见科举考试的读书人，在中国南部沿海有一定影响力。参见熊月之：《西学东渐与晚清社会》(修订版)，中国人民大学出版社2011年版，第75～80页。

[20] 《东西洋考每月统记传》于1833年8月在广州创刊，郭实腊主办，第二年迁往新加坡，1838年停办。主要内容有新闻、历史、地理、宗教、哲学自然、天文、商贸等。该刊物是鸦片战争前在南洋华侨以及广州、澳门等地具有一定影响力，参见《东西洋考每月统记传》，黄时鑑整理，中华书局1997年版，导言。

国志略》[21]《古今万国纲鉴》[22]等书籍。这些报刊、书籍成为鸦片战争前中国人最初接触议会的媒介,对中国人产生一定影响亦可想见。其中,以曾在广州创刊后又迁址新加坡的《东西洋考每月统记传》为大。该刊创刊号首印600份,后加印300份;各期刊出后又印制合订本1000份;魏源在《四洲志》基础上形成的《海国图志》征引它所刊载的文章24篇有余。[23] 但是,这些报刊、书籍在鸦片战争前域内的影响力究竟多大,或者说究竟有多少中国人通过阅读它们知道议会,值得进一步考察。科恩(Paul A. Cohen,现多译为柯文)认为只有在考察了传教士译著的读者范围,在社会上和地域上究竟有多大等问题之后,才可能"准确地估量传教士非宗教性著作所产生的影响的程度和性质"。[24] 若从出版方面简单考察,除《东西洋考每月统记传》曾于广州发行外,多在"南洋"一带完成且印数至多不过二三千册,除满足"南洋"的阅读需要外,进入域内并传播的数量应当有限;黄时鑑认为一些在"南洋"出版的书籍据传世文献的内容判断,几无影响。[25] 又,从《美理哥合省国志略》等书籍鸦片战争后在一些通商口岸重版印行亦可想见"当时"印量之少而可能导致影响受限。同时,从内容方面粗略观之,这些报刊、书籍多采与域内流行的雕版印刷不同的活字印刷技术,有的亦援用一些西式标点符号;定期出版的报刊主要以宗教内容为主,其他内容为辅,这些对于当时的中国知识阶层而言,可能会引起阅读方面的"障碍"。因此,议会知识最初得以在士人间传播,更重要的推手是一些官员以及他们的作品。

议会知识在鸦片战争后于士人间传播,最初得益于林则徐等人的作品。林则徐1839年鸦片战争前作为钦差大臣到广州主持禁烟,当其时,"中国官府全不知道外国之政事,又少有人告知外国事务……中国至今仍旧不知西边……如在广东省城,有许多大人握大权,不知嘆咭唎人并米利坚人之事情"。[26] 因此,林则徐为掌握叵测的夷情,组织起谍报网络并聘用翻译人员编译澳门所出新闻报纸及搜集获取的一些外

---

[21] 《美理哥合省国志略》为裨治文编,1838年新加坡出版,署名"高理文",是裨治文早期在中国使用的汉名。全书125页,分27节,介绍了美国疆域、早期历史、独立过程、人口、物产、农业、商贸、政府、法律、宗教等各方面内容。1846年于广州重版,易名为《亚美理驾合众国志略》,另附地图。1862年又次修订,扩充为二卷,上海重版,易名《联邦志略》。此书是中国当时知识界了解美国最重要的资料,梁廷枏所作《合省图说》主要依据此书,魏源《海国图志》美国部分,主要取自此书,征引24处。此书后来又传到日本,译为日文出版。参见《美理哥合省国志略》,刘路生点校,《近代史资料》第92号。

[22] 《古今万国纲鉴》是郭实腊编,于1838年新加坡出版,书中内容大部分在《东西洋考每月统记传》上发表过,鸦片战争前介绍世界知识较详尽的中文书籍,1856年在宁波重版,由最初244页扩为266页。熊月之:《西学东渐与晚清社会》(修订版),中国人民大学出版社2011年版,第85~86页。

[23] 参见《东西洋考每月统记传》,黄时鑑整理,中华书局1997年版,导言。

[24] [美]费正清编:《剑桥中国晚清史1800~1911年》(上卷),中国社会科学院历史研究所编译室译,中国社会科学出版社1990年版,第626页。

[25] 参见《东西洋考每月统记传》,黄时鑑整理,中华书局1997年版,导言。

[26] 《澳门新闻纸·澳门十二月十四日新闻纸》,载《林则徐全集》(第10册·编译卷),海峡文艺出版社2002年版,第213~214页。

文书籍。[27] 其中，译员梁进德据慕瑞(Hugh Murray)新书《世界地理大全》(*Encyclopaedia of Geography*)摘译成册并经林本人"润色"[28]而为《四洲志》，成为中国人最早完成的载有英美等国议会的中文记录。林则徐1841年7月在折回东河"戴罪立功"途经镇江时与魏源相会，将《四洲志》及所收集关于西方的编译资料交于魏源并嘱其完善成书，[29]魏源据此及历代史志、明以来岛志等资料并增添所撰《筹海篇》等文于1842年完成最初的五十卷本《海国图志》。[30] 此后，《海国图志》先后于1847年、1852年辑录新材料而扩充为六十卷、百卷本并广为流布，推进了议会知识传播的速度、广度，这些知识包括议会选任、构成及权力行使等方面。如介绍英国的议会时，有言：

"律好司[31]衙门，管理各衙门事务，审理大讼……凡律好司家人犯法，若非死罪，概免收禁。

巴厘满[32]衙门，额设甘弥底阿付撒布来士[33]一人，专辖水陆兵丁；甘弥底阿付委士庵棉士[34]一人，专司赋税。凡遇国中有事，甘文好司[35]至此会议。

甘文好司理各部落之事，并赴巴厘满衙门会议政事。由英吉利议举四百七十一名……由委尔士[36]议举五十三名……由爱伦[37]议举百有五名……统共六百五十八名。各由部落议举殷实老成者充之。遇国中大事，即传集部民至国都巴厘满会议。嗣因各部民不能俱至，故每部落各举一二绅耆至国会议事毕各回。后复议定公举之人，常住甘文好司衙门办事，国家亦给以薪水。

凡国王将嗣位，则官民先集巴厘满衙门，必新王背加特力教，[38]而尊波罗特士顿教[39]始即位。国中有大事，王及官民(民即甘文好司供职之人)俱至巴厘满衙门，

---

[27] 参见《答奕山防御粤省六条》，载《林则徐全集》(第5册·文录卷)，海峡文艺出版社2002年版，第323页；林永俣：《论林则徐组织的迻译工作》，载福建社会科学院历史研究所编：《林则徐与鸦片战争研究论文集》，福建人民出版社1985年版。

[28] 据陈华的研究，林则徐对梁进德摘译初稿的润色，一是体现于文字方面，二是"对译稿作了实质性的、并且是很重要的修改和补充"。参见陈华：《有关〈四洲志〉的若干问题》，载《暨南学报》(哲学社会科学版)1993年第7期。

[29] 魏源诗《江口晤林少穆制府》(二首)有"时林公属撰《海国图志》"之语，参见《魏源全集》(第12册)，岳麓书社2004年版，第662页；吴泽、黄丽镛：《魏源〈海国图志〉研究——魏源史学研究之二》，载《历史研究》1963年第4期。

[30] 参见《海国图志原叙》，载《魏源全集》(第4册)，岳麓书社2004年版，第1页；孙殿起：《贩书偶记》，中华书局1959年版，第184页。

[31] 律好司，House of Lords。

[32] 巴厘满，Parliament。

[33] 甘弥底阿付撒布来士，Committee of Supply。

[34] 甘弥底阿付委士庵棉士，Committee of Ways and Means。

[35] 甘文好司，House of Commons。

[36] 委尔士，Wales。

[37] 爱伦，Ireland。

[38] 加特力教，即天主教 Catholicism。

[39] 波罗特士顿教，即新教 Protestantism。

公议乃行。大事则三年始一会议。设有用兵和战之事,虽国王裁夺,亦必由巴厘满议允。国王行事有失,将承行之人交巴厘满议罚。凡新改条例、新设职官、增减税饷及行楮币,皆王颁巴厘满转行甘文好司而分布之……各官承行之事,得失勤怠,每岁终会核于巴厘满,而行其黜陟。"[40]

介绍美国议会时,言道:

"自千七百八十九年(乾隆五十四年)议立育奈士迭国,[41]以戈揽弥阿[42]之洼申顿[43]为首区,因无国王,遂设勃列西领[44]一人,综理全国兵刑、赋税、官吏黜陟。然军国重事,关系外邦和战者,必与西业[45]会议而后行。设所见不同,则三占从二。升调文武大臣,更定律例,必询谋佥同。

设立衮额里士[46]衙门一所,司国中法令之事,分列二等,一曰西业,一曰里勃里先好司。[47](好司二字,犹衙门也。)

在西业执事者,曰西那多,[48]每部落公举二人承充,六年更代。所举之人必居首区九年,而年至三十岁者方为合例,专司法律审判词讼。如遇军国重事,其权固操勃列西领,亦必由西那多议允施行。常坐治事者额二十人,曰士丹吝甘密底;[49]无额数者曰甘密底。[50]皆西那多共同拈阄,以六月、八月为一任,期满复拈阄易之。

在里勃里先好司司执事者曰特底甫,[51]由各部落核计四万七千七百人中举一人承充,二年更易。所举之人须居首区七年,并年至二十五岁者方合例。以现在人数计之,特底甫约二百四十二人。立士碧加[52]一人(士碧加,头目也)总司其事。凡国中征收钱粮、税饷,均由特底甫稽核。官府词讼,则特底甫亦可判断。常坐治事之士丹吝甘密底,每年于三月初四日,由士碧加于各特底甫中捡派二十九人,以六人专司会议,其余或理外国事宜,或设计谋,或理贸易,或理工作,或理耕种,或理武事,或理水师,或理公众田地,或理案件,或理驿站,或理因底阿人事件,各司其事。以一年期满,再有士碧加选代。

每岁十二月内第一礼拜日,则衮额里士衙门之西那多,里勃里先衙门之特底甫,齐集会议。或加减赋税,或国用不足,商议贷诸他国,贷诸本国,或议贸易如何兴旺,

---

[40]　《四洲志·英吉利国》,载《林则徐全集》(第10册·译编卷),海峡文艺出版社2002年版,第97~100页。

[41]　育奈士迭,United States。

[42]　戈揽弥阿,Columbia。

[43]　洼申顿,Washington。

[44]　勃列西领,President。

[45]　西业,Senate。

[46]　衮额里士,Congress。

[47]　里勃里先好司,House of Representatives。

[48]　西那多,Senator。

[49]　士丹吝甘密底,Standing Committees。

[50]　甘弥底,Committees。

[51]　特底甫,取 Representative 之 tative 而音译,即众议员。

[52]　士碧加,Speaker。

铸银轻重大小，或议海上盗贼如何惩治，或国中重狱有无冤抑，或蒐阅士卒，增益兵额，或释回俘虏，或严立法律，惩服凶顽，或他国窥伺如何防御，一一定议。至岁中遇有仓猝事宜，随时应变，又不在此例。"[53]

《四洲志》所载议会的知识虽然粗疏，但亦涵盖议会构成、议员选任、权力行使等基本内容。原因在于其所根据的原始资料，即慕瑞的《世界地理大全》本是一本概况描述的书，包括地理信息、历史沿革、政治、经济、文化等诸多方面，其对英、美等国议会的介绍仅占该国极小部分，况初译梁进德又只摘译原书部分内容；[54] 且林则徐之前的教育背景不足以了解议会，亦只能就该部分内容于文字上"润色"而已。同时，关于议会的知识，多采音译，导致文字拗口，文意晦涩。其根源在于，林本人当时是处理中英关系最前沿的最高指挥官，政务、军务繁忙，且其关注点在于了解"西人"的情资信息，尤其是地理知识、坚甲利兵方面，而具体政制并非当时的急务。此种状况，在魏源编辑的《海国图志》一书延续下来，技术层面的关注高于制度方面的内容，也就是魏源所言的"为以夷攻夷而作，为以夷款夷而作，为师夷长技以制夷而作"[55]。因此，魏源在后来的六十卷以至一百卷本的《海国图志》中，直接将当时所能见的介绍西方常识的中文书籍分国别辑录，并未在具体的语词上做统一安排或以按语形式加以解释。这里有个现象值得关注，即当林则徐介绍西方议会时，使用了衙门等中国传统政制语境下的语词去描述议会，如巴厘满衙门，如衮额里士衙门，如"好司二字犹如衙门也"好司。此类用法并非林则徐所创，如裨治文(Eligah Coleman Bridgman)1838 年印行的中文著作《美理哥合省国志略》中既有较多运用。在林则徐、魏源之后，徐继畬及其《瀛寰志略》中，在政制内容的方面，已少见音译。

徐继畬是继林则徐、魏源后重要的介绍西方知识的晚清官员之一。他密切关注夷人东来问题，于 1843 年写作《瀛寰志略》并于 1846 年完成，1848 年刊刻。[56] 著作刊刻面世后，由于其中的内容对于西方多有赞美之词而受到抨击，如晚清重臣曾国藩即认为此书"颇张大英夷"，[57] 如晚清著名学者李慈铭即认为此书夸大其词，有伤

---

〔53〕 参见林则徐编：《四洲志·弥利坚国即育奈士迭国》，载《林则徐全集》(第 10 册·译编卷)，海峡文艺出版社 2002 年版，第 129～131 页。

〔54〕 慕瑞的《世界地理大全》是一本内容庞杂的书，涉及面广。据该书 1834 年版，约 1500 页余，而今所见《海国图志》内所辑《四洲志》不足 10 万字。是书关于英国政治的介绍，从 1551 段至 1609 段，附有图表若干，《四洲志》中从"职官"到"政事"共摘译 15 段，图表均未见。关于梁进德所译版本，据陈华考证，可能是 1837 年、1838 年的美国版。参见 Hugh Murray, *An Encyclopaedia of Geography*, London: Longman, Rees, Orms, Brown, Green, and Longman, 1834, pp. 349－364；陈华：《有关〈四洲志〉的若干问题》，载《暨南学报》(哲学社会科学版)1993 年第 7 期。

〔55〕 魏源：《海国图志·原叙》，载《魏源全集》(第 4 册·海国图志卷 1 至卷 12)，岳麓书社 2004 年版，第 1 页。

〔56〕 参见徐继畬：《瀛寰志略》，上海书店出版社 2001 年版，点校说明。

〔57〕 同上。

国体,[58] 以至于此书在 1850 ~ 1860 年再无刻本。19 世纪 60 年代后期此书再受重视,总理衙门特别将其重刊作为京师同文馆教材,亦是外交使节的"出国指南"。因此,《瀛寰志略》一书传播尤速,流布尤广;其中对西方议会知识的介绍,对晚清知识界产生重要影响。康有为、梁启超均承认《瀛寰志略》为其接触西学的基础与门径。[59] 氏著对英国议会叙述颇详:

英国之制……都城有公会所,内分两所,一曰爵房,一曰乡绅房。爵房者,有爵位贵人及耶稣教师处之;乡绅房者,由庶民推择有才识学术者处之。国有大事,王谕相,相告爵房,聚众公议,参与条例,决其可否;复转告乡绅房,必乡绅大众允诺而后行,否则寝其事勿论。其民间有利病欲兴除者,先陈说于乡绅房,乡绅酌核,上之爵房,爵房酌议,可行则上之相而闻于王,否则报罢。民间有控诉者,亦赴乡绅房具状,乡绅斟酌拟批,上之爵房核定。乡绅有罪,令众乡绅治之,不与庶民同囚禁。大约刑赏、征伐、条例诸事,有爵者主议;增减课税、筹办帑饷,则全由乡绅主议。此制欧巴罗诸国皆从同,不独英吉利也。[60]

其余如法国,仅言,"佛朗西……其制宰相一人,别立五爵公所,又于绅士中择四百五十九人立公局。国有大政,如刑赏、征伐之类则令公所筹议,事关税饷则令公局筹办,相无权,宣传王命而已"。[61] 如言美国,略言,"众国设有公会,各选贤士二人居于公会,参决大政,如会盟、战守、通商、税饷之类,以六年为秩满"。[62] 徐氏之所以如此简约介绍英国以外其他国家议会,要因在于通过研究比较归纳出西方议会的一般规律,即"大约刑赏、征伐、条例诸事,有爵者主议;增减课税、筹办帑饷,则全由乡绅主议。此制欧巴罗诸国皆从同,不独英吉利也"。

徐氏《瀛寰志略》相较《四洲志》,文字清新,更加耐读。原因大致有二:一是写作动机与立场。《四洲志》本是摘译作品,翻译动机在于了解对手,时间紧迫未得仔细消化材料;魏源据其整理《海国图志》,本为"师夷长技"而更关注"器物"内容,且魏氏本人具有强烈的经世意识及执拗的天朝观念亦影响其对西方文本材料的吸收理解。徐氏《瀛寰志略》产生于因公驻厦门时,因见到美国人雅裨理(David Abeel)所携带地图册子而起,目的在介绍西方知识,尤其是地理方面,[63] 且所在厦门为最早开放的通商口岸,接触西方各类人士既多且便,易获得各类资讯。徐氏在介绍西方

[58] 李慈铭于咸丰六年正月二十八日日记中载有"阅徐松龛中丞瀛寰志略……皆据泰西人汉字杂书及米利坚人雅裨理所绘地图采择考证各依国立说,间采近人杂著及史册所载略附沿革于后,其用心可谓勤,文笔亦简净。但其轻信夷书,动辄铺张扬厉泰西诸夷酋,皆加以雄武贤明之目……似一意为泰西声势者轻重失伦,尤伤国体"。李慈铭:《越缦堂日记》(第 1 册),广陵书社 2004 年版,第 319 ~ 324 页。

[59] 参见翦伯赞编:《戊戌变法》(第 4 册),上海人民出版社 1957 年版,第 115 页;梁启超:《三十自述》,载《饮冰室文集》(第 11 册),中华书局 1937 年版,第 169 页 。

[60] 徐继畲:《瀛寰志略 · 卷七 · 欧巴罗英吉利国》,上海书店出版社 2001 年版,第 235 ~ 236 页。

[61] 徐继畲:《瀛寰志略 · 卷七 · 佛朗西国》,上海书店出版社 2001 年版,第 209 ~ 210 页。

[62] 徐继畲:《瀛寰志略 · 卷九 · 北亚墨利加米利坚合众国》,上海书店出版社 2001 年版,第 290 页。

[63] 参见徐继畲:《瀛寰志略 · 自序》,上海书店出版社 2001 年版,第 6 页。

时秉持比较客观的立场,对西方的体认亦较同时期士人官吏较为“近代”。氏著对西方多有赞美之词,在当时官僚士人阶层实属罕见。比如,徐氏给予美国第一任总统华盛顿以极高的评价。[64] 守旧的著名学者李慈铭认为徐氏,“又如曰共主、曰周京、曰宸居、曰王气、曰太平、曰京师,且动以三代亳、岐、雒邑为比;于华盛顿赞其以三尺剑取国而不私所有,直为寰宇第一流人”[65] 等言论有伤国体。二是写作过程中徐氏经大量考证而非简单将所得材料辑录入书;徐氏于西方知识,不是囫囵吞枣式的采择而是经过仔细推敲,并用中国人能接受的文字表达。徐继畬在自序中谈到因公驻在厦门时见到能说闽语的美国人雅裨理,翻阅其携带的地图册子,“绘刻极细”,因为不知英文而临摹十余幅并请雅裨理翻译而“粗知各国之名,然匆卒不能详也”。后来,又从郡司马霍蓉生那里得到比雅裨理地图更周密的册子两本,以及一些西方人的“汉字杂书”。由此,利用空闲时间,“荟萃采择,得片纸亦存录勿弃,每晤泰西人,辄披册子考证之,于域外诸国地形时势,稍稍得其涯略,乃依图立说,采诸书之可信者,衍之为篇,久之积成卷秩”。其后又据新材料数次更易,最终成书。[66] 虽然徐氏的意译可能对于描述西方议会并不精确,但是从知识传播、接受角度看,用上爵房、乡绅房等意译方式描述西方议会比拗口晦涩的音译方法更易为受到传统教育的知识阶层所接受,激发他们的想象。尤其是,其中的一些人士通过官方派驻、民间交流的形式进入西方,耳闻目睹、亲身体验以后,这种知识转化为一种倡行的富国理念、政制改革方案。

二、议会知识注入中国元素(1860~1894年)

西方议会知识最初通过传教士域外文化出版活动输入中国,并经林则徐、魏源、徐继畬等人的著述于域内士人中传播。鸦片战争后五个通商口岸开放,传教士始在通商口岸开办文化出版事业,虽然他们出版了若干介绍西学的书籍,但基本是介绍自然科学的内容。况且,传教士开办文化出版事业的初衷是配合传教;所以,他们出版的书籍更多是关于宗教方面。与此同时,中国人对于议会知识的传播亦趋于沉寂,没有任何关于西方政制知识的新书刊刻印行。个中缘由,一方面徐继畬《瀛寰志略》出版导致其从福建巡抚位置上下台的厄运引发的寒蝉效应;更关键是太平天国运动的影响。太平天国运动引发的内战,牵连人口众多,波及地域广阔,严重影响了议会知识的传播。在太平天国运动期间,知识阶层无论立场如何,多将注意力投入这场大内战之中而无暇他顾;同时,议会知识传播的路径,即由南部沿海诸如广州、

---

〔64〕《瀛寰志略》书中有按语曰:“华盛顿,异人也。起事勇于胜、广,割据雄于曹、刘,既已提三尺剑,开疆万里,乃不僭位号,不传子孙,而创为推举之法,几于天下为公,骎骎乎三代之遗意。其治国崇让善俗,不尚武功,亦迥与诸国异。余尝见其画像,气貌雄毅绝伦。呜呼!可不谓人杰矣哉。”参见徐继畬:《瀛寰志略·卷九·北亚墨利加米利坚合众国》,上海书店出版社2001年版,第277页。

〔65〕李慈铭:《越缦堂日记》(第1册),广陵书社2004年版,第323页。

〔66〕参见徐继畬:《瀛寰志略·自序》,上海书店出版社2001年版,第6页。

厦门、上海等地向内陆传播的路径因战争而切断；另一方面，议会知识传播的根本载体——书籍的生产与流通，受战争影响而破坏严重。晚清最重要的书籍生产基地北京与苏州，[67]一个受到战争严重影响，一个受到战争毁灭性破坏，即如受战火影响较小的出版中心之一福建四堡，亦因为战争而受到严重冲击直至战乱结束始得缓慢复兴。[68]（见表 1）

表 1　传教士在五个通商口岸中文出版物统计分类（1843～1860 年）[69]　（单位：册）

地方	与宗教直接相关	与宗教间接相关	西学	期刊	总计
上海	138	12	20	1	171
宁波	92	2	10	1	105
厦门	12	1	0	0	13
福建	37	1	4	0	42
广州	29	4	9	0	42
合计	308	20	43	2	373

长期沉寂中，一个抄本——《校邠庐抗议》出现并在一些官僚间流传，它的作者是道光二十年（1840 年）的榜眼冯桂芬，书稿完成于咸丰十一年（1861 年）避居上海时。书稿先是在一些好友中间流传；后冯氏将书稿寄呈曾国藩获得激赏，传播范围益广。[70] 与林、魏、徐所著不同，冯著是改革的建言。在书中，他就政治、经济、社会、文化、军事等诸方面提出改革的理念与策略。氏著未言及议会，但其中关于官吏选任制度的内容有学者认为蕴含了西方议会的因素。清代的官吏选任、升迁制度在鸦片战争前已经僵化，冯桂芬作为仕途失意的"下岗"官员，对此有着切身的感受。因此，他的《校邠庐抗议》开篇文章《公黜陟议》即是专论官员选任。他提出京官"中书以上皆岁举六部九卿一人，翰詹科道一人，外省知府以上一人，吏部籍之。以得举多少为先后，遇应升缺列上，其无举者不得列"；外官"则令在籍在京在外各绅，及诸生、各乡正副董耆老，岁举同知以下巡检以上一人，上之郡，郡核其得举最多者，上之大吏，大吏博采舆论折衷之，许删不许增，造册奏闻，有缺以次保升"。[71] 在冯桂芬看来，结合议会选举

[67] 参见张秀民：《中国印刷史》，上海人民出版社 1989 年版，第 646 页。

[68] 参见［美］包筠雅：《文化贸易：清代至民国时期四堡的书籍交易》，刘永华、饶佳荣等译，北京大学出版社 2015 年版，第 64～65 页。

[69] 表格据熊月之《西学东渐与晚清社会》第三章所附书目表制作，其中"与宗教直接相关"指其内容涉及宗教，"与宗教间接相关"指其内容是历书、道德等，"西学"指其内容包括天文、医学、科学等，"期刊"为《中外新报》《六合丛刊》。参见熊月之：《西学东渐与晚清社会》（修订版），中国人民大学出版社 2011 年版，第 129～165 页。

[70] 参见《校邠庐抗议》，［德］冯凯整理、熊明心校，上海社会科学院出版社 2015 年版，前言；熊月之：《冯桂芬评传》，南京大学出版社 2004 年版，第 182～195 页。

[71] 《校邠庐抗议·公黜陟议》，［德］冯凯整理、熊明心校对，上海社会科学院出版社 2015 年版，第 7 页。

的官吏选任可以破除君民之隔,无有弃材,[72] 可以避免传统科考、荐举的弊端,[73] 实现选才任能。冯之持论不外是演绎外来议会政治观念于传统政治文化之上而成。[74] 同时,为进一步破除君民之隔,冯氏又提出恢复陈诗之法。他认为诗是民风的风向标,政治张弛的本原,古代民间采诗的方法使下情上达,此时更应当恢复,让郡县举贡生监等平日有学有行者,采集民间竹枝词、新乐府等"钞送山长,择其尤,椟藏其原本,录副隐名,送学政进呈。国学由祭酒进呈,候皇上采择施行",[75] 此法亦俨然"得议院之微意"。[76] 但是,这些方法均是源自传统中国政制;又,冯桂芬的西学知识,仅及于《海国图志》《瀛寰志略》的记载。其与西人未直接交往,交流亦通过其学生为之。据考,所问传教士问题,仅在济贫、兴教。由此看来,关于冯桂芬及其著作的意蕴,可能有夸大之嫌。[77]

19 世纪 60 年代之前,士人对西方议会的了解均是通过书本获得。1861 年清政府设立新式机关总理衙门主持外交事务后,先后于 1866 年派遣斌椿使团、[78] 1868 年派遣志刚等随蒲安臣出访西方国家,尤其是 1875 年任命郭嵩焘、刘锡鸿为第一任驻节英国的正副公使以后,这些外交人员书写下的西方议会"直接经验",推进了中国式议会的知识形成。最早书写下西方议会"直接体验"的是 1866 年随同赫德(Robert Hart)游历泰西的斌椿使团。他们出行之前,总理衙门既有"令其沿途留心,将该国一切山川地势、风土人情随时记载,带回中国,以资印证"[79] 的任务,目前所能见者为斌椿的《乘槎游记》[80] 及张德彝的《航海述奇》。[81] 斌椿与张德彝一老一少于同治五年(1866 年)四月十八日参观英国议会,并留下记录。在他们的笔下,曾经是中国知识分子想象中的中国衙门式议会具体化为一座"楼式奇巧,皆系玉石雕刻。周距二十馀里,高

---

[72] 参见《校邠庐抗议·制洋器议》,[德]冯凯整理、熊明心校,上海社会科学院出版社 2015 年版,第 109 页。

[73] 参见《校邠庐抗议·变科举议、广取士议》,[德]冯凯整理、熊明心校,上海社会科学院出版社 2015 年版,第 92~96 页、第 99~100 页。

[74] 参见汪荣祖:《晚清变法思想论丛》,联经出版公司 1983 年版,第 85 页。

[75] 《校邠庐抗议·复陈诗议》,[德]冯凯整理、熊明心校,上海社会科学院出版社 2015 年版,第 81 页。

[76] 汪荣祖:《从传统中求变——晚清思想史研究》,百花洲出版社 2002 年版,第 32 页。

[77] 参见[美]柯文:《在中国发现历史——中国中心观在美国的兴起》(增订本),中华书局 2002 年版,第 17~18 页;何怀宏:《选举社会及其终结——秦汉至晚清历史的一种社会学阐释》,三联书店 1998 年版;熊月之:《冯桂芬评传》,南京大学出版社 2004 年版,第 123~124 页。

[78] 奕䜣在同治五年一月奏折上称"而外国情形,中国未能周知,于办理交涉事件终虞隔膜。臣等久拟奏请派员前往各国,探其利弊,以期稍识端倪,籍资筹计算"。同治六年九月奏折所附《总理衙门条说》中亦申明"上年本衙门奏准,令斌椿带同学生凤仪等附船赴泰西各处游历,略访其风俗人情,与出使不同,未可再为仿照"。据此,斌椿等随赫德出行,不负外交任务,仅为了解信息。《续修四库全书·四一九·史部·纪事本末类·筹办夷务始末·同治卷三十九》,上海古籍出版社 2002 年版,第 689 页;《续修四库全书·四二·史部·纪事本末类·筹办夷务始末·同治卷五十》,上海古籍出版社 2002 年版,第 267 页。

[79] 《续修四库全书·四一九·史部·纪事本末类·筹办夷务始末·同治卷三十九》,上海古籍出版社 2002 年版,第 690 页。

[80] 斌椿除《乘槎笔记》外,另有随行诗集两部,即记往的《海国胜游草》与记归的《天外归帆草》。

[81] 张德彝随斌椿出访时为同文馆学生。除此书外,张氏另有随蒲安臣使团出访的《再述奇》以及另外六种出访记录。

十数丈”能同时容纳六百人进行“国政会议”的“高峻闳敞”建筑；曾经是中国知识分子想象中的议会决策行事具体化为“意见不合者，听其辩论”，并允许“城中名士”在此听取辩论，“其可否悉以众论而决”，“君若相不能强也”的议事场景。[82] 类似的“直接体验”记录，在以后的外交人员笔下亦多有呈现。比如肩负外交使命的蒲安臣使团曾见识了美国国会议事情况，志刚及张德彝均对此留下记录。张德彝绘下美国国会参议院的状貌，“步阶而入，屋宇宏敞，修饰洁丽。正中大厅圆形，北一高台，上坐正副首领，下列木凳，排坐各邦绅士二百七十馀名。楼上陈座千馀，系为国中男女听论者”。[83] 使团副使志刚则记下议事过程，“如堂上所言，堂下然之则诺，不然则否，不相强也。否者任其倡言驳议，公同听之，归于从众”。[84] 这些外交人员在亲身体验之前，对于西方议会的想象来自诸如《瀛寰志略》的著述；当他们亲身观察之后，西方议会的形象对他们而言毋宁是巨大的冲击，击碎了依据书本与中国经验而形成的衙门形象。尤其是西方议会中的辩论与依多数而决策的议事过程，对比当时国内的“君臣之隔”，无怪乎他们不断的赞叹西方国家由于议会而实现了“民情达而公道存”。[85]

外交人员“直接体验”的场景书写只是“催熟剂”，而在理论层面讨论议会并注入中国元素进而形成行动方案的则是一批沿海或者通商口岸的知识分子。他们最初接受的是传统文化教育，具有牢固的传统学术、文化基础，但是未能通过科举进入体制内；他们又因为某种缘由而与西方人接触、交流，经受了西学的熏陶、洗礼，知识构成中加入了西方的因素。他们当中，尤以身居上海的王韬与郑观应的贡献最为突出。[86] 王韬于道光八年(1828 年)生于江苏昆山(今吴县)[87]一贫寒乡村塾师家庭，道光二十六年(1846 年)南京乡试名落孙山后不再科举，后在上海省亲期间获得麦都思欣赏而入墨海书馆工作。同治元年(1862 年)，因被认为是上书太平天国苏福省守将刘肇均的黄畹，他受到清政府通缉，[88]遂避祸香港，后又因理雅各邀请至英国助译并得以游历欧洲一些国家。同治十三年(1874 年)，王韬在香港创办《循环日报》并自任主笔，他关于“中国式”议会的思考，主要发表在此并于光绪八年(1882 年)将其中部分文字

---

[82] 《林鍼：西海纪游草、斌椿：乘槎笔记·诗二种、志刚：初使泰西记、张德彝：航海述奇·欧美环游记》，岳麓书社 1985 年版，第 114 页、第 521 页。

[83] 同上书，第 659 页。

[84] 同上书，第 270 页。

[85] 同上。

[86] 在柯文关于提倡改革的沿海知识分子研究中，约分为三类：一是所谓最沿海的，如容闳、何启等；二是直接与沿海或西方有联系而基本是内地产物的，如冯桂芬、郭嵩焘等；三是与沿海联系极强且具牢固中国学术、文化传统者，即王韬、郑观应、马建忠等。参见[美]柯文：《传统与现代性之间——王韬与晚清革命》，江苏人民出版社 1994 年版，第 220 页。

[87] 参见李景光：《关于王韬的籍贯》，载《社会科学辑刊》1992 年第 4 期。

[88] 王韬是否上书，其本人否认，史学界也有争议，罗尔纲等认为黄畹确是王韬，郭廷以则未予肯定。杨其民据现有史料分析，王韬可能是遭人妒忌陷害。参见杨其民：《王韬上书太平军考辨——兼与罗尔纲先生商榷》，载《近代史研究》1985 年第 4 期。

辑为《弢园文录外编》印行。[89] 王韬不具有官员身份又有长期域外的生活经历,他身具传统学养又通过与麦都思、理雅各等人的交往而习得西学知识。他通过对传教士学习、观察获得西学的知识。他认为君民之间存在的官僚是上下通达的障碍,因此除改革吏治外,[90]更重要的问题是搭建一座君民沟通的桥梁,方可实现三代以上的君与民近的治世。[91] 王韬依据他的域外观察以及阅读的西方知识认为:

泰西之立国有三:一曰君主之国,一曰民主之国,一曰君民共主之国。如俄……则为君主之国,其称尊号曰恩伯腊,[92]即中国之所谓帝也。如法……则为民主之国,其称尊号曰伯理尔天德,[93]即中国之所谓统领也。如英……则为君民共主之国,其称尊号曰京,[94]即中国之所谓王也……朝廷有兵刑礼乐赏罚诸大政,必集众于上下议院,君可而民否,不能行,民可而君否,亦不得行也,必君民意见相同,而后可颁之于远近,此君民共主也……惟君民共治,上下相通,民隐得以上达,君惠亦得以下逮,都俞吁咈,尤有中国三代以上之遗意焉。[95]

因此,可以通过议会制度搭建一座上下通达的桥梁。王韬在写法国历史时对议会制度进行评价,"国会之设惟其有公而无私,故民无不服也。欧洲诸国类无不如是……如是,则上下相安,君臣共治,用克垂之久远,而不至于苛虐殃民,贪暴失众。盖上下两院议员悉由公举,其进身之始非出乎公正则不能得。若一旦举事不当,大拂乎舆情,不洽于群论,则众人得而推择之,亦得而黜陟之。彼即欲不恤人言亦必有所顾忌而不敢也"。[96] 王韬认为法国虽然获得殖民地,但是那是军事上的胜利而不是正确的统治人民的方法;因此,法国在普法战争中负于普鲁士,皆因为普鲁士采用议会君主制。[97] 据此,他极力鼓吹英国的议会政治,"英国之所恃者,在上下之通情,君民之分亲,本固邦宁,虽久不变……实有三代以上之遗意焉"。[98] 大力提倡于中国实行似英国议会政治般"君主于上,而民主于下"[99]的政治观念。王韬所提倡之议会政治观念

[89] 关于王韬与《循环日报》的研究,目前最新最重要的成果是萧永宏的《王韬与〈循环日报〉:王韬主持〈循环日报〉笔政史事考辨》。参见《王韬评传》,华东师范大学出版社 1990 年版,第 1 ~ 170 页;罗明、潘振平主编:《清代人物传稿》(下编・第 9 卷),辽宁人民出版社 1993 年版,第 329 ~ 335 页;萧永宏:《王韬与〈循环日报〉:王韬主持〈循环日报〉笔政史事考辨》,学习出版社 2015 年版。

[90] 参见王韬:《弢园文录外编・卷二・尚简》,辽宁人民出版社 1994 年版,第 69 ~ 72 页。

[91] 参见王韬:《弢园文录外编・卷一・重民下》,辽宁人民出版社 1994 年版,第 34 ~ 36 页。

[92] 恩伯腊,即 emperor。

[93] 伯理尔天德,即 president。

[94] 京,即 king。

[95] 王韬:《弢园文录外编・卷一・重民下》,辽宁人民出版社 1994 年版,第 34 ~ 36 页。

[96] 王韬:《法国志略・卷十六》,转引自[美]柯文:《传统与现代性之间——王韬与晚清革命》,江苏人民出版社 1998 年版,第 201 页。

[97] 参见忻平:《王韬评传》,华东师范大学出版社 1990 年版,第 112 页。

[98] 王韬:《弢园文录外编・卷四・纪英国政治》,辽宁人民出版社 1994 年版,第 156 ~ 158 页。

[99] 王韬:《弢园文录外编・卷一・重民下》,辽宁人民出版社 1994 年版,第 34 ~ 36 页。

影响甚巨,此后鼓吹君主立宪之议会制者皆受其影响,[100]并于康有为而集大成。[101]

郑观应是广东香山人,十六岁时曾参加童子试未中,而后经商致巨富,富而优从政,光绪三年(1877年)与盛宣怀等集资赈济晋、豫、直、陕等省灾荒获得道员衔,开始充当官办企业如上海织布局、上海电报局等总办。他在光绪十一年(1885年)至光绪十七年(1891年)在澳门曾过着一段隐居生活,在此期间其以曾经所编写《易言》一书为基础,根据多年从事近代商业的经验及社会政治实践,扩写成《盛世危言》一书。该书于光绪十七年基本完成,并于光绪二十年(1894年)正式刊行。[102]《盛世危言》初刊刻时为5卷正文57篇附录17篇,光绪二十一年(1895年)又增订成14卷正文100篇附录44篇,光绪二十六年(1900年)形成通常所见的8卷本。[103]该书初刊刻后,即受到知识界重视,江苏布政使邓华熙于光绪二十一年三月向光绪进呈此书,[104]后光绪要求总署印刷二千部分散臣工阅看,使此书更是洛阳纸贵,求书者络绎不绝。[105]该书5卷本有原题为《议院》文,后在14卷本中增写一篇。《议院》上下两篇,反映出郑观应对英国式议院政治的渴望。郑观应接受西方近代进化论的思想,认为优胜劣汰,天演公例,弱肉强食,势所必然。通过对各种政制的思考,他认为议院制君主立宪制度是可以克服君主专制诸多弊端的最佳制度,比如"英国……蕞尔三岛,地不足当中国数省之大,民不足当中国数省之繁,而土宇日辟,威行四海,卓然为欧西首国者,岂有他哉?议院兴而民志合,民气强耳"。[106]况且,议院不仅仅适宜于欧西诸国,同时也适宜于欧西以外各国。例如,"日本行之(议院)亦勃然兴起,步趋西国,陵侮中华"[107],也是通过采取议院制君主立宪制度而逞之。因此,中国必须采取议院制君主立宪制度,通过议院选举官员,才能消除中国目前官员畏葸、琐屑、敷衍、颟顸的弊病。[108]同时,郑观应也通过对欧美议院制度的介绍,讨论了议院的组织、结构以及选举等方面问题。郑观应提倡在中国实行立宪君主制下的议院制度,同时也有一个顾虑,即"我国学校尚未振兴,日报仅有数处",也就是说,教育尚未普及,新闻传播也不发达,因此,在这种情况下,不可贸然行使民选议员之法。因为,议院是"集众是以求一当之地,非聚群嚣以成一哄之场。必民皆智慧,而后所举之员乃贤;议员贤,而后议论措置乃得有真是非。否则,徒滋乱萌"。[109]但是,这种顾虑不仅仅是郑观应一人所有,而是当时中国知识分子普遍存在的顾虑。

---

[100] 参见张朋园:《中国民主政治的困境(1909~1949)》,吉林出版集团有限责任公司2008年版,第12页。

[101] 参见汪荣祖:《从传统中求变——晚清思想史研究》,百花洲出版社2002年版,第120页。

[102] 参见戴逸、林言椒主编:《清代人物传稿》(下编·第1卷),辽宁人民出版社1984年版,第335~343页。

[103] 《盛世危言》在近代影响颇大,其版本也是近代各类书籍中最多者,但其中有许多是书商而为之,作者手订版本即此三次。参见武曦:《〈盛世危言〉的成书、增订及版本》,载《文献》1980年第2期。

[104] 参见吕坚:《有关郑观应及〈盛世危言〉史料一则》,载《历史档案》2002年第4期。

[105] 参见武曦:《〈盛世危言〉的成书、增订及版本》,载《文献》1980年第2期。

[106] 《郑观应集·盛世危言·议院上》,上海人民出版社1982年版,第311~315页。

[107] 同上书,第316~318页。

[108] 参见《郑观应集·盛世危言·公举》,上海人民出版社1982年版,第328~330页。

[109] 同上。

仔细考察王韬、郑观应的理念，虽然具体内容并不相同，但是所倡之理念应对的中国问题却是一致的，即将西方议会选举制度内容与清政府官吏的选择相结合，汲取西方议会制度中信息传递机制优长以清除清政府在信息上下间传递过程的障碍。对于大多数“忧国忧民”的知识分子而言，清政府的统治危机在内部表现为民情信息往复渠道的不畅、官员选择机制的僵化、官僚阶层的庸碌颟顸，这些统治危机的内部表现在乾隆中后期即已经浮现。孔飞力在《叫魂》中所叙述的故事，揭示了官僚对民情信息的封锁以及君主对民情信息的渴求；[110]龚自珍的《己亥杂诗》集中表现了官吏选择机制、官员升迁制度的僵化，集中表达了怀才不遇的愤懑，正所谓“我劝天公重抖擞，不拘一格降人才”[111]。对于见识了西方的船坚炮利，吸收了西方新知的“新”知识分子而言，引入西方议会制度的部分内容也许是行之有效的。

三、议会知识“变形”实践（1895～1904年）

议会（议院）这一语词在1895年后使用的范围与频度骤增，[112]与时势密切相关。甲午战争的失败，清政府以学习西方器物文明为导向的洋务运动彻底破产，随之而来的强劲维新呼声，非变法不足以救亡图存，成为时代的最强音。经过四十余年的介绍、传播，议会由一种域外的知识，成为一种“中国式”的理念，“开议院”成为一些知识分子政制改革的目标。光绪支持下的以康有为为核心的维新变法施行百日有余，因政治强人慈禧突然发动政变而结束，但透过百余日的维新变法历程，仍可窥见议会在中国初次的“变形”尝试。

康有为是短暂维新变法的核心，议会的初次“变形”尝试以他的构想而展开。康有为是广东南海人，出于地理上的便利，他在20多岁时因偶然机会游历英国人治理下的香港，得见“览西人宫室之瑰丽，道路之整洁，巡捕之严密，乃始知西人治国有法度，不得以古旧之夷狄视之”。[113] 西方的治理模式给他留下了直观而深刻的印象，他复读了之前读过的《海国图志》《瀛寰志略》等书，并开始注意收集涉及西方知识的书籍。[114] 康氏始留心收集阅读各类新知书籍且有所体悟。西方传教士如林乐知、傅兰雅等人对他的影响亦很大，《大同书》中所言“公议院”一词即受到傅兰雅《佐治刍言》的影响。[115] 但康氏毕竟是传统知识分子，其所学所倡为公羊学说，其思想是西方知识与公羊学说融合而成。康有为从光绪十四年（1888年）起至光绪二十四年（1898年）

---

〔110〕 参见［美］孔飞力：《叫魂》，陈兼、刘昶译，三联书店2012年版，第288～291页。

〔111〕 《龚自珍己亥杂诗注·一二五》，中华书局1980年版，第176页。

〔112〕 参见金观涛、刘青峰：《观念史研究——中国现代重要政治术语的形成》，法律出版社2009年版，第21页。

〔113〕 《康有为全集·第五集·我史》，中国人民大学出版社2007年版，第63页。

〔114〕 同上书。

〔115〕 参见萧公权：《康有为思想研究》，汪荣祖译，新星出版社2005年版，第343～347页。

七次上书光绪,恳请变法。[116] 他在前三次上书提到要广开言路,下情上通,上情下达;在第四次上书中提出开门集议,十万户推举一人,凡政事集合以会议之主张;[117] 在其第五次上书中明确提出"自兹国事付国会议行"。[118] 但自此以后,康有为的议会思想发生突变,[119] 采取一种以制度局形式的变态议会形式。

按照康有为的构思,"开制度局,而定宪法……开制度局于宫中,选公卿诸侯大夫及草茅才士十二人,充总裁,议定参预之任,商榷新政,草定宪法。制度局之设,尤为变法之原也……既立制度局总纲,宜立十二局分其事",这十二局分别是法律局,从事立法定律;度支局,从事国家理财;学校局,管理新式教育;农、工、商三局管理三种产业;铁路、邮政、矿务三局管理三种公益事务;游会局管理各类组织及游学等事务;陆军、海军二局管理分管陆军、海军。[120] 黄璋健首先指出:制度局其实等于议会;同时与制度局的规制相关的参与、参政等词,与康有为的议会思想有关。[121] 康有为所言制度局,基本仿照日本参议局模式进行,但是康进行了改造,将其改造成一种议会上院的形式。[122] 康有为认为,日本参议局即上局,上局会议即西方上议院;因此,制度局以参照日本参议局设置而来,其将制度局视为议会是可以理解的。[123] 制度局在康有为的眼中,就是一种改头换面的议会,初级上议院。[124]

---

[116] 康有为先后于1888年(光绪十四年九月)、1895年(光绪二十一年四月初八日)、1895年(光绪二十一年五月十一日)、1895年(光绪二十一年闰五月初八日)、1897年(光绪二十三年十二月)、1898年(光绪二十四年正月初八日)、1898年(光绪二十四年正月)七次上书光绪恳请变法。参见中国史学会编:《戊戌变法》(第2册),上海人民出版社1957年版,第123~206页。

[117] 同上书,第184页。

[118] 同上书,第194页。

[119] 又,康有为于1898年(光绪二十四年六月)曾有代内阁学士阔普通武"请定立宪开国会折",折内所言,在于立行宪法,开国会,行三权分立之制。据黄璋健考,此折为康有为所伪作。其原因在于阔普通武主张国家大权操于君上,并尝于是年七月上折言之。而收录康折之康有为《戊戌奏稿》刊行于1911年,恰值胡汉民发表攻击康有为在受到光绪召见后竟不再主张开议院的言论。又据康有为《日本变政考》未刊稿,有"惟中国风气未开,内外大小多未通达中外之故,惟有乾纲独断,以君权雷厉风行……"等语与该折内容相矛盾。黄璋健认为,此为康有为掩饰应对胡汉民言论之伪作。但是,黄璋健做出推断时未见原折,孔祥吉根据第一历史档案馆所藏原折,以及该原折内容与康有为后来于《戊戌奏稿》所载折比对,同时参考其他康有为文书,认为此代拟折为真。茅海建认为,此折为真,但可能经阔普通武修改。又,阔普通武戊戌政变后的失意结局,可能从一个侧面反映此折的真伪性。参见中国史学会等编:《戊戌变法》(第2册),上海人民出版社1957年版,第236~237页;黄璋健:《戊戌变法史研究》,中央研究院历史语言研究所1970年版,第560~561页;孔祥吉编著:《康有为变法奏章辑考》,北京图书馆出版社2008年版,第344~348页;茅海建:《从甲午到戊戌:康有为〈我史〉鉴注》,三联书店2009年版,第697~701页。

[120] 参见中国史学会编:《戊戌变法》(第2册),上海人民出版社1957年版,第197~202页。

[121] 黄璋健最早指出制度局与康有为议会思想的某些关联,宋德华认为康有为后来提出的立法院就是制度局;孔祥吉、茅海建等也持与黄璋健同样的观点。参见黄璋健:《戊戌变法史研究》,中央研究院历史语言研究所1970年版,第163页、第297页;宋德华:《戊戌维新派政治纲领的再探讨》,载《历史研究》1985年第5期;孔祥吉:《康有为戊戌变法奏议研究》,辽宁教育出版社1988年版,第310页、第312页、第314页、第320页;茅海建:《戊戌政变的时间、过程与原委》,载《近代史研究》2002年第4期。

[122] 参见[韩]李春馥:《戊戌时期康有为议会思想研究》,人民出版社2002年版,第191~192页。

[123] 同上书,第194页。

[124] 参见钟卓安:《戊戌变法中的光绪皇帝与康有为》,载《近代史研究》1983年第4期。

康有为以此制度局加十二分局的构造,替代原先所言以国会而统领维新变法的构思,并非突然之间的转变,而是有其思想根源的。前文言郑观应已经顾虑到民智未开可能使得议会政治沦丧,此种顾虑是当时倡言议会政治的所有知识分子普遍存在的现象;况康有为本是一寡头主义者。[125] 其在《孔子改制考》中即说明方今为据乱之世,不能言大同,只能说小康。况且,康有为看到议会政治的繁重程序,而中国处于持续变革的情势,开设议会只能缓行之。按照寡头统治的说法:即使是一个民主国家,其决策者不过是少数几个人,余者均是追随者而已;统治者倾向寡头主义,寡头主义是政治的铁律。[126]

四、议会知识的朝中实践(1905~1911年)

1901年1月29日,西逃路上的慈禧指示光绪帝发布上谕,言称"世有万古不易之常理,无一成不变之治法",[127]并指出虽然"不易者三纲五常",但是政府的统治方法、策略则应当顺应时势加以变革,"一切政事尤须切实整顿以期渐图富强",[128]由是始行新政。同年4月,清政府设立督办政务处,对各大臣提出的意见、建议加以选择审订,选出适合的内容,准备办理。[129] 此后,政务处成为新政的领导机构,清政府的新政也逐渐展开。1904年,日俄战争中实行君主立宪政体东亚小国日本战胜实行君主专制政体的欧洲大国俄国,于中国社会以强烈刺激。人们普遍认为日本战胜俄国体现了立宪政体的优势,要求立宪的呼声越来越高,诸如张之洞、袁世凯这样的实力派官员也加入要求立宪的行列。[130] 于是,清政府派出以载泽为首的政治考察团出洋考察政治。1906年五大臣考察政治回国后,提出在中国实行立宪是必须的,同时也是可行的,并进一步指出"立宪之利最重要者三端:一曰皇位永固……一曰外患减轻……一曰内乱可弥"[131]。不久,在慈禧、光绪帝主持的颐和园会议上,经过商讨而最终决定实行立宪,采取立宪政体。1906年9月1日,由光绪帝发布上谕,认为各国富强的原因在于实行宪法,因此为了"立国家万年有道之基"必须"仿行立宪"。[132]

政治考察团成员之一的亲贵端方上折阐述他的立宪路线:"……查日本开设国会,实行宪制,在于明治二十三年(1890年)。而预定开设国会之期,则在明治十四

[125] 参见张朋园:《中国民主政治的困境(1909~1949)》,吉林出版集团有限责任公司2008年版,第12页。

[126] 同上书,第29页。

[127] 《清实录·德宗实录》(卷476),中华书局1987年版,第58册,第273页。

[128] 同上。

[129] 参见《清实录·德宗实录》(卷481),中华书局1987年版,第58册,第345~346页。

[130] 政治保守派叶德辉在甲午战争后认为,日本战胜中国,并非因变法所致,而是因为我中国惜兵爱民,如果日本遇到穷兵黩武的俄法,鹿死谁手不可知,但日俄之战,击破各类保守派的无知幻想;在此之前,流亡海外的梁启超摇动如椽巨笔为立宪摇旗呐喊;东方杂志在日俄之战即将结束时转载文论《论日胜为宪政之兆》,为立宪张势;张謇也于此之际,游说袁世凯主张立宪;驻法国公使孙宝琦奏请立宪;舆论,尤其是地方封疆大吏的声音使得政治强人慈禧也不得不考虑"立宪",于是"立宪"如弦上之箭,只待发出。

[131] 故宫博物院明清档案部编:《清末筹备立宪档案史料》(上),中华书局1979年版,第174~175页。

[132] 同上书,第43~44页。

年……明治十四年以前,即已设元老院,开府县会。盖自明治元年以至明治二十三年,皆立宪预备时代也……日本天皇亦知非立宪不足以谋其国之安且当富强也。欲即立宪,则东方治国制度与此不能遽入,故先以五事定国是,旋乃定开设国会之期……开议会后仅五年,而其国力已足胜我也。今日中国之情势与日本当时无异",所以中国应采日本明治立宪的方式,先定国是,再定国会开设之期,按部就班的实现君主立宪。[133] 同时,他亦上折提出议会的构思,即根据考察日本宪政的经验,建议在中央设置集议院,集议院议员的组成由王公、勋爵、京员等定额公推,同时将全国划成22个选举区,分别由这22个选举区各选出议员8名,"被举者无论绅商士子,不拘资格,惟在位之实官,不得被举";集议院的议长由议员互选产生,集议院的议员有议事权,议事采取多数决,集议院的权力主要在于"省、州、县所陈利病得失,皆上达政府,以备采择而定,从违亦准,建议条陈兼通舆情,而觇参见,至于财政之预算决算,亦必属之"。同时,在地方上,设立省议会,"一省之议会,实有参与立法之权",省议会必须在府、州县议会成立后,再由"县会议员中选出大县二人,中小县一人,暂充为省议会议员"。集议院暂时起到国家议会的功能,在国家议会没有建立之前,必须先完善省议会的建设。[134] 端方立宪以及关于议会建设的构思被清廷接受。

1906年9月预备立宪,从厘定官制入手;奕劻等遵旨核议厘定官制,以"立宪国官制,立法、行政、司法三权并峙,各有专属,相辅相成,立法当属议院,今日尚难实现,请暂设资政院,以为预备"。[135] 但方案与实践脱节,资政院的设立并没有积极办理。1907年6月,岑春煊上折,"然欲行立宪,其预备之方法不应托诸空言,而当见诸事实;不必设为理想,而可得之模范。何谓事实?如改更外省官制及设立资政院是已;何谓模范,如开都察院及各省设谘议局会议,各属设议事会是已"。[136] 此年夏天,秋瑾、徐锡麟起义使清廷不得不加快立宪步伐。1907年7月上谕发布,把考察政治馆改组为"宪政编查馆",并在资政院未设立之前,暂由军机处王大臣督办,次第立宪。[137] 同年9月20日资政院成立,溥伦、孙家鼐任总裁,主持筹备事宜。[138] 1907年10月上谕命令各省督抚在省会设立谘议局,[139] 各省谘议局依据《谘议局章程》和《议员选举章程》而加快建立步伐。1908年7月各省掀起开国会的请愿运动,同时谕旨公布《谘议局章程》和《议员选举章程》。另外同时颁布了《资政院章程》前两章,即总纲与选举。[140] 同年8月颁布宪法大纲以及九年筹备立宪的清单,清单规定1909年各省谘议局开设,

---

[133] 参见《端忠敏公奏稿·请定国是以安大计折》(卷六),铅印本,1918年。

[134] 参见《端忠敏公奏稿·请改定官制以为立宪预备折》(卷六),铅印本,1918年。

[135] 故宫博物院明清档案部编:《清末筹备立宪档案史料》(上),中华书局1979年版,第463页。

[136] 同上书,第498页。

[137] 同上书,第45~46页。

[138] 故宫博物院明清档案部编:《清末筹备立宪档案史料》(下),中华书局1979年版,第606页。

[139] 同上书,第667页。

[140] 参见《东方杂志》第五年第7期。

资政院于1910年召开。[141] 1907年10月后，建立各省谘议局的工作加快步伐；其后谕旨要求1909年各省必须召开谘议局，一些落后省份也不得不加快进度；[142] 至1909年10月14日，除新疆缓办以外，21行省的谘议局均告成立，一律开议，为资政院的开幕奠定了基础。[143] 1909年10月各省谘议局召开后，许多地方感到有些问题不是一省的力量可以解决的，必须联合其他地方谘议局，于是产生谘议局联合开会的意向。1910年2月，在京请愿谘议局代表组织谘议局联合会，并制定章程。同年8月12日，除甘肃外，其余20省的谘议局代表均参加在北京举行的谘议局联合会，为以后资政院开议的议员活动打下基础。[144] 1909年8月23日，资政院总裁会同军机大臣将《资政院院章》上奏。[145] 9月23日，李家驹考察宪政回国后参加资政院选举章程的修订工作，[146] 10月26日，七种钦选议员章程以及一种民选议员章程通过。[147] 11月23日，各省谘议局互选议员开始。1910年3月11日，钦选议员开始。经过几个月的选举，资政院第一届常会于1910年9月23日召集，[148] 10月3日正式召开。[149]

资政院是晚清立宪过程中出现的一个特殊的具有议会性质的机关，它的成员由钦定与民选两部分组成，它具有类似于议会的议决国家财政预算、决算以及新定法典与修改的权力；但它只是过渡性质的代行议会职能的机关，它所拥有的这些议会权力是不完整的。资政院并非只是摆设，在它的存续期间，议决各案十数起，其中最重要者三件：一是奏请即开国会；二是预算案；三是弹劾军机大臣案。[150] 资政院的实践，是议会在晚清时期的一次真实、具体的尝试。

五、结语

议会最初进入中国而为知识分子们获知，只是作为一种域外的新知识，是关于"对手"们的新知识。一些知识分子的域外游历、切身体悟以及国内局势的恶化，使得这种新知识被赋予了一种"富国"的色彩，成为一种提倡的制度理念。议会经过数十年的介绍、改造以及重构，成为晚清知识分子的一种知识常识，并经由戊戌变法而进行了初次行动。戊戌变法失败，但是议会的行动仍然在继续。资政院的开设、开议，资政

---

[141] 参见故宫博物院明清档案部编：《清末筹备立宪档案史料》(上)，中华书局1979年版，第57~62页。

[142] 参见故宫博物院明清档案部编：《清末筹备立宪档案史料》(下)，中华书局1979年版，第663~664页。

[143] 参见《宣统政纪·附宣统政纪》，中华书局1987年版，第60册，第376页。《宣统朝上谕档·宣统元年·八月三十日》，广西师范大学出版社2009年版，第378页。

[144] 参见侯宜杰：《二十世纪初中国政治改革风潮——清末立宪运动史》，中国人民大学出版社2011年版，第207~208页。

[145] 参见故宫博物院明清档案部编：《清末筹备立宪档案史料》(下)，中华书局1979年版，第627~637页。

[146] 参见《宣统朝上谕档·宣统元年·八月初十》，广西师范大学出版社2009年版，第354页。

[147] 参见《宣统朝上谕档·宣统元年·九月十三》，广西师范大学出版社2009年版，第394页；《宣统政纪·附宣统政纪》，中华书局1987年版，第60册，第392~393页。

[148] 参见《资政院议场会议速记录·第一次常年会第一号议场速记录》，李启成点校，上海三联书店2011年版。

[149] 同上。

[150] 参见宣樊：《政治之因果关系论》，载《东方杂志》第七年第12期。

院议员们在议院的活动,是议会在晚清的一次真正意义上的行动。晚清的议会,从一种域外新知到朝中实践,是中国人接受西方知识并加以中国化的重构、改造从而运用的过程;同时,更是一种中国人试图摆脱西方,实现复兴的一种努力。

议会在晚清由知识到实践的过程,仍然有许多问题需要进一步思考。在议会知识的生产、传播方面,印刷技术的革新如何影响了知识的生产与传播。同时,亦需注意教育的变化,新式学校在知识的生产、传播方面起到何种作用。另外,在知识的传播、阅读方面,不同时期不同身份的读者接受知识的途径变化以及阅读过程中的心态、心理需要给予重视。

“法政”语词近世命运考

——以法学教育为对象

姜　增*

内容摘要：“法政”作为中国本土性的法学语词，在先秦时期已经出现，并具有丰富的含义。近代以来“法政”一词的含义变得相对单一，基本是在法律与政治的合称这一维度上使用。在法学教育领域，“法政”语词在清末被普遍使用，民国以后，特别是1949年中华人民共和国成立以后，“法政”语词的使用频率逐渐降低。“法政”语词之所以呈现如此的命运轨迹，与“法政”一词作为本土资源的传承性与使用的便利，清末政府对培养政治人才的体认，语词的政治性与文化性以及“政法”一词更能表达1949年后统治者的法律观念等因素有关。

关键词：法政　政法　法学教育　法学语词　法律文化

概念史研究往往能突破以时间区分特定阶段而造成的历史断裂情状，从一种微观的角度，承担起贯通历史的效用。且由于某些概念本身的重要性，对其进行研究，亦能收得窥一斑而知全豹之效。围绕某一概念而展开的历史研究日益为史学界所重视。[1] 法律史学界对此种概念史的研究也有所体认，近年来围绕法学基本语词，如“法”“法学”“民权”“法律”等，亦佳作迭出。[2] 其中，作为“地道的官方术语”，[3] 围绕“政法”而展开的研究颇得青睐，2012年邓达奇撰写博士论文对“政法”以及相关知识做了专篇的论述。[4]

相较于“政法”，对于“法政”的研究则显得比较冷清，目前笔者所见到的唯一一篇标题被贯以“法政”的作品是钟金燕的《“政法”与“法政”概念辨析》，但其中“法政”更像是在为“政法”作嫁衣裳，所涉“政法”内容远多于“法政”。[5] 作为一组“同素异序

---

* 姜增，华东政法大学研究生教育院法律史专业博士研究生、台湾“中研院”近代史研究所访问生。本文受华东政法大学博士生海外调研计划资助；同时是中国法学会2017年度部级法学研究课题“建国前后法学教育转型研究——以上海为视角”［课题编号：CLS(2017)D22］的阶段性研究成果。

〔1〕 这方面的著作，参见黄兴涛：《“她”字的文化史》，福建教育出版社2009年版；金观涛、刘青峰：《观念史研究：中国现代重要政治术语的形成》，法律出版社2009年版；等等。

〔2〕 相关的著作有：李平：《法“义”新论》，载《现代法学》2013年第2期；何勤华：《汉语“法学”一词的起源及流变》，载《中国社会科学》1996年第6期；俞江：《“民权”小考》，载《法制史研究》（台北）2003年第4期；刘星：《“法律”概念是怎样被使用的——在中西近代日常话语实践的交流中比较考察》，载《政法论坛》2006年第3期；等等。

〔3〕 冯象：《政法笔记》，江苏人民出版社2004年版，第4页。

〔4〕 参见邓达奇：《“政法”研究》，武汉大学2012年博士学位论文，第10～55页。

〔5〕 参见钟金燕：《“政法”与“法政”概念 辨析》，载《广东行政学院学报》2013年第25卷第1期。

词语",[6]"法政"与"政法"在形式和内容上都有不可忽视的联系。纵观近代史,特别是近代法学教育史,"法政"的出镜率颇高,而作为现当代中国法治话语的重要代表之"政法",它的产生与盛行实有"法政"的铺垫和参照。在近代法学语词大都来自西方而译自日本的背景下,[7]"法政"直接源于中国古代汉语则显得更加具有特殊性。另外,在法学教育史的书写中,1949年像是一个屏障,在此前后的法学教育性质因政局之变而被视如水火,从而阻隔了法学教育史叙事在20世纪整体性视角下的贯通,造成了显见的断裂。[8] 考察在法学教育当中的具体而微的语词"法政",或许对于提醒研究者"跨过1949",把法学教育史置于更长的时段做考察,以防止历史知识出现"缺乏整体性"和"严重的断裂化与碎片化"的问题,[9]具有一定的助益。出于对"法政"语词重要性的认识以及"法政"语词研究的薄弱现状,笔者构思了此文。

全文想要探讨的是如下论题:汉语"法政"一词在中国古代有何含义?它的含义在近代有何变化?再者,近代以来它在法学教育领域呈现了一种怎样的命运轨迹以及产生这种命运轨迹的原因是什么?

一、"法"与"政"的分合及其含义

"法政"和"法学"不太一样,仅从形式上来看,"法学"一词虽早在南北朝时期就已经出现,[10]但是具有现代意义的"法学",却是西方的舶来品。而"法政"一词,无论是从其形式还是内容来看,都是属于中国的本土资源。早在先秦文献《管子・明法解》中,便出现了"法政独出于主,则天下服德"[11]一语。这段文字被视为"法政"一词的语源,也即该词在中国古代存世文献中最早出现的地方。中国古汉语多以单音节词为主,一字便相当于现在的一词。"法政"由"法"和"政"构成,两部分都出现得很早并有着丰富的含义。

(一)"法""政"之义

关于"法"字的含义,学界已经作出了比较充分的探究,并且已有大量优秀的研究

---

[6] "同素异序词语"是指一组均以相同的语素,按同样的内部结构关系组成,但排列的顺序是不同的(正好相反)同义词或近义词。参见汤志祥:《当代汉语词语的共时状况及其嬗变:90年代中国大陆、香港、台湾汉语词语现状研究》,复旦大学出版社2001年版,第299页。

[7] 参见李贵连:《近代中国法制与法学》,北京大学出版社2002年版,第204~206页。

[8] 董节英的《1949~1957年中国的法学教育》一书,虽则在进入主题之前对1949年之前的法律教育史进行了论述,且有着将1949~1951年的法律教育视为"清末以来建立的中国近代法学教育向新民主主义教育转型的时期"这样一种章节设置,但书中关于1949年前后法律教育的过渡部分则仍然停留在政治格局辐射之下的论述,缺乏一种多视角的观察。参见董节英:《1949~1957年的中国法学教育》,吉林人民出版社2008年版,第68~121页。

[9] 参见冯筱才:《跨过1949:二十世纪中国整体史研究刍议》,载《社会科学》2012年第5期。

[10] 《南齐书・孔稚圭传》中云:"寻古之名流,多有法学。故释之、定国声光汉台;元(帝)〈常〉、文惠,绩映魏阁。"转引自何勤华:《汉语"法学"一词的起源及流变》,载《中国社会科学》1996年第6期。

[11] 黎翔凤:《管子校注》(下),中华书局2004年版,第1212页。

成果。[12]关于中国古代汉语当中"法"字的含义,各家并没有形成统一的认识。如胡大展先生认为,"法"字的最初含义应是判决。武树臣先生则通过考察"法"的古体字"灋"各部分的含义而得出了他所认为的古人的法观念:法是由社会权威机构行使的,通过查明证据来解决纠纷判明是非曲直并对违法者施以刑罚的特殊社会活动。黄震先生认为,法的最初形象是被先民奉为神明的崇拜物,它综合了原始宗教的自然崇拜、图腾崇拜、制器崇拜三个阶段权威形象的代表。[13] 根据康熙字典,"法"字的含义有如下几种:(1)《尔雅·释诂》,法,常也。(2)《释名》,法,逼也。逼而使有所限也。(3)又,制度也。《礼·曲礼》谨修其法而审行之。(4)又,礼法也。《孝经·卿大夫章》非先王之法服不敢服。(5)又,效法也。《易·系辞》崇效天;等等。[14] 总之,"法"在中国古人的观念中,不能仅仅理解为西方标准下法律的代名词那么简单。

在古汉语中,"政"与"正"是相通的,而且"政"与"征"也是相通的。《说文解字》有云:"政,正也。从攴,从正,正亦声。"[15]在金文中又有一说"政"字形状像"手持杖以击",[16]即为"征"自本字。戴家祥在《金文大字典》中详细论述了"政""正"与"征"之间的相互关系:

> 甲骨文正作,从口表示城邑,从止,会意为征行勘伐。诗"正域彼四方"即此义也。征伐的目的是惩不善,使之归顺,故正引申义为是正之是。为了保持本义,加了彳旁作征,强调征行;加支旁作政,强调征伐。古义正政通用,书,微子"乱正四方"史记作政,说文三篇:"政,正也。从攴,从正,正亦声。"马注论语曰"政者有所改正匡正"。正亦兼意。后世政又引申为治理之意。金文政义与征通用,用为正的本义。[17]

所以,"政"在与"正""征"含义相通的情况下,其在古语中至少有3种含义:一为征伐,同"征";二为改正匡正,同"正";三为治理。

在古代汉语当中,"法"和"政"各自都有比较丰富的含义,那么由"法"和"政"合成的"法政"在古代汉语中又有着怎样的含义呢?

(二)"法政"的古义

古代汉语语境下的"法政",是由单音节词"法"和"政"组合而成的复音节词。古代汉语词汇多以单音节词为主,而现代汉语则以复音节词为主。比如"妻子"一词,在古汉语中是指对"妻"和"子"的合称,即指丈夫的配偶以及子女。而在现代汉语当中仅指丈夫的配偶。按照王力的观点,古代单音节词和现代复音节词的对比,主要有三种情况:第一种情况是换了完全不同的词,如"与"变成"参加","师"变成"军队";第

〔12〕 其中具有代表性和总结性质的研究成果非张永和2010年编著出版的《"灋"义》莫属,该著集结了近代以来各家对古"法"字"灋"的研究作品。参见张永和编著:《"灋"义》,清华大学出版社2010年版,第8页。

〔13〕 参见张永和编著:《"灋"义》,清华大学出版社2010年版,第13页。

〔14〕 《康熙字典》,载汉典网:http://www.zdic.net/z/1c/kx/6CD5.htm,最后访问日期:2017年6月1日。

〔15〕 (东汉)许慎:《说文解字》(卷三下),中华书局1985年版,第97页。

〔16〕 李圃主编:《古文字诂林》(第3册),上海教育出版社2004年版,第630页。

〔17〕 戴家祥主编:《金文大字典》,学林出版社1999年版,第2006页。

二种情况是加上词尾词头，如“虎”变成“老虎”，“杯”变成“杯子”；第三种情况是利用两个同义词作为词素，构成一个复音词，例如“儿”和“子”是同音词，合起来成为复音词“儿子”。[18] 所以无论是哪种情况，我们都不能简单地用现代汉语的语法去解释古代汉语的构成。如果在古代汉语语境下将“法”和“政”组成的“法政”，按照现代汉语语法仅将其简单解释为法律和政令或者法律和政治的合称，似乎都是不太慎重的做法。

“法”和“政”二字连用，最早见于《管子·明法解》已如上述，这里的“法政”指法律和政令。[19]除了法律和政令，在“法政而德不衰，故曰王也”[20]中的“法政”意指五政与五法，“五政者，五行之政，明堂月令所施于四时者也。卢注云：五法，谓仁义礼智信”。[21] 这里的“法政”并非是法律和政令简单的合称，而是蕴含了礼俗与道德的复杂内容。

除了上述两种情形之外，“法政”一词还有因古代汉语语法而生的比较特殊的其他用法与含义。古代汉语中有种复音节词值得我们注意：

> 这种复音词是用两个单音的近义词或反义词作为词素组成的，其中一个词的词素的本来意义成为这个复音词的意义，例如：今有一人，入人园圃，窃其桃李（墨子·非攻上）。（种树的地方叫园，种菜的叫圃。这裹只“园”起作用，“圃”字无义。）[22]

“法政”一词也存在这样的使用情形。“故为之立君上之执以临之，明礼义以化之，起法正以治之，重刑罚以禁之”，这里的“法正”即为“法政”，“法正，犹法政也”。[23]“法政”在此处的含义只取“法”的其中一种含义，即制度。[24]因为根据全句分析，这里的礼义、法正（政）和刑罚显系并列成分，其义项也应该相互并列。之所以“法政”在此处不是法律与政令或法律与政治的合称，而只是取“法”之制度一义，是因为若在释义中再有法律的义项，那么显然会与并列的刑罚重复。因为中国古代法律的起源与战争密切关联的特点，导致了在中国古代刑罚很大程度上代表了法律，所以刑罚往往也可以解释为法律。[25]此处的“法政”，只有“法”起作用，而偏废了“政”所持的含义。

在传统语境中，由“法”和“政”合成的“法政”的含义是多元的，不止是“法”与“政”各自含义的简单叠加而已。但是进入近代以来，这种多元性慢慢褪去，其义项变得越来越狭隘。

---

[18] 王力：《古代汉语》（第1册），中华书局1999年版，第88页。

[19] （春秋·齐国）管子：《管子新注》，姜涛译注，齐鲁书社2006年版，第456页。

[20] （清）王聘珍：《大戴礼记解诂》，中华书局2011年版，第148页。

[21] 同上。

[22] 王力：《古代汉语》（第1册），中华书局1999年版，第90页。

[23] 杨柳桥：《荀子译诂》，齐鲁书社1985年版，第658页。

[24] 在古代汉语中，制度是“法”的其中一种含义，如《礼·曲礼》当中的“谨修其法而审行之”中的“法”便是制度的意思。参见滕一圣译注：《礼记译注》，商务印书馆2015年版，第32页。

[25] 参见梁治平：《“法”辨》，贵州人民出版社1992年版，第77～83页。

(三)清末民初“法政”一词的使用特点

清末民初,“法政”一词与上述所介绍的使用有所不同,它在词义与形式上均有所变化。

首先,“法政”词义比较单一,如在法学教育领域内使用时,通常只是简单的合称,且在这种合称中,一般不再将“政”解释为政令而是解释为政治,即这种合称往往是法律与政治的合称。在官方对于法学教育的学制安排上,有“法政科”的设置,其下分法律与政治两门,是和法律与政治有关的各种学问的统称。[26] 各种报刊也经常视“法政”为法律与政治的合称:

今兹法政学堂之设,盖欲就一般人民养成其有法律之人格及政治能力,而为立宪之预备,使知夫权利、义务为何物,立宪国民之资格具备,而后国家乃可臻于完全独立之地位。[27]

这其中的“法政”与“法律之人格与政治之能力”相对应,也即代表“法政”为法律与政治的合称。

又如《丁未年法政学报发刊词》将其办报的目标定位为“为输入法政思想而设”,那么法政思想的具体内容是什么?发刊词继而解说道:

全国人民无政治思想,则不足为立宪国。以法理言之,则人民为国家之分子,负绝对服从之义务。有守法奉公之国民,而后可以为法治国。苟不备法律思想,而事事行上之督责,则阳奉阴违,虽条教号令,日出万言,而仍不足以成法治国。[28]

可见,法政思想在此处被拆分成了法律思想和政治思想,实际言之,“法政”即是法律与政治的合称。

其次,在同一语境中,“法政”的使用也不甚统一,主要表现为“法”与“政”没有固定的顺序。或者前用“法政”,后用“政法”;或者前用“政法”,后用“法政”;或者“法政”“政法”夹杂混用。这意味着时人在选用表达法律与政治合称的概念上,没有意识到二者的具体差异,从而未对“法政”与“政法”进行具体的区分,而是将二者等同起来。这与1949年以后统治者有意识地选择“政法”来表达自己的治国理念方面显有不同,下文将会论及。在《祝政法速成科之成立》中,其标题中所说为“政法”速成科,且在行文开头都用的是“政法”速成科,但到了《主旨》一节,却变成了“法政”速成科。[29] 再者,袁世凯上奏的《直隶法政学堂章程》,其标题所用为“法政”,但是在下面的行文中,又出现了“政法”:

本学堂既为培养吏才之地,自当研究各种政法学理而于本国律例、约章,尤宜预为

〔26〕 参见商务印书馆编译所编:《大清教育新法令》(第6编),商务印书馆1910年版,第58~59页。

〔27〕 显瀵:《对于法政学者之希望》,载《辛亥革命史丛刊》编辑组:《辛亥革命史丛刊》(第7辑),中华书局1987年版,第157页。

〔28〕 《丁未年法政学报发刊词》,载《北洋法政学报》1907年第17期。

〔29〕 参见《祝政法速成科之成立》,载《新民丛报》1903年第46~48号合刊。

讲求,以期适于实用。[30]

由本土资源中生发出的"法政"语词本具有丰富的含义,但此情进入近代后已有不同,表现为时人对"法政"的理解单一,且对其形式并没有统一的认识,经常与"政法"混用。不仅如此,在客观情境与主观选择的多重因素主导之下,"法政"语词亦被置于波云诡谲的时代洪流中,经历了从兴盛到衰退的运势。

二、近世"法政"语词的命运轨迹

孙慧敏女士在其《制度移植:民初上海的中国律师(1912~1937)》一书中,利用《汉籍电子文献》数据库中的二十五史检索系统搜索"法政",发现16段包含"法政"语词的段落中,除了1段是人名外,其他的15段,有11段出自《清史稿》。[31] 不过笔者利用该系统查询,结果共有15段包含"法政",其中10段出自《清史稿》,且时段都为清末。[32] 不管是11段还是10段,都可见"法政"语词流行的特定时段,即在清末。当下的学者在称谓清末受过法律教育的人士,亦往往会用"法政人"这一名称。[33] 纵观清末时期存留的法学教育资料,在语词的运用上,"法政"一词的确有极高的出镜率。

首先,从当时所制定的一些教育章程来看。1907年《筹设京师法政学堂酌拟章程》。同年《学部为录所奏会同考验留学毕业生情形等折奏旨事致军机处咨文》,赐予章宗元等人法政科进士,林志钧等人法政科举人。1910年学部制定了《改定法政学堂章程》。从这些章程来看,"法政"使用频率较高。

其次,清末的法学教育机构几乎都以"法政"学堂名之。(见表2)

表2 清末各省法学教育机构一览[34]

学堂名称	奏办及开办时间	资料来源
直隶臬署法政学堂又称直隶法律学堂后改为幕僚学堂	光绪三十一年(1905年)六月落成,八月开学	《学部官报》第21期;《东方杂志》第2年第8期
直隶法政学堂	光绪三十一年(1905年)十月十五日开学	《学部官报》第21期

---

[30] 直隶法政学堂章程天津图书馆、天津社会科学院历史研究所编:《袁世凯奏议》(下),廖一中、罗真容整理,天津古籍出版社1987年版,第1356页。

[31] 参见孙慧敏:《制度移植:民初上海的中国律师(1912~1937)》,"中央研究院"近代史研究所2012年版,第85页。

[32] 《汉籍电子文献资料库》,载http://hanchi.ihp.sinica.edu.tw/ihpc/hanjiquery?@1973809416,最后访问日期:2017年7月1日。

[33] 参见程燎原:《清末法政人的世界》,法律出版社2003年版。

[34] 资料来源:王健:《中国近代的法律教育》,中国政法大学出版社2001年版,第199~216页;徐保安:《清末地方官员学堂教育述论——以课吏馆和法政学堂为中心》,载《近代史研究》2008年第1期;朱有瓛:《中国近代学制史料》(第2辑下册),华东师范大学出版社1989年版,第499~503页;程燎原:《清末法政人的世界》,法律出版社2003年版,第78~101页。

续表

学堂名称	奏办及开办时间	资料来源
广东法政学堂	光绪三十一年(1905年)十一月	《广州文史资料》1962年第10辑
江西法政学堂	光绪三十二年(1906年)三月	《学部官报》第115期
山东法政学堂	光绪三十二年(1906年)	《学部官报》第10期
浙江法政学堂	光绪三十二年(1906年)	《学部官报》第25、27期
贵州法政学堂	光绪三十二年(1906年)	《学部官报》第26、27期;《直隶教育杂志》1907年第9期
湖南法政速成学堂		《学部官报》第12、13期
奉天法政学堂	光绪三十二年(1906年)	《东三省政略》卷9"奉天省"
四川法政学堂	光绪三十二年(1906年)官班于九月开学,绅班于次年二月开学	《锡良遗稿·奏稿》第1册
江宁法政学堂	光绪三十二年(1906年)十一月	《学部官报》第71期
安徽法政学堂	光绪三十二年(1906年)十一月	《学部官报》第38期
山西法政学堂	光绪三十三年(1907年)	《学部官报》第25期
陕西法政学堂	光绪三十三年(1907年)三月开学	《学部官报》第43期;《直隶教育杂志》第18期
新疆法政学堂	光绪三十三年(1907年)七月开学	《学部官报》第45期
湖北法政学堂	光绪三十四年(1908年)二月	《学部官报》第48期
两江法政学堂	光绪三十四年(1908年)三月	《端忠敏公奏稿》卷9
吉林法政学堂	光绪三十三年(1907年)八月	《东三省政略》"吉林省"
热河法政速成学堂	光绪三十四年(1908年)十月初一日开学	《学部官报》第43期
广西法政学堂	光绪三十二年(1906年)八月设法政讲习所,附于课吏馆,光绪三十四年改办法政学堂	《清末筹备立宪档案史料》下;《林文直公奏稿》卷5
河南法政学堂	光绪三十四年(1908年)二月	《学部官报》第47期
甘肃法政学堂	宣统元年(1909年)	《清末筹备立宪档案史料》下册
江苏法政学堂	光绪三十二年(1906年)	《东方杂志》第3年,第10、12期;《学部官报》第4期
福建法政学堂	光绪三十二年(1906年)奏办,三十三年初开办	《东方杂志》第3年第11期;《学部官报》第20期

续表

学堂名称	奏办及开办时间	资料来源
云南法政学堂	光绪三十二年(1906年)开办	《中国近代学制史料》第3辑上册,第646页
黑龙江法政肄业所	光绪三十二年(1906年)闰四月	《东方杂志》第3年第9期

其时在清末民初兴起的教育高潮中,学堂(校)的名称,除了伍廷芳、沈家本二人所创者为"法律学堂"[35]之外,其余均为"法政学堂"或"法政学校"。[36]

最后,作为法学教育的产物法学杂志,也经常以"法政"来命名。(见表3)

表3 清末主要法学杂志一览[37]

名 称	创办人	创办时间	地点
《译书汇编》(1903年起改名为《政法学报》)	雷奋、杨荫杭等留日学生	1900年	日本东京
《法政杂志》	日本东京法政杂志社	1906年	日本东京
《预备立宪官话报》	上海预备立宪设	1906年	上海
《宪政杂志》	上海宪政研究会	1906年	上海
《北洋法政学报》(由《学报》和张一鹏《法政杂志》合刊而成)	北洋官报总局	1906年	天津
《北洋学报》	北洋官报总局	1906年	天津
《地方白话报》	王法勤	1906年	保定
《新译界》	范熙壬	1906年	日本东京
《中国新报》	杨度	1907年	日本东京
《法政学交通杂志社》	孟森、孟昭常、杨荫杭、秦瑞玠等	1907年	日本东京
《法政学报》	日本东京法政学报社	1907年	日本东京
《牖报》	李庆芳	1907年	
《大同报》	恒钧	1907年	长春
《预备立宪会公报》	上海预备立宪会	1908年	上海
《学海(甲编)》	北京大学留日学生编译社	1908年	日本东京
《法政介闻》	留德法政学生马德润、周泽春	1908年	德国柏林

〔35〕 即京师法律学堂。

〔36〕 参见王健:《中国近代的法律教育》,中国政法大学出版社2001年版,第192页。

〔37〕 资料来源:全国第一中心图书馆委员会全国图书联合目录编辑组:《1833～1949全国中文期刊联合目录》(增订本),书目文献出版社1981年版;上海图书馆编:《中国近代期刊目录汇编》(第1～3卷),上海人民出版社1979～1984年版。

续表

名　称	创办人	创办时间	地点
《福建法政杂志》	福建法政学堂	1908 年	福州
《法政杂志》	上海法政杂志社	1911 年	上海
《北京法政学杂志》	北京潮州会馆	1911 年	北京
《法政浅说报》	北京法政浅说报社	1911 年	北京

由表 3 可知,这 21 种主要法学杂志当中,其中 9 种以“法政”名之,占了将近一半,这与民国以来的法学杂志命名相比,用“法政”命名的比例非常之高。[38]

民初,“法政”在法学教育中的出镜率亦延续了清末以来的频繁程度,其中从民初教育部颁布的《法政专门学校规程》[39]《公立法政专门学校概况表》[40]《私立法政专门学校概况表》[41]可见一斑。在教育部随后颁布的二项基本法令《大学令》和《大学规程》中,法学课程的科名改为了“法科”,其涵盖面包含了法律学、政治学和经济学,[42]相比于清末法政学所代表的将法律与政治、经济、外交等诸多学科杂糅在一起的混乱,“法科”所带表的法学更具有针对性和专门性。[43] 法学教育领域内“法政”语词的使用也骤然减少,这从法学教育机构的名称命名上也可窥其要略。在 20 世纪 30 年代对全国法学院的一次调查中,调查结果表明当时全国立案与未立案的法学院共有 36 所,除了女子法政学院、北平大学法政学院、上海法政学院和新疆俄文法政学院 4 所法学院以“法政”为名外,其余都以法学院或者法科名之,见表 4。在法学杂志方面,在民国时期被冠以“法政”名称的则寥寥无几,而被冠以“法律”或“法学”的杂志则明显增多。[44]

表 4　全国法学院一览[45]

名　称	隶属院校	校址
中央大学法学院	国立中央大学	南京
中山大学法学院	国立中山大学	广州
北平大学法政学院	国立北平大学	北平

---

〔38〕 参见程燎原:《中国近代法政杂志的兴盛与宏旨》,载《政法论坛》2006 年第 4 期。

〔39〕 《法政专门学校规程》(1912 年),载朱有瓛主编:《中国近代学制史料》(第 3 辑上册),华东师范大学出版社 1990 年版,第 611 ~613 页。

〔40〕 《公立法政专门学校概况表》,载朱有瓛主编:《中国近代学制史料》(第 3 辑上册),华东师范大学出版社 1990 年版,第 645 ~647 页。

〔41〕 同上书,第 653 ~654 页。

〔42〕 参见潘懋元、刘海峰编:《中国近代教育史资料汇编　高等教育》,上海教育出版社 1993 年版,第 367 页。

〔43〕 参见王健:《中国近代的法律教育》,中国政法大学出版社 2001 年版,第 271 页。

〔44〕 参见程燎原:《中国近代法政杂志的兴盛与宏旨》,载《政法论坛》2006 年第 4 期。

〔45〕 资料来源:《全国法学院一览表》,载《法轨》1934 年第 2 期,附表甲乙丙丁。

续表

名　称	隶属院校	校址
清华大学法学院	国立清华大学	北平
武汉大学法学院	国立武汉大学	武昌
四川大学法学院	国立四川大学	成都
国立广东法科学院	(此为独立学院,下同)	广州
东北大学法学院	东北大学	沈阳
安徽大学法学院	安徽大学	安庆
河南大学法学院	河南大学	开封
山西大学法学院	山西大学	太原
吉林大学法学院	吉林大学	吉林
甘肃学院法科	甘肃学院	兰州
河北法商学院法科	河北法商学院	天津
山西法学院		太原
新疆俄文法政学院		迪化(乌鲁木齐)
复旦大学法学院	复旦大学	上海
东吴大学法学院	东吴大学	苏州
震旦大学法学院	震旦大学	上海
大夏大学法学院	大夏大学	上海
中国公学法学院	中国公学	上海
燕京大学法学院	燕京大学	北平
厦门大学法学院	厦门大学	厦门
广州大学法学院	广州大学	广州
广东国民大学法学院	广东国民大学	广州
上海法政学院		上海
上海法学院		上海
中国学院法科		北平
朝阳学院法科		北平
持志学院法科		上海
福建学院法科		福州
民国学院法科	民国学院	北平

续表

名　称	隶属院校	校址
以下为未立案法学院		
首都女子法学院		南京
女子法政学院		成都
广州法学院		广州
群治法学院		长沙

中华人民共和国成立之后，在对使用“法政”还是“政法”的讨论中，“政法”逐渐压倒“法政”，全面取代了其包括法学教育等在内的社会各个领域的话语地位。直至当下，“政法”的使用随处可见，不止是法学教育领域。如法学教育机构“五院四系”当中的“五院”，〔46〕期刊中的政法论坛、各省的政法管理干部学院学报，其他领域的政法机关、政法干警，还有政法委等，“政法”俨然已经成了“地道的官方术语”。〔47〕而关于“法政”语词的踪影，其所使用的地方非常有限，基本上限制在法学教育领域，如某些高校开设的法政学院，中国海洋大学法政学院现已改为“法学院”，温州大学法政学院等。

三、形塑“法政”语词命运轨迹的因素

通过上文的分析可知，在法学教育领域，“法政”语词在清末具有大行其道之势，到了民国，“法政”在行迹上已不再风靡，尤其是1949年以后，“政法”完全盖过了“法政”的使用，致使“法政”更加不常用。那么“法政”所呈现的命运轨迹的背后的原因是什么？笔者认为只要探明以下两个问题，就能对“法政”语词之所以呈现如此命运有所体悟。

第一个问题，为什么清末法学教育中，时人不用法律学堂、法律学院或法学院的称呼，而基本上使用法政学堂之名？

首先，这与现代意义上的“法政”“法学”以及“法律”的来源有关。清末的“法政”多指涉法律与政治的合称，而这在中国本土就可就地取材。在形式上“法政”可以包容“法律”，最重要的是国人对这样一种土生土长的词汇无须经过思想上的斗争与内涵的转变便可以加以利用，在既维护了国人面子的同时又具有相当的便利性。“法学”虽然在中国古代也有使用，但作为现代意义上的“法学”一词，却是舶来品。这其中舶来之地尚有争议，一种观点认为是从日本舶来的，另一种观点则认为是源自在华的外国传教士与中国本土汉语作者合作翻译的外文（主要是英文）作品。〔48〕但不管来自哪里，现代意义上的“法学”的内涵都不是中国历史上的“法学”所能与之匹配的。

〔46〕“五院”指中国政法大学、中南财经政法大学、华东政法大学、西南政法大学以及西北政法大学。

〔47〕冯象：《政法笔记》，江苏人民出版社2004年版，第4页。

〔48〕参见崔军民：《近代法律新词的发展及其轨迹》，载《河北法学》2010年第1期。

其次,与清末急需培养懂政治的人才,以挽救国难的时代背景有关。中国近代的法学教育萌芽于京师同文馆万国公法的开设,[49]甲午战败以后逐渐为人所重视。其兴起之时便与国家之安危前途紧密联系在一起,而与国家安危前途有直接关系的,乃是政治。第一次鸦片战争以来,国人对西方的认识,以及对自身问题的认识是随着侵略一步步加剧而深化的,从原先的认为器物不如人,逐渐发展到了甲午战败后的对政治体制的反思。这导致时人往往将法学等同于政治学、外交学。郑观应便称:"法学者,考古今政事利弊异同,及奉使外国,修辞通商,有关国例之事。"[50]

梁启超亦有类似的观点,以及相应的实践活动。1896年,梁启超对洋务学堂提出了激烈的批评,他认为学堂"不能得异才"的原因在于"言艺之事多,言政与教之事少",并主张若要能培育国家之本的人才,则要"今日之学,当以政学为主义,以艺学为附庸"。[51] 当时作为湖南时务学堂的总教习,梁启超也将自己的这种想法,积极付诸实践。他在《湖南时务学堂章程》中将培养政才作为目标而列经学一章,并且围绕这一培养目标,具体制定了《时务学堂功课章程》,开设了很多关于政治的课程。[52] 梁启超试图通过这样的实践来培养中国的政才以挽救国难,振兴国家。"法政",作为法律与政治的合称这一维度上,其内涵比"法律"和"法学"更能直接体现政治在其中的地位,更契合时人的需要,因而更得时人的青睐。另外,"法政"在字序上的安排,将"法"置于"政"之前,表达了"以宪治政"的类似含义,契合了时人变革专制统治、学习西方宪政文明的心态。[53]

第二个问题,为什么"法政"语词会在民国,尤其是1949年以后,它的出镜率越来越低?

语言文字的政治与文化属性。新政权的建立,都会采取新举措以示与旧政权的不同,语言文字的变化往往是其中一种重要的信号。因为语言文字既在某种程度上与政治勾连紧密,亦具有丰富的文化内涵。秦国统一六国,采取"车同轨,书同文"[54]的措施,代表了当时战国分裂的结束,全国政治大一统的实现;光宅元年,中书省改称为凤阁,[55]虽然当时还是睿宗当政,但从凤阁可知实际政权已经为武则天所操控;民国肇建,在教育领域,把学堂统一改称为学校,[56]预示着彼时资产阶级当政后的新气象。

语言文字的变化,不止是一种政治信号的释放。语言文字还往往承载着一国的独特文化,所谓的因文见道是也。"法政"与"政法",不仅与政治相关联,更重要的是,从其形式"法"与"政"的顺序结构所体现出来的一种法律文化,具体将在下文论及。正

---

[49] 参见徐彪:《论清末新式法学教育对中国近代法学的影响》,载《环球法律评论》2005年第3期。

[50] 郑观应:《盛世危言》,中州古籍出版社1998年版,第61页。

[51] 梁启超:《与林迪臣太守书》,载梁启超:《饮冰室合集》(三),中华书局1989年版,第2页。

[52] 参见王健:《中国近代的法律教育》,中国政法大学出版社2001年版,第164~170页。

[53] 参见钟金燕:《"政法"与"法政"概念辨析》,载《广东行政学院学报》2013年第1期。

[54] (汉)司马迁:《史记》,韩兆琦译注,中华书局2007年版,第42页。

[55] 参见(后晋)刘昫等撰:《旧唐书》(第6册)(卷42~50),中华书局1975年版,第1788页。

[56] 参见璩鑫圭、唐良炎编:《中国近代教育史资料汇编 学制演变》,上海教育出版社2007年版,第605页。

因如此,近代以来,随着外来语言文字的侵入,士人们还为此展开过激烈的思想论争。[57]

四、结语

无论是"法政"还是"政法",都标识着在中国语境之下,法律与政治的密切联系。这样的联系首先是符合法律与政治的关系原理的,因为政治环境对一国法律有着非常重要的影响,而且从本质上来讲,法律属于政治的组成部分,是为实现政治目的的手段。

但是,法律与政治的联系,虽在客观上属于必然,但假若二者走得太过贴近,将有害于法学作为一门独立学科的良性发展。这在中国近代法制的发展过程中已有过教训:

> 在中国法制近代化的曲折过程中,政治家和法学家截然一体,固然壮大了政治家队伍,但是法律家阶层却终难觅其踪,法学家的独立地位一直难以确立。[58]

再者,法律与政治的过度结合,往往又导致法学教育领域的畸形发展,或急功近利的过热发展或可有可无的停滞不前甚至倒退的极端结果。法律与政治应当保持适当的距离,这样将会有利于法学学科、法学教育乃至法治建设的稳步、健康的发展。

〔57〕 参见罗志田:《抵制东瀛文体:清季围绕语言文字的思想论争》,载《历史研究》2001 年第 6 期。

〔58〕 朱家骅:《法律教育》,教育部教育通讯出版社 1943 年版,第 25 页。

标语的演变与国家治理现代化视野下的审视

徐振铭*

内容摘要：标语作为革命时期国家宣传动员的重要手段，曾发挥了价值导向、激励动员、社会教育等作用，也因历史惯性被一直沿用至今，各个时期的标语与国家的政治任务紧密相联。而标语也是国家治理模式的生动体现，在国家治理现代化的视野下，标语作为一种治理手段存在不符合治理法治化、治理民主化、治理主体多元化和治理方式文明化要求的问题，已不适应现代治理的发展趋势，应当在转变治理理念的基础上减少标语的使用，使之逐渐退出历史舞台。

关键词：标语　类型化　国家治理　现代化

"标语治国"可谓是具有中国特色的国家治理模式。抗战时期它是战争动员的有效方式，政治挂帅年代它是群众运动的动员令，计划经济破冰早期是运动式执法的不二法门。随着市场经济的发展和法治国家建设的不断深入，经济主体日渐多样化，利益取向和价值观念也呈现多元化趋势，标语治国虽日渐式微，但仍存在对标语的依赖。那么标语有哪些类型？在历史上发挥了什么功能？各个阶段的标语有何不同？国家治理现代化视野下的标语治国有哪些问题？这些疑问都值得去一一探究。

一、标语的类型与功能

中华大地上的标语不仅数量繁多，而且类型多样。各类标语都在相应领域内承担着不同的功用，按照不同标准可以将标语分为以下几类。

第一，按照性质不同可以将标语分为政治类标语、经济类标语和文化类标语。政治类标语是一定时期内党和国家方针政策宣传的标语，是国家政治宣传与动员的重要方式，如"抗美援朝，保家卫国""建设社会主义新农村"等；经济类标语的内容以党政机关发布的经济发展目标为主，是在改革开放后广泛采用的标语形式，如"发展才是硬道理""贫穷不是社会主义"等；文化类标语是指精神文明建设和公共知识普及类的标语，承担着社会教育的功能，如"弘扬社会主义核心价值观""学宪法知识，做合格公民"等。

第二，按照功能不同可以将标语分为赞颂类标语、动员类标语和警示类标语。赞颂类标语用以表达对伟人或重要历史事件的颂扬，如"吃水不忘打井人，翻身不忘毛主席""中华人民共和国万岁""中国人民解放军万岁"等；动员类标语数量最多，起到了统一思想认识、凝聚人心、宣传鼓动的作用。如中华人民共和国成立初期的"多劳

---

* 徐振铭，湖南师范大学法学院硕士研究生。

动,多打粮,建设祖国有力量”和汶川地震后党和国家提出的“万众一心,对口支持,用三年时间基本完成灾后重建”等。警示类标语是根据法律和政策的禁止性行为作出的对人们行为的警示,这类标语在于通过警告促使社会成员遵纪守法,如“禁止在公共场所吸烟”“严厉打击刑事犯罪分子,保护人民生命财产安全”“惩治酒后驾车行为”等。

第三,按照地域划分可以将标语分为城市标语和农村标语。随着城市经济的发展和市民社会的建设,城市标语往往带有强烈的现代气息和人文色彩,反映着时代的主题和城市的文化氛围,如北京奥运会“绿色奥运、科技奥运、人文奥运”的标语和上海世博会“城市,让生活更美好”的标语就是这一特点的生动体现,而在城市管理方面,大多城市标语都采用了柔性劝导式语言,如“司机一滴酒,亲人两行泪”“小草也怕疼,请勿伤害它”等,都起到了“润物细无声”的宣传效果。农村的标语内容以民主建设、宣传致富和计划生育为主,在乡村公共治理中同样发挥着重要的作用。农村标语采用简单朴实的语言以便于农民理解接受,但是在宣传过程中易盲目追求恐吓的效果而忽视标语的合法性与文明性,甚至出现“暴力标语”的情形,如“放火烧山,牢底坐穿”“你发财,我收税”“敢放一挂鞭,拘留十五天”等,破坏了法治的统一。

每种类型的标语承担着不同的功能,宣传和鼓动是标语口号的两大主要功用,标语除了传递信息之外,引导舆论进而影响公众的思想感情,使受众按照发布者的意图采取行动是它最主要的价值。此外,标语还发挥着价值导向、激励动员、社会教育、规范警示等重要功能。

二、标语的历史沿革

郑为汕在《口号中国》中提出“标语口号是历史的浓缩”。在中国的历史中,曾经产生了许多家喻户晓的标语口号,从标语口号中我们可以直观地看到一个真实的历史,以及在这样的历史氛围中人们的真实心态。标语作为一个词汇,是五四新文化运动以来从日本引进国内的,在日文中标语是英文“motto”“slogan”的意译,可见标语这个词来自于西方。《辞海》将标语作为一种用简短文字写出的意义鲜明并具有宣传鼓动作用的话语。曾经的标语在中华大地随处可见,各类宣传标语凭借其言简意赅、通俗易懂、上口易记等特点,在群众中广泛传播、影响深远。

标语正式作为意识形态的宣传工具是20世纪上半叶的革命遗产。土地革命时期,共产党在宣传工作中便十分重视标语的作用,为了彻底揭露国民党反动政权的腐败,动员穷苦百姓参加革命,革命军队提出了“没收地主豪绅的土地、房屋、财产分配给穷苦农民”“打土豪、分田地”“工农专政”“一切权力归农会”“消灭保甲制度”“打倒国民匪党”的标语口号,老百姓在共产党的带领下获得了土地,翻身得解放。

抗日战争时期涌现了许多抗日救亡的标语,如“停止内战,一致对外”“打倒小日本,解放全中国”“把鬼子赶回老家去”“为民族独立而战”等,在这些标语的号召下,抗日救亡的呼声很快传遍全国,成为时代的最强音。各阶层人民纷纷行动起来,开展爱国救亡运动。解放战争中中国共产党提出“打过长江去,活捉蒋介石”和“打倒蒋介石,解放全中国”“将革命进行到底”等标语口号,鼓舞了全国军民的斗志,吹响了解放全国的号角。

从中华人民共和国成立到“三大改造”完成时期是我国完成新民主主义革命、建立新民主主义社会,并取得社会主义改造的决定性胜利的历史时期,当时党的宣传工作延续了中华人民共和国成立前的模式,标语受到了一如既往的重视。为配合“土改”“镇反”“三反”“五反”运动,中国出现了“土地还家”“耕者有其田”“依靠贫雇农,团结中农,中立富农,打击恶霸地主”“镇压反革命”“没有土地改革,生产无办法”“没有镇压反革命,生产不安宁”等标语口号,推动政治运动的顺利完成。

在“大跃进”和“文化大革命”时期,标语口号可谓被运用到了登峰造极的地步。狂热的政治运动使全国上下变成了标语的海洋,出现了“人民公社好”“人有多大胆,地有多大产,不怕做不到,就怕想不到”“赶英超美”“亩产万斤,要叫卫星飞上天”和“阶级斗争要年年讲,月月讲,天天讲”“横扫一切牛鬼蛇神”“打倒一切走资派和反动学术权威”“坚决将无产阶级文化大革命进行到底”等标语口号,铺天盖地的标语鼓动了人民的狂热情绪,使民族失去了理性,造成了国家的浩劫。

改革开放以来,党中央总结以往的经验教训,将工作的重心转移到了社会主义现代化建设上来。“以经济建设为中心,坚持四项基本原则,坚持改革开放”的标语成为主流,“让一部分人先富起来”“发展才是硬道理”“科教兴国”和“依法治国”等标语口号成为时代的价值指引。中国大地上红色标语口号不像以往那样铺天盖地。可是,作为一种传播工具,标语口号却因“历史惯性”被一直沿用至今。

三、国外标语的研究

采用标语进行宣传的现象在我国可谓无处不在,以至于国外一些学者建议说,“标语”应该和“长城”“熊猫”“孔子”一样,列为代表中国的符号。那么标语是否为中国特有的现象?综观世界各国的宣传手段,标语宣传作为无产阶级政党的传统,被苏联、朝鲜和中国等社会主义国家作为社会动员的方式大量采用。

就苏联时期的标语来看,俄国十月革命前,列宁在布尔什维克党的代表会议上提出了两个著名的政治口号:“不给临时政府以任何支持!”“全部政权归苏维埃!”,号召广大人民群众站到布尔什维克党的一边来,参与武装起义,实现社会主义革命;在苏联社会主义建设时期,斯大林为了号召全党全社会高度重视知识和技术的作用,代表党提出了两个著名的政治口号,即“技术决定一切”和“干部决定一切”。这两个口号切实反映了苏联在社会主义建设时期对技术、人才和干部作用的重视,带动了广大党员和人民群众努力学习科学技术、重视科学技术的政治热情,为苏联社会主义建设提供了强大的智力支持。[1] 自此,标语便如雨后春笋般地被应用于苏联政治、经济各领

---

〔1〕 参见张炳文:《党的政治口号:传统、变革与启示》,载《理论探索》2007 年第 5 期。

域。由此可见,苏联时期的标语宣传模式与我国具有诸多相似之处:其一,标语口号只能由中央和地方党政机关拟定,标语口号的权威性不容置疑;其二,被号召的对象可以是某个社会阶层,可以是全社会,乃至全世界无产者;其三,标语的内容与各个时期各级政府机构的政治任务、生产任务有紧密联系,标语内容的变化往往标志着政府政策的变化、工作重心的转移;其四,有些标语口号内容不切合实际,有些则"泛滥成灾",各地存在大量重复的标语口号。最后,标语口号的摆放、悬挂也较有规律,大型标语除摆放在市中心主要街道两旁的楼房上之外,还摆放在厂矿、机关、学校、政府机关的建筑物上。[2]

而在西方国家,标语通常是自下而上地表达社会权利和民众诉求的工具。如美国的"占领华尔街运动"(Occupy Wall Street)是由加拿大一份反消费文化杂志《爱德巴斯特兹》的联合主创人兼总编克利·拉森发起的,在运动中数以千计的年轻人打出"抗议企业贪婪""我们要工作""无人机天上飞,无辜儿童地下亡,现在就停战"和"为世界改变而联合"[3]等标语,以抗议美国的贫富两极分化,为自身权利而斗争。

但在德国纳粹时期,标语的重要性受到了领袖的重视。极权统治时期迫切需要标语口号等煽动起群众的狂热情绪,希特勒指出:"群众对于(宣传的)接受能力是非常有限的,领悟能力低但遗忘性高,从这个事实来看,每一种有效的宣传只能局限在很少的几个要点,并以简短的标语形式表达,一直如此运用到确定任何人也都能够知道含意。若把这些基本原则牺牲而想要多方面发挥,就将造成宣传功效整个都散失掉。这是因为群众对过多供应的材料,既无法加以消化也记不住。"[4]所以在纳粹党统治时期,宣传部门在党的各级机构中建立起来,进行体系化运作。宣传部门自上而下发布特别指令,内容细致到规定在群众集会上使用的主题和口号。宣传部门还负责为各地区统一印制海报、传单,地方活动的信息则被收集起来逐级上传。标语、报纸、宣传册和海报等被广泛运用于意识形态宣传工作中,对民众的观念产生了巨大影响。

四、标语的成因分析

(一)历史中存在标语的萌芽

标语口号在中国形成发展具有深厚的历史根源。据《史记》记载,秦始皇一统天下后,登泰山,立三丈高的石碑"刻石颂秦德"。[5] 从自之后,历代皇帝纷纷仿效,树碑立传以昭示天下,标榜自己的权威。这类石碑可以看作现代标语的雏形,也可以看作封建帝王将标语作为歌功颂德、训化民众的工具。然而在社会底层,标语在反抗封建暴政、动员百姓力量方面发挥了更加重要的作用。革命领袖打出了"伐无道、诛暴秦"

[2] 赵为、荣洁:《苏联及俄联邦初期标语口号的使用特点、结构特征、功能之比较》,载《外语学刊》(黑龙江大学学报校庆专号)1996 年第 4 期。

[3] 胡文涛:《"占领华尔街"运动的特征、动因及影响》,载《现代国际关系》2011 年第 11 期。

[4] Adolf Hitler, *Mein Kampf*, London: Hurst and Blackett Ltd., 1939, p. 108.

[5] 韩承鹏:《标语与口号——一种动员模式的考察》,复旦大学 2007 年博士学位论文,第 24 页。

“等贵贱、均贫富”等极具煽动性的标语口号,动员了成千上万的百姓参与到起义中来,动摇了封建统治的根基。而在封建社会末期,革命领袖孙中山提出了“驱除鞑虏、恢复中华、创立民国、平均地权”的奋斗目标,成为凝聚海内外炎黄子孙推翻清王朝的战斗号角。

(二)现实中开展革命运动的需要

首先对于中共革命而言,采用标语进行宣传是现实因素决定的。中共早期难以占据有利的宣传资源,只能采取粉刷、张贴标语等简便的形式开展动员工作,加之中共的动员对象多为老百姓,普遍文化水平较低,采用朗朗上口的标语口号能够达到理想的动员效果。1930年4月,红四军政治部发布了《宣传员工作纲要》,规定“每一个宣传员必须备一副写标语的用具,用白(或黑)的颜料,根据本部规定的各种标语,随时随地的写于通衢大道行人易见的墙壁上”。[6] “每到一个城市,要用红布写上本部规定之主要标语悬挂于街道中间。”《古田会议决议》中强调:“每到一个地方,要有适合那个地方的宣传口号和鼓动口号。还要依照不同的时间制定不同的宣传和鼓动口号。”[7]于是,在历史的惯性作用之下,标语作为一种官方的宣传手段一直被沿用至今。

(三)深层原因:大众心理因素

标语宣传之所以能够在革命运动中达到良好效果,与群众的心理因素密不可分。首先,将重复法运用到极致是标语内容深入人心的重要手段。“当领袖们打算用观念和信念——例如利用现代的各种社会学说——影响群体的头脑时,他们所借助的手段各有不同。其中有三种手段最为重要,也十分明确,即断言法、重复法和传染法。”[8]标语作为一种被大范围张贴刷写的宣传形式,重复出现于群众面前,“近年来的研究证实,复述的次数越多,转换到长时记忆的信息量也增多”。[9] 于是群众便不自觉地接受了标语的暗示,一旦接受便牢记于心,并遵从标语口号的号召。

其次,在革命运动中标语口号之所以能够达到“一呼百应”的效果,是集体无意识的体现。“群体无疑总是无意识的,但也许就在这种无意识中间,隐藏着它力量强大的秘密……无意识在我们的所有行为中作用巨大,而理性的作用无几。无意识作为一种仍然不为人知的力量起着作用。”[10]狂热的运动浪潮中,群众在标语口号的引导下被赋予了时代建设者的使命,受到群体精神而非个体理性的支配。所以,标语口号使群体在不自觉中统一起来,朝着同一个奋斗目标行动。

五、国家治理现代化视角下的标语审视

站在历史发展的角度,从“标语治国”到标语逐渐减少,与我国的国家治理模式转

---

[6] 韩承鹏:《标语与口号——一种动员模式的考察》,复旦大学2007年博士学位论文,第27页。

[7] 参见许启贤:《中国共产党思想政治教育史》(第2版),中国人民大学出版社2004年版。

[8] [法]古斯塔夫·勒庞:《乌合之众——大众心理研究》,冯克利译,中央编译出版社2004年版,第102页。

[9] 章志光主编:《心理学》(第3版),人民教育出版社2002年版,第165页。

[10] [法]古斯塔夫·勒庞:《乌合之众——大众心理研究》,冯克利译,中央编译出版社2004年版,第4页。

变息息相关。国家治理问题是国家改革和发展中的核心问题之一，美国学者福山将此类问题称为“国家构建”（state—building）。中共十八届三中全会指出：“全面深化改革的总目标是完善和发展中国特色社会主义制度，推进国家治理体系和治理能力现代化。”这一目标的确立是我国从“统治”到“治理”的重要转向。国家治理的现代化，意味着国家治理模式从全能政府的一元管理向政府、市场、社会共同合作的多元治理的转变。在推进国家治理体系和治理能力现代化的背景下，从治理现代化的特征出发对标语进行分析，可以看出标语不符合治理模式的发展潮流。

（一）不符合治理法治化的要求

法治作为人类理性的产物，体现着秩序价值、公正价值、人权价值、效率价值与和谐价值，[11]实行法治是国家治理现代化的内在要求。国家治理现代化意味着国家治理体系依据法律构建和国家治理活动依照法律开展。现代国家的治理，应当处理好政策和法律的关系，摒弃人治思维和运动式思维，强调制度与规范、程序与秩序。

首先，新中国成立初期法制体系尚不健全，国家与社会管理的各领域大多采用政策导向，变动不居的政策严重影响了社会治理的稳定性和可预期性，而大量政策的宣传也成为标语产生的温床。其次，标语也是人治模式的产物。人治忽视法律的作用，强调个人意志至上，通过标语将权威人士的话语反复宣传从而达到个人崇拜，容易导致“一言兴邦、一言废邦”现象的出现。最后，标语大量出现在运动式治理中，运动式治理的临时性、运动性和反复性特点与法治的稳定性和确定性要求背道而驰，损害了法律的权威。

（二）不符合治理民主化要求

国家治理现代化的要素之一是实现民主治理，即将协商民主和参与式民主纳入决策过程。随着现代社会政治文明的进步，原有代议制民主走向精英民主，加剧了政治的不平等，而协商民主与参与民主体现了政治平等与政治参与的兼容。根据哈贝马斯的理论，只有程序主义法律范式才可以通过人们之间的交往行为兼顾形式正义与实质正义，即“只有所有可能的相关者作为合理的商讨的参与者可能同意的那些行为规范才是有效的”，[12]于是国家治理现代化是协商民主与参与民主下的现代化，公民不再是被“统治”的客体，而应成为“自治”或“共治”的主体，拥有公众知情权、表达权、参与权、决策权和监督权，参与国家治理的各个过程，成为国家治理不可或缺的重要组成部分。而标语产生于国家权力高度集中的时期，彼时的治理模式片面强调国家意志的单方性，忽视了不同利益群体的诉求，导致政府公信力降低、决策权威和治理执行力出现危机，不符合民主治理的要求。

（三）不符合治理主体多元化的要求

“国家治理现代化意味着一系列社会公共机构、市场组织和公民大众开始承担治

---

〔11〕 参见张文显：《法治与国家治理现代化》，载《中国法学》2014 年第 4 期。

〔12〕 ［德］哈贝马斯：《在事实与规范之间》，童世骏译，三联书店 2003 年版，第 132 页。

理职责,政府不再是国家的唯一管理主体,而是与市场、公民社会一起成为国家治理网络的组成部分”。[13] 鉴于治理主体已获重构或再造,公共治理主体和公民之间毋宁是一种“主体间性”的交互关系,它们相互结合构成了多元主体双向互动关系意义上的自主性网络。[14] 国家治理现代化在一定意义上就是走出国家全能主义的一元模式,转变为政府向市场与社会分权,倡导平等与合作的理念,通过国家与社会合作、政府与非政府组织合作、公共机构与私人机构合作,从而在双向的沟通和互动过程中实现多元共治。

此前我国的治理是建立在国家和社会二元分立的基础之上,国家作为统治的唯一主体对社会予以规则化调整,而个人和社会则必须遵从国家单向的调整并按照其内在的逻辑获得开展活动。随着社会问题的复杂化,仅仅依靠政府治理难以应对,需要发挥市场的积极性和社会组织的行业自我管控作用。当前国家通过高度集中的权力来动员社会资源已无法适应市场需求,再通过国家单向度的标语等形式进行社会管控,市场和社会的活力就会受到抑制,且不利于公民主体意识的培育。

(四)不符合治理手段文明化的要求

“现代国家治理手段的选择不仅要考虑其有效性,而且要考虑其正当性和文明性。”[15] 治理手段的文明化就是要实现“善治”的理想状态,其本质特征就在于政府与公民对公共生活的合作管理。随着公共利益与个人利益关系一致性的不断增强,在现代集体主义人文精神的指导下,行政权的强制属性也将日益减弱,在治理方式上实现由“命令—服从”的强制方式向“指导—互动”的柔性方式变革。“尽量不把公众视为管制的对象,而应把他们视为共同参与风险评估、合理消除风险的合作伙伴。”[16] 另外,应将协商机制作为化解服务与合作中地位障碍的有力工具,充分听取相对人的愿望和要求,进而使决策更加科学合理。

标语是国家机关单方面表达意志和对公众提出号召的手段,因缺少与受众的协商与沟通,出现了内容多为命令式、强制式甚至暴力标语的情形,影响了公众对于公权力的认同与信任。所以在国家治理现代化背景下,标语不符合治理手段文明化的要求。

六、结语

标语口号是国家治理水平的真实写照,反映的是治理理念和施政风格,也折射出公务人员的工作作风。在国家治理现代化视野下,通过标语进行治理存在诸多弊端,不符合治理现代化的内涵与精神,理应逐渐减少使用并使之退出历史舞台,成为我国革命与转型时期的记忆。

---

[13] 吴汉东:《国家治理能力现代化与法治化问题研究》,载《社会治理法治前沿年刊》2017年。

[14] 参见魏治勋:《“善治”视野中的国家治理能力及其现代化》,载《法学论坛》2014年第2期。

[15] 姜明安:《改革、法治与国家治理现代化》,载《中共中央党校学报》2014年第4期。

[16] [美]戴维·罗森布鲁姆、罗伯特·克拉夫丘克:《公共行政学:管理、政治与法律的途径》(第5版),张成福等校译,中国人民大学出版社2002年版,第448页。

正如齐格蒙特·鲍曼所言:“并不是要一次性地、一劳永逸地清除传统,并使英勇无畏的新世界永远摆脱它们,而只是要为更新的、更加完善的、先进的传统清扫场所;是要用更为完美先进的传统,取代原有的残缺不全、弊端重重的传统。”[17] 当前的公权力部门运用标语进行社会治理还存在着巨大的心理惯性,只能从树立服务理念出发,在治理中倡导政府、市场、社会和公民的多元共治,同时在治理方式上运用协商机制取代原有的强制模式,从而达致服务型政府和治理现代化的目标。唯有如此,“标语治国”这样一种革命时期的遗留产物才能真正地为法治和民主精神所改造,社会也将向着文明、和谐的方向演进。

---

〔17〕［英］鲍曼:《流动的现代性》,欧阳景根译,上海三联书店 2002 年版,第 5 页。

美国青少年犯罪与惩罚的悖论

于　霄*

内容摘要:1985~1993 年,美国青少年犯罪率呈现爆发式增长,对青少年犯罪,特别是暴力犯罪的恐慌在学者、政客和媒体中蔓延。恐慌诱使美国绝大部分州加大了对青少年犯罪的惩罚力度,包括对青少年适用成人司法规则、加重量刑和公开刑事记录等。然而,加重惩罚的措施缺乏基础,在美国原本有缺陷的司法系统内,致使贫穷、有家庭问题和生存在不良社会环境等情况下的青少年遭受大量不公对待和深刻伤害。"犯罪带来惩罚,处罚遏制犯罪",有时是顺理成章的逻辑,但有时也会给社会带来极为不良的后果。

关键词:青少年犯罪　青少年犯保护　美国刑事政策　刑罚

一、问题意识

根据我国《刑法》第 17 条规定,在我国不满 14 周岁的人不可能被判处刑罚,已满 14 周岁不满 16 周岁的人也只有在极端的条件(有极端犯罪行为)下,才有可能被判处刑罚。并且只要不满 18 周岁的人犯罪都应当从轻或者减轻处罚。似乎我国未成年人在刑罚方面受到了"充分"的保护。

然而,2016 年 2 月 29 日的一则新闻又引起了人们对未成年人犯罪的讨论。当日,新华网转发央广网一篇名为"山东 15 岁少女遭 5 人轮奸,嫌犯猜拳决定性侵顺序"的新闻,文中称"近日,枣庄市薛城区发生了一起多人轮奸一名 15 岁少女的恶性案件,接到报案后,办案民警迅速出动,仅用 5 个小时就将 5 名犯罪嫌疑人全部抓获归案。令人惊讶的是 5 名犯罪嫌疑人中有 4 名均是未成年人"。[1] 新闻一出,不少网友表示愤慨,过激者甚至认为应当"拉出去枪毙"。

2016 年《法治蓝皮书》指出,我国 2015 年的未成年人犯罪总体呈下降趋势,保持在 5 万件左右,但是不少未成年人犯罪手段暴力凶残,共同犯罪居多且犯罪后果严重。面对一起起一件件真实的"暴力凶残"犯罪事件,无论是警察、检察官、法官,还是普通公众,可能都会忘记未成年人犯罪的总体刑事态度,更多地关心"凶手"是不是得到了"应有的处罚"。

然而,14 周岁并不是一个心智成熟的年纪,8 种所谓"严重暴力犯罪"在这些孩子的心中到底意味着什么也犹未可知。他们却要面临着类似成年人的刑罚。特别是当

---

* 于霄,法学博士,华东政法大学科学研究院副研究员。

〔1〕《山东 15 岁少女遭 5 人轮奸　嫌犯猜拳决定性侵顺序》,载新华网:http://news.xinhuanet.com/legal/2016-02/29/c_128761329.htm,最后访问日期:2016 年 3 月 28 日。

这7万~8万的"罪犯"集中于留守儿童、单亲儿童等特殊群体时,犯罪与刑罚中理性逻辑的正当性就更多地受到了社会效果与治理意义的反诘。

在20世纪八九十年代,美国经历了一次青少年犯罪的爆发式增长。在这种情况下,美国一些犯罪学家开始积极预言,一大波"超级猎食者"(super-predators)即将到来,到时美国的青少年司法系统将无法应付。于是,美国各州开始了一场为期十余年的"超级猎食者"围剿行动,几乎所有州都颁布了"加强打击青少年犯罪"的立法。然而,结果却与设想大相径庭。

本文选取了美国3个有代表性的严重青少年犯罪,通过对3个案例的深入追踪,来研究在青少年犯罪问题上,行为与惩罚之间的特殊悖论。

宾夕法尼亚州切斯特市的特瑞纳·加内特(Trina Garnett)因14岁时与朋友弗朗西斯·纽瑟姆(Francis Newsome)在他人家中故意纵火,烧毁房屋,并导致家中一男孩窒息而死,被判二级谋杀罪成立,并被依法强制处以不得假释的终身监禁。

佛罗里达州坦帕市的伊恩·曼努埃尔(Ian Manuel)因13岁时与其他两名男孩试图抢劫一对外出用晚餐的夫妇,并向其中一人黛比·拜格(Debbie Baigre)开枪,导致其脸颊被子弹击穿,几颗牙齿被击碎,其后该男孩被逮捕,并被判处不得假释的终身监禁。

洛杉矶南部中心的安东尼·努涅斯(Antonio Nunez)因14岁时参与绑架、持枪射击,被判加重绑架罪和谋杀警察未遂,并被判处不得假释的终身监禁。

二、"超级猎食者"理论导致青少年犯罪重刑化

从1985年到1993年,美国青少年犯罪率呈现爆发式增长。在20世纪90年代,美国很多政客与学者意识到这次增长在历史上前所未有,加之美国其他的犯罪问题,可能会导致非常严重的后果。到20世纪90年代末,美国学者对此问题的看法可以概括为3个主要方面:

第一,美国成人暴力犯罪总体稳定,甚至有些减少,而青少年暴力犯罪激增,其原因是青少年司法系统出现了问题。1978~1993年,美国青少年暴力犯罪被捕人数增长了79%,是成人的3倍。杀人犯罪人数的增长则更为明显,同一时间段,增长了177%,而成人则下降了7%。关于这种增长的原因,一些犯罪学家认为,重要的一点是,成人与青少年犯罪受刑罚率相差过大。1978~1993年,州与联邦监狱在押罪犯与成人暴力犯之间的比例从34%上升到55%,上升了60%。而青少年则从36%下降到了29%,下降了20%。[2] 与此相应,很多媒体,比如《华尔街日报》(*Wall Street Journal*)1997年的一份社论将20世纪八九十年代青少年暴力犯罪增长的原因指向孩子总能"逍遥法外"(getting away with it)。[3] 一份1983年的研究公布了之前对纽约

---

〔2〕 Steven D. Levitt, "Juvenile Crime and Punishment", *Journal of Political Economy*, Vol. 106, No. 6, 1998, pp. 1156-1157.

〔3〕 转引自 Franklin E. Zimring, *American Youth Violence*, New York: Oxford University Press, 2000, p. 8。

青少年的一些访谈。访谈的内容指出青少年在成年后大幅减少犯罪活动,与青少年司法体系有关。一个刚满16岁(纽约法定成年年龄)的少年说:"如果你是小孩子,你会被关进青少年教养所。但是你现在会进监狱。监狱可不是能去的地方。"另一受访青少年,被关押在青少年教养所。对于自己1~4年的刑期,他说:"简单。我熬够时间,就出去了,没什么。"但他建议他的兄弟,不要再做犯罪的事,"因为他已经16岁了,他会进监狱"。[4] 所以,很多人认为,如果不对现有的青少年司法制度进行改革,青少年犯罪一定会继续增加。

第二,很多学者和政客认为随着青少年人口总数的增加,青少年暴力犯罪的数量也不可避免的增长。1995年,詹姆士·威尔逊(James Q. Wilson)预言:"到20世纪末,14岁到17岁的人口将比现在增长一百多万……而这多出的一百多万人将会有一半是男性。他们中有6%会成为高频罪犯,那就是超过三万个年青的强盗、杀人犯和小偷。我们要准备好。"[5]学者的理论也受到了政客的积极回应。其中最为著名的是国会议员比尔·麦科勒姆的有关言论(Bill McCollum)。他在1996年警告说:"今天五岁的孩子,明天就是十几岁,他们人口数量庞大。不幸的是暴力犯罪多数是由大一些的孩子所犯。这个统计学的事实告诉我们要警惕一代'超级猎食者'的到来。"[6]

第三,很多人在有意渲染青少年暴力犯罪暴发的恐怖气氛。有人认为,美国很快就会被"不拿午餐拿手枪的小学生"和"道德贫瘠"和"完全不尊重生命的人"所占领。[7] 1996年,前美国教育部部长威廉·贝内特(William Bennett)和他的两位同事一起出版了一本名为《身体之罪》(*Body Count*)的著作。美国之前的青少年犯罪理论都将关注点放在青少年的生活贫困、歧视、家庭功能不良或者不公平等诱因上。而面对1993年左右的数据,贝内特推翻了这些理论,认为青少年犯罪源于"道德贫瘠"(moral poverty)。于是,他与他的同事就在书中将"道德贫瘠"的青少年形容成"超级猎食者",他们不但会进行大量的极端暴力犯罪,还因为犯罪是源自于其自身低下的道德水平,犯罪的人难以被正常的社会手段所矫正。他们认为,新一代青少年罪犯的两个主要特点是冲动和无情。贝内特将"超级猎食者"形容为:"本质上冲动和残酷无情的年轻人,甚至包括了一些不到10岁的男孩。他们杀人、打架、强奸、抢劫、盗窃、贩卖致命毒品、加入暴力黑帮,严重扰乱公共秩序。他们不惧怕被捕的污名、羁押的痛苦和良心的谴责。他们不懂前因后果的关系(善有善报,恶有恶果)。对于这些街头青年来说,'对'与'错'没有确定的道德含义。"[8]

在学者的预言、政客的呼应和媒体的夸大下,并不存在的犯罪浪潮引起了人们的

---

[4] Barry Glassner, Margret Ksander, Bruce Berg, Bruce Johnson, "A Note on the Deterrent Effect of Juvenile vs. Adult Jurisdiction", *Social Problems* 31, 1983, p. 220.

[5] James Q. Wilson, *Crime*, California: Ics Pr., 1995, p. 507.

[6] Bill McCollum, "Testimony before the House Subcommittee on Early Childhood, Youth, and Families", 104th Cong., 2nd sess., April 30, 1996, pp. 2-3.

[7] John J. DiIulio Jr., "The Coming of the Super-Predators", *Weekly Standard*, November 27, 1995, p. 23.

[8] William J. Bennett, John J. Dilulio, John P. Walters, *Body Count*, New York: Simon & Schuster, 1996, p. 27.

恐慌。当时,美国各州都有独立的青少年司法系统。各州成年的标准,即进入成人法院接受审理的标准,也从 16 ~ 19 岁各有不同。青少年司法系统与成人司法系统的区别有很多,但其中几点比较重要:第一,青少年刑事记录一般完全不对外公开,就算有些州公开,也只是部分公开。第二,青少年刑事法院判决的罪犯,不关押在成人监狱里。美国青少年法院根据犯罪严重程度的不同,可以选择将青少年罪犯送往不同地点,这包括培训学校(training school)、牧场(ranches)、训练营(camps)、过渡所(halfway houses)以及庇护所(shelters)。培训学校事实上并非学校,而是与成人监狱相似的地方。在那里青少年犯受到严格监督,行动和与外界接触的机会受到实质性限制。第三,青少年司法系统不仅处理少年犯罪(delinquent),即被诉犯成人罪刑的犯罪,还处理"身份犯罪"(status offenses),即没有违反刑事法律,只是因为危害了儿童福利、被法院定为犯罪的犯罪,比如屡教不改、逃学、非法饮酒或离家出走,还处理不独立和被遗弃儿童案件。

"软弱"的青少年司法系统似乎不能应对"将要"到来的青少年犯罪潮,于是,很多人提出要加大对青少年犯罪的处罚力度。在 20 世纪 90 年代的前中期,全美除了三个州之外的所有州都为了弥补青少年司法系统的"缺陷",通过立法使青少年司法系统更具惩罚性,以降低青少年的犯罪率。新的立法主要分为三种:第一,45 个州扩大了青少年犯适用成人刑事司法程序的范围;第二,30 个州扩大了青少年案件中法官的量刑权限(法官可以处以更高的刑罚);第三,47 个州去除了传统上对青少年刑事记录的保密条件,使这些文件可以受到公众监督。只有 3 个州,内布拉斯加州、纽约州和佛蒙特州,没有在这个时期颁布加重对青少年犯处罚的立法。这次各州加重对青少年犯处罚的立法有两个目的——限制危险青少年的自由和威慑未来的青少年犯。还有些州降低或取消成人审判程序的最低年龄,甚至 8 岁的孩子都有可能遭到成人公诉和监禁。有些州还启动了强制移转规则,剥夺了检察官和法官关于儿童犯是否应当保留在青少年司法系统中的自由裁量权。在特定情况下,儿童犯必须受到成人司法系统的追究。

除此以外,美国司法行政系统也做出了应对。宾夕法尼亚州为"将要到来的一大波超级猎食者"专门建造了青少年监狱"派恩格罗夫州立惩教所"(The State Correctional Institute at Pine Grove)。这所监狱与一般的青少年管教所不同,是一所真正的监狱,目的不是改造青少年,帮助他们重返社会,而是对他们进行惩罚。

但是,预想中的"一大波超级猎食者"并没有到来。1994 年之后,美国青少年人口持续增加,但青少年犯罪率却在持续下降。[9] 1997 年到 2008 年,青少年被捕人数下降了 33%,惩教所关押的青少年人数减少了 26%。[10] 派恩格罗夫惩教所可以容纳 1000 名犯人,于 2000 年建成并投入使用。而宾夕法尼亚州 1999 年到 2001 年,青少年

---

〔9〕 Elizabeth Becker, "As Ex-Theorist on Young 'Superpredators', Bush Aide Has Regrets", *New York Times*, February 9, 2001.

〔10〕 Melissa Sickmund, "Juveniles in Residential Placement", *OJJDP Fact Sheet*, 2010, p. 2.

罪犯仅增加了 246 人(1999 年,3819 人),自派恩格罗夫惩教所投入使用之后,最多的一年,2007 年,也仅比 1999 年多 735 人,但到 2013 年青少年犯人数大幅下降到了 2781 人。[11]

有人对当年提出“超级猎食者”的学者与政客提出质疑。2001 年,美国卫生局局长发布的报告中,将“超级猎食者”理论称为奇谈怪论,还说:“没有证据证明,20 世纪 90 年代初青少年犯罪潮中,参与暴力犯罪的青少年之后更容易犯罪,或犯更为严重的罪行。”[12] 对他们处以更严酷的刑罚没有依据。

“超级猎食者”的预言被证明错误。但预言者却认为,正是因为各州政府采取措施,回应了他们的警告,才使青少年暴力犯罪大幅下降。麦科勒姆说:“佛罗里达,像其他四十多个州一样,有针对性地解决了其青少年暴力犯罪的问题……这些精心制定的政策发挥了作用;青少年暴力犯罪从 20 世纪 90 年代的最高水平直线下降……全州 12 岁到 17 岁的青少年暴力犯罪从 1993 年到 2005 年下降了 61%。”[13]

那么,“美国青少年惩罚改革是否减少了青少年犯罪率?”为了解答这个问题,富兰克林·齐姆林(Franklin E. Zimring)和史蒂芬(Stephen Rushin)专门撰写了以此为题的论文。论文的逻辑是:如果青少年司法改革是有效的,那么,即使青少年犯罪和成人犯罪率(特别是刚成年的)都在下降,青少年犯罪率也会因为改革而下降更快。但他们通过对数据的分析发现,在全国范围内的改革之后,1980 ~2009 年青少年谋杀犯罪率与年青成年人(18 ~24 岁)谋杀犯罪率的变化非常相似。[14] 事实是,青少年犯罪的浪潮不会到来,而不是改革阻止了浪潮的到来。

三、青少年犯重刑化没有充分基础

美国 20 世纪 90 年代青少年司法系统的改革是基于以下理论做出的:因为出生人数增长和青少年犯罪处罚过轻等原因,一大波青少年暴力犯罪分子即将到来,要避免这一情况的发生,就必须采取措施加重处罚以威慑潜在的犯罪者。但是,这些理论的核心,“威慑减少犯罪”在青少年犯罪中发挥作用缺少充分基础。原因在于青少年不同于成人,他们如果处于犯罪高危环境缺乏自我选择性;对犯罪行为缺乏自我认知;犯罪行为缺乏自主性。

处于犯罪高危环境缺乏自我选择性。青少年处于人生发展的第一阶段,他对于自己所出生的城市、家庭与经济条件等都没有选择的能力。而出生于家庭暴力或高犯罪环境中,是青少年犯罪的重要原因之一。

---

〔11〕 Detailed Offense Profile in Public and Private Facilities for Pennsylvania, http://www.ojjdp.gov/, accessed April 10, 2016.

〔12〕 U. S. Surgeon General 2001, “Youth Violence: A Report of the Surgeon General”, http://www.ncbi.nlm.nih.gov/books/NBK44297/, accessed April 10, 2016.

〔13〕 Graham v. Florida, 130 S. Ct. 2011(2010)(No. 08 -7412).

〔14〕 Franklin E. Zimring, Stephen Rushin, “Did Changes in Juvenile Sanctions Reduce Juvenile Crime Rates? A Natural Experiment”, *Illinois Public Law and Legal Theory Research Papers Series No.* 14 -22, 2013, p. 69.

特瑞纳·加内特家住宾夕法尼亚州切斯特市(费城外一个经济困顿的市)。该市公立学校系统在宾夕法尼亚州501个区中排名最后。城市里近半的孩子生活在联邦贫困线之下。特瑞纳的父亲沃尔特·加内特(Walter Garnett)是个退役拳手,事业上的失意让他变成了一个暴力嗜虐的酒鬼。特瑞纳的母亲伊迪丝·加内特(Edith Garnett)身体不好,常受特瑞纳父亲的殴打。特瑞纳小时候表现出智力障碍和其他身体问题。当她还在蹒跚学步的时候,就因为无人照看,误食了打火机油,生了一场重病。在五岁那年,她身上意外着火,她的胸部、腹部和背部都严重烧伤。特瑞纳九岁时母亲去世。特瑞纳的姐姐想要照顾她,但父亲开始性侵她们,于是她们逃离了家庭。

安东尼·努涅斯住在洛杉矶南部中心,那里长期存在暴力黑帮。安东尼十几个邻居在遭遇枪战时被射杀。安东尼与特瑞纳一样也受到家庭暴力的侵害。在安东尼还是个婴儿的时候,他就遭到父亲殴打。他还亲眼目睹了父母的激烈肢体冲突,听到他们互相威胁要杀死对方。因为家庭暴力的原因,安东尼还不只一次拨打报警电话。在这种条件下,他心理受到创伤,晚上开始做噩梦。安东尼的母亲对他不管不问。13岁时,安东尼在家附近被陌生人开枪击中了腹部、身侧和手臂。他14岁的哥哥听到他的尖叫,跑去救他,但却被枪击中死去。安东尼受了严重的外伤,住了几个星期的医院。

青少年对犯罪行为缺乏自觉性。青少年对行为的认知,特别是社会行为的认识还处于完善与成熟的过程中,对于相当部分的犯罪行为缺乏正确而充分的认识。美国青少年犯罪的类型非常复杂。根据统计,1997年美国青少年犯中约有33.45%的人身犯罪、33.37%的财产犯罪、8.63%的毒品犯罪、9.79%的公共秩序犯罪(如酗酒和危害治安的行为),而还约有11.81%青少年仅违反了缓刑和青少年假释的技术型规定,还约有5.941%的“身份犯罪”。[15] 技术上的犯罪和身份犯罪,青少年认知是非常困难的。在毒品犯罪环境下成长的青少年对毒品犯罪的严重程度也可能根本没有足够的认识。即使是对于人身伤害类和盗窃、抢劫类的暴力犯罪,青少年有时也会对行为的严重程度和后果缺乏足够的认识。

14岁特瑞纳的“犯罪”过程如下:她和她16岁的朋友爬进切斯特街边一座房子的窗户。两个女孩想去找住在里面的男孩,但因为男孩的母亲之前禁止她的孩子与特瑞纳一起玩,所以,她们采取了偷偷进入的方式。进入房子之后,特瑞纳为了找到男孩的房间点燃了火柴。她不小心导致房子失火。火势迅速蔓延,两个在家中熟睡的男孩因浓烟窒息而死。男孩的母亲指控特瑞纳故意纵火。[16]

13岁的伊恩在抢劫黛比·拜格夫妇之前,年纪较大的孩子给了他一把手枪。在美国枪支问题一直是一个难以解决的社会问题,不准持枪与宪法原旨有违,允许持枪导致枪支泛滥则将青少年置于危险品的环境之中。青少年在成长中,身体的成长与心智的成长并不匹配,在身体长成之后,他们迫切需要与之相适应的控制感。而枪支为

---

〔15〕 Detailed Offenses, http://www.ojjdp.gov/ojstatbb/ezacjrp/asp/selection.asp, accessed Apr. 9, 2016.

〔16〕 Bryan Stevenson, *Just mercy*, New York: Spiegel & Grau, 2015, p. 149.

这种心理提供了条件。在事实弱小的情况下,一旦持有了枪支,青少年会感受到对他人的控制力,然而他们不能很好地掌控这种能力。所以,在抢劫过程中,拜格一开始反抗,伊恩就向她开了枪。对于开枪的后果,事实上,伊恩是没有充分认识的。

犯罪行为缺乏自主性。因为心智不成熟,青少年容易为他人利用。在被他人利用的时候,青少年对自身暴力行为的严重危害性也可能并没有充分认识。安东尼之前就被关押在管教所,获得自由之后,被邀请参加一个"聚会",当时安东尼14岁。聚会上两个27岁左右的男人告诉他,他们计划进行一次假绑架。他们坚持要安东尼加入。他们中一人伪装成被害人坐在汽车后排,希望骗取赎金。他们也给了安东尼一把枪,并要求他和他们一起去。途中,他们发现自己被两名开灰色面包车的拉丁裔男人跟踪,然后追赶。年长的共犯让安东尼向面包车开枪。在面包车里追他们的人是变衣警察,开枪的时候,安东尼并不知道这一点。在警车加入时,安东尼丢掉了枪,不久后他们的车就撞到了树上。没有人受伤,但安东尼和共犯被指控犯有加重绑架罪和谋杀警察未遂。[17]

四、司法系统缺陷加剧刑罚不公

对于贫穷的人、少数族裔和无人照管的青少年来说,美国的司法系统存在很大的不公风险。在美国广大的贫穷城市社区,黑色和棕色皮肤的男孩通常都有多次遭遇警察的经历。尽管他们中的多数人表面上没有任何违法行为,但还是会成为警察盘问的对象。执法人员总是假定他们有罪,怀疑他们有危险或参与犯罪活动。随机检查、询问和搜身大大增加了男孩们因轻微犯罪被捕的可能性。他们中有很多人因为各种原因背上犯罪记录,而这些事情对于家庭富裕的白人孩子来说根本不会导致任何惩罚。

关于执法人员这样做的原因,巴尔的摩做了11年的警官迈克尔·伍德(Michael Wood)在美国纽约的有线电视网络媒体公司(HBO)纪录片中这样解释:他在职时,他们的警队是城市中最好的警队,他们之所以是最好的警队,是因为他们逮捕了最多的罪犯。为了创造良好的数据,他们会在执法时做些手脚,比如逮捕那些年龄16~24岁的黑人男性,即使没有任何证据。嫌疑人会因为没钱请律师,公设辩护人(public defender)又没有时间,而面临超长刑期。于是,他们不得不选择辩诉交易(Plea Bargaining),成为真正的罪犯。对于警察来说,罪犯落网,数据好看,简单又容易,虽然他们始终没有什么切实的证据。

特瑞纳在被捕时伤心欲绝、精神委顿、反应呆滞几乎无法说话。律师认为她没有能力参加庭审。根据美国程序法,无行为能力的被告无法为自己辩护,所以州政府不能提起公诉,不能适用对抗式刑事诉讼程序。[18] 在这种情况下,面临刑事起诉的被告有权接受治疗和护理。但是,特瑞纳没有经济能力聘请适当的律师,指定律师又极端

---

〔17〕 Bryan Stevenson, *Just mercy*, New York: Spiegel & Grau, 2015, p. 156.

〔18〕 50 Pennsylvania Consolidated Statutes § 7402.

不负责任(这个律师之后被取消执业资格),没能提起适当的动议或提交证据支持对特瑞纳无行为能力的认定。当然,他也没有对州政府按成人程序对特瑞纳进行审判的决定提出异议。结果,特瑞纳被迫在成人法院接受二级谋杀罪的指控,并接受审判。[19] 特瑞纳被判二级谋杀罪成立,审判进入量刑阶段。审判特瑞纳案的法官发现,特瑞纳没有杀人意图。但是,宾夕法尼亚州的法律规定,法官不能在量刑阶段考虑犯罪意图的问题。他不能考虑特瑞纳的年龄、精神状态、贫穷、遭受的虐待或者造成的悲剧。宾夕法尼亚州的量刑法律非常明确:对于二级谋杀犯,强制处以不得假释的终身监禁。[20]

伊恩在被捕后,也没有经济能力聘请适当的律师。他的指定律师鼓励他认罪,并向他保证,量刑会在15年以内。然而,法官虽然接受了伊恩的认罪,却判处他不得假释的终身监禁。法官加重了量刑的原因是他之前因入店行窃和轻微的财产罪行被捕,并且无父无母、流落街头。

安东尼在哥哥被杀后,出现思想创伤,他会重现可怕经历、极力躲避特定区域、对潜在危险过度警惕以及过于紧张。为了保护自己免受真实或想象危险的伤害,他找了一支枪带在身上。然后,他因为非法持枪而被捕。

枪战被捕后,安东尼和他27岁的共同被告一起受审,两人都被判有罪。但因为安东尼年纪不满16岁,根据加州法律,即使犯谋杀罪也不会被判处不得假释的终身监禁。但法律却对绑架犯没有年龄限制。安东尼的法官判处安东尼终身监禁,他认为:"他是危险黑帮的成员,不知悔改,无法改造;即使出身困难,没有严重的刑事犯罪记录,也应严惩。"[21] 事实上,不得假释的终身监禁是极其严厉的刑罚,在成年人身上也不经常适用。在联邦司法体系中,成年人犯致一人以上死亡的失火罪,实际获刑一般不超过25年监禁。即使在刑罚严厉的年代,无实际伤害的枪支暴力成年犯,实际获刑一般也不超过10年监禁。安东尼案判决时,他只有14岁,成为了美国因无人受伤罪行而被判终身监禁的最小罪犯。2009年前,佛罗里达州以非杀人罪判决77名儿童不得假释的终身监禁,[22] 它以非杀人罪判处儿童不得假释的终身监禁的人数在世界上是最多的(美国是世界上唯一一个会对非杀人罪儿童判处不得假释的终身监禁的国家,佛罗里达州又是其中判决最多的州),其中有一些儿童犯在犯罪时只有13岁。[23]

安东尼被送到了成人监狱服刑。因为美国青少年司法制度的不同,在大多数的州安东尼会被送到少年管教所,直到18岁或21岁。如果安东尼的历史记录或青少年拘

---

〔19〕 Bryan Stevenson, *Just mercy*, New York: Spiegel & Grau, 2015, p. 150.

〔20〕 Commonwealth v. Garnett, 485 A. 2d 821 (Pa. Super. Ct. 1984).

〔21〕 Bryan Stevenson, *Just mercy*, New York: Spiegel & Grau, 2015, p. 156.

〔22〕 Paolo G. Annino, David W. Rasmussen, Chelsea B. Rice, "Juvenile Life without Parole for Non-Homicide Offenses: Florida Compared to the Nation", *Public Law Research Paper No.* 399, FSU College of Law, 2009, pp. 4–5.

〔23〕 Ibid., p. 6.

留记录显示他对公共安全依然构成威胁,他最多可能被羁押到 25 岁或更大。而如果适用成人司法程序或关进成人监狱,则意味着他在十三四岁就要接受与成人一样的刑罚对待,直到死亡。

五、重刑化对青少年犯个体形成不良影响

青少年犯罪的重刑化,特别是适用成人司法制度,会对青少年个体形成不良影响。这些不良影响有些是刑罚处罚功能和威慑功能范围之外的。

16 岁的特瑞纳在被判决后,立即被送到了成人女子监狱——位于曼西(Muncy)的州惩教所(State Correctional Institution)。在她到达曼西监狱不久,一名男性狱警就把她拖进僻静的角落实施了强奸。特瑞纳怀孕后,狱警东窗事发。按照惯例,这名狱警遭到解雇,但没受到刑事追究。特瑞纳在监狱里生下了自己的儿子。正如数以百计在监狱中生产的妇女一样,她双手被铐在床头,生出了自己的孩子。特瑞纳的孩子出生不久就被从她身边带走,送去了儿童寄养机构。特瑞纳的精神健康进一步恶化,她反应越来越呆滞,精神越发不正常。她的身体开始不受控制地痉挛颤抖,后来她拄了拐杖,再后来,她就必须坐轮椅。到她 30 岁的时候,监狱医生诊断她患有多发性硬化症、智力残疾和精神疾病相关的创伤。[24] 特瑞纳就强奸一事对狱警提起了民事诉讼,陪审团判赔 62000 美元。狱警上诉,法院推翻了一审判决。[25] 结果,特瑞纳没有得到州政府的任何经济救助或服务,她被"惩教官"暴力强奸也没得到任何赔偿。

伊恩在审判后也被送去成人监狱——阿巴拉契惩教所(Apalachee Correctional Institution),佛罗里达州最森严的监狱之一。在那里,伊恩是最小的囚犯。因为在成人监狱关押的青少年受到性侵的可能性是一般人的 5 倍。[26] 伊恩身体非常瘦小,狱警认为他会处于危险之中,于是将他关进了禁闭室。阿巴拉契监狱的禁闭室是一个空间窄小的混凝土箱。被禁闭的囚犯不能与其他人接触,每天只能从一个插槽获得食物。关禁闭的囚犯一星期可以洗 3 次澡,几次在狭小围栏区域里放风,一次 45 分钟。如果被禁闭的囚犯不遵守规则,比如言语冒犯,或拒绝遵守惩教人员的命令,惩教官可以撤去床垫或延长禁闭时间。而伊恩并不是因为受罚而是因为"被保护"才被关进了禁闭室,所以,他根本没有机会出来。伊恩连续被关在禁闭室里长达 18 年。在禁闭室里,伊恩的精神出现了严重问题,他会用餐盘里任何锋利的东西割自己的手腕和手臂,然后静静看着血流出来。他几次试图自杀,但并未成功。

只要进入成人司法系统,即使不被判处不得假释的终身监禁也会使人生变得非常艰难。在美国,罪犯获释后,很长一段时间都无法过上正常人的生活。每个罪犯在走出监狱的时候,可以获得 40 美元的现金,却要背负沉重的债务。因为美国罪犯要支付一部分的司法费用,比如住宿费、缓刑费,有些州甚至还要求罪犯支付公设辩护人的费

---

〔24〕 Bryan Stevenson, *Just mercy*, New York: Spiegel & Grau, 2015, p. 151.

〔25〕 Garnett v. Kepner, 541 F. Supp. 241 (M. D. Pa. 1982).

〔26〕 42 U. S. C. § 15601(4).

用。如果他们支付不了这些费用,就会重新被关进监狱。然而,罪犯出狱后,因为身有刑事记录,很难找到工作,他们也不能申请公共饭券、公共住房和教育贷款。这对于青少年时就进入监狱的人来说尤为困难。他们被剥夺了重新生活的资源,为了支付司法债务,很多人又选择贩毒和从事犯罪活动。如果获释罪犯再被抓获,他们将面临更长的刑期,有人甚至就此沦落为终身囚徒。

六、结论

青少年犯罪很多并非自我选择的结果,根据美国官方统计,全国在押 12 岁及以下的青少年犯 1997 年有 2178 人,1999 年有 3914 人,2001 年也有 1844 人。[27]这些孩子的"犯罪",显然更多的源于家庭、社会、心理、心智等原因,而非其自身选择。虽然,在押 12 岁及以下的青少年犯到 2010 年以后,就降到了六七百人,但其所体现出犯罪理论的缺失却并没有得到完全改正。

刑罚的基本理论在于,刑罚可以使犯罪人痛苦,一方面这可以达到处罚其错误行为的作用,另一方面更为重要的是,它可以威慑犯罪人及以外的人,使其不再犯罪,以恢复社会秩序。但这一理论,在青少年犯罪上的适用应当受到限制。因为随着年龄的降低,个人对自身行为的选择性也在减小。青少年错误行为的原因更多的不在于自身,所以,刑罚的威慑功能也并不能完全发挥作用。

美国 20 世纪 90 年代青少年司法系统的改革也是基于严密论证做出的。在讨论青少年犯罪浪潮的时候,学者比较了各州各时代处罚严厉程度与犯罪率的关系,调查了大量青少年犯,对人口、社会、种族等问题进行了分析。可以说,改革是有充分准备的(虽然并不一定正确)。然而,在大范围的恐慌下,讨论者和决策者忽视了两个问题:第一,面对可能对法律,甚至自己行为都缺乏认知的孩子,所说的威慑功能如何实现;第二,加重式改革在复杂的司法系统缺陷的作用下,会让"一大波"青少年犯走上一条什么样的道路。如果真的出现了大量的青少年犯,因为三振出局法与社会回归能力低下等原因,罪犯会有累积效应,未来的成人犯罪也是美国所无法承受的。

美国 20 世纪 90 年代青少年司法系统的改革是一次失败的改革。改革的预设——一大波青少年(暴力)犯罪潮并没有出现。并且,加重刑罚的改革让无数个体陷入了痛苦的深渊。当然,这并不是美国唯一一次失败的法制改革。1986 年 6 月 19 日,当时的著名大学篮球明星莱尼·拜厄斯(Lenny Bias)被发现死于过量吸食毒品。这一事件激起了民众对毒品的无比仇恨。之后不久,国会通过法案规定,联邦法院管辖的毒品犯罪最低刑为 10 年,最高刑为终身监禁。但因为在美国,特别是在黑人社区,广泛传播的强效可卡因,1 克相当于普通可因 100 克量刑。所以,事实上改革已经将绝大多数毒品犯罪纳入了联邦法院管辖。

---

〔27〕 Easy Access to the Census of Juveniles in Residential Placement, 1997 – 2015, http://www.ojjdp.gov/ojstatbb/ezacjrp/asp/display.asp, accessed Apr. 7, 2016.

从那以后,美国开始了一场所谓的毒品战争。政治家利用它点燃了民众的怒火,赢得了选票,也将数以百万计的“毒犯”投入了监狱。美国青少年犯罪人数最多的一年2011 年,是1978 年以来犯罪人数最少的一年1980 年犯罪人数的9.56 倍。[28] 联邦青少年罪犯中,2001 年到2013 年毒品的已决犯人数每年都占到已决犯总人数的一半以上,平均值约为53.6%,最高一年是2002 年的56%。[29] 也就是说,在这些年中,毒品已决犯,比谋杀、人身伤害、绑架、抢劫、非法执械、非法移民、放火、性侵、敲诈、行贿犯等加起来都多。而毒品战争进行了近30 年,毒品犯罪在美国却并未减少,2014 年,青少年毒品已决犯还是占到了一半。因为毒品战争导致的美国大规模监禁已经非常严重,以至于2015 年7 月16 日,美国总统奥巴马探访了俄克拉何马州的艾尔雷诺市联邦监狱,表明他代表的政府必须解决这个问题。

能够引发人们愤怒的事件有很多,无论是女大学生在黑车上遇害,还是飞车抢夺,几乎所有恶性暴力事件都可以做到这一点。但仅仅基于此而进行加重刑罚的改革或采取类似的措施则有可能适得其反。“犯罪带来惩罚,处罚遏制犯罪”,有时是顺理成章的逻辑,但有时也会给社会带来极为不良的后果。

---

〔28〕 “Prisoners under the jurisdiction of state or federal correctional authorities”, http://www.bjs.gov/index.cfm?ty=nps, accessed Apr. 9, 2016.

〔29〕 “Estimated number of sentenced prisoners under federal jurisdiction (by offense)”, http://www.bjs.gov/index.cfm?ty=nps, accessed Apr. 9, 2016.

比较与镜鉴:两岸少年司法语境下的认罪认罚从宽制度探微

裴章艺* 徐晓雯**

内容摘要:与台湾地区认罪协商程序同源于辩诉交易制度的大陆认罪认罚从宽制度,兼具恢复性司法理念、优化司法职权配置等多重价值。时下日益完善的大陆未成年人检察制度为保护未成年被告人提供了契机。然目前授权性立法下未成年被告人认罪认罚从宽制度仍有适用范围模糊、从宽标准不一、协商内容不明、协商效力难定等困境。为完善之,可借鉴台湾地区之认罪协商程序,从实体法层面确立认罪认罚从宽制度,从程序法层面新增认罪认罚从宽程序,于其下明确适用范围、统一从宽标准、规范协商内容、赋予协商效力,同时注重双向保护与防止司法腐败。

关键词:少年司法 认罪认罚从宽 认罪协商 两岸比较

少年司法对罪错少年的干预主要关注的不是根据其危害社会的行为给予相应惩罚而是其福利保护的需要。[1] 因而国家对未成年被告人更多的不是以报应主义思想惩罚而是追求对他们的矫正。从"完善刑事诉讼中认罪认罚从宽制度"的提出,到"选择有条件的地方开展试点",再到试点范围的确定,[2]及至未成年人刑事案件试行认罪认罚从宽意见的发布,[3]借鉴自辩诉交易等制度合理元素的大陆认罪认罚从宽制度,在体现国家亲权理念、优化司法职权配置等方面的功能日益凸显并得到充分肯定。未成年被告人因身心特点异于成年被告人,大陆现行刑法早有关涉其犯罪应当从轻或者减轻处罚及不予处罚情节。[4] 2012 年修改后刑事诉讼法(以下简称新刑诉法)专

---

* 裴章艺,福建省漳州市人民检察院助理检察员。

** 徐晓雯,福建省漳州市芗城区人民法院法官。

〔1〕 参见姚建龙:《国家亲权理论与少年司法》,载《法学杂志》2008 年第 3 期。

〔2〕 中央政法委要求"2016 年要在借鉴诉辩交易等制度合理元素基础上,抓紧研究提出认罪认罚从宽制度试点方案,经全国人大常委会授权后,选择有条件的地方开展试点"。另参见 2014 年 10 月 23 日中共十八届四中全会通过的《中共中央关于全面推进依法治国若干重大问题的决定》。另参见《全国人大常委会关于授权最高人民法院、最高人民检察院在部分地区开展刑事案件认罪认罚从宽制度试点工作的决定》,载《人民日报》2016 年 9 月 4 日,第 4 版。该决定确定了福建福州、厦门等 18 个试点单位。

〔3〕 2017 年 7 月 6 日最高人民检察院发布《关于未成年人刑事案件开展认罪认罚从宽制度试点的意见》,选择了北京、天津、上海、重庆、广东、福建等 14 个省(市)作为试点,要求其未成年人检察部门做好认罪认罚从宽相关工作。

〔4〕 现行《刑法》第 17 条规定:已满 16 周岁的人犯罪,应当负刑事责任。已满 14 周岁不满 16 周岁的人,犯故意杀人、故意伤害致人重伤或者死亡、强奸、抢劫、贩卖毒品、放火、爆炸、投毒罪的,应当负刑事责任。已满 14 周岁不满 18 周岁的人犯罪,应当从轻或者减轻处罚。因不满 16 周岁不予刑事处罚的,责令他的家长或者监护人加以管教;在必要的时候,也可以由政府收容教养。

设未成年人刑事诉讼程序,特别是附条件不起诉制度对可能被判处一年有期徒刑以下刑罚的未成年人尤为从宽。[5] 那么大陆认罪认罚从宽制度是否适用于未成年被告人?对未成年被告人能否在考量刑法从宽规定之际,又对其认罪认罚后进一步从宽?有无评价过剩之嫌?加之认罪认罚从宽制度属舶来品,大陆实体法与程序法均未明确,对哪类案件可以适用、从宽幅度大小等问题,仅靠时下授权性立法与相应实施办法,在实践中似乎难以澄清一线检察官存在的诸多困惑。

同样借鉴于辩诉交易制度的台湾地区认罪协商程序历经艰难与妥协,于2004年在"刑事诉讼法"(以下简称台湾"刑诉法")修改中得以确立。虽此后争议不断,如有学者言"是'契约取向'对'原则取向'刑事诉讼构造的本质性颠覆",[6]然其以法典化"立法"模式,暗合两大法系发展趋势,先大陆一步,发展了十余年,在程序启动、适用范围、协商内容及效力、被告人权利保障等方面已渐近成熟。其将认罪协商程序专编规定于台湾"刑诉法"内,此种法典化"立法"模式对处于试点阶段的大陆未成年被告人适用认罪认罚从宽制度颇具借鉴意义。基于此,本文从大陆未成年被告人认罪认罚从宽制度之渊源及价值为切入,剖析适用之困境,以我国台湾地区认罪协商程序的规定为镜鉴,[7]设计适用之进路,望能为其完善有所裨益。

一、探究:未成年被告人适用认罪认罚从宽之渊源及价值

(一)认罪认罚从宽之渊源

虽辩诉交易制度存在较大争议,甚至被有些学者赋予"灾难性"的修饰,[8]但大陆认罪认罚从宽制度仍借鉴自两大法系的辩诉交易制度,且是借鉴其中的合理元素而在本土司法实践中发展。

1. 域外之发展

美国90%以上刑事案件都通过辩诉交易方式解决。[9] 肇始于美国的辩诉交易制度,正式确立于1975年修订的《联邦刑事诉讼规则》,本质是控辩双方通过互惠行为对实体、程序权利进行处分。英国在司法实践中也实行辩诉交易制度。加拿大亦给予该制度策略性鼓励,如遵循控辩双方建议的判决促进辩诉交易的实践。[10] 辩诉交易制度在受讼累等因素影响较深的英美法系国家中日益盛行。

---

[5] 新刑诉法第271条规定:对于未成年人涉嫌刑法分则第四章、第五章、第六章规定的犯罪,可能判处一年有期徒刑以下刑罚,符合起诉条件,但有悔罪表现的,人民检察院可以作出附条件不起诉的决定。人民检察院在作出附条件不起诉的决定以前,应当听取公安机关、被害人的意见。

[6] 参见林钰雄:《干预处分与刑事证据》,北京大学出版社2010年版,第143~145页。

[7] 台湾地区称为"认罪协商程序",大陆学者亦有称此者。本文在论述大陆时用最新提法"认罪认罚从宽制度"。

[8] 参见江礼华、杨诚:《外国刑事诉讼制度探微》,法律出版社2000年版,第255页。孙长永:《珍视正当程序,拒绝辩诉交易》,载《政法论坛》2002年第6期。孙开篇犀利表明:反对在刑事诉讼中引入辩诉交易制度。

[9] 参见施鹏鹏:《法、意辩诉交易制度比较研究》,载《中国刑事法杂志》2007年第5期。

[10] 参见龙宗智、潘君贵:《我国实行辩诉交易的依据和限度》,载《四川大学学报》(哲学社会科学版)2003年第1期。

从20世纪70年代开始,德国辩诉交易制度逐渐成熟,近一半诉讼程序适用辩诉交易,在重大经济刑事案件中甚至已达90%。[11] 法国大部分法院适用辩诉交易制度后诉讼效率显著提高。而意大利更在《刑事诉讼法典》对辩诉交易程序的适用范围予以明确规定。[12] 大陆法系其他国家也基于司法效率考量,不同程度地接受或适用上述制度。

2. 本土之演进

2002年发生于黑龙江省的孟广虎故意伤害案已被视为大陆实行辩诉交易的第一案,结果是皆大欢喜。[13] 随后《关于适用普通程序审理被告人认罪案件若干意见(试行)》首提"认罪";2014年《关于授权最高人民法院、最高人民检察院在部分地区开展刑事案件速裁程序试点工作的决定》提出对部分案件进一步简化刑事诉讼法规定的相关诉讼程序;2015年在《刑事案件速裁程序试点工作座谈会纪要》中述及:刑事案件速裁程序改革试点,是完善刑事诉讼认罪认罚从宽制度的具体措施;[14] 2016年更明确要借鉴辩诉交易合理元素以完善之;及至《全国人大常委会关于授权最高人民法院、最高人民检察院在部分地区开展刑事案件认罪认罚从宽制度试点工作的决定》与"两高三部"《关于在部分地区开展刑事案件认罪认罚制度试点工作的办法》(以下简称《办法》),最后催生了《关于未成年人刑事案件开展认罪认罚从宽制度试点的意见》,更是表明认罪认罚从宽制度在深度、广度上已有长足发展。因而认罪认罚从宽制度植根于本地司法改革沃土下正逐步完善中。

(二)认罪认罚从宽之价值

在"案多人少"之当下,尽管辩诉交易制度带来诸多质疑,但其在践行"国家亲权"、贯彻恢复性司法理念等方面都起到积极而重大的作用。

1. 内蕴"国家亲权"理念

"国家亲权"理念是各国少年司法最基本的指导原则,由该理念延伸出去,维护"儿童最佳利益"已成为各国少年司法与未成年人保护的具体指导方针。[15] 大陆检察机关基于国家亲权理念,代表国家作为"大家长",一直重视对其"子女"涉罪未成年人的保护,为了教育、挽救、感化这些涉世未深的迷途者,在认罪认罚案件中保护未成年人,使未成年被告人自愿认罪认罚,并且有法律保障得以在审判阶段从宽的效果,可以

---

〔11〕 参见徐美君:《德国辩诉交易的实践与启示》,载《法学家》2009年第2期。

〔12〕 参见施鹏鹏:《法、意辩诉交易制度比较研究》,载《中国刑事法杂志》2007年第5期。

〔13〕 参见张景义等:《聚焦国内"辩诉交易"第一案》,载 http://www.chinacourt.org/article/detail/2002/08/id/9780.shtml,最后访问日期:2017年11月20日。

〔14〕 详见2003年3月14日最高人民法院、最高人民检察院、司法部颁布《关于适用普通程序审理"被告人认罪案件"的若干意见(试行)》第9条以及新刑诉法第279条关于和解协议的规定。另外,2015年1月18日最高人民法院、最高人民检察院、公安部、司法部召开刑事案件速裁程序试点工作座谈会,提出刑事案件速裁程序改革试点,是完善刑事诉讼中认罪认罚从宽制度的具体措施。

〔15〕 张鸿巍:《少年司法通论》(第2版),人民出版社2011年版,第304~309页。"国家亲权"的核心含义在于当未成年人的父母或监护人不能保护未成年人的利益时,国家有义务、有责任代位保护,其精髓在于其以"保护"优于"刑罚"的立场来处理问题少年的犯罪与偏差问题。

有效保障未成年被告人的合法权益,也正是以“儿童最佳利益”为考虑,践行“国家亲权”理念的体现。

2. 贯彻恢复性司法理念

恢复性司法主要适用于未成年人犯罪案件。认罪认罚从宽为恢复性司法运行提供了一定的空间。以赔偿为重要手段恢复双方关系、修复社会性伤害,[16]是化解社会矛盾的有效途径。认罪认罚从宽亦往往以涉罪未成年人积极赔偿被害人损失为重要考量因素。若涉罪未成年人认罪认罚并且修复社会关系,尽力挽回被害人损失,那么于其于被害人均有益,理应对其从宽处罚,也将减轻办案时源自于当事人信访等带来的压力。

3. 落实宽严相济政策

大陆司法领域自实施宽严相济的刑事政策以来,对有些犯罪该宽则宽、当严则严,在打击犯罪和保障人权方面发挥了重大作用。从宽处理存在于大陆未成年人保护刑事法规中,从刑法对未成年人刑事责任年龄的规定及从宽规定,到刑事诉讼法设立专章对未成年人诉讼程序的特别规定,“宽严相济”之精神广泛蕴含于司法实践中。比如,办案中存在的可捕可不捕的不捕,可诉可不诉的不诉,无继续羁押必要的及时变更强制措施等,在程序上从快处理、实体上从宽量刑,体现了宽严相济刑事政策对未成年人保护的本意。

4. 优化司法资源配置

案件量激增是世界各法治国家的共同问题,司法机关在很多情况下不得不将效率作为优先考虑的价值。[17] 但从2015年、2016年数据显示,大陆未成年人犯罪案件逐年下降。[18] 其中有国家加大对未成年人保护的功效,亦有检察机关落实附条件不起诉的推动。[19] 在检察阶段,检察机关对未成年人被告人适用认罪认罚从宽制度的突出作用在于加快审前分流,检察机关根据行为人对查明事实的认可、悔过情况,区分不同案件的办理,既可缩短办案期限,又可节约庭审时间,从快从速处理案件,进而实现司法资源配置最优化。

二、剖析:未成年被告人适用认罪认罚从宽之困境

当下,大陆实体法尚未构建对认罪认罚从宽普遍认同的刑罚制度;程序法并未确

---

[16] 参见刘东根:《恢复性司法及其借鉴意义》,载《环球法律评论》2006年第2期。恢复性司法最主要特征在于恢复性,是一种通过恢复性程序实现恢复性后果的非正式犯罪处理方法。恢复性司法实践在世界各地逐渐流行,作为一种替代性犯罪处理方式,成为传统刑事司法的重要补充。

[17] 参见冯喜恒:《刑事处罚令程序中的量刑协商》,载《浙江理工大学学报》(社会科学版)2016年第2期。

[18] 参见《2015年全国法院审判执行情况》《人民法院工作年度报告(2014)》,载 http://www.court.gov.cn/fabu-xiangqing-13848.html,最后访问日期:2017年11月20日。

[19] 参见张宇、杨淑红:《附条件不起诉适用情况、问题及对策》,载《山东警察学院学报》2015年第5期。附条件不起诉的适用人数及范围的扩大,使不少案件在审前已被过滤而未进入审判程序。

立类案的程序处理机制。[20] 授权性立法与《办法》仅适用于试点地区，与普适于全国的法律或者司法解释不可相提并论。确实，立法之缺失引发了实践中未成年被告人适用认罪认罚从宽制度的一系列疑惑及困境。

（一）适用范围模糊

根据《办法》第1条、第2条的规定显示，仅有不适用认罪认罚从宽的案件范围，并未明确哪些案件可以认罪认罚从宽制度。[21] 且看与之有着密切关系的刑事速裁程序及其所列举的适用条件。[22] 但这些案件对处于14周岁至16周岁的未成年人，似乎没有适用认罪认罚从宽的空间，若处于16周岁至18周岁，也因这些案件将在检察机关审查起诉阶段以附条件不起诉而予以分流。陈光中教授认为，认罪认罚从宽制度原则上适用于所有刑事案件，特殊情况除外。[23] 那么，是否认罪认罚从宽将适用于所有案件？实践中一线检察官敢否将之用于所有案件？故适用范围的不明导致无法为未成年人涉嫌上述罪名以外的类似量刑的案件予以适用，无法凸显国家保护涉罪未成年人的力度。

（二）从宽标准不一

对认罪认罚的被告人，英国普遍认为应得到减刑1/3的奖励。意大利检察官可要求适用相对于法定刑减轻至1/2的刑罚。在俄罗斯，判处的刑罚不得超过所实施犯罪法定最重刑种最高刑期或数额的2/3。在法国，若判处监禁刑则刑期不得超过一年，也不得超过当处监禁刑刑期的1/2。[24] 而德国最高可获得不超过1/3的减刑幅度。海淀区法院则对被告人认罪适用速裁程序的案件从轻10%～30%。[25] 而朝阳区检察院对同类犯罪行为正常量刑建议基础上减轻10%～20%的幅度向法院提出量刑建议。宜兴检察院则对首例适用案件提出减轻20%的建议。[26] 故各地对被告人认罪认罚从宽的标准未统一，更毋须言对未成年被告人适用该制度所要从宽的幅度。

---

〔20〕 参见左卫民、吕国凡：《完善被告人认罪认罚从宽处理制度的若干思考》，载《理论视野》2015年第4期。

〔21〕 详见《关于在部分地区开展刑事案件认罪认罚制度试点工作的办法》。

〔22〕 详见2014年6月27日通过的《全国人民代表大会常务委员会关于授权最高人民法院、最高人民检察院在部分地区开展刑事案件速裁程序试点工作的决定》：对事实清楚，证据充分，被告人自愿认罪，当事人对适用法律没有争议的危险驾驶、交通肇事、盗窃、诈骗、抢夺、伤害、寻衅滋事等情节较轻，依法可能判处一年以下有期徒刑、拘役、管制的案件，或者依法单处罚金的案件，进一步简化刑事诉讼法规定的相关诉讼程序。

〔23〕 参见陈光中、唐彬彬：《深化司法改革与刑事诉讼法修改的若干重点问题探讨》，载《比较法研究》2016年第6期。

〔24〕 参见冯喜恒：《刑事处罚令程序中的量刑协商》，载《浙江理工大学学报》（社会科学版）2016年第2期。

〔25〕 参见最高人民法院刑一庭课题组：《关于刑事案件速裁程序试点若干问题的思考》，载《法律适用》2016年第4期。海淀法院试点时从宽的幅度与“两高两部”座谈会纪要明确的10%～30%一致。

〔26〕 参见薛应军：《激辩“认罪协商”机制》，载《民主与法制时报》2016年3月10日，第5版。另参见金晶、史瑞：《宜兴认罪认罚从宽处理机制快办提效》，载《江苏法制报》2016年3月24日，第A05版。

(三)协商内容不明

域外辩诉交易内容不仅包括降格指控,还包括撤销部分指控,即不限于量刑。[27] 而综观《办法》之内容,域内的认罪认罚从宽制度的协商内容仅限于量刑协商,深言之,即对检察机关的量刑建议有无异议。这不仅因辩诉交易制度在域外实行数十年来都在不断争议中前行,而且因对该制度仍处于探索阶段,还因民众质疑着司法公信力与公平正义能否得以实现等问题。而除了协商量刑,是否还包括认罪认罚后适用何种程序、能否对判决结果提出上诉等内容?因无法律规定,各地对协商内容并无一致意见。而涉罪未成年人因其身心发展、心智尚未成熟,若未能明晓协商内容,将可能导致对其不利的引导并得出对其不利的诉讼结果。

(四)协商效力难定

既为协商,就可能导致双方中的任一方因反悔而导致协商的后果不尽如人意。涉罪未成年人与侦查人员、检察人员、审判人员签订的认罪认罚具结书,法律效力如何?如果轻刑案件中,侦查人员与涉罪者签订具结书,到检察阶段反悔了,或在审判阶段反悔了,那该具结书是否要取消?而且涉罪未成年人认罪认罚后也得到法院从宽了,但受同监室室友或其他因素影响,在判决生效之前的10日内,其认为从宽幅度不理想,能否上诉?若提出上诉,原有具结书的内容是否无效?这些都亟须解决。

三、考量:我国台湾地区认罪协商程序之镜鉴

(一)宏观上:认罪协商程序之体例

各国均设计简易诉讼程序或采取认罪协商机制以应对当下刑事案件负荷问题,我国台湾地区认罪协商程序即应时而生。从本质上看,借鉴于美国辩诉交易制度的台湾协商程序,是为提高办案效率,整合司法资源以保障当事人主义式诉讼模式的改革。[28] 该程序自确立以来整体运作良好,科刑情况对于被告人有利,虽囿于多方因素而致其在台湾地区法院适用并不普遍,[29] 但其"立法"经验值得借鉴。

1. 法典化"立法"之肯定

我国台湾地区认罪协商程序虽几经波折,但最终在台湾"刑诉法"中得以确立,为检察官运用认罪协商程序提供了"立法"依据。被置于第七编简易程序之后的10个条文,在具体程序中规范了检察官、被告的协商行为,以及法院的审判。这一点在两大法系也有迹可循。刑事程序"立法"的肯定与详尽,使该程序在十余年的运行中,不仅提高了诉讼效率,而且保障了被告的权益等。

---

[27] 参见龙宗智、潘君贵:《我国实行辩诉交易的依据和限度》,载《四川大学学报》(哲学社会科学版)2003年第1期。

[28] 参见胡铭:《台湾刑事协商程序的产生及其影响》,载《人民检察》2008年第5期。

[29] 参见王小光、李琴:《台湾地区认罪协商程序的引进和运作情况分析》,载《中国刑事法杂志》2013年第2期。

2. 少年司法制度之护航

我国台湾地区对少年被告的处理程序并非如大陆刑事诉讼法增设专章予以规定,而是通过单独制定集实体法、程序法、组织法于一身的"少年事件处理法",在其中规定少年法院之组织、少年保护事件、少年刑事案件及其处罚、审判等制度,[30]给予少年"利益最大化"的保护。虽该法未规定认罪协商程序,但丝毫无损于对少年被告的特殊保护。受英美法系影响,我国台湾地区自 1997 年修订"少年事件处理法"后亦设立少年法院。其中大多数少年事件被少年法院认定为保护事件,按保护处分处理,仅少数事件被认定为少年刑事案件而移送检察官。对于被判处五年有期徒刑以下刑罚的少年被告,该法认为"以不起诉处分而受保护处分为适当者,得为不起诉处分",即不起诉刑罚上限高于大陆的一年有期徒刑。[31] 仅就该法相关规定而言,即可窥见其对少年极尽保护符合第 1 条所言"为保障少年健全之自我成长"。[32] 该法对少年被告诸多特殊保护的规定为我国台湾地区"刑诉法"未在协商程序中给予少年被告一席之地做了重要补充。

(二)微观上:我国台湾地区"刑诉法"之细规

2004 年修改后台湾"刑诉法"于第七编增加 10 个条文,对认罪协商程序的申请及撤销、不得协商情形、协商内容、效力及救济等方面进行详细的规定,[33]这与目前仍处于试点探索阶段的大陆认罪认罚从宽制度有着某种契合之处,并具有一定的参考意义。现取其中主要内容予以分析。

1. 适用案件范围

我国台湾地区"刑诉法"首先规定两种不能适用协商程序的情形:一是死刑、无期徒刑、最轻本刑 3 年以上有期徒刑之罪;二是高等法院管辖的第一审案件。认罪协商程序适用的具体案件主要有四类,即 3 年以下,经检察官提起公诉或声请简易判决,在一审判决前或者简易判决前,经检察官征询被害人意见后,依被告或其代理人、辩护人请求,经法院同意,可就如下事项在审判外予以协商:一是对所犯罪行认罚;二是向被害人道歉;三是支付赔偿金;四是向公益团体等单位支付一定金钱。其中对二三项的协商应当取得被害人的同意。

2. 撤销协商程序

我国台湾地区的认罪协商程序可以随时被撤销。依据该法规定,法院在接受声请

[30] 参见焦阳、谷芳卿:《台湾地区"少年事件处理法"的特点及启示》,载《河南科技大学学报》(社会科学版)2013 年第 5 期。

[31] 参见我国台湾地区"少年事件处理法"第 67 条:检察官依侦查之结果,对于少年犯最重本刑 5 年以下有期徒刑之罪,参酌刑法第 57 条有关规定,认以不起诉处分而受保护处分为适当者,得为不起诉处分,移送少年法院依少年保护事件审理;认应起诉者,应向少年法院提起公诉。依第 68 条规定由少年法院管辖之案件,应向少年法院起诉。

[32] 我国台湾地区"少年事件处理法"第 74 条规定:法院审理第 27 条之少年刑事案件,对于少年犯最重本刑 10 年以下有期徒刑之罪,如显可悯恕,认为依刑法第 59 条规定减轻其刑仍嫌过重,且以受保护处分为适当者,得免除其刑,谕知第 42 条第 1 项第 2 款至第 4 款之保护处分,并得同时谕知同条第 2 项各款之处分。

[33] 详见我国台湾地区"刑诉法"第 455 - 2 条至第 455 - 11 条规定。

协商程序10日内,被告有权随时撤销协商的合意。如果被告违反与检察官之间的协议内容时,检察官也应在前述时间内,撤销协商程序的申请。换言之,在法院受理后规定的时间内,被告、检察官均对提交协商的申请有随时撤销的权利及权限。这既保护了被告的权益,又保障了检察公信力与司法权威。

3. 细化协商内容

该法对不得协商内容的详尽规定对认罪协商实践有明显的指导意义。其在条文中对双方协商内容予以如下禁止性规定:一是被告协商不是自愿的;二是协商存在明显不当或有失公平的;三是有撤销合意或者撤回协商申请的;四是不属于协商程序适用案件范围的;五是法院认定的事实与协商合意的事实不符的;六是被告有其他较重的罪的;七是法院认为应当告知免予刑事处罚、起诉或者不受理的。

4. 明确协商效力

我国台湾地区"刑诉法"规定,在认罪协商程序下,法院可以不经过言词辩论,在协商合意范围内进行判决,且以宣告缓刑、2年以下有期徒刑、拘役或罚金为限。又规定,按认罪协商程序所做判决不得上诉。但若协商程序违反上述禁止性规定内容一二四六七款规定的情形之一的,则可以提出上诉。对被告上诉权附条件的限制亦体现了认罪协商程序的灵活性及可操作性。

四、设计:未成年被告人适用认罪认罚从宽之进路

每一项法律制度的确立均需立法的支持。从我国台湾地区对认罪协商程序的法典化模式考量,综合大陆目前的授权性立法及"两高三部"《办法》之精髓,大陆未成年被告人适用认罪认罚从宽同样依赖于顶层设计、制度构建与实践探索等方面的进一步完善。

(一)推进顶层立法

1. 实体法层面

因认罪认罚从宽制度与刑法对未成年人犯罪应当从轻或者减轻处罚的规定不矛盾,又不同于自首、坦白等制度,那么在立法条件成熟时,建议在修改刑法时确立认罪认罚从宽制度。可以在《刑法》第67条再增一款,具体内容为:犯罪嫌疑人对所犯罪行认罪认罚的,应当从轻处罚;因其认罪认罚,避免特别严重后果发生的,应当减轻处罚。在实体法上确立认罪认罚从宽制度,并且与自首和坦白规定的"可以"相比,认罪认罚应当体现从宽,即"应当",进而给予犯罪嫌疑人、被告人希望,也为司法者对未成年被告人量刑时指明方向。

2. 程序法层面

因认罪认罚从宽制度异于当事人和解程序,速裁程序、简易程序又是认罪认罚从宽的具体措施,那么在刑事诉讼法中就应有一席之地。就程序法层面,关于辩诉交易制度,美国规定于《联邦刑事证据规则》,德国在刑事诉讼法修正案中体现,意大利则

将之规定于《刑事诉讼法典》。[34] 前述的台湾地区也将之规定于台湾"刑诉法"中。故若立法条件成熟时,建议在修改新刑诉法时,可以新增关于认罪认罚从宽程序的规定。具体内容将在下文展开。

(二)明晰适用细则

从目前认罪认罚从宽制度适用效果而言,诉讼效率的提高与司法资源的节约最明显。而综合认罪认罚从宽内涵而言,其并非特别程序,而属于与简易程序等类似的制度。因而有必要综合当下的试点经验并吸收立法成果,在新刑诉法中新增"认罪认罚从宽程序"专节。

1. 明确适用范围

"简易程序"属于新刑诉法第一审程序第三节,建议在其后设立第四节"认罪认罚从宽程序"。具体条文可借鉴简易程序体例,加之吸收《办法》等规定的经验,在该程序第1条规定,符合相关条件的案件,可以适用认罪认罚从宽程序,并在相关条件的规定中,应较为明确的规定哪些案件可以适用认罪认罚从宽。对有些轻刑案件能宽当宽,并且涵括认罪认罚后进入审判阶段的未成年人案件,从而扩大其适用范围,更好地做到案件繁简分流。同时,也需在第2条规定不能适用认罪认罚从宽程序的具体情形,鉴于上述办法对不能适用的范围规定较为宽泛,建议应包括对于主观恶性极大、社会危害性极大等案件。

2. 统一从宽标准

为最大限度保护未成年被告人的权益,积极促进其改造与回归社会,认罪认罚的从宽较之具有自首、坦白等情节应更"宽"。建议在原有基础上规定从宽标准,[35] 对认罪认罚的未成年被告人在原有各项法定、酌定情节基础上,参考海淀法院的10%~30%标准,进一步从轻。由于从宽标准属于量刑建议,在以往立法例中并未体现具体量刑幅度,该从宽标准可在修改《关于常见犯罪的量刑指导意见》时予以增补。

3. 规范协商内容

虽试点建立法律援助值班律师制度帮助犯罪嫌疑人、被告人,[36] 但未成年被告人对法律的认知能力相对较低,亦多属于文盲、半文盲,对认罪协商的内容可能认识不足,因而为保护其权益,应当在"认罪认罚从宽程序"一节中,增加规定,对于协商的内容应有如诉讼权利义务告知书等形式的格式文书,在该格式文书中明确认罪认罚的各项权利和义务,包含认罪认罚后适用的诉讼程序、审理时限、从宽标准等

---

〔34〕 参见施鹏鹏:《法、意辩诉交易制度比较研究》,载《中国刑事法杂志》2007年第5期;参见徐美君:《德国辩诉交易的实践与启示》,载《法学家》2009年第2期。《德国刑事诉讼法(修正案)》第257条b款规定:(1)在适宜的案件中,法庭可以在审判中与诉讼参与人商议诉讼状态。(2)商议可以涉及对诉讼结果的暂时评论。

〔35〕 参见《最高人民法院关于常见犯罪的量刑指导意见》:"具有未成年人犯罪、犯罪预备、从犯等量刑情节的,先适用该量刑情节调节基准刑,在此基础上,再适用其他量刑情节;对于未成年人犯罪,已满14周岁不满16周岁的,减少基准刑的30%~60%,已满16周岁不满18周岁的,减少基准刑的10%~50%。"

〔36〕 详见最高人民法院、最高人民检察院、公安部、司法部《刑事案件速裁程序试点工作座谈会纪要》。

事项。

4. 赋予协商效力

当未成年被告人知悉上述内容后,得到量刑的优惠或成为其认罪认罚的最大动因。如果这种优惠处于飘忽不定的状态,将影响其认罪认罚。因而,应当在“认罪认罚从宽程序”一节中规定,认罪认罚协商的内容具有法律效力,除非违反法定程序或事由,否则不得反悔。

此处涉及未成年被告人认罪认罚且被法院从宽判处后,其对判决结果是否可以上诉的问题。有的认为适用速裁程序认罪认罚从宽的案件应实行一审终审,有的认为应保留上诉权。虽试点数据显示,附带民事诉讼原告人上诉率为0,被告人上诉率为2.13%。[37]但上诉权是被告人的法定权利,若以牺牲上诉权为代价而使其认罪认罚,在最大限度保障未成年被告人权益上难以自圆其说,因而其仍可对判决结果提出上诉。具体可参照我国台湾地区“刑诉法”对此方面内容的规定。

(三)完善配套机制

1. 注重双向保护

当尊重与保障人权落实于新刑诉法中,对被告人的过分尊重与偏向,易引发社会及被害人不满。因而对被害人的保护,尤其是存在未成年被害人时,更应落实双向、同等保护的理念。恢复性司法以被告人与被害人关系得以恢复为目的,认罪认罚从宽制度在对被告人从宽的同时,应兼顾被害人的权益。故应在上述规定的“认罪认罚从宽程序”中增加条款,如在类案中,有被害人的案件,应听取被害人或其法定代理人的意见,被害人及其法定代理人对认罪认罚从宽判决结果有异议的,可提请同级检察院提出抗诉,或就附带民事部分提起上诉。

2. 防止司法腐败

“没有监督的权力必然导致腐败,这是一条铁律。”[38]在辩诉交易中,一直引发争议的就是容易引发司法腐败。在当下的检察公信力建设中,更应加强认罪认罚从宽的程序监督,防止司法腐败。因而可以在“认罪认罚从宽程序”中规定,如果基层法院在适用程序中存在违反法律规定或者侵害被害人合法权益等情形时,上级法院有义务予以监督;检察机关应当对适用认罪认罚从宽程序进行法律监督。

五、余论

认罪认罚从宽在大陆少年司法中的适用毕竟仍在探索中,尚有诸多疑惑困扰着学界及司法人员。其一,在是否降低刑事责任年龄及对未成年人司法保护是否过度的问题成为当下热议之际,若对未成年人适用认罪认罚从宽制度,是否会过度纵容犯罪?其二,虽未成年被告人认罪认罚,但如何排除非法证据与防止刑讯逼供等非法取证行

---

〔37〕 参见最高人民法院刑一庭课题组:《关于刑事案件速裁程序试点若干问题的思考》,载《法律适用》2016年第4期。

〔38〕 《习近平总书记系列重要讲话读本》,学习出版社、人民出版社2014年版,第86页。

为,将确保办案质量这一生命线贯穿认罪认罚案件始终?其三,因时下大陆该制度主要适用于轻微刑事案件,《办法》似乎囊括所有刑事案件,同时亦有研究者提出"重大刑事案件也可以适用",甚至"原则上适用于包括可能判处死刑在内的所有案件",[39]以当下情势将之扩大至所有刑事案件,尤其是对于危害国家安全、恐怖活动、黑社会性质组织、毒品等类型犯罪,是否具备充分条件?会否激化社会矛盾?能否体现司法公正?鉴于顶层已重视并部署相关省(市)进行试点,笔者期冀并坚信上述问题能在试点中逐一得到回应及解决。

---

〔39〕 参见陈国庆、罗曦:《重大刑事案件认罪协商制度探析》,载《刑事司法指南》2015 年第 2 集;陈光中、马康:《认罪认罚从宽制度若干重要问题探讨》,载《法学》2016 年第 8 期。

论宪法与刑法的联动
——以刑法宪法化为视角

韩　辰*

内容摘要：本文以刑法宪法化为核心，阐述宪法与刑法之间的动态联结。刑法宪法化是将刑法的一些理念与原则写入宪法，并以保障人权为目的的"运动"；刑法宪法化的理论基础包含宪制理论、精英法治观等；刑法宪法化具有无法替代的积极意义；刑法宪法化的立法形式与司法模式应当符合我国国情；在未来刑法宪法化的研究中，刑法学者与宪法学者应当协力并进。

关键词：刑法与宪法的关系　刑法宪法化　保障人权　理念与原则

一、引言

我国《刑法》第1条规定："为了惩罚犯罪，保护人民，根据宪法，结合我国同犯罪作斗争的具体经验及实际情况，制定本法。"本条款道出了我国刑法制定的根据与目的，其中也不难发现刑法与宪法关系的一丝端倪，即"根据宪法，制定本法"。以此为出发点，我国刑法理论界对刑法与宪法关系的讨论很多。例如，有学者认为，刑法与宪法的关系应当在程度上区分由深到浅的3个层次进行探讨。第一，母法说。本说的逻辑前提是宪法是所有部门法的根本大法，是所有法律规范的根基。因此，刑法作为部门法之一，其规范的制定主要就是将宪法规范中的相应内容具体化，并将宪法的原则予以延伸。第二，依据说。本说认为刑法规范是在宪法规范的指引下才得以制定的。其中，"依据"具有双重含义：一是认为刑法是由法定机关按照特别程序制定出来的，而该法定机关的存在及权力行使之理由又是宪法的特殊授权；二是认为刑法是按照宪法中的相应规范制定的，而这些规范本身的依据也来源于宪法的授权。第三，不抵触说，认为二者之间并没有严格的依据关系，宪法于刑法只有在规范上的"圈禁"作用。当刑法是由宪法授权的立法机关通过特别程序制定时即推定为有效，若有事实足以证明其与宪法规范及原则相抵触时，则无效。[1]

上述关于刑法与宪法关系的讨论从一定程度上揭示了宪法与刑法的联系，但是有着以下缺陷：首先，这一论述是以规范的效力为出发点得出结论的，视野较窄，与其说讨论的是宪法与刑法的关系，不如说讨论的是宪法规范与刑法规范的效力。其次，由于论述视野的狭隘，由此也决定了结论功能的局限性。论者从三层关系出发，逐层分析最终得出依据说的适当性，但是就算依据说具有妥当性，又能对现行的宪法或刑法

---

* 韩辰，南京师范大学法学院硕士研究生。

〔1〕 参见宦吉娥：《宪法与刑法的三维思考》，载《探索与争鸣》2008年第7期。

状态提供什么改进方案呢？很明显，这样的论述结论仅仅具有形而上的思辨作用，最多与刑法违宪审查的合宪性推定原则[2]相联系，并不能使形而上的思辨结出实践的果实，效果与黑格尔强调刑罚是对犯罪的否定之否定相同。[3]最后，因为受我国刑法第一条对刑法与宪法关系的表述的影响，论者在对二者关系作出论述时始终在以宪法为核心，以刑法为参照。这样的分析路径是对二者效力关系认定的延伸，效果依然具有局限性。

从上述内容可以看出我国刑法理论界对宪法与刑法的关系要么将视野局限于二者的效力联系，要么在论述时注重宪法的第一性，刑法的第二性，忽视刑法本身的机能，这种静态的思维模式无法在更深的层次上揭露二者的动态联结。对此，我国学者指出，宪法与刑法之间的关系是双向、动态的。一方面，宪法在规范效力、人文理念上制约着刑法；另一方面，刑法现代化进程中的观念更新促进宪法理念的进步。[4]

由此可知，宪法与刑法的关系也必然无法仅仅从宪法的角度去僵化界定。宪法与刑法之间的联结无法仅仅依据“根据宪法，制定本法”来界定，而应根据完整的“根据宪法，结合我国同犯罪作斗争的具体经验及实际情况，制定本法”来界定。只是看到“根据宪法，制定本法”却对“结合我国同犯罪作斗争的具体经验及实际情况”视而不见，不免有一叶障目，不见泰山的嫌疑。刑法宪法化正是为弥补此番不足而生，通过刑法宪法化的视角可以从更深层次揭示宪法与刑法关系的联动，而不仅是形而上的静态联系。

二、刑法宪法化的概念与内在理性

（一）刑法宪法化的概念厘清

刑法宪法化的概念由卢建平教授首次提出，他认为，刑法宪法化是指把有关犯罪与刑罚的基本原则写入宪法的一种国际趋势。其本质是要转变刑法观念，树立民权主义刑法理念。与此同时，确立并强化刑法保障公民合法权益、限制国家刑罚权的功能。[5] 而后，有学者又在此概念的基础之上做了改进，认为刑法宪法化是指将刑法的一些保护人权的基本理念和原则写入宪法，如此便可利用宪法条款从立法与司法双重角度来指引和规制刑法，并同时在刑事立法与司法两个领域建立起违宪审查制度以限制国家刑罚权，完善刑法宪法化的运行保障机制。[6] 第二种概念在第一种概念的基础上首先对刑法宪法化的主要内容进行了抽象，将“有关犯罪与刑罚的基本原则”抽象化为刑法中保护人权的基本理念和原则，这样可以使刑法宪法化内容的外延更加宽泛，避免遗漏。同时也可以彰显刑法宪法化的功能核心：保障人权，限制刑权。其次，

---

〔2〕 参见王书成：《论合宪性解释方法》，载《法学研究》2012 年第 5 期。

〔3〕 参见[德]黑格尔：《法哲学原理》，范扬、张企泰译，商务印书馆 1961 年版，第 100 页。

〔4〕 参见赵秉志、袁彬：《论宪法发展与刑法进步》，载《法学杂志》2012 年第 10 期。

〔5〕 参见卢建平：《刑法宪法化简论》，载《云南大学学报》2005 年第 4 期。

〔6〕 参见马长生、李莎莎：《刑法宪法化，有利于法治建设》，载《检察日报》2008 年 1 月 20 日，第 3 版。

第二种概念强调了刑法宪法化的政治结构基础——宪制。最后,第二种概念在形式上突破了形而上的思辨,指出了刑法宪法化的实践目标,即在刑法的立法与司法领域都建立起完善的违宪审查机制,从而为在实践中贯彻宪法中的人权保障理念保驾护航。

综上所述,第二种概念相较第一种概念而言更加完善,因而也更为可取。〔7〕 值得注意的是,也有学者认为刑法宪法化也就是使刑法具有宪政之维。〔8〕 这样的观点看似严格,但仅仅强调了刑法宪法化的基础,而且也造成了刑法宪法化内容上的模糊,因而只具有宣言式的效用,并不具有可操作性。〔9〕 这便又容易陷入形而上的窠臼,并不可取。

与刑法宪法化相类似的概念是宪法刑法化。宪法刑法化主要致力于通过立法的方式将宪法的规范、原则、理念融入刑法规范中去。〔10〕 由于这种方式主要强化了宪法规范在司法实践中的运用地位,因此,宪法刑法化主要适用于那些没有建立起完善的违宪审查制度的国家,以补强宪法在法律适用过程中的"鸡肋"地位。例如,我国《宪法》第45条第3款规定:"国家和社会帮助安排盲、聋、哑和其他有残疾的公民的劳动、生活和教育。"为补强此条规范因抽象化而导致的实践地位不足,我国《刑法》第19条结合宪法本条规范的理念与精神规定了盲聋哑人的刑事处遇地位:"又聋又哑的人或者盲人犯罪,可以从轻、减轻或者免除处罚。"根据我国刑法发展的现状,宪法刑法化主要存在两条路径:一是刑法法典化,二是刑法的合宪性解释。就前者而言,宪法刑法化在立法上强调刑法规范的更迭应以宪法规范的更新为依据;就后者而言,宪法刑法化在司法上强调将合宪性解释作为刑法解释的独立方法,而且在诸多刑法解释方法中发挥检验解释结论的"最后关口"作用。〔11〕 宪法刑法化与刑法宪法化的着重点存在明显的区别,前者重在以宪法为核心并影响刑法;后者重在以刑法为核心,借助宪法这一沟通媒介形成自我限制机制。二者的区分能够使宪法刑法化的刑法合宪性解释方法区别于刑法宪法化中的立法方法,从而使立法论与司法论泾渭分明不致混淆。

但是,应当说宪法刑法化与刑法宪法化的区分意义也是有限的,因为若要使宪法形成对刑法的全面规制,靠任何一方都无法彻底做到,最终的结果也只能是在立法层面通过刑法宪法化与刑法法典化实现刑法限制理念的层级跃升,在司法上通过刑法合

---

〔7〕 不得不说的是,"刑法宪法化"概念本身的提出或许就容易引发歧义。因为对宪法根本大法地位的强调,刑法宪法化会给人造成一种刑法改造自身从而与宪法平起平坐的意味,这就极易造成学术误会。但是,为了继续深入此新生领域的研究,在没有找到更加合适、精确的概念加以替换之前,给予这一新生概念一定的宽容也是学术研究的必然要求。

〔8〕 参见曾赟:《论刑法的宪政之维》,载《河北法学》2006年第3期。

〔9〕 法律上的可操作性并不仅仅依靠严格的概念创造。用语的严格化只是可操作性的前提,并不能将其与可操作性相等同。参见[德]阿图尔·考夫曼:《法律哲学》(第2版),刘幸义等译,法律出版社2013年版,第137页。

〔10〕 参见邓楚开、于世忠:《宪法制约刑法的据理分析与价值建构》,载《求索》2012年第9期。

〔11〕 参见时延安:《刑法规范的合宪性解释》,载《国家检察官学院学报》2015年第1期。

宪性解释和刑法违宪审查机制使宪法与刑法的理念更全面的融合于实务操作之中。[12]

（二）刑法宪法化的内在理性

“理性”一词发源于西方哲学对人性的假设，是康德伦理学赖以建立的基础。在康德看来，人是一个理性的存在者，只有理性才能决定人之为人和人的道德价值。[13]因此，所谓理性主要有两层含义：一是事物的根据；二是事物的价值。而所谓刑法宪法化的内在理性也就是指刑法宪法化的理论根基和价值意蕴。

1.刑法宪法化的理论根基

（1）刑法宪法化是理想主义主义刑法观的必然选择

理想主义刑法观主要包含三种理论：刑法契约论、民权刑法论以及共和刑法论。

首先，根据刑法契约论，刑法作为一类部门法，具有所有法律的普遍特征——契约性。契约是国家权力的来源，国家权力因为契约而具有正当性，卢梭认为，国家权力以契约为基础，具有合法性、有益性、稳固性，因为它以公共幸福为目的。[14]而作为国家权力之一的刑罚权也正是契约的产物。基于此，刑法是相互冲突、相互制约的国家、集团、个人之间最后达成的一项“交易契约”。[15] 但是，基于刑法的补充性机能，公民签订契约让渡的刑罚权应当是最少且仅以满足必要性为基础，因此，在让渡刑罚权的同时也就内含了对刑罚权进行限制的要求。然而，契约论是一种理性的抽象预设，因此要在契约的层次上对刑罚权进行限制就只有通过价值层面去完成，因此就正好符合了宪法的功能价值，即将刑法契约的价值内容规定到宪法中去，以完善刑法契约的象征性不足。

其次，民权刑法的思想也为刑法宪法化铸造了基底。与民权刑法相对应的概念是国权刑法。国权刑法旨在强调公民对国家权力与意志的尊重与服从，在刑事政策方面强调刑法对社会秩序的维持。而反观民权刑法的概念，是指国家意志对于刑法仅有形式意义，刑法意志的实体是指每一个个体意志的综合即全民意志。因而刑法不是因为维护国家意志而存在更不是为了维护公民对国家权力的绝对服从。相反，民权刑法主张限制国家权力，保护公民权益，国家权力和意志要为公民利益服务。[16] 民权刑法的思想核心就是规制国家权力和保障人权，这就必然要求刑法与宪法具有同样的价值诉求，在精神和理念上保持与宪法的高度一致。这样的高度一致不仅体现在宪法将价值

---

〔12〕 有学者提出刑法的合宪性解释的本质是由法院实施的“法律改写”，因而有侵害立法权的嫌疑。（参见［日］松原芳博：《刑法总论的重要问题》，王昭武译，中国政法大学出版社2014年版，第32页。）这样的担忧是有道理的，因为宪法规范的抽象性与司法权的自我膨胀倾向就决定了法官有肆意解读刑法规范的可能。因而仅仅依据宪法刑法化会造成一定的负面影响，在此情形下，只有借助与刑法宪法化的优势互补才能消解此过程中的矛盾。毕竟刑法宪法化能够从一定程度上削弱宪法的抽象性，从而减少其过于抽象可能带来的负价值。

〔13〕 参见陈兴良：《刑法的人性基础》，中国人民大学出版社2006年版，第9页。

〔14〕 参见［法］卢梭：《社会契约论》，何兆武译，商务印书馆2003年版，第40页。

〔15〕 参见黄晓亮：《刑法合宪性建构的再展开》，载《刑法论丛》2015年第4卷。

〔16〕 参见李海东：《刑法原理入门》，法律出版社1998年版，第9页。

理念输送与刑法规范之中,还必须体现在刑法将保护人权的一般原则上升至宪法中,只有这样才能使二者更好地契合,也能在一定程度上避免宪法只是一张写满人权的纸。

最后,刑法宪法化也是共和刑法论的必然要求。刑法是民主意志的体现,但是,民主有其天然的局限性,魏玛宪法就曾通过民主的形式将法西斯政权送上了权力的巅峰。这也就意味着民主之内含有盲目的基因,就其本源是因为民主制的多数原则忽视了少数人的利益,最终导致民主与自由分离。因此就需要用共和主义来解决保护少数的问题,改良民主的盲目基因;就中国当下而言,最优先的就是要建立刑法规范的违宪审查制度。[17] 然而,如前所述,仅仅在制度层面上建立刑法规范违宪审查制度远远不够,还应当使其有发挥作用的底气,这就需要将刑法的价值理念上升到宪法中加以规范,从而使违宪审查制度的依据更加的丰富,更加完善对人权的保障。

(2)刑法宪法化是罪刑法定原则的必然要求

1801年,费尔巴哈首次在其刑法教科书上用拉丁文的形式对罪刑法定原则进行了表述:"Nulla poena sine lege, nulla poena sine crime, nullum crimen sine poena legali",此即众所周知的"无法律则无刑罚,无犯罪则无刑罚,无法律规定的刑罚则无犯罪"。[18] 这也决定了罪刑法定原则的基本意涵,即刑罚处罚的先决条件与犯罪行为的法律后果必须在犯罪人实施犯罪行为时就为刑法所明确。[19]

然而,罪刑法定原则最初在渊源上却诞生于宪法和宪法性文件。[20] 1215年(一说1213年),英国颁布《大宪章》正式确认了人身保护的理念,其中第39条规定:"除非经过由普通法官进行的法律审判,或是根据法律行事;否则任何自由的人,不应被拘留或囚禁、或被夺去财产、被放逐或被杀害。"《大宪章》的这一规定首次以制定法的形式确立了罪刑法定原则。跨入近代之后,1789年法国《人权宣言》对罪刑法定原则进行了重申,《人权宣言》第7条规定:"除非在法律所确定情况下并按照法律所规定的程序,任何人均不受控告、逮捕与拘留。凡请求发布、传送、执行或使人执行任何专断的命令者,皆应受到惩罚;但任何根据法律而被传唤或逮捕的公民则应当立即服从,抗拒即属犯罪。"

由上述可得,罪刑法定原则虽然目前仅仅在我国刑法总则中加以规定,但是,其价值意蕴却远远不是一部部门法所能涵盖的。罪刑法定原则通过派生的四大原则即排斥习惯法、禁止溯及既往、禁止类推、禁止不定期刑从立法和司法的双重角度对国家刑

---

[17] 参见蔡道通:《刑事法治的基本立场》,北京大学出版社2008年版,第130~137页。

[18] 种瑞友、叶良芳:《罪刑法定原则宪法化的意涵——以法国宪法规定为视角》,载《法治研究》2008年第4期。

[19] 参见[德]汉斯·海因里希·耶赛克、托马斯·魏根特:《德国刑法教科书》(上),徐久生译,中国法制出版社2017年版,第175页。

[20] 关于这一点,刑法理论界的观点保持了一致。日本学者山口厚教授也认为,罪刑法定原则的历史沿革可以追溯至13世纪西欧的《大宪章》与《人权宣言》。参见[日]山口厚:《刑法讲义总论》,黎宏译,中国人民大学出版社2008年版,第44~45页。

罚权的启动和运行进行限制,并且以其实质内涵即处罚必要性为犯罪圈画定了边界。[21] 可以看出,在这一点上,罪刑法定原则具有天生的宪法血统,权力制约深入骨髓,由此也奠定了它超越部门法的地位。因此将罪刑法定原则及刑法保障人权的相关理念宪法化也是罪刑法定原则的必然逻辑结果。

(3)刑法宪法化是当代社会治理的实际需要

随着全球化的进一步深入和社会流动性的增强,现代社会治理面临着越来越多的问题。根据社会宪治理论,十八九世纪,宪法问题的关键在于释放民族国家政治权力的能量,同时又有效限制这种能量。新宪法问题的关键则在于释放各种十分不同的社会能量,并有效限制其释放效果以免自我毁灭。[22] 刑法作为社会治理中的一项独立子系统,同样面临着系统地自我增生和自我毁灭问题。[23] 然而,目前我国对刑法的合宪性规制集中于对刑法的法益概念进行宪法意义上的批判。这样做不仅仅会导致法益概念的抽象化,还有可能使政策性而非宪法性因素对犯罪构成发挥实质(入罪)解释效果,从而使刑事处罚具有早期化的特征。[24]

为了防止刑法的自我膨胀,就必须要在外界对其施压,以激发其自我指涉,产生自我限制的因素。这种做法已经在宪法与权力的耦合中得到良好的体现。宪法作为系统之间的沟通媒介,将权力系统自我膨胀的风险转移至法律系统中,通过立法实现政治决策,使权力得到自我约束的效果。同样的,刑法也可以将自我膨胀的风险外化至宪法中,实现与宪法的紧密耦合来约束刑法的自我膨胀。而在这一路径中,刑法宪法化是必不可少的,这也是二者紧密耦合的要求,否则何谈"紧密"二字呢?[25]

(4)刑法宪法化是刑罚宽和刑事政策的逻辑前提

正如上述社会治理所存在的宪法问题一样,随着20世纪70年代开始的全球经济变化,制造业经历"严冬",大批劳动力面临着长期失业或者短期工作不稳定的危机,此时,维持福特主义的共识也就烟消云散了。[26] 这一危机使犯罪逐渐具有经济生活中的经常性特征,从而最终成为了政治问题,"刑法民粹主义"在这一危机土壤中生根发芽。民众对日益增加的犯罪的恐惧促使政客们将严厉的刑罚政策作为选举筹码,从

〔21〕 参见张明楷:《罪刑法定与刑法解释》,北京大学出版社2009年版,第69页。在这一点上,陈兴良教授与张明楷教授存在观点分歧,详见陈兴良:《教义刑法学》(第2版),中国人民大学出版社2014年版,第54页。

〔22〕 参见[德]贡塔·托依布纳:《宪法的碎片》,陆宇峰译,中央编译出版社2016年版,第1页。

〔23〕 刑法的自我增生主要体现在犯罪圈的扩大方面,有学者指出,我国刑法修正案正在快速增加新的犯罪或扩大原有犯罪圈。除了新的罪名的增多,立法解释也在扩大犯罪的边界。在犯罪圈大张旗鼓地扩张过程中,司法实践也必然难以恪守刑法解释的保守性。参见姜涛:《比例原则与刑罚积极主义的克制》,载《学术界》2016年第8期。

〔24〕 参见刘涛:《社会宪治:刑法合宪性规制的一种思路》,载《法学家》2017年第5期;[日]松原芳博:《刑法总论重要问题》,王昭武译,中国政法大学出版社2014年版,第16~17页。

〔25〕 不得不提的是,按照社会宪治的要求,刑法与宪法应当同属于一个法律系统,但是,笔者认为应当更加微观地去讨论这个问题,宪法不仅可以作为系统间的"结构耦合"而存在,无法脱离的政治本性应当允许它成为各法律子系统的镇静剂。

〔26〕 参见[英]尼古拉·蕾西:《囚徒困境:当代民主国家的政治经济与刑事处罚》,黄晓亮译,中国政法大学出版社2014年版,第15页。

而在对待刑罚上陷入了囚徒困境,使刑罚的严厉化愈演愈烈。

要解决这一囚徒困境必须从顶层设计出发。学者敏锐地发现了刑罚政策与政治经济间的联系,即社会民主和社团主义刑事的政治经济,有利于造就更为缓和的刑罚政策,而同时新自由主义国家正决定性地走向更高刑罚的水平。[27] 新自由主义市场经济不干涉和个人主义的特征是导致这一切的阿喀琉斯之踵,社团主义下的协调主义市场经济有着完善的协调机制,也就更能包容那些社会底层的人群。具有包容性,而非对公民资格加以排斥的政治经济结构是刑罚宽和政策的基础与前提,也只有这样才能避免刑罚成为解决过剩劳动力人口的工具。然而,刑法本身无法形成协调机制或政治结构,因此必须将刑法宪法化,以宪法化的刑罚理念来树立现代社会对所有阶层的尊重,并规制政客与民众的选择范围,社会阶层板块流通过程中的矛盾,缓和政治与经济发展中的结构性冲突,从而打破刑罚严厉化的囚徒困境,实现刑事政策的良性发展。

2. 刑法宪法化的价值意蕴

(1)刑法宪法化有利于改革刑法理念,推动刑法现代化

作为混合型法治现代化国家,一方面,我国的社会和政治环境内部存在促使法治由传统走向现代的因素,但是内在因素的力量相对薄弱,无法累积形成质变;另一方面,西方法律文化冲击毕竟不是导致法治转型的主要原因,它终究要通过社会内部因素发生作用。[28] 作为法治现代化中必不可少的一环,刑法的现代化进程也在经历着内外因素的冲突与融合,其中尤以理念为甚。因此,刑法现代化的核心在于刑法理念的更新。

我国的封建历史较长,绵延两千余年,再加上封建时期刑民不分的立法体例,我国刑法天生就被赋予了工具化的特征。这集中表现在治乱世用重典的刑事政策上。时至今日,我国依然存在刑法工具化的思想。自 1979 年刑法典颁布以来,除少数犯罪属于刑罚偏轻外,并非属于轻刑主义刑法。[29] 1997 年新刑法典颁布以来,我国部分犯罪的量刑也还是明显重于其他发达国家,最明显的就是在死刑的适用上范围十分广泛,即使《刑法修正案(九)》废除了相关经济犯罪的死刑适用,但是死刑的执行规模依然很大。另外,实体法上的严厉也造成了程序法上对人权的忽视。我国《刑事诉讼法》在人权保障的各方面有很多不足,如沉默权的缺失、死刑探视权规定的不完善,等等。

刑法宪法化通过将刑法中关于保障人权的相关理念和原则在宪法中予以规定,例如将罪刑法这种法治国家的基本原则上升至宪法层面加以规定。这就使此种原则理念不再是普通的法律,而是宪法法律,因此具有了更高的规范性尊严(Normative

[27] 参见[英]尼古拉·蕾西:《囚徒困境:当代民主国家的政治经济与刑事处罚》,黄晓亮译,中国政法大学出版社 2014 年版,第 40 页。

[28] 参见公丕祥主编:《法理学》(第 2 版),复旦大学出版社 2013 年版,第 405 页。

[29] 参见储槐植:《刑事一体化论要》,北京大学出版社 2007 年版,第 28 页。

Dignität)。[30] 这一"规范性尊严"站在一个更高的角度对刑法中的独特价值理念进行强调无疑会使保障人权的观念更加深入人心,使人们对刑法的谦抑性产生更高的敬仰和重视,从而能摆脱"刑法是万能的"这一惰怠思想,更冷静更客观地去审视犯罪的成因,把握犯罪的规律,从更宽广的角度解决犯罪问题,最终从根本上扭转在司法实践中刑法工具论理念积重难返的局面。[31]

刑法宪法化一方面通过刑法理念革新带动刑事政策上的刑法现代化,另一方面还能够带动刑法体系的刑法现代化。现代化的刑法体系以宪法化的罪刑法定原则、罪责刑相适应等具有实质合理性的原则为理论支柱,便于学者对新刑法展开全面的研究。在我国刑法教义学的构建之初就将路铺正是极为重要的,因为教义学研究本身就应当建立在对教义的深信不疑的基础上,[32] 如果一开始就走上了价值观错位的歪路,那么必然导致我国刑法学术研究在国际上的落伍。

(2)刑法宪法化有利于树立宪法至上理念,为违宪性审查做铺垫

将刑法的价值理念升华至宪法规范能够帮助我国立法者及司法人员树立宪法至上理念,也能引导我国理论界在更加精确的范围内把握刑法诸原则的内涵。

另外,通过刑法宪法化树立宪法至上理念又能够为违宪审查制度的建立铺平道路。违宪审查制度的确立要求以分权制衡式的政治结构为前提,因为对刑法的违宪审查在本质上相当于对国家权力的质疑甚至否定,如果缺乏政治结构上的权力制衡,违法性审查又会成为无本之木,无源之水,沦为一句政治口号。刑法宪法化在树立宪法至上理念之后必将潜移默化地改变现行政治结构,徐徐形成权力制衡的格局,从而为彻底确立违宪审查机制铺平道路。[33]

三、刑法宪法化的内容与方式选择

证毕刑法宪法化的内在理性,紧接着需要讨论的就是做的问题。刑法宪法化的具体做法应当包含有内容与形式两个方面。

---

〔30〕 参见[德]洛塔尔·库伦:《论刑法与宪法的关系》,蔡桂生译,载《交大法学》2015 年第 2 期。

〔31〕 储槐植教授认为,对从重打击刑事政策的肯定大多建立在"如果不从重打击,犯罪会更加严重",而反对说则主要提出统计数字为依据。这两者都将衡量刑法价值的尺度一般化为犯罪率的高低,对刑法的期望过高。参见储槐植:《刑事一体化论要》,北京大学出版社 2007 年版,第 28 页。

〔32〕 但是,随着目的论的引入,教义学本身的概念体系受到了极大的冲击,"教义"本身是否能担当得起"不予质疑"的评价因此成为了问题。限于本文主旨与篇幅,本文对此不做展开。参见劳东燕:《转型中的刑法教义学》,载《法商研究》2017 年第 6 期。

〔33〕 有学者认为罪刑法定原则本身先天就具有阻碍宪法司法化的功能。因为根据宪法司法化的内在要求,某一行为即使没有被刑法明文规定为犯罪,而该行为确实存在严重侵害某一基本法益的事实,而民法、行政法的保障对其又无能为力时,也应当根据宪法保障公民基本权利的精神对之定罪量刑。但是这种做法是被罪刑法定原则所否定的(参见赵越:《宪法司法化与罪刑法定原则,一对天然的悖论》,载《辽宁行政学院学报》2004 年第 2 期)。笔者认为,这样的观点从根本上混淆了立法论与司法论的界限,从立法论的角度批判罪刑法定原则在司法过程中的限制作用不免显得过于牵强。

(一)刑法宪法化的内容

一方面,刑法宪法化的内容受宪法本身特性的限制。宪法作为统领各部门法的母法,作为我国的根本大法,其条款具有抽象性、普遍性的特征,否则难以挑起支撑各部门法的大梁。因此,刑法宪法化的内容必须是那些具有抽象性的原则和理念。另一方面,刑法宪法化的内容还应当受其目标规制,就如当今的犯罪论体系要受机能的限制一样。刑法宪法化的目标正如其概念中所指出的,树立宪法至上理念、充实人权规范、限制刑罚权并以宪法条款指导和限制刑事立法、司法。这就决定了刑法宪法化的内容应当是能够体现上述目的的理念、原则。

由上可得,笔者认为刑法宪法化的内容应当由以下几个部分构成:

1. 刑法谦抑性理念

刑法谦抑性理念与其说是一种理念,不如说是刑法的内在秉性。这一内在秉性既符合了司法实践的需要,也统领着作为现代刑法体系支柱的各大基本原则。

在现代社会中,制裁手段多种多样,最主要的当为两类:一是社会制裁;二是法律制裁。经过中世纪以及封建时代的黑暗和残酷,人们逐渐意识到在法律制裁中刑法的制裁手段无疑是最严厉也是成本最高的。其中,最严厉代表着其侵害人权的后果最严重;成本最高代表着即使使用得当也会给社会整体利益带来一定损失。因此使用刑罚的场合就必须限于其他制裁手段不充分之时,这就是刑法的谦抑性理念,而谦抑性理念又内含着刑法的补充性与断片性。[34]

当今,刑法谦抑性理念已成为对抗东方父权伦理主义的利器,刑法的谦抑性使伦理上恶的行为并不会马上受到处罚,而是要将处罚限定在必要的最小限度之内。[35]刑法谦抑性因而对于东方文化下刑法学观念的更新有着巨大的意义。

2. 罪刑法定原则

罪刑法定原则作为长久以来统治刑法的帝王原则,其重要程度不言而喻。作为当代法治原则的罪刑法定原则表达了一个法治国家不仅应当通过刑法来保护个人,而且在刑法面前也应当保护个人。换言之,刑法一方面要作为行之有效防范犯罪的手段,另一方面也要作为随时提醒国家公权力勿要干预公民利益的达摩克利斯之剑,从而使公民不会受“蛮荒国家”(Leviathans Staat)的肆意侵犯。[36]

值得注意的是,若要将罪刑法定原则规定于宪法中,那么我国的罪刑法定原则的原有表述应当进行更换,而不能照搬照抄。我国《刑法》第3条规定:“法律明文规定为犯罪行为的,依照法律定罪处刑;法律没有规定为犯罪行为的,不得定罪处刑。”我

---

〔34〕 参见[日]佐伯仁志:《刑法总论的思之道、乐之道》,于佳佳译,中国政法大学出版社2017年版,第9页;[日]西田典之:《日本刑法总论》(第2版),王昭武译,法律出版社2014年版,第25~26页。

〔35〕 参见[日]平野龙一:《刑法的基础》,黎宏译,中国政法大学出版社2016年版,第89页。

〔36〕 参见[德]克劳斯·罗克辛:《刑法学总论》(第1卷),王世洲译,法律出版社2005年版,第77页。就此而言,罪刑法定原则不仅有保护法益的作用,还具有了保护个人自由的机能,尤其是保障犯罪人的合法权益免受国家刑罚权恣意行使。参见[日]西田典之:《日本刑法总论》(第2版),王昭武译,法律出版社2013年版,第32页。

国学者指出这样的规定只保留了罪刑法定原则的皮囊,而去除了罪刑法定原则的核心要义。[37] 这样的解读无疑是有道理的,因此,笔者认为当罪刑法定原则入宪时,应当采用其通用表述形式:"法无明文规定不为罪,法无明文规定不处罚。"[38]

3. 罪责原则

罪责原则旨在限制犯罪人应受之刑,即在没有罪责之时,任何人不应受罚;任何应受刑罚之人,亦不得超出其罪责范围受罚。[39] 罪责原则发端于报应刑原理,康德认为刑罚之所以存在,是因为刑罚的对象——犯罪行为是出于犯罪人意志自由下的选择,因而,每一个人都可以认识到自己的言行有应得的报应。因此,刑罚的范围自然只限于行为人的意志选择。[40] 罪责原则划定了国家行使刑罚权追究犯罪人刑事责任的界限,从而保障了公民的人格自由。

4. 罪刑均衡原则

罪刑均衡原则指犯罪人的罪行应当与其所承受之刑罚相称。这样的相称不是康德所谓"以牙还牙,以眼还眼"的等量报应形式,而是黑格尔所提倡的等价报应形式。[41] 罪刑均衡原则还内含了经济学原理中的功利主义思想,这种充满数值计算的理论能够很好地与当代市场经济的运行理论相结合。例如边沁提出了罪刑相称最主要规则,即刑罚之苦必须超过犯罪之利。[42]

罪刑均衡原则所体现的罪刑阶梯理念也能带动我国反思更好的处理罪——刑关系的方案。我国目前的罪刑关系矛盾之处有很多,主要体现在两点。首先,对不同公民主体的刑罚标准不同,有违法律面前人人平等的要求。例如盗窃罪与贪污罪之间就存在刑罚不均的情况。盗窃罪的入罪标准是盗窃 1000 元以上财物,而贪污罪的入罪起点在 2016 年最新司法解释中却达到 30,000 元,同样是以平和手段破坏原占有关系建立新占有关系的犯罪,国家工作人员与普通公民的入罪差距却如此巨大,这不得不发人深省。其次,我国刑法法网厉而不严的传统由来已久,不仅个别刑法量刑过重,而且随着时代变迁,新诞生的严重危害社会的侵害行为也没有及时入罪。罪刑均衡原则的宪法化有利于唤醒我国立法对罪刑关系的重视,促成法网严而不厉、轻轻重重的局面。

---

〔37〕 罪刑法定原则的核心要义在于禁止制定法以外处罚,保障刑罚的可预测性。而我国刑法条文的表述似乎认为"必须用法律对犯罪作出规定,必须对犯罪作出处罚"。参见周少华:《刑法理性与规范技术——刑法功能的发生机理》,中国法制出版社 2007 年版,第 266 页。

〔38〕 有学者与笔者持相同观点,参见江献军、王现国:《论罪刑法定原则入宪的必要性和路径选择》,载 2012 年《第三届河北法治论坛论文集》。

〔39〕 参见[德]克劳斯·罗克辛:《刑事政策与刑法体系》,蔡桂生译,中国人民大学出版社 2011 年版,第 77 页。

〔40〕 参见谢青松:《近代西方刑法哲学的追寻——从孟德斯鸠到李斯特》,中国书籍出版社 2011 年版,第 132 页。

〔41〕 即不是侵害行为之外在形状的相同,而是侵害行为自在形态的等同、内在价值的等同。参见[德]黑格尔:《法哲学原理》,范扬、张企泰译,商务印书馆 1961 年版,第 104 ~ 105 页。

〔42〕 参见[英]边沁:《立法理论——刑法典原理》,孙力等译,中国人民公安大学出版社 1993 年版,第 69 页。

除了上述原则之外，有学者认为还应当加入刑罚的种类、目的、人道主义等理念。[43] 但是，笔者认为刑法宪法化应当有其限度。刑法宪法化虽然有助于提升刑法的规范尊严，但是宪法也有自身的尊严，若将刑法价值理念事无巨细均规定在宪法中则会损害宪法本身作为根本大法的尊严，反而使其沦为刑法的自我提升之工具。因此，在刑罚的种类过于具体不符合宪法规范秉性、刑罚的目的、人道主义理念能够被刑法的原则所涵盖，而不能涵盖之处又能通过增加并细化公民基本权利条款的情况下，不应再加重宪法的负担。

(二)刑法宪法化的方式选择

1. 立法形式

在刑法宪法化的立法方式上，总共存在 3 种。第一种形式将刑法的原则与理念宪法化仅仅规定在宪法中。换言之，在实现刑法宪法化之后为避免法律的重复和追求成文法的简明而刑法典中删去原有内容。采取这种立法形式的国家以日本为典型。第二种形式则不仅仅将刑法之原则与理念上升至宪法中进行规范，在此之后还依然保留原有规范，使宪法规范与刑法规范保持高度一致。第三种形式则是依据原则和理念之间的不同价值和性质，将部分原则和理念仅仅规定于宪法之中，而将另一些内容在宪法和刑法中同时规定。目前世界上大多数国家采取第三种形式。[44]

在第一种形式下，刑法中需要予以宪法化的原则和理念仅仅规定于宪法之中。这种立法体例无法适应于我国的基本国情。一方面，我国宪法存在感较弱，在我国的裁判过程中，宪法规范并没有作为我国的直接裁判依据而存在，这就导致仅仅在宪法中规定相关的内容并不能收获在司法实践过程中重视刑法原则与理念的效果；[45] 另一方面，仅仅在宪法中规定相关刑法理念和原则需要强大的违法性审查机制作为支持，否则这些规范难以发挥实际作用。日本的违宪审查制度较为发达，而且迄今为止已经积累了大量的实践经验，这就使将刑法宪法化的内容仅仅规定在宪法中也不碍于对这些内容的传承和发扬。

在第二种形式下，宪法规范与刑法规范高度一致，这样做的优点是让宪法与刑法形成更加紧密的耦合，有利于改善目前我国刑法研究与宪法研究交叉点较少的状况。但是，我国的宪法与刑法之间的关系十分微妙，甚至出现过“刑法对宪法逼宫”的现象。[46] 如在 1997 年新《刑法》中取消反革命罪的概念，由危害国家安全罪代之。但是，我国《宪法》却在 1999 年才将原第 28 条中的“其他反革命的活动”修改为“其他危

---

〔43〕 参见李莎莎：《刑法宪法化浅论》，湖南师范大学 2007 年硕士学位论文，第 7 ~ 9 页。

〔44〕 参见卢建平：《刑法宪法化简论》，载《云南大学学报》2005 年第 4 期。

〔45〕 根据 1955 年 6 月 15 日最高人民法院发布的法行字第 9017 号复函，在刑事判决中不宜援引宪法作论罪科刑的依据。虽然复函中使用了“不宜”的字眼，但是限于我国的特殊司法结构，最高院的否定态度就决定了各下级人民法院对宪法作为刑事裁判依据的态度。随后，最高人民法院在法释〔2012〕13 号决定中废止了这一复函，但是废止的理由依然是“定罪科刑以刑法为依据”。自此，我国宪法规范在司法实践中的地位可见一斑。

〔46〕 参见江献军、王现国：《论罪刑法定原则入宪的必要性和路径选择》，载 2012 年《第三届河北法治论坛论文集》。

害国家安全的犯罪活动”。在这种情况下如果强调宪法规范与刑法规范之间的高度一致迎来的可能是次序与价值的错位,让刑法有越俎代庖之嫌,反而不利于二者关系的长久发展。

第三种形式在国际上具有普遍性,也是笔者提倡的立法形式。这种立法形式一方面能够收获上述两种立法形式的积极效果,而且另一方面,将仅需要在宪法中规定的部分与需要在宪法与刑法中同时规定的部分分开,有利于在实现刑法与宪法联动关系的基础上,更好的发挥宪法作为根本大法对刑法的统领作用。在实际操作中,应当将刑法谦抑性理念仅仅规定在宪法之中,而将其余诸原则同时规定于宪法与刑法之中。究其原因在于,刑法谦抑性理念抽象性较强,而且其性质属于刑法的内在秉性,其机能能够延伸至刑法体系的方方面面,有资格对刑法整体作出统帅。而罪刑法定等原则要么功能限于立法层面,要么功能限于司法层面,无法对刑法体系的整体施以全面影响。

2. 司法形式

刑法宪法化在司法层面要求建立完善的违宪审查机制。而这也恰恰是我国司法制度中亟待建立的关键制度。目前世界范围内的违宪性审查模式主要可以归结为两种模式:一种是美国模式;另一种是德国模式。[47]

在美国模式下,违宪审查权下放到各级普通法院,各级普通法院有权确定各级刑事判决是否违宪,有权通过具体案件的审理来审查刑事法律制度和刑事司法过程是否符合宪法。[48] 违宪审查的美国模式得益于美国三权分立的权力结构。立法权、行政权、司法权之间的权力制衡决定了司法权的行使具有独立的地位。在市民社会的二元化社会治理结构下,由于立法权与行政权能够分配到更多的社会资源,因此,立法权和行政权相较于司法权处于强势地位。在此情形下对司法权独立地位的继续维持就需要将违宪审查的权力分配给司法权,从而使三权在资源分配上再次持平。

很明显,美国模式并不适用于我国,我国的权力分配制度明显不同于三权分立。我国《宪法》第 57 条确立了全国人民代表大会作为最高国家权力机关的地位。与此同时,《宪法》第 62 条也规定,全国人民代表大会有修改宪法、监督宪法实施的职权。这样的规定就决定了我国权力分配属于全国人大自我监督的形式,再加上我国法治建设刚起步不久,法官素质良莠不齐的现状,若将违宪审查权下放到各普通法院,带来的后果将不堪设想,可能远不止错判这么简单。

反观德国模式,将宪法审查权统一分配给专门设立的宪法法院,由单一的宪法法院专门负责对宪法诉愿与具体法令的违宪审查。[49] 应当说,这样的模式在一定程度上是适合中国的。因为虽然此模式也建立在中国所没有的司法独立性之基础上,至

---

〔47〕 有学者将美国模式称为英美模式,将德国模式称为欧陆模式。(参见李莎莎:《刑法宪法化浅论》,湖南师范大学 2007 年硕士学位论文,第 12 ~ 14 页。)但是,笔者认为这样的图式是不够精确的,因为哪怕在欧洲大陆,违宪性审查的模式国与国之间也不尽相同。

〔48〕 参见储槐植、李莎莎:《中美刑法宪法化比较研究》,载《刑法论丛》2010 年第 3 期。

〔49〕 参见刘兆兴:《德国宪法法院的管辖权》,载《环球法学评论》1993 年第 1 期。

少,这种程度的分权制衡在中国是可以争取的,在某种程度上也属于一种司法领域内的"集权",符合中国的政治惯性。

综上所述,中国的违宪审查机制应当仿效设立专门的宪法法院。在具体的审查标准上可以借鉴美国的三重标准,即合理审查标准、中度审查标准与严格审查标准。其中,对涉及公民基本权利保障内容要采用严格审查标准。[50] 但值得注意的是,仅仅严格审查标准还是过于抽象,因为严格的程度与怎样严格都是因人而异,因案而异的,而且在我国并没有遵循先例的传统。因此,在更细致的个案操作中应当引入德国模式下比例原则的要求来考察此限度。[51] 另外,在违宪性审查启动的方式上,过于频繁的违宪性审查不仅会导致效率低下,而且也存在刑法安定性受损的风险,这就与罪刑法定原则的内在要求不符。因而,美国模式下的合宪性推定原则在此是适用的,即首先推定相关内容符合宪法,当存在有明显事实足以推翻该推定时,方才判定其违宪。[52]

四、结语:未尽的问题

在当今世界上,刑法宪法化已经成为了不可阻却的潮流。国际刑法学会前任主席西奥尼对139个国家的宪法进行了研究,并得到以下结论:65个国家的宪法规定了生命权;13个国家的宪法规定了公民人身不受侵犯的权利;81个国家的宪法规定公民不得在不遵守法定程序的情况下被逮捕,并且不能够对之施行不人道、侮辱人格的刑罚;48个国家的宪法规定不得犯罪的证明只得由公诉机关为之;67个国家的宪法规定了无罪推定;38个国家规定了公平、公正的审判程序。[53] 可以预见,在联合国两权公约与《欧洲人权公约》的精神越来越深入人心之时,我国的刑法宪法化也只是时间问题而已。

但是,要真正做好准备迎来中国刑法宪法化的时刻,恐怕还要在理论上解决许多问题,现列出如下两例:

1. 刑法宪法化的内容到底应当在宪法中予以怎样的表述呢?这些表述又该怎样并在多大的程度上实现与刑法规范的呼应呢?

2. 刑法宪法化的确存在诸多积极意义,但是其本身的副作用也是不容忽视的。例如在依据宪法对刑事法规进行审查时,立法与司法之间的权力平衡似乎会被打破,这

---

[50] 参见曾赟:《论刑法的宪政之维》,载《河北法学》2006年第3期。

[51] 关于宪法中的比例原则,它的机能对刑法体系的作用可能不止于此,我国刑法学者已经发现了此问题,并进行了深入探讨,这样的探讨毫无疑问有助于宪法与刑法的融合。只是这样的形式更加趋向于宪法刑法化。最近的代表性研究成果,参见张明楷:《法益保护与比例原则》,载《中国社会科学》2017年第7期;秦策:《理念、制度与方法:比例原则的法教义学面相》,载《法治现代化研究》2017年第4期。

[52] 参见王书成:《合宪性推定的正当性》,载《法学研究》2010年第2期。合宪性推定原则最早在芒恩诉伊利诺伊州一案中提出,联邦最高法院裁定认为合乎宪法的推定及于每一个制定法,除非该制定法明显违反宪法,任何法院都不应宣称其违宪。See Munn v. Illinois 94 U. S. 113,141,142,(1876).

[53] 参见卢建平:《"人权入宪"的刑法意义与"刑法宪法化"》,载2004年《"'人权入宪'与人权法制保障"理论研讨会论文集》。

种结局上重司法而轻立法的情形该如何避免呢?

以上所列并不全面,只是将刑法的发展视域扩展到了宪法甚至更广阔的范围中去。但无论怎么扩展,限制刑罚权,保障人权始终是刑法与宪法的共同目标,二者的联动也必不可少。因此在将来刑法宪法化的研究过程中就需要刑法学者与宪法学者在中国国情的框架下展开深入的学术交流与沟通,正如张翔教授所指出的,我国刑法与宪法学者应当并力完成对国家刑罚权的合宪性规制。[54]

---

〔54〕 参见张翔:《刑法体系的合宪性调控——以李斯特鸿沟为视角》,载《法学研究》2016 年第 4 期。

重回刑法谦抑主义:反思社会治理中的泛刑罚化*

李树远** 于佳虹***

内容摘要:社会治理泛刑罚化,是指刑法在参与社会治理过程中,超越了其合理的界限,刑罚制裁手段过度介入到社会治理之中。依靠刑罚制裁推进社会的治理虽然高效,但并不是实现国家治理能力现代化的最好选择。"泛刑罚化"会在社会治理的层面上产生些许消极的影响。反思刑法工具主义观,重新审视社会需求和刑法回应的关系,社会治理的刑罚规制应当重回刑法谦抑主义。

关键词:社会治理 泛刑罚化 风险 谦抑主义

一、刑法工具主义:应被弱化、摒弃的法律观

社会治理,是由党和政府组织主导、吸纳社会组织等多方面治理主体参与,对社会公共事务进行治理的活动。在社会管理过程中,就政府层面来说,行政、经济手段是基本管理措施,但近年来我国社会转型时期出现了一些矛盾和问题,由于社会规范制度和配套措施建设滞后,通过民事、经济、行政手段调控一时难以解决,另加民意舆论影响,政府的相关部门倾向于动用刑法措施"决之而后快",刑罚权不断扩张,导致刑法过度活跃,呈现出一定的"泛刑罚化"倾向。比如社会治理过程中存在的上访、民间借贷等行政、民事关系,一旦遇到棘手或难以解决的情况,职能机关往往会按寻衅滋事罪、非法吸收公众存款罪、诈骗罪等罪名对相关行为人定罪处刑,以维护社会秩序;还有其他人士以"道德正确"为话语权的制高点,为肯定和鼓励见义勇为的道德行为,不断推高对"见危不救"的制裁强度,提出将"见危不救"入罪处理等。2008 年左右"许霆案"亦是如此,只考虑了受害人利益,却未综合考量行为人的社会危害性是否必须处以刑罚。这些做法和提法与我国公民普遍的法治信仰程度和思维是有密切关系的:刑法是最有威慑力的法律,为统治和管理服务最有效果。这种刑法工具主义观,认为刑法是为统治管理而服务的工具,是"刀把子",这种观念与近代刑法基本原则是相悖的,也与现代化国家治理体系和治理能力是不相容的。

任何文明都有其难以根除的文化基因。在古代中国德主刑辅的治国方略背后,潜藏着浓厚的工具主义法律观,把法律尤其是刑律视为统治阶级赖以凭靠的统治工具。尽管目前中国传统法律观在吸收、借鉴外来法律思想文化过程中有所改观,但从骨子

---

* 本文系司法部 2016 年中青年课题"基层社会治理中的泛刑罚化研究"(项目编号:16SFB3004)的阶段性研究成果。

** 李树远,上海复星集团廉政督查总监。

*** 于佳虹,法学博士,南京中级人民法院法官。

里来说,工具主义的法律文化基因一时难以根除。

从1979年新中国第一部刑法典颁布开始,我国刑事立法基本上呈现的是单向犯罪化的趋势,刑法修正案、刑法条款和罪名一直处于增长之中,兜底条款设置数量庞大,在刑法实践中司法解释扩张刑法范围、司法机关滥用刑事措施插手经济纠纷、将"灰色行为"比如民间高利贷、集资等民间金融行为纳入刑法规制范围等,这些都是"泛刑罚化"的表征,意图通过刑罚权对民众造成威慑,迫使其在伸张自己权利的时候首先要顾及国家设定的秩序规则。丘汉平先生一针见血地指出:"如果人类只有惧怕心理",那么,"重刑主义也许可以防奸止犯,无奈人类的心理不只是害怕"。[1] 不否认,"重典治乱"曾是一条成功的历史治理经验,但在现代社会,当"乱"尚处于开始或萌芽状态时,国家对待乃至控制、治理不当行为有着多种社会规范和措施,比如有伦理道德规范,有行政、经济手段,还有党纪和国法。而在法律制裁措施中,也同样有民事、行政、刑事等各种手段。而如果有限考虑刑法手段,不仅会浪费司法资源,徒增社会负担,同样还会混淆道德规范与法律制裁的界限,形成过于苛厉的处罚,可能会对人权构成威胁和侵犯,失去刑罚处罚的正义性和威慑力。

在刑法工具主义观影响下,国家和社会更多关注刑法的社会保护机能,认为刑罚是制裁一切不轨行为、维护社会秩序最快捷、最有效的手段,在社会治理过程中,遇到社会上出现某种问题或乱象时,国家和民众都会"情不自禁"地想到动用刑法去解决和治理,引起国家刑罚权的膨胀和扩张,把刑法这一"最后保障法"变为"优先保障法"。这种观念下的立法和司法活动,表象上看换得一时社会安定,但却以对公民权利的漠视和践踏为代价。

因此,国家应当不断弱化、摒弃刑法工具主义观,提倡、突出刑法的人权保障机能,这才符合罪刑法定的精神和现代法治价值取向,也才能使刑法在参与社会治理中发挥积极的作用,避免误伤民众。

二、社会需求与刑法回应

(一)社会需求的决定性

根据马斯洛需求层次理论,人类需求像阶梯一样从低到高按层次分为五种,分别是:生理需求、安全需求、社交需求、尊重需求和自我实现需求。人作为社会的细胞,人的需求构成了人本社会需求的整体。在复杂多变的现代社会,社会需求是多元变化的。法律如同社会群体一样是可变的、多样的,它或多或少完善地表现了社会群体的意志。它像语言、艺术、宗教等一样,是社会生活的反映,不能把它与另外那些与它关系甚密的社会现象割裂开来。[2] 社会是法律的生命之源,法律的产生与发展离不开日新月异的社会变化,离不开社会对法律的需求和认同。正是由于社会关系、社会生

---

〔1〕 昝启英:《论刑罚的局限性及其补正》,载《吉林大学社会科学学报》1997年第3期。

〔2〕 参见[法]亨利·莱维·布律尔:《法律社会学》,许钧译,上海人民出版社1987年版,第98页。

活的纷繁复杂,决定了社会治理机制也必须是多种的,由不同的社会规范体系构成,包括伦理、道德、宗教、习惯、习俗和法律,其中伦理、道德、宗教、习惯、习俗的存在是相对稳定的,而法律变化与社会变迁最为密切,最为频繁,也最能影响民众生活。因其他法律不是本文论述的重点,本文只谈刑法在社会需求中随之变化的情形。

譬如说,近年来机动车增多、食品添加剂使用、民间金融活跃等现象,引发了危险驾驶、食品安全、资金风险等社会问题,因此,酒驾入刑、严惩食品犯罪、规制民间借贷"跑路"现象的呼声此起彼伏,民意汹涌。在巨大的民意和快速变动的社会形势面前,刑法也不断做出调整,最大的体现就是刑法修正案条数日益增多,修改范围日益扩大。这是在经济社会转型和矛盾集中突发时期,民众对刑罚的偏好和巨大诉求与现有刑法对社会经济生活规制方面的有限性之间矛盾的凸显。

(二)刑法回应的尺度

在社会需求不断变化的时代,刑法作为法律部门,又是其他法律的"保障法",必须根据时势变化,对社会需求作出回应,这也是刑法的生命和价值所在。刑法回应的尺度是多少?完全回应显然是不可行,也是有危险的。当前,有些社会问题通过民事、行政途径并非得不到合理解决,但由于民事、行政解决机制不畅通,或者以民事、行政途径解决,耗时长、难以即时见效,当该类问题一旦成为社会聚焦点时,国家就会忍不住动用刑法,以求得立竿见影的治理效果,满足社会的即时需求。〔3〕有的罪名如拒不支付劳动报酬罪的增设,主要源于特定时期国家对民生问题的重视,而拒不支付劳动报酬的现象恰巧成为该时期的热点民生问题。有的罪名如危险驾驶罪染有明显的民粹化色彩,其增设与特定时期"醉驾"和"酒驾"成为社会焦点有莫大关系。有的罪名如新近发票类犯罪的增设,则直接动因于国家特定时期开展的对发票专项治理行动。〔4〕

比如非法经营罪,其具有浓厚的"口袋化"现象,主要体现在立法和司法解释两个层面上。从立法层面看,其罪状在设定方面具备了"口袋罪"的特征,而司法解释的相对滞后性,也很难跟上经济社会的飞速发展,无法及时准确地对新现象新行为作出界定。因此,司法实践中为了保证防奸止犯,打破非法经营罪的正常映射范围,将一些市场经济领域的违规行为纳入非法经营罪的制裁范围。刑法一旦超越了自身限度,过度回应社会需求,就不可避免地出现调整范围的过度化。

笔者认为,很多社会纠纷、矛盾以及民意反映,往往伴随着人的情感,并不是理性的。刑法回应社会需求应当是在其他社会调控机制(民事、行政、经济、道德等)对危害行为的处理和解决失效或无能时再进行介入,要惜刑慎刑,而不是动辄就用昂贵的刑法来应付,这既符合刑法作为"司法法"的属性,也符合刑法谦抑主义。而能否让除刑法之外的社会调控机制"竭尽全力"地发挥作用,积极回应社会需求,尽量避免动用

---

〔3〕参见何荣功:《社会治理"过度刑法化"的法哲学批判》,载《中外法学》2015年第2期。

〔4〕同上。

刑法,既考验着国家对待刑罚权的态度,更能体现一个国家的治理智慧和水平。

三、"泛刑罚化"的风险与批判

(一)"泛刑罚化"的表现

"泛刑罚化"是指刑法在参与社会治理过程中超越了其合理功能,刑罚过度介入的情况。国家力图在社会治理中通过刑罚贬抑违法恶径,彰显威慑以佑社会秩序。在"泛刑罚化"的思潮中,一些伦理非难性有限、法益侵害性有限的伤害行为将被犯罪化,一些不应该被认定为犯罪行为的民事经济纠纷将被作为犯罪来定罪处刑。在刑法实践中,司法机关办理一些合同诈骗罪时,没有注重实质审查,将更换经营场所、法定代表人辞职、更换手机号码等避而不见的躲债行为,认定为《刑法》第224条规定的关于逃避债务而"逃匿"的情形,从而推定行为人具有非法占有他人财物的目的。但上述几类躲债行为与"逃匿"行为存在本质区别,逃匿行为通常伴随着携款潜逃、挥霍财物等行为,是一种根本性的不履行合同义务的体现;而上述几类单纯的躲债行为,系因经营困难,一时无法履行、履行不能等,对方的催债行为使行为人不得已采取的斡旋措施,行为人从本质上并无转移财产、携款潜逃、挥霍财产等对履行合同能力产生实质影响的行为,因此不宜认定为行为人具有非法占有目的。但往往因为债权人上访闹访、上网发帖给办案机关施加压力,最后办案机关对行为人作犯罪认定处理,以息事宁人。非法吸收公众存款罪的处理情况更为典型。

(二)"泛刑罚化"的风险

这种"泛刑罚化"的思潮和现象是对现代刑法观念的背弃,是国家刑罚权在社会治理中的扩张和越位,将会引起巨大的风险:一方面,国家权力与公民权利如同蛋糕的两半,此消彼长,"泛刑罚化"所呈现的罪刑范围扩大意味着国家刑罚权的扩张,必然导致公民权利的压缩;另一方面,刑法作为社会控制的保障法,应当在最后"亮剑",而不是优先"出手",如若使用不当,不该出手却出手,则容易误伤民众,带来危害。这些风险具体主要表现在以下几个方面:

第一,容易破坏罪刑法定,冲击刑法根基。罪刑法定是刑法的基本原则之一,也是现代刑法的基石,既有利于维护社会秩序,也有利于保障人权。任何部门法都有其特性,刑法的特殊性决定了罪刑法定说到底是一项有利于犯罪嫌疑人、被告人和犯罪人的原则是,规范和限制国家刑罚权、保障犯罪嫌疑人、被告人人权的原则。[5] 当前我国的客观情况是,在刑事立法中,通过修正案或司法解释的方式,新增罪名、扩大原罪名的行为类型和主体范围,推动刑法范围扩张;在刑法司法中,对社会治理中存在的痛点、难点,利用兜底条款和"口袋罪"的作用将可以通过民事行政途径解决的危害行为定性为犯罪行为予以惩治。这些"泛刑罚化"的做法,不断侵蚀罪刑法定原则,冲击着刑法根基,让民众对自己行为结果难以做出预期判而陷入恐惧之中。

---

〔5〕 梁根林:《刑事法网:扩张与限缩》,法律出版社2005年版,第5页。

第二,容易降低刑罚的威慑力。基于功利主义和人类趋利避害本能考量,刑罚的威慑功能确实客观存在,但刑罚的威慑力并不单单是来源于刑罚的轻重,还取决于刑罚的确定性、正当性和民众的认同。贝卡利亚曾指出:"对于犯罪最强有力的约束力量不是刑罚的严酷性,而是刑罚的必定性。"[6]现代犯罪学理论普遍认为,刑罚的严厉性和确定性是实现刑罚威慑效果的两个基本变量,理想的刑罚模式应当是尽量提高刑罚的确定性以实现威慑效果来预防犯罪。单纯地提高刑罚的适用量,一旦超过一定的临界点,刑罚的威慑作用会大大降低。事实证明,刑罚的威慑效果是有限的,而随着刑罚量的增加,刑罚效应呈边际递减。

第三,容易阻碍市场经济发展创新。市场经济是自由、开放、通融的经济生态,其本质在于鼓励经济自由和经济改革创新。经济秩序作为社会秩序的一种,必然需要法律包括刑法的护佑,以保护市场主体合法权益。"市场经济制度下,刑事调整虽然仍是不可缺少的,但是从根本上来说,各种经济关系与经济矛盾主要还是通过市场的自发调整得以解决,在这种情况下,过分严厉的刑罚与市场经济的内在逻辑本身是矛盾的。"[7]在市场经济发展创新过程中,要形成一个容错机制,容错并不是说对错误的、有危害性的行为"免单",而是尽量在市场政策不明时给其改过的机会,这才是刑法的"善"。若刑法过分强调对既有经济秩序的保护,经济创新行为动辄得咎,必然造成对市场主体创新动力的挫败,形成对经济社会发展源动力的扼杀。[8]

(三)"泛刑罚化"的反思与批判

"泛刑罚化"是国家刑罚权通过过度回应社会需求"暗度陈仓"式的扩张,当然这对处理一些普遍棘手的社会问题和纠纷具有即时性,能够产生一定的威慑效果,但其正当性和确定性必会受到民众质疑。国家应"竭力把刑罚强制限制在最小的范围之内并且不断寻求减少使用它的机会,而不是增加强制的机会并且把它当作挽救一切道德败坏的药方"。[9] 近年来针对非法吸收公众存款罪的相关问题,虽然刑法重压,但民间借贷、吸收公众存款的现象仍然是普遍存在。其原因就是,没有通过正常的民事、经济、行政手段对借贷、存款风险作出及时的预警和消除。如果没有"跑路"现象,估计很少有民间吸收存款的行为被刑事处罚,而一旦出现"跑路"现象,民众资金一去不返,则会引发群体性上访,国家就会通过刑罚权来对"跑路"的行为人进行制裁。这看似回应社会需求,也难免有民意舆论影响司法之嫌。而反思此类种种现象的发生,与民间借贷的法律制度跟不上经济的发展、相关规定散见于各阶位的法律文件且缺乏统一不无关系。

在社会治理中,刑法会有其应有的地位和作用,不否认当前刑法在一些社会问题解决中发挥了作用,但在此语境中更应关注刑法超越工具性的内在精神气质和根本价值,即维护校正正义和保护公民自由。孟德斯鸠曾说:"一个良好的立法者关心预防

---

[6] [意]贝卡利亚:《论犯罪与刑罚》,黄风译,中国大百科全书出版社1993年版,第59页。

[7] 陈兴良:《刑事政策视野中的刑罚结构调整》,载《法学研究》1998年第6期。

[8] 参见何荣功:《社会治理"过度刑法化"的法哲学批判》,载《中外法学》2015年第2期。

[9] [美]哈伯特·L.帕克:《刑事制裁的界限》,梁根林等译,法律出版社2008年版,第360页。

犯罪多于惩罚犯罪,注意激励良好的风俗,多于施用刑罚。”德国著名法学家耶林也指出,刑罚犹如一把“双刃剑”,用之不当,则国家和人民两受其害。在立法和司法实践中,尤其要慎重对待兜底条款和“口袋罪”,更加强调刑法的人权保障机能,不应让刑法过度介入民众生活。

四、守住谦抑主义

现代社会早已不再是“采菊东篱下,悠然见南山”的时代,社会纠纷是错综复杂的社会因素共同作用的结果,其性质和复杂性决定了纠纷解决机制的多元性,单单依靠刑法手段是很难对一个社会问题进行根治,反而可能会如割韭菜一般,除之又生。社会现实生活中热点难点问题往往是民生问题,其形成往往有特殊的历史背景和原因,是社会矛盾和多方利益冲突的集中反映,国家在介入民生问题的解决时,要优先尝试使用社会政策和民事、经济、行政手段,只有在这些手段和方法失效或无用时,才有必要纳入刑法范围考量。这也是刑法谦抑主义的要求。

刑法的谦抑主义,是由刑法在法律体系中的地位以及刑法的严厉性决定的。亦即,刑法的制裁措施最为严厉,其他法律的实施都需要刑法的保障,刑法在整个法律体系中处于保障法的地位,只有当其他法律不足以抑制某种违法行为时,才能考虑将这种违法行为纳入刑法管控的范围。在刑法参与社会治理中,必须守住谦抑主义,才能让其他法律和手段充分发挥其作用,真正实现各归其位,各就各位。刑法向来不是治理社会的主要手段,更不是唯一手段。它作为一种存在,在社会治理上应是最后、迫不得已用之的手段。它是一把“双刃剑”,用得好,能够对社会治理起到一定的推动作用,但用得不好,则会产生巨大的反噬力。“个人自由得到保护与保障,社会秩序也就能够得以自动地生长并健康的发展,社会秩序的自动生长和健康发展又会促使个人自由的不断增长,最终促进整个社会的进步与发展。反之,则会导致社会秩序的僵化和个人自由的匮乏。”〔10〕

刑法以法的安定性为最高价值,其参与社会治理是以校正正义的方式实现的。刑法要坚守谦抑主义,给其他社会调控机制和手段更多的空间,实现综合治理,如此,既能实现社会治理的目的,也不会将民众的权利和自由陷于危险境地。

五、结语

社会治理是一项复杂的工程,任何一种方法和手段都不可能完全担负,不可能一蹴而就、一劳永逸,而是要综合施策、久久为功。法律作为社会治理的一种手段,要以民事、经济、行政为优先,刑法为最后保障。“泛刑罚化”过分强调刑法积极介入社会治理,背离了刑法的价值和立场,必须引起警惕,否则会引起巨大的风险和危害。要让刑法坚守其维护社会秩序、保护公民权利的立场,而不应让刑罚扩张泛化成为社会治理之殇。

---

〔10〕 曲久新:《刑法的精神与范畴》,中国政法大学出版社2000年版,第72页。

论凯尔森国际法思想及其实践意义*

董静姝**

内容摘要：依托于纯粹法理论的国际法思想，对国际法的法律性质作出明确的肯定，建构起国际法与国内法的认知统一体，并在国际法—国内法一元论框架下，基于对“世界国家”的政治向往，提出国际法优位说的主张。该主张为国家主权平等独立、国际社会的法治化与组织统一化作出重要的理论铺垫，对于全球化浪潮席卷下的国际法实践具有积极价值。

关键词：国际法　国内法　一元论　国际法优位说

随着全球化进程的持续深入，所有国家都休戚与共，成为命运共同体的一员，因此，国际关系以及如何处理国际法与国内法的关系不仅仍然是法学研究的基本对象，而且是重要对象。与此相关的问题也反复调动人们思考：当某个国家以自身“主权至上”的说辞对抗国际法、乃至罔顾国际法义务或无视其他国家的主权时，我们应当如何（从理论上）作出驳斥，以维护命运共同体的和谐安定？而与此相反的一种困境则是，当主权边界被一些所谓普遍性的规范突破，又应当如何应对某些强势国家对弱势国家的侵害？等等。

作为20世纪最卓越的法学者之一，凯尔森最负盛名的是其关于法律的一般理论——纯粹法理论（pure theory of law），但他依托于该理论的国际法思想也蕴含着丰富的精神宝藏，它或者为上述问题的解答提供了可能的途径，或者刺激我们为上述问题之解答开辟更广阔的思考空间。可以说，凯尔森从德国辗转至美国，从最初的寂寂无名到后来的声名显赫，并非仅仅因为曾使他饮誉欧洲的纯粹法理论——尤其美国人对经验性和实用性知识的浓厚兴趣使得他们很难接受一个剥离尘世残余的概念逻辑架构——更因为战后的国际法，从理论到实践的发展都能够从凯尔森的国际法思想（尤其是国际法—国内法一元论认知前提下的国际法优位说）中获得颇多有益的启发。〔1〕 而当下，凯尔森的国际法思想在实践中仍然没有失去其积极价值，尽管在某些情况下，它也会显露消极的一面。本文就将对凯尔森的国际法思想及其实践意义作出探索。

---

* 本文受中央高校基本科研业务费专项资金资助。

** 董静姝，中国政法大学法学院讲师，法学博士。

〔1〕 国际法官、著名国际法学者曼弗雷德·拉克赫斯在其著作中指出：“不管人们对于纯粹法学论最后采取什么看法，它的原来说法及其演变，在过去几十年中，在学者世界中，引起了对理论的作用的极其生动的讨论。”参见曼弗雷德·拉克赫斯：《国际法学者》，转引自［奥］汉斯·凯尔森：《国际法原理》，王铁崖译，华夏出版社1989年版，第2页。

一、国际法的法律性质：国际法与国内法的异同

在对国际法与国内法之间的关系作出考察之前，应当首先明确国际法的概念或属性。语言的把戏渗透于日常生活中，有些以“法”为名的事物（如“道德法则”“自然法”）并不具有法律（在分析实证主义法学视域中，这就是指实在法）的本质，如果“国际法”也只是一种譬喻，那么，显然其并非严格意义上的法学研究对象，其与国内法之关系的讨论也就是另一番格局。

尽管如今从理论到实践都基本对国际法的法律属性承认不疑，但在西方思想史上，确有学者曾经持国际法否定说（此处之“否定”并非意味着否定国际法的存在，而是否定国际法作为一种法律规范秩序而存在）。〔2〕在凯尔森所处的时代，国际法否定说也余音未了，加之即使是对国际法法律属性的理解也存在各家之异，因此，对凯尔森的国际法概念作一番审视对于本文而言是必要的。

依据其纯粹法学的基本理论，凯尔森主张，国际法与国内法一样，都是一种法律规范秩序。首先，国际社会无论在价值判断上还是在实践行为中都并非（完全）由弱肉强食的丛林法则所支配，因此，国际法规范就不是单纯事实的聚积（不属于实然范畴），而是表达着事实的意义（属于应然范畴）；其次，这种意义并非只是主观意义，同时也是客观意义（对所有国际法主体都显现着有效的同一内容）。因此，国际法是规范的集合。同时这种规范具有法律的强制性与逻辑结构：作为条件的不法行为＋作为后果的制裁。只不过国际法上的制裁与国内法上的制裁存在差异：国际法上的制裁是以报复或战争等形态呈现的。

当然，国际法与国内法的差异并不仅仅体现在制裁形态上，还有其他方面，但在凯尔森看来这些其他方面的差异只是法律发展的阶段性差异，而非关乎是否具备法律性质的差异：如果说国内法是一种文明程度相当高的规范秩序（规范创制与适用的权力由国家机构垄断行使，通常适用个人责任与过错责任，并且规范中有相当数量是对行为人直接赋予权利和课予义务的“完全规范”；等等），那么，国际法尤其在凯尔森所处及其之前的时代仍然是一种相对原始的规范秩序：规范创制与适用的权力并非像国内法那样集中于某个或某数个机构，而是分散于各国际法主体；通常适用集体责任与严格责任；〔3〕并且规范中有相当数量是以国内法律秩序为媒介而间接设定行为人权利义务的不完全规范，〔4〕“没有国内法律秩序，国际法律秩序就会是法律秩序的不能适

---

〔2〕比如分析实证主义法学宗师约翰·奥斯丁仅承认国际法是“实在国际道德”，从而将之排除于法理学范围之外。

〔3〕但国内法在制裁上适用个人责任与过错责任、国际法在制裁上适用集体责任与严格责任，也只是“通常”情况，不排除国内法适用集体责任和严格责任的例外情形，也不排除国际法适用个人责任与过错责任的例外情形。参见［奥］汉斯·凯尔森：《国际法原理》，王铁崖译，华夏出版社1989年版，第333页。

〔4〕但也不排除直接对行为人设定权利义务的国际法规范，参见［奥］汉斯·凯尔森：《法与国家的一般理论》，沈宗灵译，中国大百科全书出版社2003年版，第378～382页。

用的断片”。[5] 当凯尔森对国际法与国内法的差异作出如上理解时,一个当然的推论就是未来国际法的“文明化”走向,即国际法也会沿循国内法曾经的轨迹,经历从原始萌芽到文明果实的旅程,最终达到规范权力集中化与规范完成度最大化的形态。在凯尔森逝世近半个世纪后的今天,甚至在凯尔森生前,我们看到这位先贤的预言正逐步演变为现实:从区域性国际组织(典型如欧盟)到全球性国际组织(典型如联合国),在国际法规范创制和适用上都反映出集中化趋势,而规范内容之明确具体、结构之严谨完整也越来越进步。

由此可见,国际法是与国内法在本质上并无二致的法律规范秩序。既然如此,按照纯粹法学在规范效力、规范创制和规范秩序统一体三个核心层面的根本观点——“如果追溯规范效力的最终理由则必然指向一个基础规范”“如果存在规范生成的动态层级系统则该系统必然最终发端于一个基础规范”“如果存在某个统一的规范体系则该体系必然最终统摄于一个基础规范”。即国际法秩序也有其自身的基础规范(basic norm),该基础规范既为所有实在国际法规范效力提供根本性支撑,也作为规范创制的逻辑起点授权不同层级的国际法主体创制处于不同位阶的国际法规范(比如,基础规范—一般国际习惯法—国际条约规范—国际司法个别规范),[6] 并且,上述所有国际法规范都最终依赖于基础规范而被识别为一个统一规范秩序的成员。

那么,既然凯尔森确证了国际法作为法律秩序的属性,并且也讨论了国际法与国内法的异同。接下来的问题便是国际法—国内法的关系,而在纯粹法学语境中,这可以一言蔽之为:二者是否最终共享同一基础规范,换言之,二者是否被统摄于同一规范秩序中？而假如对二者持一元论观点,则何者处于上位、抑或二者同位？对此,就将在下两章中作出集中探讨,并且正是在对该问题的回答基础上,将在第四章进一步发掘凯尔森国际法思想的实践价值——包括积极价值与消极价值。不过,在进入下两章的论述之前,需要说明的是,即使从经验历史上看,国际法诞生于国家出现之后(或至多也是与国家同时出现),但不能据此说明国际法在逻辑上也后于国内法。一如家族制之诞生远早于国家,然而国家法律秩序却是家族法的效力依据。因此,国际法与国内法之关系的讨论,也不可轻率地从经验时间得出结论,而是一种逻辑意义或曰认知意义上的考察。

二、认知统一性:国际法—国内法一元论

对国际法—国内法的关系,学界存在二元论[7] 和一元论之争。持二元论者主张:(1)国内法追溯至单个国家的意志,而国际法追溯至若干国家的联合意志;抑或主张(2)国内法涉及“对内事务”,而国际法涉及“对外事务”;抑或主张(3)国内法调整个人行为,国际法调整国家行为;又或主张(4)二者内容(可能)存在不可调和之矛盾。

---

[5] [奥]汉斯·凯尔森:《法与国家的一般理论》,沈宗灵译,中国大百科全书出版社 2003 年版,第 382 页。

[6] 参见[奥]汉斯·凯尔森:《纯粹法理论》,张书友译,中国法制出版社 2008 年版,第 123 页。

[7] 考虑到有许多国内法律秩序存在,这种二元论亦可称为多元论。参见[奥]汉斯·凯尔森:《国际法原理》,王铁崖译,华夏出版社 1989 年版,第 335 页。

国际法与国内法相互间既不可能以彼从属或通约于此,也无法溯源至同一发端。故国际法与国内法实属二元。

但凯尔森则是一元论的坚定拥护者。在论述凯尔森的国际法—国内法一元论之前,有必要先对"一元论"在纯粹法理论中不同语境下的不同意涵作一个澄清:在法律与国家的关系上,凯尔森也主张一元论,此处的"一元"是指法律概念与国家概念的等同,即国家不是独立于法律之外的实体,而是法律秩序的人格化——国家即法律——所谓"国家创造法律"也就意味着法律调整自身的生成;[8]而在国际法与国内法的关系上,凯尔森之言一元论,并非将二者的概念重合,而是指二者最终被统摄于同一法律秩序中。

那么凯尔森是如何论证国际法—国内法一元论的呢?其与国家—法律一元论在理论上又有什么联系呢?

由于对认知统一性非比寻常的执著,凯尔森认为:"法律认知之使命也如自然科学一般,乃是将其对象描述为统一体。"[9]因此,既然国际法的法律"身份"已获确认,则其与国内法必然作为统一体而被认知。或许有人批判道,国际法与国内法根基于不同的政治、经济与社会环境,难言统一性。但这种批判对凯尔森毫无意义,因为凯尔森所论乃认知上的统一性,而非实际组织上的统一性。或者说,其只论形式规范,而无论规范的实质政治背景与内容。因此,从实践之驳杂批判认知之统一,实如枪弹脱靶。不过在凯尔森看来,尽管政治并非法律科学关心的对象,但认知统一性乃组织统一性之前提和前奏,未来的政治实践将逐步走向"世界国家"。

对于二元论的上述理由,凯尔森也作出了反驳:(1)国内法即单个国家意志之表达、国际法即若干国家联合意志之表达的说法,是一种人格化隐喻,而其不过是空洞的同义反复。(2)国内法调整内部关系而国际法调整外部关系的说法,也是一种冗赘的空间隐喻,"一国的每一项所谓国内事务都可以成为国际协定的规定事项,因而转化成为一项对外事务"。[10] (3)国内法与国际法规定的行为存在主体差别的说法,其实是忽视了国家行为最终能够被还原为代表国家的个人的行为,即如上文所述,国际法是以国内法为媒介间接为个人设定权利和义务。(4)国际法与国内法内容(可能)存在不可调和之矛盾这一说法,从逻辑分析的角度并不成其为问题,当某个国家——尤其在立法行为上——违反国际法(无论习惯还是条约)为其设定的义务时,法律后果无非两种:一种是该国内法律规范被废止(但这种情况比较少见);另一种是该国内法律规范依然有效,但国家对国际法义务的违反构成不法行为,并依循归责律(imputation)受到国际法制裁。在此,"违规"之国内法律规范的存在并不意味着国际法与国内法在逻辑认知意义上的矛盾,而系仅生废止国内法律规范或处罚某个国家的效果。

至此,对一元论的论证已然基本成立。但凯尔森却画蛇添足,这也是其理论中的

---

〔8〕 参见[奥]汉斯·凯尔森:《上帝与国家》,载刘小枫选编:《施米特与政治法学》,林国荣译,上海三联书店2002年版,第311~312页。

〔9〕 [奥]汉斯·凯尔森:《纯粹法理论》,张书友译,中国法制出版社2008年版,第126页。

〔10〕 [奥]汉斯·凯尔森:《国际法原理》,王铁崖译,华夏出版社1989年版,第336页。

一个严重失误——他写道:“若此说(即国际法—国内法二元论)成立,则国内法秩序与国际法秩序根本无法同时有效;甚至两国内法秩序亦然。正如道德无法与独立于道德之实在法同时有效……国际法与国内法之关系亦同此理:二元论仅承认本国法有效,而其他国内法秩序、尤其是国际法,则根本不被当作有效规范。”[11] 分析实证主义法学一向坚持法律和道德作为彼此独立的概念和规范体系,但这恰恰意味着,在对同一行为作出规范判断时,“我有法律理由作该行为,但却有道德理由不作该行为”(或者反之)这种说法完全能够成立,并且该表述十分清晰坦率地呈现出对法律的道德批评。[12] 这也就意味着,法律和道德两种不同的规范同时有效是完全可能的(现实情况也的确如此),问题只在于行为人如何作出实际决断。因此,“道德无法与独立于道德之实在法同时有效”这种说辞是不正确的,以这样被理解的法律—道德之关系类比于国际法—国内法之关系,也是不正确的。

那么,当我们讨论过凯尔森对国际法—国内法认知一元论的论证后,再来审视其与国家—法律一元论的理论联系,就会发现这位杰出的法学者在理论建构上环环相扣的苦心孤诣:当凯尔森将国家概念和法律概念的边界彼此咬合时,他确实像被很多学者批判的那样以规范吞噬了国家[13]——或者用他自己的话说,对国家概念作了“相对化处理”[14]——然而正因如此,不仅在国内法意义上破除了国家神话,铲断政治权力突破法律框架的“法律神迹”的根基;在国际法意义上,也将盘亘于国际法—国内法认知统一性中的屏障——一个宣称具有绝对至上之主权的国家——瓦解了,“从而得以洞悉从囊括所有国家之国际法社会直到国家内部诸法律社会这一连续过程”,[15] 一个在认知上统一的法律规范脉络就此被打通。在下文的论述中,我们还将看到这种双重一元论重要的政治意义,而这也是凯尔森国际法思想在第二次世界大战后被很多(西方)国家——它们或者是真诚经营新的世界秩序的国家,或者是树着人权等“普世”观念的幌子干涉他国内政的国家——大肆推崇的原因。

三、国内法优位说与国际法优位说

既然凯尔森已经论证,国际法—国内法处于统一的法律秩序内,那么,接下来就将考察,国际法与国内法是以何种形式统一于一个法律秩序中的。从逻辑上说,二者的关系只有如下两种可能:国际法—国内法同位说与国际法—国内法从属说。而从属说依照何者处于上位又有两种可能:国内法优位说,国际法优位说。同位说意味着国际

---

[11] [奥]汉斯·凯尔森:《纯粹法理论》,张书友译,中国法制出版社2008年版,第128页。

[12] 在这一点上,哈特比凯尔森看得更加清晰明确。参见[英]H. L. A. 哈特:《实证主义及法律与道德的分离》(第四节),载《法理学与哲学论文集》,支振锋译,法律出版社2005年版,第79~84页。

[13] 赫尔曼·黑勒将凯尔森的国际法学精辟地总结为“没有国家的国家法学”。古斯塔夫·拉德布鲁赫也中肯地指出,在凯尔森的理论中,“国家是作为进行规范之活动的法律,法律是作为被规范之状态的国家”。参见[德]古斯塔夫·拉德布鲁赫:《法哲学》,王朴译,法律出版社2005年版,第183页。

[14] [奥]汉斯·凯尔森:《纯粹法理论》,张书友译,中国法制出版社2008年版,第135页。

[15] 同上。

法与国内法位阶相平而效力范围有别，并且共同从属于某个更高的法律秩序，但这与现实不符合（国际法与国内法实际上存在效力范围的重叠，并且在二者之上也并无第三个法律秩序）。因此便只需审视国内法优位说与国际法优位说何者能够获得证立。有意思的是，凯尔森在对这两种论调的选择中，并非像他反复声称的那样始终坚持认知的“分内之事”——国内法优位说和国际法优位说在逻辑上都是可能的——而是作了政治意义上的考察，对此他也从最初的讳莫如深到后来的坦承不讳：“在我们的选择中，我们显然受伦理的和政治的偏爱的指导。”[16]

（一）国内法优位说（the primacy of national law）

国内法优位说通常以“承认说”的面目呈现，[17] 即主张国际法须经某国承认方对该国具有法律约束力，乃至其他国家也须经该国承认方为国家。这种主张无异于将国际法和他国法都视作某一特定国家法律之一部，该国国内法作为国际法和他国法的效力依据，并以自身为起点建立了一个国际范围内的委任链条。这显然严重有悖于现代国际社会公认的“国家平等独立”准则。

凯尔森认为，国内法优位说乃是为“国家主权至上”的政治意图张本。这种政治意图并不（只）在于主张国家主权对内的绝对性，更在于主张国家主权对外的绝对性，“最终难免沦为唯我独尊、万物皆备于我的主观主义唯我论”。[18] 此时，国际法与他国法若非臣服于本国便根本不具有法律效力——而按照凯尔森将法律规范之存在等同于具有法律效力这一观点，[19] 国际法与他国法若非臣服于本国法便根本不成其为法律，而只是一堆事实的聚积或其他性质的规范（如道德规范）集合。这无异于主张，在国际社会中，只有一个国家能被设想为（完全的）主权者，“一国的主权就排斥了任何其他国家的主权”，[20] 整个法律世界都会随着那个作为解释基础的、唯一拥有（完全）主权的国家之变化而变化。这将使本国法与他国法之间的关系不仅失衡，而且充满敌意。但仔细推敲，会发现这也许是西方主体哲学的弊病在国家间关系领域中的“发作”：在个人关系领域，主体哲学使得自我与他者之间充满火药味，以个体主观权利为起点的理论建构，将很难突破自我—他者之间的目的—手段关系，乃至自我与他者难以相容；而推衍到国际关系领域，本国主权与他国主权之间亦势同水火，无法将彼此理解为平等的存在。凯尔森敏锐地洞察到了这一点，而他的完善方案是被他称为“客观论”的法哲学，这表现在国际法—国内法关系上，正是国际法优位说。

---

〔16〕［奥］汉斯·凯尔森：《法与国家的一般理论》，沈宗灵译，中国大百科全书出版社 2003 年版，第 424 页。凯尔森还说道：“本理论之政治意义当不致玷污其纯粹性，纵然唯以解决技术问题为己任之严格自然科学亦有其政治意义——尽管非其本意。”（［奥］汉斯·凯尔森：《纯粹法理论》，张书友译，中国法制出版社 2008 年版，第 135 页。）

〔17〕凯尔森指出，“承认说”主张者通常自诩为国际法—国内法二元论者，但其实经过对承认说的逻辑分析，将发现承认说其实是一元论中的国内法优位说，即将国际法和其他国家的国内法都视作本国法之一部。详见正文论证。

〔18〕［奥］汉斯·凯尔森：《纯粹法理论》，张书友译，中国法制出版社 2008 年版，第 129 页。

〔19〕参见［奥］汉斯·凯尔森：《法与国家的一般理论》，沈宗灵译，中国大百科全书出版社 2003 年版，第 32 页。

〔20〕［奥］汉斯·凯尔森：《国际法原理》，王铁崖译，华夏出版社 1989 年版，第 371 页。

（二）国际法优位说（the primacy of international law）

既然从认知统一性视角否定了国际法—国内法二元论，而在一元论中，国际法—国内法同位说又不能真切反映现实、国内法优位说也由于堕入主观论哲学泥淖而铲断“国家平等独立”准则之根基，那么，国际法优位说就是唯一可能的选项了。[21] 但凯尔森并未止步于此，而是悉心阐述了国际法优位说的理论内涵和理论优势。

1. 国际法优位说的理论内涵

国际社会中所有国家的国内法规范秩序最终都被统摄于国际法规范秩序下：（1）为本国“宪法之父”之制宪行为赋予规范性的国家法意义上的基础规范，[22] 是每个国家都各有的作为本国法效力顶点之基础规范，但在国际法视野中，各个国家的国内法基础规范处于同一位阶（否则，若甲国基础规范是乙国基础规范的上位规范，则无异于说乙国乃甲国之附庸，则沦入上述国内法优位论之路数），并上溯至最终唯一的基础规范——国际法的基础规范；国际法基础规范为各个国内法基础规范提供效力理由，进而为各个国内法律规范秩序提供效力理由。此外，不同国家之间签署的条约或公认的习惯，其效力也最终来源于国际法基础规范。（2）国际法基础规范不仅是追问效力的逻辑终点，也是规范委任创制的逻辑起点，它授予各个国家创制宪法之权威，继之延伸到一般规范乃至个别规范的委任创制。此外，国际法基础规范也是国家之间条约和习惯创制之委任链条初始环节。“若条约为造法事实，若条约所生之规范对缔约双方皆生义务与权利……则必然预设以条约为造法事实之规范；而此规范不属国内法秩序，只能为诸同位国内法秩序之共同上位法律秩序之规范。国内法秩序之规范……不能对他国课以义务与赋予权利……国家之权能不得逸出国家法律秩序之效力范围。两国权能无法以数学方法相加，非经上位秩序委任，便无法创制对两国同时有效之规范……唯有自一般国际法之立场出发，才能对国际法规范之创制加以理论解释。”[23] 由此可见，上述（1）是从下位规范到上位规范的效力追溯，上述（2）是从上位规范到下位规范的委任创制，前者上推，后者下移，从两个方向共同呈现了以国际法优位而生之国际法律秩序统一体的认知全貌。

于是，国际法场域中的国家概念就能够被定义为：国家即国际法秩序下相对集中

---

[21] “假设：各国或诸国内法秩序（非人格化之表述）居于同位，其效力范围乃依法划分（属地效力尤其如此）。唯有预设诸国内法秩序之上又有另一更高法律秩序，且由后者确定前者之位阶与效力范围，该假设方可成立。则此更高法律秩序仅能为国际法，也唯有国际法规范始终具有上述功能。”详见［奥］汉斯·凯尔森：《纯粹法理论》，张书友译，中国法制出版社 2008 年版，第 132 页。

[22] 也被凯尔森称为“相对意义上的基础规范”，参见［奥］汉斯·凯尔森：《法与国家的一般理论》，沈宗灵译，中国大百科全书出版社 2003 年版，第 402 页。

[23] ［奥］汉斯·凯尔森：《纯粹法理论》，张书友译，中国法制出版社 2008 年版，第 133 ~ 134 页。另，在《法与国家的一般理论》中也有类似论述：“一国的法律秩序不能为另一国设定义务或授予权利，因为每一国家的权限，一个国内法律秩序的效力范围，仅限于它自己的范围之内。两个国家在一起也不可能只通过它们自己的法律秩序，建立起一个对两国范围都均有效力的规范……要能够创造对一个以上国家都有效力的规范，这些国家就必须由一个高于它们自己法律秩序之上的法律秩序所授权。”详见［奥］汉斯·凯尔森：《法与国家的一般理论》，沈宗灵译，中国大百科全书出版社 2003 年版，第 388 页。

之子法律秩序;国家作为行为人,是国际法的机关。该定义的前半部分意味着,不仅国家内部法律秩序的委任创制链和效力渊源溯至国际法,国家的属地、属时、属人效力范围也由国际法依据实效性原则决定,而属事效力范围则受到国际法限制(国际法规范中如果规定调整某些由国内法调整的事项,那么就是限制了国内法的属事效力范围。〔24〕该定义的后半部分意味着:"一个缔约国的代表首先是国际共同体的一个(部分)机关,其次才是他本国的一个机关。人们在主权教条的影响下,总是说各国以条约创造了国际法。实际上,国际共同体,利用各国作为它的机关才创造了国际法。"〔25〕而考虑到凯尔森的国家—法律一元论,这个论断可以被更坦诚地表述为:"每一国内法律秩序,是同国际法律秩序,以及通过这一秩序,同每个其他国内法律秩序,有机地联系着的,因而所有法律秩序就汇合成为一个完整的法律体系。"〔26〕

2. 国际法优位说的理论优势

凯尔森反对国内法优位说的理由,如上所述,并非是认知性的(国内法优位说在逻辑上确有其可能性),而是政治性的——国内法优位说所透视的主观主义国家唯我论,将导致失衡的国家间关系,甚至可以说,只有一个国家具有主体性地位,而其他国家都被客体化了。与此相反,国际法优位说则不仅能够恰当解释国际法现象,也正是打破主权神话、助推国际社会法治化与集中化的利器。

凯尔森认为,在承认"国家平等独立"准则的前提下,"各国只有在它们不被预定为主权者时,才能被认为是平等的"。〔27〕如果一定要使用"主权/主权者"这个语词,并且如果一定要将之与"至高"或"至上"之类的形容联系起来,那么,这种至高性只是相对的而非绝对的。〔28〕即主权仅在本国内部具有至高性——而在凯尔森的规范法学视野中,这种至高性并非初始性强力事实的恣肆无忌(因为,一来"始因"的追溯在自然科学上是不成立的,只在神学中才有可能;二来将主权等同于单纯强力则无以区分国家与强盗集团),而是一种被收纳入基础规范"黑箱"中的、统摄所有国内实在法规范的规范性权威——但在国际社会中,本国主权相较他国主权并非处于高位(当然,也并非处于低位),而彼此平等独立的各国主权都共同从属于国际法权威。那么,国际法优位说就恰恰从理论上给主权概念套上了枷锁(如果不是将之彻底铲除的话),〔29〕而其又是对政治实践中建构一个各国家之间平等独立的国际社会环境提供认知性准备。再者,这种将主权纳入规范轨道的做法,也正是为国际社会的法治化[主

〔24〕"的确,各国即使根据国际法也在原则上依然有权调整可以由在属地范围内受限制的秩序所调整的全部事项;但各国只是在国际法并不调整特定事项时才持有的这种权限,一个事项由国际法调整的事实,其结果是国内法就不再能任意调整这一事项。"详见[奥]汉斯·凯尔森:《法与国家的一般理论》,沈宗灵译,中国大百科全书出版社2003年版,第384页。

〔25〕[奥]汉斯·凯尔森:《法与国家的一般理论》,沈宗灵译,中国大百科全书出版社2003年版,第388页。

〔26〕同上书,第388~389页。

〔27〕同上书,第423页。

〔28〕See Kelsen, *The Principle of Sovereign Equality of States as a Basis for Internatoinal Organization*, in *The Yale Law Journal*, Vol. 53. 1954, p. 208.

〔29〕凯尔森不仅试图在对内关系上瓦解主权,也试图在对外关系上瓦解主权。

权(即使凌驾于本国国内法)应当受到国际法规范之约束,而非恣意行使]奠定理论基础。最后,“国际法中每一趋向集中化法律秩序之技术进步皆受阻于主权天堑”,[30]而国际法优位说则由于对这一天堑的跨越(将各国主权统一收束于国际法规范),从理论上为建立一个世界共同体开辟了道路。

综上所述,在认知统一性假设下,凯尔森排除了国际法—国内法二元论;并基于对实践的正确反映,排除了国际法—国内法一元论下的同位说;而在对国内法优位说与国际法优位说的选择中——二者都能在逻辑上保持自我连贯性——凯尔森认为:“我们像在对主观论哲学和客观论哲学之间进行选择一样自由。正如后者不能受自然科学支配一样,对前者的选择,也不能由法律科学来为我们作出……一个抱有民族主义与帝国主义政治态度的人,将自然地倾向于接受国内法的首要地位的假设。一个对国际主义与和平主义抱有同情的人,将倾向于接受国际法的首要地位的假设。”[31]而凯尔森本人,正是“一个对国际主义与和平主义抱有同情的人”,他的哲学倾向也是客观论哲学——从哲学到政治,凯尔森都融贯地(尽管他本人或许会声称二者并无关系)表现出对“客观性”的非常执著。

有意思的是,对于凯尔森从主体哲学视角来批判国内法优位论并提出“客观论”的国际法优位说,对前者的缺陷予以超克,我们在其中似乎能够发现政治神学的色彩:如果说对于个人与个人的关系而言,上帝的存在使“众生平等”,并引导人们相互亲爱,缓和自我与他者之间的紧张对抗;那么,在国际法优位说中,凯尔森正是塑造出国际法的神明形象,在它面前,各个国家彼此独立平等,共同遵循国际法规范,从而为国际秩序的和谐安定,而非各国彼此充满敌意,奠定基础。尽管凯尔森反复宣称其理论要旨即在于“祛魅”,但无论是其基本理论中的基础规范还是国际法理论中的国际法,似乎都呈现着政治神学的身影。

不过,凯尔森没有预料到的是——或者,这是他声称不关心政治实践和实在法内容所导致的必然结果——抱有民族主义与帝国主义政治态度的人,恰恰可能以国际法优位说为光鲜的幌子完成自己“以特殊置换普遍”“以主观论置换客观论”的政治企图。这就是实力强弱对比在国际法规范中的反映,也是迄今为止让理论者和实务者都头疼非常的事情。

四、凯尔森国际法思想的实践价值

在欧洲国际法的生成与发展中,1648年威斯特伐利亚体系的建立是一个里程碑式的事件,被认为确定了国家主权平等的国际法原则。然而,确切言之,这在当时并非放诸全球皆准的国际法原则,而毋宁说是欧洲内部的国际法原则。或者可以用“欧洲公法”来冠名,因为所谓的主权平等只是对欧洲国家而言,殖民地国家则并没有独立

---

[30] [奥]汉斯·凯尔森:《纯粹法理论》,张书友译,中国法制出版社2008年版,第135页。

[31] [奥]汉斯·凯尔森:《法与国家的一般理论》,沈宗灵译,中国大百科全书出版社2003年版,第424页。

的主权地位,而是附属于欧洲国家。此外,即使在欧洲内部,国际法对国家设定的权利义务(尤其是义务)在国家主权面前也有随时让步的可能性与现实性:以"国际法经本国承认方对本国生法律约束力"为由搁置国际法规范、以"本国福祉"为名并以"捍卫主权"为号违反国际法规范。或者干脆,否认国际法是和国内法一样的实在法规范——从理论到实践都不只是确实存在,而且被认为是正当的。然而,随着全球一体化进程的铺展,尤其在冷战结束之后,我们看到国际法实践上的重要变化,而这些变化,包括积极的与消极的——恰恰是对上述凯尔森国际法思想的印证,或者更确切言之,凯尔森的国际法思想——尤其是认知统一性所设定的国际法—国内法一元论和"世界国家"政治倾向下的国际法优位说——对这些变化具有很强的解释力和证成力。尽管凯尔森及其拥趸反复强调所关注者只在"纯粹的"法学理论,但也正如凯尔森自己所说,理论为现实作出认知性铺垫,也为现实的开花结果浇灌丰沛的养料。

(一)凯尔森国际法思想在实践中的积极价值

如上所述,威斯特伐利亚体系的建立并不意味着全球范围内各个国家的平等独立。当亚非拉国家处于被殖民的境遇,对自身前途命脉不能自主作出政治决断,而是由欧洲国家作为宗主国或"监管国"代替它们作出——就好像民法上理智不健全的未成年人被理智健全的成年人监护一样,但不同于民法中被监护者一旦成年就脱离监护,殖民地国家是否"成年"(为"文明国家")乃是由宗主国依据自身的价值判断和利益需求说了算,这实在讽刺之至——这种自主性的剥夺也就意味着主体性的沦丧。然而,第二次世界大战以降,亚非拉殖民地国家渐次获得解放,真正以"国家"之名跻身世界舞台,与其他国家开展平等——至少是法律资格上的平等——对话,共同遵守国际法规范。而这也意味着这些国家对国际法主体地位的取得或重拾。

我们看到,1946 年 12 月 6 日联合国大会通过的《国家权利义务宣言草案》(*Draft Declaration on Rights and Duties of States*)第 14 条规定:"各国有责任遵照国际法及国际法高于各国主权之原则,处理与其他国家之关系。"第 1 条规定:"各国有独立权,因而有权自由行使一切合法权利,包括其政体之选择,不接受其他任何国家之命令。"第 5 条规定:"各国有与他国在法律上平等之权利。"其中,第 14 条的规定可以说是实在法对国际法优位说的明确吸纳,[32] 否定某些国家(在实践中,通常是政治、经济、文化上处于强势地位的国家)以本国主权至上为借口肆意践踏国际法或侵害其他国家的行径。第 1 条、第 5 条的规定即对国际法规范统摄下各国国际法主体地位和相互间平等关系的确认。而第 5 条规定中所谓"法律上平等之权利",在凯尔森看来,并非是说各个国家在法律上享有同样的权利(和承担同样的义务)。比如,一个海洋国家,和一个陆地国家,在有关海洋行为的国际法权利义务的分配上,显然不是同样的,而是意味

[32] 此外,在 1988 年《联合国总部协定》第 21 条仲裁义务适用问题案中,国际法院强调,基于国际法优于国内法这一国际法的基本原则,美国有义务遵守以仲裁解决争端的义务。参见 ICJ Reports,1988,p. 34,27I. L. M. 1988,No. 3,p. 819。转引自黄瑶:《世纪之交反思凯尔森的国际法优位说》,载《法学评论》2000 年第 4 期。

着各个国家权利义务能力的平等。〔33〕

此外,关于国家对国际法义务的承担——也可以将该表达置换为国际法对国家主权的限制——凯尔森的国际法优位说也为其提供了有力的理论支撑。《国家权利义务宣言草案》第13条规定:"各国有秉诚信履行由条约与国际法其他渊源而产生之义务,并不得借口其宪法或法律之规定而不履行此种义务。"我国于1997年加入的《维也纳条约法公约》(*Vienna Convention on the Law of Treaties*)第27条规定:"当事国不得援引其国内法规定为理由而不履行条约。"这些规定都意味着不得以本国法凌驾于国际法,也不得以本国立场出发否弃国际法——而这些被公约所禁止的行为恰能以国内法优位说为认知前提。但从国际法优位说视角观之,由于各个国内法秩序都是国际法秩序的子秩序,国内法规范创制也由国际法委任,而国内法规范之效力理由来自国际法规范、效力范围亦由国际法规范决定或限制,那么,从国际法—国内法的关系来看,国家并无法理上的正当性拒绝履行国际法义务(并且无论这种义务是在立法领域抑或司法领域,因为在凯尔森的纯粹法理论中,个别规范也是法律规范,那么生成个别规范的司法与生成一般规范的立法一样,同样属于法律创制行为,也就同样被置于国际法规范的委任创制链中),也即在国际法意义上并不享有和行使绝对的、不受限制的主权。唯当每个国家都真诚地履行国际法义务,国际社会的法治化和国际秩序的良性发展才能顺利进行,这也是国际法优位说的政治价值之一。

最后,随着全球化浪潮的席卷,各个国家之间的政治、经济和文化交往日益频繁和深入,与此相关的国际法规范也以此前任何一个时代都无可比拟的规模和形态呈现。尽管人类与"世界国家"还距离遥远,但若说国际法规范的创制和适用之权力在逐步集中,此断言也当非虚言。而某些国家以某种共同的纽带联结而成的、彼此间关系较之与其他国家关系更加紧密的"大空间"〔34〕——欧盟就是典范——更是呈现出集中化的趋势:欧盟有自己的宪法性规范,该规范对所有成员国都发生法律效力,各成员国不得以本国法作出对抗主张;同时欧盟法规范的适用也有专门机构负责,而非像过去那样处于仅以各个受害国实施报复或发动战争而进行制裁的权力分散状态。对此,凯尔森的国际法思想由于阐发法律规范"从原始到文明"的阶段性演进、相对化国家概念(以规范"消解"国家)、将各个国内法秩序纳入国际法秩序的统一"领导"下,从而"为对世界法律秩序在组织上之集中统一提供不可或缺之前提"。〔35〕

(二)凯尔森国际法思想在实践中的消极价值

上一节讨论了凯尔森国际法思想在"二战"后国际法实践中的积极反映,然而,某

〔33〕 See Kelsen, *The Principle of Sovereign Equality of States as a Basis for Internatoinal Organization*, in *The Yale Law Journal*, Vol. 53. 1954, p. 209.

〔34〕 "大空间"(large space)是施米特的一个重要政治概念。施米特对"世界国家"的实现抱有怀疑,但同时也承认全球化浪潮的影响,从而在民族国家与世界国家之间主张"大空间"概念,详见[德]卡尔·施米特:《以大空间对抗普世主义》,载《论断与概念》,朱雁冰译,上海人民出版社2006年版,第305~313页。

〔35〕 [奥]汉斯·凯尔森:《纯粹法理论》,张书友译,中国法制出版社2008年版,第135页。

些政治上欲壑难填的国家,对该理论的运用——更确切言之,是以该理论作为掩饰自己丑恶行径的精致妆容——则使得国际社会乌烟瘴气。公允地说,错误并不在于、或并不仅仅在于国际法优位说。因为凯尔森已然声明,他对国际法规范实质性的政治内容并不关心,但恰恰是由于这种"不关心",使某些国家得以利用国际法优位说为自己膨胀的政治野心埋单。

比如,"人道主义干涉"这个词,对某些国家(尤其是弱势国家)而言,已经逐渐从充满道德感召的国际法理念变质为强势国家侵犯弱势国家自主性的幌子:以美国为首的西方国家经常打着"保障人权"的旗帜干涉其他国家的内政,它们的理由是:保障人权是重要而基本的国际法规范,所有国家都应当践行该规范而保障本国公民人权,不得以"本国法不承认国际法"和"绝对主权"为借口违反该规范;一旦某个国家发生侵犯人权的恶行并且其危害严重性达到一定程度,国际社会的介入就是正当的。在此,我们分明看到凯尔森国际法优位说的力量:国内法作为国际法的子法律秩序,应当履行国际法义务;主权(概念)即使被保留,也只是一种相对的至高性,而非绝对的至高性;此外,对国际法义务的违反并非没有任何消极法律后果,而是具有招致制裁的规范性与现实可能性。

上述理由从逻辑上分析的确无可挑剔。但问题在于,何为"侵犯人权"、是否确实发生"侵犯人权"不能仅由少数国家来界定和确认,或者说它们进行界定和确认所依据的标准是非常可疑的:通常是带着西方国家莫名的优越感,强行以自身的观念和制度作为非西方国家的圭臬,并且挂上"普遍性""普世主义""全人类"的金字招牌——这无异于将在观念和实践上有别于西方(但这种差异中,有的并不是优劣差异,而是历史/地域/文化差异)的国家排除出普遍范畴,视作一个怪胎,甚或非人化——于是,干涉被正当化。但其实,西方文明以及西方人权观念制度只是人类文明和人类人权观念制度的一种可能形态,它根植于西方自身的时空背景和文化土壤,从西方自身的具体秩序中获得养分,但"橘生淮南则为橘,生于淮北则为枳,叶徒相似,其实味不同。水土异也"。[36] 在其他与西方具有不同历史脉络、地域情势、文化样态的国家,如果被强行以西方的价值与实践来衡量与"矫正",那结果可能是悲剧性甚至灾难性的。其实,在人权话语的背后,或许隐藏着更深的政治企图,即某些西方国家自身利益扩张的需求,而如今的国际社会(至少在表面上)已基本告别曾经由丛林法则主宰的时代,加上考虑到动用武力将付出的成本,因此通常罩上"人权""国家的国际法义务"之类冠冕堂皇的遮羞布。

此外,在国际条约的签订及其内容中,我们也能看到,由某些强势国家所操纵或主导的对偏向于自身的利益/资源分配。即以规范的形式规定对自己更加有利、而对其他国家有失公允的条款,并以"所有国家都应当遵守国际法规范"为由要求其他国家践行这些规范。这也就是上一章最后提到的困境。或者用凯尔森一句充满无奈的话

---

〔36〕《晏子春秋译注》(第六卷内篇杂下第六),陈涛译注,天津古籍出版社 1996 年版,第 282 页。

来说,在国际关系中"法律上的平等不等于事实上的平等"。[37] 这些强势国家使国际条约沦为本国的禁脔,又以国际法优位说为旗号主张其他国家的"国际法义务"。然而这种困境的根源并不在于国际法优位说本身,抗拒国际法优位说也无异于割股啖肉。如何建构一个在政治、经济、文化上更加均势的国际秩序,如何对有关国家进行切实有效的约束和制裁,这才是问题的关键。

最后,某些国家通常以"世界警察"自居,在自己并非当事国又无国际法授权的情况下悍然侵犯其他国家,这暴露了其将整个国际社会都纳入自己主权版图的野心——因为警察在通常概念上是针对某个国家内部秩序的维持——某种意义上这可以说是暗地将国际法优位说篡改或置换为国内法优位说。[38]

五、结论

本文对凯尔森依托于纯粹法学背景的国际法思想及其实践价值(尤其是对第二次世界大战后国际社会)作出考察。基于对法律本质的认识,凯尔森首先确认了国际法与国内法同样的法律属性。进一步的,由于对认知统一性的执著和对"世界国家"的政治价值偏好,凯尔森在坚持国际法—国内法一元论的前提下主张国际法优位说,以国际法规范对各国主权予以规范性约束,这种"以规范驾驭权力"的思想鲜明体现出凯尔森——至少是为此提供理论前提——对以国家主权为由罔顾国际法这一行径的批判,以及对建构一个法治化、集中化的国际社会的冀望。

在国际法实践中,凯尔森的国际法优位说在国家作为平等独立的国际法主体、国家遵行国际法义务、国际秩序统一化上具有积极价值;但同时,当某些国家以特殊性置换普遍性、以片面性置换全局性——即以本国价值和利益置换国际社会价值和利益时,国际法优位说则沦为这些国家的工具。但深究起来,根本性的问题或许并不在于国际法优位说本身,因为,即使"世界国家"离我们尚且遥远,但当对国家主权概念的认识和实践较之传统的"绝对性"已有重大变化、当各个国家之间的交往越来越频繁和密切,那么每个国家作为国际社会成员之一享有独立的主体地位并维持相互间的平等关系、共同履行国际法义务,就必然是建立一个健康的国际秩序所必需的,而国际法优位说对此具有很强的理论解释力和证成力。因此,对上述困境,将(所有)罪责推卸给国际法优位说是不恰当的。真正的问题在于政治实践上的改造,而这是国际法优位说鞭长莫及的。

---

[37] Kelsen, *The Principle of Sovereign Equality of States as a Basis for Internatoinal Organization*, in *The Yale Law Journal*, Vol. 53. 1954, p. 209.

[38] 此外,值得一提的是,某些国家在对待国际法的态度上持"双重标准",涉及本国法,便倒向国内法优位说,涉及他国法,便倒向国际法优位说——但在这种情境下,国际法优位说在某种意义上其实因为实质性的政治内容的注入而被篡改为国内法优位说。

我国职业教育法律规制与标准化问题研究*

柴　荣**　李　竹***

内容摘要：职业教育的发展离不开法律规制和标准化规范两方面的完善与协调。法律为职业教育活动设立基本框架，为职业教育的标准化构建和发展提供制度保障；标准化规范职业教育活动自身的具体环节，完善在学校设施、师资配套、教学质量、招生就业等多方面的细化规则，并配合以评估标准和职业资格标准对于法律进行有效补充。本文通过对我国职业教育的法律规制与标准化现状的梳理，探讨职业教育中法律规制与标准化衔接的重要问题，对于其他国家的职业教育法律与标准化的衔接模式进行借鉴，最终提出了通过法律规范为主体，标准规定进行灵活补充并进行监督配套的完善建议。

关键词：职业教育　法律与标准化　职业教育标准化

作为世界上最大的发展中国家，中国具有世界上最大的消费市场和社会生产规模，需要大批能够适应经济发展方式转变和经济结构调整要求的技术技能型人才。职业教育是现代教育体系的重要组成部分，在我国实施科教兴国战略和人才强国战略中具有重要地位。我国于2010年颁布的《国家中长期教育改革和发展规划纲要（2010～2020年）》要求："到2020年，形成适应发展方式转变和经济结构调整要求、体现终身教育理念、中等和高等职业教育协调发展的现代职业教育体系，满足人民群众接受职业教育的需求，满足经济社会对高素质劳动者和技能型人才的需要。"〔1〕

根据国家统计局数据显示，截至2015年，目前我国职业学校（含初等、中等和高等职业学校以及民办职业学校）共计17,356所，2015年以前学校的毕业生人数共计786.9856万人，为社会培养了大批职业人才。〔2〕中国的职业教育作为我国教育体系中的重要组成部分，完善健全的职业教育标准规范是职业教育规范的基础和前提，也是现代化职业教育体系的规范基础，具有重要的引导示范效用。推动我国职业教育现代化体系建设应着力推进职业教育标准化，需构建职业教育规范体系，为职业教育发展的

---

* 本文为中国标准化研究院《公共职业教育服务重要技术标准研究》课题研究成果，项目编号：201510201－04。

** 柴荣，北京师范大学教授，博士生导师。

*** 李竹，北京师范大学法学院法理学博士生。

〔1〕中华人民共和国教育部：《国家中长期教育改革和发展规划纲要（2010～2020年）》，载http://www.moe.edu.cn/publicfiles/business/htmlfiles/moe/moe_838/201008/93704.html，最后访问日期：2017年5月16日。

〔2〕资料来源：中国国家统计局2015年统计数据。

规范化运行和发展夯实基础。

一、我国职业教育法律规制及标准化概况

一国的职业教育发展与其经济发展水平,尤其是工业化的发展程度紧密相关。正如1911年陆费逵在《世界教育状况》序言中所言:“国民生计之羸蚀,恃职业教育。”[3]秩序和效率是一切制度设计的最终目的,职业教育活动的良性运转离不开合理的制度设置和调控机制。传统观点认为,针对职业教育秩序的规制分为三种:“基于职业教育法律制度的调控、基于权力运行机制的调控和基于习俗等力量的调控。”[4]现代的教育标准一方面包括国家制定的教育法律体系,另一方面也包括在教育活动的其他主体对相关事项制定的各类规范和技术标准,“它既是指导和规范教育实践活动的基本准则,同时也是衡量教育质量高低的评价依据”。[5]

(一)我国职业教育立法与标准化规范现状

在法律层面上,关于职业教育最为直接的法律为1996年颁布的《职业教育法》,该法律从职业教育的体系、实施和保障条件等几方面明确了职业教育的各项基本规范和要求。[6]另外,《标准化法》为标准的制定提供了指引,“标准化法,即指国家在服务业标准化管理工作方面进行的有关法律、法规、规章和强制性标准等法律规范的制定活动的总和”,[7]二者在职业教育标准化问题上存在交叉。职业教育法主要侧重对于标准化现行国家标准中,教育类及与教育相关的标准基本都属于教育外围标准,涉及教育事业发展与运行的各项标准都散见于教育部及其司局下发的各类文件中,这些文件的名称中尽管包含“标准”一词,但它们并不隶属于《标准化法》所规定之标准,因此并未受到标准化法律制度的约束。

在规范层面上,1999年,《中共中央国务院关于深化教育改革全面推进素质教育的决定》提出“要依法抓紧制定国家职业(技能)标准,明确对各类劳动者的岗位要求”。其后,国务院于2002年发布了《国务院关于大力推进职业教育改革与发展的决定》,提出由省级人民政府来制定本地区的“职业学校生均经费标准”,省级教育行政部门、劳动保障部门会同价格主管部门确定“职业学校和职业培训机构的学费标准”。[8] 2005年发布了《国务院关于大力发展职业教育的决定》,针对职业教育发展不均和硬件较差等问题加大了投入和支持,提出建立“具有职业教育特点的人才培养、选拔与评价的标准和制度”,制定“特有工种职业资格标准”“培训机构资质标准和从业人员资格标准”,建立“反映经济发展和劳动力市场需要的职业资格标准体

[3] 吕达:《陆费逵教育论著选》,人民教育出版社2000年版,第131页。
[4] 朱芝洲、蔡文兰:《失序与重建——社会转型中的职业教育秩序研究》,浙江大学出版社2015年版,第279页。
[5] 国家教育标准体系研究课题组:《国家教育标准体系的发展与完善》,载《教育研究》2015年第12期。
[6] 《职业教育法》(1996年5月15日第八届全国人民代表大会,常务委员会第十九次会议通过)。
[7] 柴荣、朱绍明:《我国服务业标准化立法构想》,载《汉江论坛》2013年第3期。
[8] 《国务院关于大力推进职业教育改革与发展的决定》(国发〔2002〕16号)。

系”。[9] 2011年《国务院关于进一步加大财政教育投入的意见》提出要完善“教育经费支出标准”。[10] 2012年《国务院关于加强教师队伍建设的意见》提出完善“教师专业发展标准体系”，对于职业学校的“教师专业标准”“校长专业标准和任职资格标准”，进一步完善“职业学校教师资格标准”、教师“职务（职称）评定标准”“教师考核评价标准”。2014年《国务院关于加快发展现代职业教育的决定》就加快发展现代职业教育，提出到2020年要实现“现代职业教育制度基本建立，政策法规更加健全，相关标准更加科学规范，监管机制更加完善”[11]的基本目标，首次对于政策法规及标准规范的相关问题进行了明确，并在师资、办学以及与国际标准相衔接等具体方面有所要求。以上规定均对职业教育领域标准化的具体实施提出了强制性的要求，为各级职业教育主体活动和标准制定提供了根本的依据。

在标准层面上，职业教育标准的范围一方面包括国家教育部门和其他相关职能部门出台的标准文件，另一方面也包括行业内部形成的行业标准以及学校基于管理需要自发形成的学校标准，这些标准共同构成了职业教育的规范体系，而正是由于标准具有的广泛性和灵活性的特点，有效的弥补了传统规制手段的不足，解决了教育实践运行中的规范化问题，有利于形成良好的职业教育秩序。作为职业教育的最高主管部门，教育部也多次发布规范性文件，在全国推行职业教育标准化规范。在职业教育的教学标准方面。2006年，教育部发布了《关于全面提高育教学质量的若干意见》，首次发文提出了“发挥行业企业和专业教学指导委员会的作用，加强专业教学标准建设，建立突出职业能力培养的课程标准”。[12] 这一文件的发布，对职业教育教学标准的制定施行产生了重要影响。政府部门通过政策推动职业教育教学遵循标准化、规范化的轨迹推进，大幅度提升了职业教育的教学质量。2011年，教育部发布了《关于推进中等和高等职业教育协调发展的指导意见》，明确提出“要逐步编制中等和高等职业教育相衔接的专业教学标准”。[13] 并且要求依据职业教育院校的不同层次，因材施教，因地制宜，制定与职业教育院校发展相适应的职业教育标准，推动各个层级的职业教育院校之间互相认可，相互衔接的职业教育标准体系。

与此同时，全国各地各类职业教育院校根据自身院校的性质和发展需要，开始着手制定具有针对性的标准化规则，对职业教育的发展进行分级指导、分类规范。鉴于上述梳理可以发现，职业教育法律规范为标准化发展提供了法律框架，勾勒了标准化作为职业教育工作的发展方向，教育部和相关机构出台的规范性文件在政策层面对职业教育标准化工作起到了重要的引领性作用，配合职业院校自身的规范共同构成了我国职业教育标准化的规范体系。

---

〔9〕《国务院关于大力发展职业教育的决定》（国发〔2005〕35号）。

〔10〕《国务院关于进一步加大财政教育投入的意见》（国发〔2011〕22号）。

〔11〕《国务院关于加快发展现代职业教育的决定》（国发〔2014〕19号）。

〔12〕参见姚延芹、朱伟娟：《“标准化”，职业教育人才培训还有多远？》，载《教育与职业》2014年第3期。

〔13〕同上。

(二)我国职业教育标准的类型化分析

教育标准按适用范围可分为国家标准、行业标准和地方标准。国家教育标准是为了有效指导和保障教育事业的健康发展和人才培养质量,由全国教育标准委员会组织制定,国家标准化主管机构批准发布,对全国教育发展有重大意义,在全国范围内统一适用的教育标准。原则上,对需要在全国范围内统一的教育规范与技术要求,应制定国家教育标准;对需要在全国教育行业范围内统一的教育规范与技术要求,应制定行业教育标准;对局部地区适用的教育规范与技术要求,应制定地方教育标准。[14]

通过对现行教育标准的分析可以看出(见图 1),目前我国多数的教育标准还是由教育部或者会同其他部委一起颁布的,而通过行业自身进行规范的行业标准则较少,标准化的分布具有一定的不均衡性。另外,根据对标准内容进行的分类考察(见图 2),可以看出对职业教育进行的专门标准化规范比例并不少,与总体教育标准和中小学等教育标准比例较为持平。

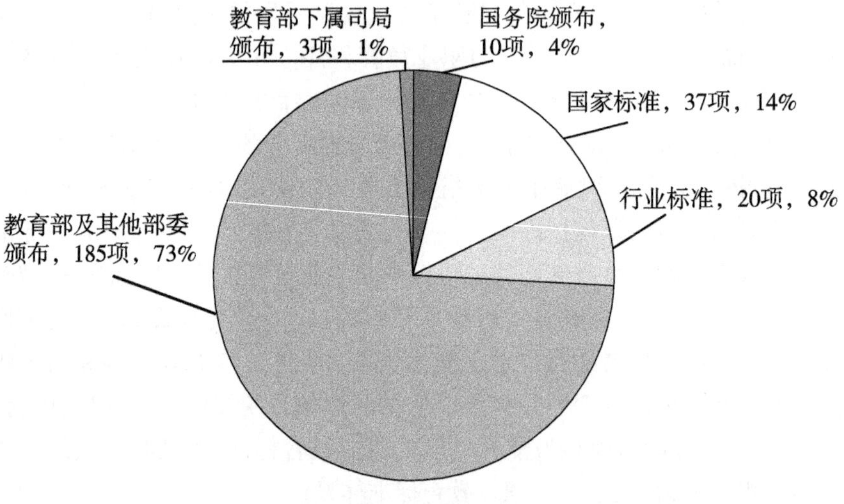

图 1 现行的教育标准:依据颁布主体分类(共 225 项)

[14] 参见国家教育标准体系研究课题组:《国家教育标准体系的发展与完善》,载《教育研究》2015 年第 12 期。

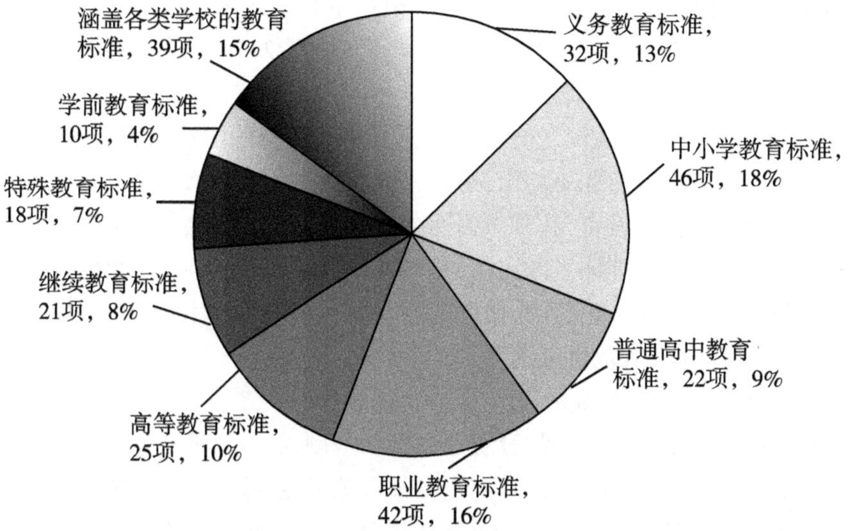

图2　现行的教育标准:依据内容分类(共255项)

虽然我国并无诸如一些其他国家进行大规模的标准化制定和改革运动,但在我国职业教育的现实运行中,出于统一标准、协调运转的目的也存在大量的关于办学设施、教学质量、师资条件、质量评估等一系列的规范,而其中关于教学质量评估的规范尤为详细,这也从侧面反映出我国进行职业教育标准化的规范是具有极强的现实基础的。与此同时,随着我国2002年加入WTO之后,诸如ISO 9000等本属于企业质量管理体系的标准也扩散至其他行业,许多国际惯例和统一标准在各行业和企业间不断普及并形成共同行动,包括职业教育在内的教育组织的国家标准(GB/T 19001)认证工作,也受到广泛关注。我国部分地区的职业教育院校也进行了诸多有价值的尝试和探索。然而受制于地区间发展程度差异,我国不同地区间职业教育的发展水平也有所不同,因此,我国职业教育标准化在实践层面上的发展过多地依赖于发达地区有关部门和机构的倡导与推广。职业教育标准化建设工作的展开与所在地区经济发展水平和地方政府政策存在密切联系,而这些统一的标准化的改革与探索一定程度上解决了我国职业教育管理不规范、不完善、不协调的问题,有利于从根本上提高职业教育的办学水平和人才培养质量。

二、我国职业法律规制及标准化发展存在的问题

中国的职业教育发展虽然起步晚,但是发展较快,目前已具有世界上最大的职业教育规模,中国的职业教育在取得一系列成绩的同时也存在一定问题,诸如各项规范的不健全以及法律规制与标准化规范的缺乏,使我国职业教育的发展与国际现代职业教育存在巨大差距。国家统计局的2015年职业教育数据显示,我国职业高中学校共计3907所,职业高中招生155.1960万人,职业高中毕业生156.0094万人,职业高中在校学生439.8597万人;中等职业教育学校11,202所,中等职业教育招生数

601.2490万人,在校学生数1656.7024万人,毕业生数567.8833万人;职业初中学校数22所,招生数0.1773万人;民办中等职业教育学校2225所,毕业生数62.9156万人。[15]

从上述数据可以看出,我国目前已经具备了相当规模的职业教育办学规模,但是各等级的职业院校各级分布并不均衡,招生和毕业比也相差较大。职业教育作为一种学术性教育并不同于技能教育,其特殊属性决定了其发展与社会结构之间具有一种很强的相关性。职业教育标准体系的完善,是教育现代化的必经阶段,教育现代化的发展与社会经济的进步是同步进行的,在职业教育从传统向现代化转型的过程中,除了完善法律规范,标准化的规范也必不可少。

(一)职业教育立法过于粗疏

职业教育标准化是推进职业教育规范运行的基础,我国目前针对职业教育的立法仅有《教育法》和《职业教育法》,其规定主要涉及宏观层面上的指导理念和指导原则以及各部门的职责。教育立法中虽然提及某些教育标准,但并未对其具体内容做出专项规定。其他职业教育的政策仅是宽泛地规定了职业教育的发展方向、工作要求和制度安排。上述立法均一定程度上忽视了职业教育基础规范,即职业教育标准化问题的重要性。虽然全国人大常委会在2016年立法工作计划中将《标准化法》列入修改计划,但是职业教育是否能够作为标准化约束范畴尚待明晰,职业教育标准并不能依靠《标准化法》进行调整。职业教育标准化建设规范和机制的缺失使职业教育标准化建设的持续推进和良性发展得不到强有力的规范支撑和制度保障。

(二)职业教育标准类型分布不均

从职业教育标准的类型上看,目前我国职业教育的标准以国家标准为主,行业标准较少,职业教育的标准化也尚未覆盖职业教育过程的方方面面。政府部门和有关机构过多地关注职业教育宏观层面的规范,一定程度上忽视了职业教育标准化问题的重要性。从上述数据分析来看,我国教育标准制定或颁布主体的层级较低,多由教育部或由其会同相关部委颁布,不利于保障教育标准的权威性、强制性。一方面需要提升国家教育标准的制定或颁布主体层级,由全国人大常委会在条件成熟时以立法形式颁行某些国家专项教育标准,同时尽可能以"国标"颁布国家教育标准,通常情况下至少应由国务院颁布教育标准,以确保国家教育标准的权威性、强制性和执行力。另一方面需要从学校的教育需求和行业需求出发,充分发挥行业标准的灵活性和实际性,配合国家标准对于职业教育活动进行共同规范。

(三)职业教育标准与实际需求脱节

从职业教育与行业企业之间的关系来看,职业教育的宗旨和目标正是为企业提供和输送更多的具有创新能力,掌握职业技能的高素质劳动人才。基于此,职业教育的

[15] 中华人民共和国教育部:《国家中长期教育改革和发展规划纲要(2010~2020年)》,载http://www.moe.edu.cn/srcsite/A01/s7048/201007/t20100729_171904.html,最后访问日期:2017年5月2日。

发展特别是职业教育的标准化建设应依据行业企业的劳动人才标准来制定和构筑。客观而言,我国职业教育在很大程度上依然延续学历教育的培养模式,相关部门与机构在制定职业教育标准之际更多的是参酌借鉴学历教育的各项标准,力求与学历教育在各项标准和指标上保持一致。这样一来,往往忽视了职业教育与行业企业之间的协调与衔接,逐渐背离了职业教育体系建立的目标和宗旨。完善职业教育法律和标准化的落实,需要配合完善职业资格制度和就业准入制度,构建我国完整的职业分类体系,整合国家、行业、地方和企业的职业资格标准,更好地进行协调衔接。

(四)职业教育法律与标准化缺乏监督和评估

我国目前职业教育标准的实施缺乏有效的监督。我国的教育标准中除了国标和行标外,其余由教育部制定的标准在实施过程中也存在缺乏监督和评估机制的问题。一是在机构层面上缺乏负责组织制定教育类国家标准和行业标准的专门机构,如成立国家教育标准委员会及各专业教育标准委员会;二是教育标准的制定缺乏对各方意见的吸纳与社会相关机构的参与,以提高标准的针对性;三是标准执行缺乏督查力度,这也是与标准制定层级过低和缺乏强制力紧密相关的。职业教育标准体系的完善,是教育现代化的必经阶段,教育现代化的发展与社会经济的进步是同步进行的,在职业教育从传统向现代化转型的过程中,除了完善法律规范和标准,保障和监督评估也必不可少。

三、职业教育标准化与法律衔接模式借鉴

正如吉根斯(Giddens A.)所分析:"职业教育的'经济增长'目的是工业国家永恒必要的功能,是增强国家全球竞争力的保障。"[16] 在这种背景下,西方各国为了提高社会生产力水平,通过对劳动力资源的专业教育和技能升级实现产业转型和经济复兴,通过一系列职业教育的标准化规范建立形成了统一、完整的"标准化"职业教育标准和评估体系。在上述过程中,英国和日本和澳大利亚等国均进行了全国性的职业教育标准化改革,是职业教育标准化与法律衔接的典型代表。笔者将对这些国家的全国性职业教育标准化改革形成的经验模式进行总结,以期对我国职业教育标准化建设提供借鉴。

(一)法律设立职业教育的标准框架

职业教育标准化是推进职业教育规范运行的基础,英国、澳大利亚、俄罗斯等国家均将职业教育纳入了标准化法的调整范围。英国于20世纪逐渐加强了对职业教育的建设与改革。英国职业教育的成功经验就是中央政府在不同层次,更多方面不断增强制定、掌控和贯彻政策的权力。中央政府通过拥有的法律权力和行政能力来干预职业教育具体的教学内容、教学对象、证书级别和类型,并指导学习过程的资助方式、实施

---

〔16〕 Giddens, *A Beyond Left and Right: The Future of Radical Politics*, Polity Press, Cambridge, 1994. p. 106.

方式、监督方式、检查方式和管理方式。[17] 具体而言,一方面,通过建立统一的职业资格框架体系在全国推广实行,并根据社会经济的发展变化适时作出调整。完善职业资格制度和就业准入制度。构建我国完整的职业分类体系,为规范我国专业技术人员的培养和就业市场秩序。另一方面,建立与调整统一的职业教育质量评估标准。政府通过建立统一的职业教育质量评估标准对职业教育院校的教学质量进行检查评估,推动存在不足与缺陷的职业教育院校不断完善和提高教学质量、教学形式,促进职业教育标准化在不同区域、不同层次的职业教育院校进行推广。

政府采用制定法律、行政干预和政策控制等多种措施配合推进职业教育统一资格框架体系和教育质量评估标准的推广实施。政府通过完善的立法、正确的政策导向,在宏观层面明确规定职业教育院校、行业企业、受教育者推进职业教育标准化的责任与义务。政府通过利用权力制定政策与法律,构建职业教育标准化与法律衔接的发展模式,进而通过行政手段加强对职业教育标准化的推广和实施,这一模式对职业教育标准化、规范化发展具有重要的借鉴意义。

（二）与其他法律和政策的配套衔接

职业教育法律和标准化的落实需要完善财政配套与教育立法关系最密切的相关规范的衔接配套。以教育经费配套为例:我国《职业教育法》规定由省、自治区、直辖市的人民政府来制定本地区职业学校的生均经费标准;国务院有关部门会同其财政部门制定本部门职业学校生均经费标准。[18]但是上述规定对于国家、政府和企业各自应承担的对高等职业教育经费投入的责任和义务,并未作出明确规定。目前大部分省级政府还没有制定并实施职业院校生均经费标准,致使上述法律的原则性规定难以实施。

相较而言,日本1958年《义务教育标准法》与1952年《义务教育费用国库负担法》就通过联动解决了以上问题,成为法律与教育标准相衔接的典范。首先,根据《义务教育标准法》规定了以班级数为基础的法定算式,而据此推导出学校所需的教职员编制。与此同时《义务教育费用国库负担法》根据以上算式,为国库负担提供了一个可操作的标准,具体而言,中央财政对各地的拨款数额主要是基于各地区学校实际的教师数量,而这一数量即是根据《义务教育标准法》以班级数为基础计算出来的。通过这种方式,各地区学校的班级规模如果能够与法定班额一致,那么国家经费所负担的生均消费性教育支出就能与对应的教师薪酬支出相接近,将教育规范、教育标准和财政规定统一起来。

（三）职业标准对法律的动态调整

事实上,灵活性是标准区别于法律的一项重要特征。职业教育活动的不断完善的过程,即是其各项标准动态调整的过程。通过对世界各国现行国家教育标准的制定时

---

[17] 参见姚文峰:《英国"标准化"职业教育改革中的政府干预》,载《教育学术月刊》2013年第7期。

[18] 参见《职业教育法》第27条。

间和施行期限进行考察可以发现,教育标准相对健全的英国现行的教育标准主要有46项,其中实行时间最长、超过20年的标准仅有两项,制定于1992年,仅占现行标准的4.3%;近五年制定的标准共7项,占15.2%;近10年内制定的标准共29项,占63%。教育标准比较完善的俄罗斯,其标准制定工作起步较晚,始于1992年以后。从2010~2011年开始制定第三代俄罗斯部分标准,目前第三代教育标准已投入实行,其标准的更新周期基本为10年。[19]韩国的教育标准往往附录在相关的教育法令和规程当中,随着教育改革的需要进行不定期的修订,而作为教育标准重要组成部分的国家课程标准,大概每7年重新修订一次。[20]把我国与发达国家教育标准的制定时间和更新周期进行对比发现,近年来,教育标准的制定在我国得到足够的重视,特别是最近5年,是我国教育标准制定相对密集的时期。但在制定新标准的同时,一些实行多年的标准的更新工作相对滞后,明显落后于时代的需求,而无法发挥标准应有的作用。

事实上,除却职业教育立法,职业教育标准的范围一方面包括国家教育部门和其他相关职能部门出台的标准文件,另一方面也包括行业内部形成的行业标准以及学校基于管理需要自发形成的学校标准,这些标准共同构成了职业教育的规范体系,而正是由于标准具有的广泛性和灵活性的特点,有效地弥补了传统规制手段的不足,解决了教育实践运行中的规范化问题,有利于形成良好的职业教育秩序。通过职业教育标准的动态调整,能够有效地对后续的法律规制形成先导性作用,从而增强立法的科学性,弥补了法律的滞后性。

(四)职业教育法律与标准的平衡配置

法律作为调整职业教育活动的强制手段,能够通过宏观的调控,平衡各地区、各行业和各专业之间职业教育发展不平衡的问题。职业教育一方面需要满足就业市场的导向需求,另一方面也具有教育本身的公平属性。提升国家教育标准的制定或颁布主体层级,应由全国人大常委会在条件成熟时以立法形式颁行某些国家专项教育标准,同时尽可能以“国标”颁布国家教育标准,通常情况下至少应由国务院颁布教育标准,以确保国家教育标准的权威性、强制性和执行力。通过法律和标准的制约,能够有效缓解市场的外部性。当代中国正处于快速发展的转型期,社会各领域面临着观念转变、机制转轨、结构转换和利益调整等方方面面的变革,职业教育领域也面临着职业教育价值的模糊,结构的失衡和制度的失范问题,正如亨廷顿所言,处在现代化进程中的国家,“首要问题不是自由,而是建立一个合法的公共秩序”,[21]规范而完善的职业教育体系,能够促进各职业教育主体间权利义务的合理划分,从而引导职业教育的有序发展。

[19]　参见中国教科院教育质量标准研究课题组:《教育质量国家标准及其制定》,载《教育研究》2013年第6期。

[20]　同上。

[21]　[美]塞缪尔·亨廷顿:《变化社会中的政治秩序》,生活·读书·新知三联书店1996年版,第7页。

四、结语

职业教育的发展离不开法律规制和标准化衔接两方面的完善与协调。通过以上分析可以对中国未来的职业教育和法律标准化完善提供如下建议:一方面,法律应为职业教育提供完善的法律规范体系,以立法的形式为职业教育的标准化构建和发展提供基本保障;另一方面,将职业教育标准化规范作为职业教育自身的约束体系,完善在学校设施、师资配套、教学质量、招生就业等多方面的细化规则,配合以评估标准和职业资格标准的反向评价措施,形成法律规范、标准规范和自身规范三个层面的职业教育规范体系。另外,通过企业和就业市场的实际反馈作为职业教育最终的校验机制,不断地进行动态完善,真正发挥标准的灵活适应性和法律规制的引导规范作用。最后,需要建立配套的监督和评估机制,保障职业教育实施主体的管理规范性,促进职业教育得以有效运行。

法治发展与实践反思

恶意串通行为的理解与适用

郭　阳*

内容摘要：恶意串通与两种法律行为无效制度联系甚密，需予以区别。其一，合法形式掩盖非法目的，包含"意思瑕疵"和"内容欠缺合法性"两个无效因素，可被替代。其二，通谋虚伪表示可能同时欠缺合法性，导致两者重叠，需对恶意串通限缩解释为真实意思。恶意串通行为较背俗侵权行为范围狭窄，且在权利保护范围、行为方式、损害结果均有不同。疑似恶意串通行为应考量构成要件，以排除非真正恶意串通行为，其他真正恶意串通行为，查找民法中有无其他特殊法条，若无，则利用此条文兜底。恶意串通之法律效力为相对无效，由受损害的特定第三人宣告无效，并受除斥期间限制，无效范围及于当事人和第三人。

关键词：法律行为无效　通谋虚伪表示　恶意串通　法律适用

引言

《民法通则》第58条第4项、《合同法》第52条第2项关于恶意串通导致合同无效的规定一直饱受争议。大多数学者主张该条文构成要件含混不清，易被误用，被作为万能钥匙，有损法律安定性。此外，它与其他法律行为无效事由重叠，该规定并无实际价值，应当删去。[1] 而笔者认为该法条在我国由来已久，此次民法总则仍将其保留，只对条文做细微变动，删除"以合法形式掩盖非法目的"之规定，增加通谋虚伪表示的规定。立法者延续以往的立法模式，期望这一制度能够发挥其作用。本着维持法的权威性、安定性，目前当务之急是通过对条文的解释，使该条文的存在与现有法律体系相融洽，具有合理的价值和意义。

本文将按照以下层次展开，第一部分讨论恶意串通行为与相关制度的辨析，从构建合理的无效法律行为制度体系出发，对该条款与通谋虚伪表示、合法形式掩盖非法目的进行辨析，解决其与其他无效法律行为之重叠问题。第二部分恶意串通行为的界定，主要包括其适用范围和构成要件，解决恶意串通行为概念含混不清的问题。第三部分是恶意串通行为的排除，分析在司法实践中常被混淆，但不应以该规则处理的非真正的恶意串通行为。第四部分讨论真正恶意串通行为的法律适用。第五部分讨论恶意串通行为的法律效力。

---

* 郭阳，武汉大学法学院硕士研究生。

[1] 参见朱庆育：《民法总论》（第2版），北京大学出版社2016年版，第262～263页；参见李永军：《民法总论》（第2版），法律出版社2009年版，第483页；参见朱建农：《论民法上恶意串通行为之效力》，载《当代法学》2007年第6期；参见朱广新：《法律行为无效事由的立法完善》，载《政法论丛》2016年第3期。

一、恶意串通行为与其他无效法律行为的辨析

(一)无效法律行为体系的合理构建

有效法律行为需具备行为能力、意思真实、内容合法。对其反面推论可得,不具备相应民事行为能力;意思表示不真实;违反法律、行政法规的强制性规定;违反公序良俗的法律行为则存在效力瑕疵。

如何合理构建无效法律行为体系呢?为保全逻辑周延,某一类无效法律行为是对某一特定有效要件的严重违反而导致无效。若它兼具两种无效因素,则会重叠、交叉,为司法实践埋下祸端。若法条本身存在重叠,则需进行目的性限缩解释以避免。依此逻辑检视《民法总则》无效法律行为之规定,第144条是行为能力欠缺;第146条是虚伪意思表示;第153条、第154条是内容欠缺合法性,具体分为3种类型,第一种是违反法律、行政法规的强制性规定;第二种是违反公序良俗;第三种表现为恶意损害他人的合法权益。

(二)合法形式掩盖非法目的,包含"意思瑕疵"和"内容欠缺合法性"两个无效因素,可被其他无效制度代替,《民法总则》将其删去具备合理性

该行为在比较法上甚为少见,我国学者对此概念亦存在争议,主流观点分为隐藏行为说、规避行为说与混合说。隐藏行为说认为行为人用合法之法律行为掩盖非法之法律行为,被称为真实行为和伪装行为。[2] 规避行为说认为实施本质上法律禁止之行为,但使用不直接违背强行性规定的方式,被称作脱法行为或规避行为。[3] 混合说认为既包括通谋虚伪表示,也包括仅一方具有非法目的、外表合法的法律行为。[4]

上述观点一个侧重于行为方式——"掩盖",一个侧重于行为目的——"规避法律",从不同角度对其下定义,难免以偏概全。笔者不下定义,结合学说、案例以及逻辑推理,进行分类讨论。主要有两类:

1.存在两个意思表示。即一个合法目的的虚假意思表示去掩盖非法目的之真实意思表示。这种情况与通谋虚伪表示类似。不过通谋之虚伪表示未必含隐藏行为,且隐藏行为的目的未必非法。对此效力的判定是虚伪表示无效,真实意思表示由于"非法目的"而无效。即此情况的无效因素为"虚伪意思"+"欠缺合法性"。

2.存在一个意思表示。第一种情况,该意思为真实意思。案例中当事人订立投

[2] 详见马强:《合同法总则》,法律出版社2007年版,第58页;李永军:《民法总论》,法律出版社2006年版,第514页;江平主编:《民法学》,中国政法大学出版社2007年版,第177页;吴汉东、陈小君主编:《民法学》,法律出版社2013年版,第152页。

[3] 详见梁慧星:《中国民法典草案建议稿附理由·总则篇》,法律出版社2004年版,第148页;崔建远:《合同法总论》(上卷),中国人民大学出版社2008年版,第263页;耿林:《强制规范与合同效力——以合同法第52条第5项为中心》,中国民主法制出版社2009年版,第137页。

[4] 详见马俊驹、余延满:《民法原论》,法律出版社1998年版,第259页。

资协议,但一方仅提供资金并按期享有固定投资收益,但不参与经营,不承担风险。[5] 最高人民法院认定其属于名为合作,实为企业间借贷,规避相关金融法规的强制性规定而无效。在居间合同中,居间中介费之约定实际是高额借款利息,违反禁止高利贷规定而无效。[6] 此情况的无效因素为"欠缺合法性"。第二种情况,该意思表示虚假。实践中,当事人订立虚假的房屋买卖协议,以取得银行购房贷款。[7] 法院认为订立的房屋买卖合同,是为套取银行贷款,而非进行真实的房屋买卖,系通谋虚假意思表示。此情况的无效因素为"虚伪意思"。

由此,对合法形式掩盖非法目的进行拆分,发现它并非一种独立无效类型,而包括意思瑕疵和欠缺合法性两种无效因素。"非法目的"可能违反强制性规定、损害他人合法权益或者违背公序良俗,总之欠缺合法性。"合法形式"可能是真实意思表示亦可能是虚伪意思表示,它仅是实现非法目的之手段。

(三)通谋虚伪表示行为与恶意串通行为的辨析,前者的无效因素为"意思瑕疵",后者的无效因素为"欠缺合法性",但由于虚假意思也可能同时欠缺合法性,导致两者重叠,需要对恶意串通行为进行限缩解释

通谋虚伪表示是意思与表示故意不一致的一种类型。最早是从德国民法引入的概念,在《日本民法典》第 94 条、《德国民法典》第 117 条、《韩国民法典》第 108 条、"台湾地区民法"第 87 条第 1 项[8]均有规定。德国学者卡尔·拉伦茨认为虚假行为指表意人与受领人一致同意表示事项不发生效力,仅造成订立某法律行为之假象,实际不想产生相应法律效果。[9] 它的构成要件为:①存在意思表示;②表示与真意不符;③非真意的表示与相对人通谋。大陆法系中,通谋的虚伪表示为中性概念。否定其效力的基础为意思自治或者真实原则,双方不欲使之发生法律效果,而尊重其真实意思,不含道德上的否定性评价。[10] 由此,通谋虚伪表示的无效要素为"虚伪意思"。

恶意串通行为是我国独有的法律制度,指当事人主观上存在恶意,订立合同导致第三人合法权益损害之行为。其无效要素为"主观恶意 + 客观损害他人合法权益"。可见两者分别从不同层面判定法律行为无效,表面上看不会存在重叠问题,但

[5] 参见伟龙置业有限公司、罗定市人民政府、罗定市财政局因担保合同纠纷民事判决书,中华人民共和国最高人民法院民事判决书(2011)民四终字第 40 号。

[6] 参见武汉花艺轩家具有限公司与湖北鑫汇置业发展有限公司、武汉文华集团有限公司居间合同纠纷二审民事判决书,湖北省高级人民法院民事判决书(2016)鄂民终 201 号。

[7] 参见曾长峰与蒋国帅、梁艳芝债权人撤销权纠纷二审民事判决书,重庆市高级人民法院民事判决书(2014)渝高法民终字第 00391 号。

[8] 《日本民法典》第 94 条:与相对人通谋而进行虚伪意思表示者,其意思表示为无效。《德国民法典》第 117 条:表意人与另一方通谋而作出虚假的意思表示的,该意思表示无效。《韩国民法典》第 108 条:与相对人通谋的虚伪意思表示无效。"台湾地区民法"第 87 条:表意人与相对人通谋而为虚伪意思表示者,其意思表示无效。但不得以其无效对抗善意第三人。

[9] 参见[德]迪特尔·梅迪库斯:《德国民法总论》(第 2 版),邵建东译,法律出版社 2001 年版,第 446 页。

[10] 参见王泽鉴:《民法总则》,北京大学出版社 2014 年版,第 339 页。

若行为同时具备“恶意”+“虚伪意思”+“损害他人合法权益”则既属于恶意串通又属于通谋虚伪表示。因此,需对恶意串通行为的主观要件进行目的性限缩解释,在后文构成要件中详细介绍。

二、恶意串通行为的界定

(一)恶意串通行为首先是法律行为,与法律行为无关的串通行为应当被排除,由其他部门法规则调整

笔者用北大法宝以串通为关键词进行法条检索,将其分为以下两类:

第一类是与法律行为有关的串通行为。与代理有关,包括《民法总则》第164条、[11]《民法通则》第66条第3款;[12]与担保有关:《担保法》第30条第1款、[13]《担保法司法解释》第69条;[14]与多重买卖有关:《商品房买卖司法解释》第10条;[15]与建设工程招投标有关:《招标投标法》第32条;[16]与拍卖有关:《拍卖法》第37条;[17]与股东优先购买权相关:《公司法司法解释(四)》第27条。[18]第二类是与法律行为无关的串通行为。《海关法》第72条串通走私行为;《资产评估法》第27条委托人串通、唆使评估机构或者评估专业人员出具虚假评估报告的行为;《保险法》中第131条保险代理人、保险经纪人及其从业人员串通投保人、被保险人或者受益人,骗取保险金的行为;《证券法》第77条中与他人串通,以事先约定的时间、价格、方式进行证券交易,影响证券交易价格或者证券交易量的行为;《律师法》接受对方当事人财物或其他利益,与对方当事人或者第三人恶意串通,侵害委托人的权益,等等。

恶意串通并非民商法独有,在其他部门法如刑法、民事诉讼法、律师法、行政法中均有涉及。这在一定程度上造成此概念内涵、外延十分宽广,困扰司法实践。《民

---

[11] 《民法总则》第164条:代理人和相对人恶意串通,损害被代理人合法权益的,代理人和相对人应当承担连带责任。

[12] 《民法通则》第66条第3款规定:“代理人和第三人串通,损害被代理人的利益的,由代理人和第三人负连带责任。”

[13] 《担保法》第30条第1款:主合同当事人双方串通,骗取保证人提供保证的;

[14] 《担保法司法解释》第69条:债务人有多个普通债权人的,在清偿债务时,债务人与其中一个债权人恶意串通,将其全部或者部分财产抵押给该债权人,因此丧失了履行其他债务的能力,损害了其他债权人的合法权益,受损害的其他债权人可以请求人民法院撤销该抵押行为。

[15] 《商品房买卖合同纠纷适用法律若干问题解释》第10条:买受人以出卖人与第三人恶意串通,另行订立商品房买卖合同并将房屋交付使用,导致其无法取得房屋为由,请求确认出卖人与第三人订立的商品房买卖合同无效的,应予支持。

[16] 《招标投标法》第32条:投标人不得相互串通投标报价,不得排挤其他投标人的公平竞争,损害招标人或者其他投标人的合法权益。投标人不得与招标人串通投标,损害国家利益、社会公共利益或者他人的合法权益。

[17] 《拍卖法》第37条:竞买人之间、竞买人与拍卖人之间不得恶意串通,损害他人利益。

[18] 《公司法司法解释(四)》第27条:有限责任公司的股东向股东以外的人转让股权,有下列损害其他股东优先购买权的情形之一,其他股东请求确认转让合同无效的,应予支持。……(三)股东与股东以外的人恶意串通,采取虚报高价等方式违反公司法和司法解释规定的同等条件,导致其他股东放弃优先购买权,但是双方的实际交易条件低于书面通知的条件。

法总则》《合同法》《民法通则》均规定其为法律行为无效的情形之一。因此,该规则适用前提是恶意串通所为的法律行为,与法律行为无关的串通行为不得适用。

(二)恶意串通行为的构成要件

笔者认为恶意串通行为是指合同双方当事人恶意串通进行真实的意思表示,希望或者放任损害合同之外的特定第三人合法权益之结果发生,并且该损害后果实际发生。下面对其构成要件进行讨论。

1. 主体要件——合同当事人 VS 合同之外的第三人

当年民法草案立法受苏俄民法典〔19〕的启发,1980 年 8 月全国人大法制工作委员会起草的《中华人民共和国民法草案》(征求意见稿)中规定:“一方采取欺骗、威吓、强迫命令、乘人急需、恶意串通的手段,使对方违背本人意志实施的法律行为,以及因重大误解实施的法律行为,受害人有权请求撤销。”同年 7 月《中华人民共和国民法草案》(第 3 稿)第 134 条将其规定于第四编“合同”之中,且将其作为合同的无效事由。1982 年《中华人民共和国民法草案》(第 4 稿)第 135 条沿袭了这种模式。〔20〕

《民法通则》正式颁布之前,恶意串通行为的主体为第三人与合同的一方当事人,所致结果为相对人违背真实意愿。第三人是相对人之代理人或者无关的任意第三人。若是无关第三人所为,可为欺诈行为所含摄。因此,早期的恶意串通行为特指代理人与一方当事人串通,合同违背相对人真实意思。

《民法通则》正式稿中,立法者将恶意串通条文变动为:下列民事行为无效……(四)恶意串通,损害国家、集体或者第三人利益的;双方恶意串通,实施民事行为损害国家的、集体的或者第三人的利益的,应当追缴双方取得的财产,收归国家、集体所有或者返还第三人。

该法条将受损害方区分为国家、集体、第三人,这三类主体均非合同的当事人。该条已远远超出之前的代理人与相对人串通的范畴,依文义解释适用于双方当事人进行恶意串通,损害非合同当事人的一般规则。此前认定行为无效之基础在于意思自治或者意思真实而不存在瑕疵,保护对象为合同相对方。而修改后无效的基础在于对合同意思自治的必要限制,对合同进行内容控制,保护受合同影响的第三人,其实质为合同自由与社会公共利益、公序良俗之间的利益衡量。立法者一旦在法律条

---

〔19〕 1964 年《苏俄民法典》第 58 条第 1 款规定:因欺诈、强迫、威胁、一方代理人与对方勾结而实施的法律行为,以及公民因迫不得已的困难情况被迫在对自己极为不利的条件下所实施的法律行为,可以根据受害者的起诉或国家组织、合作社组织、社会团体的起诉宣布无效;1922 年《苏俄民法典》第 32 条:因受诈欺、威吓、胁迫,或因其代理人与对方恶意通谋,或因有重大意义之误解而为法律行为者,得声请法院确认其法律行为之全部或一部无效。

〔20〕 杨代雄:《恶意串通行为的立法取舍——以恶意串通、脱法行为与通谋虚伪表示的关系为视角》,载《比较法研究》2014 年第 7 期;何勤华、李秀清、陈颐编:《新中国民法典草案总览》(下卷),法律出版社 2003 年版,第 377 页。

款中使用某一词语,随时间流逝,不再能控制该词语的意义,后者逐渐获得了客观性。[21]

如今,民法总则不再区分国家、集体、第三人,将其统一表述为他人,依照文义解释和历史解释,行为人与相对人应理解为合同当事人,而他人则为合同之外的第三人。

2. 主观要件——通谋进行真实意思表示,希望或放任损害结果

(1)依文义解释,法条并未限制恶意串通所为的意思表示的真实性。但若运用恶意串通规则去处理通谋虚伪表示,则还需要通谋的虚伪表示满足"损害他人合法权益"方属无效。依据意思自治和意思自由原则,双方均不欲发生法律效果的虚伪表示,无论是否损害他人,至少在当事人之间应当无效。[22] 由此,当构成通谋虚伪表示,恶意串通的客观要素显得多余。因此,双方串通所为虚伪表示,直接适用《民法总则》第 146 条规定。为避免两者交叉重叠,应将恶意串通所为的意思表示进行目的性限缩解释为真实意思。当然,若通谋虚伪表示为掩盖当事人之间另外形成的真实意思表示——即存在隐藏行为,其可能构成恶意串通。

(2)在主观上,"恶意"既包括积极的侵害意思(直接故意)——明知通谋所为的真实意思会损害第三人合法权益,而积极追求该损害结果,也包括放任侵害后果(间接故意)——明知通谋所为的真实意思可能会损害第三人合法权益,而放任该损害结果的发生。"串通"的典型样态是当事人事前通谋、共同行为,但亦包括一方当事人作出意思表示、对方当事人明知其具有不法目的而仍默示接受的情形。[23]

(3)意思表示的内容。有学者认为当法律行为直接以权利转移、抛弃等变动为目的时,该法律行为的有效无效,可能涉及第三人。[24] 笔者认为此观点值得商榷,大部分情况下以设立、变更、消灭物权为目的的法律行为的确更易涉及第三人,若承认物权行为的独立性,此意思表示可视为物权行为。但一些以租赁、寄存、借用等持续性关系而产生并存在的支配权(占有权或使用权)被称为"基于债务关系的支配权"。[25] 这类债权亦可能涉及第三人,因此,笔者认为意思表示大部分以权利的得丧变更为内容,也包括以长期占有、使用、收益为内容的意思表示。

3. 客观要件——损害他人合法权益

客观要件包括以下 4 个方面:

第一,合法权益是指第三人受法律保护之权利和法律认可之利益。有学者进一步认为第三人的物权或者其他绝对性财产权并不会实际被当事人恶意串通行为所

[21] 杨代雄:《恶意串通行为的立法取舍——以恶意串通、脱法行为与通谋虚伪表示的关系为视角》,载《比较法研究》2014 年第 7 期。

[22] 参见茅少伟:《论恶意串通》,载《中外法学》2017 年第 1 期。

[23] 参见韩世远:《合同法总论》(第 3 版),法律出版社 2011 年版,第 172 页;王利明:《合同法研究》(第 1 卷),中国人民大学出版社 2015 年版,第 645 页。

[24] 参见朱建农:《论民法上恶意串通行为的效力研究》,载《当代法学》2007 年第 11 期。

[25] 金可可:《基于债务关系之支配权》,载《法学研究》2009 年第 2 期。

损害,其理由是多重买卖,若构成无权处分,则受让人恶意不适用善意取得,无法顺利取得物权。而若是有权处分,则受损害的是前手的合同债权而非物权。[26] 此问题之实质在于合同行为能否侵害物权等绝对性的权利笔者认为此观点值得商榷,虽然物权具有排他性、支配性,并且物权相比债权亦具有优先效力。而恶意串通行为属于法律行为,具有债权的性质,而由于债权原则上具有平等性,所以损害对象应当为债权而非物权。但是恶意串通所为并非仅存在于多重买卖之中,还存在多种具体形态,它可能有损他人的绝对权。比如,房屋所有人将房屋转让给受让人,并进行登记,此后又与他人签订租赁合同,倒签租赁合同期间。根据《合同法》第229条的规定,受让人成为对原租赁合同的权利义务概括承受,成为新的出租人。这严重影响房屋所有人对房屋的实际使用,不可谓不受到损害。同样的,土地使用权或者在建工程先抵押,而后倒签租赁合同,妨碍抵押权的实现,[27] 由于存在抵押权之负担,变价时会对拍卖价格产生不利影响,损害抵押权人的合法权益。当然,不少学者对租赁权对抗物权的特殊现象称为租赁权的物权化。[28] 不过按照物权法定原则,由于它不是法定的物权类型,应当还是一种债权。因此笔者认为合法权益包括债权和物权,但是以债权为主。

第二,损害确实发生。如果当事人仅意图侵害他人,但第三人并未实际被当事人之间的合同损害,则该合同就不必因恶意串通而无效。

第三,当事人的恶意串通行为与损害第三人合法权益之间具有直接因果关系。[29]

第四,第三人应区分为特定第三人与不特定第三人。若不特定第三人的利益,实质反映社会公共利益,会导致合同绝对的无效。有学者认为,此种情形,可以交由违反法律、行政法规强制性规定而无效或者违反公序良俗原则去解决。[30] 笔者赞成此说法,因此可以将他人限定为特定第三人的合法权益。

4. 恶意串通行为与侵权行为的辨析

有学者认为,从构成要件看,恶意串通行为与背俗侵权行为(且是共同侵权)相通,不过特指利用订立合同损害他人权益,范围比背俗侵权窄。[31] 笔者部分赞同此观点,上述构成要件的确与侵权行为构成要件相仿。但两者之间亦存在明显区别:①权利保护范围不同。一般认为我国侵权责任法保护范围是绝对权和受法律认可的利益,不包括相对权。而恶意串通所保护的权利包括债权,并以它为主,但不包括

---

〔26〕 参见茅少伟:《论恶意串通》,载《中外法学》2017年第1期。

〔27〕 参见珠海农村商业银行股份有限公司白蕉支行与珠海顶好发展有限公司、珠海市贸发贸易有限公司确认合同无效纠纷案,(2015)珠中法审监民再字第9号;明海水与中国邮政储蓄银行股份有限公司余姚市支行等外人执行异议之诉上诉案,(2014)浙甬执异终字第9号。

〔28〕 参见金可可:《基于债务关系之支配权》,载《法学研究》2009年第2期。

〔29〕 参见陈小君:《民事法律行为效力之立法研究》,载《法学家》2016年第5期。

〔30〕 参见茅少伟:《论恶意串通》,载《中外法学》2017年第1期。

〔31〕 同上。

绝对权中的人身权。②行为方式不同。构成侵权之不法行为通常归于事实行为,不属于法律行为的范畴,而恶意串通行为属于法律行为。③损害结果不同。侵权行为之后果包括精神损害和人身损害,而恶意串通之后果往往是一些财产损害。

三、恶意串通行为的排除

笔者认为,司法实践存在疑似恶意串通行为,需考察是否满足构成要件,若不符合其中之一,即为不真正恶意串通,应被排除,将其交由滥用代理权、无权代理、通谋虚伪表示、投标人串通投标行为、股东优先购买权等其他构成要件更清晰、具体、明确的法律制度调整。一则可解决恶意串通规则被诟病的构成要件含混不清、主观恶意和意思联络难以证明之弊端。二则当法律将反复出现的典型疑似恶意串通行为归纳为具体条文时,应当经过周密考虑,优先适用此类规范具备合理性。具体分析如下:

(一)不满足主体要件的行为

1. 代理行为应当由无权代理、滥用代理权等制度解决,即适用《民法总则》代理一节的相关规定

代理人与相对人恶意串通,损害本人合法权益。其主体为合同之外的第三人即代理人,与合同一方相对人的串通,损害对象为另一方当事人,属于非真正的恶意串通。此情况属代理权滥用,应适用《民法总则》第164条:代理人和相对人恶意串通,损害被代理人合法权益的,代理人和相对人应当承担连带责任。该条文并未直接规定法律行为的效力。学者大多数认为此情形应归于无权代理,效力取决于本人的同意或追认。[32]

笔者赞同此观点,其一,构成恶意串通需满足两个条件:①代理人无代理权。其无代理权、超越代理权、代理权终止后仍以本人名义签订合同。若代理人与本人之间的委托合同尚且有效,且所为法律行为未超出授权委托之范围,则不会损害本人的权益,法律后果自然应归属于本人。②相对人明知无代理权仍然与之订立合同。若相对人不明知或不应知,不可能构成"串通"。因此,处理此类案例的关键在于考证代理人是否具有代理权、代理权限范围、是否构成无权代理、相对人是否明知或者是否应知无代理权(善意或恶意)。由此,利用代理之理论分析比恶意串通抽象、宽泛的构成要件清晰、明确。其二,狭义的无权代理属于效力待定合同,其最终的效力决定权被授予被代理人,而非直接其认定无效,更加符合代理制度的立法本意。

另外,司法实践中恶意串通的双方代理行为。如甲同时以乙公司法定代表人和丙公司法定代表人的身份签订一份《租赁协议》,将乙公司的办公楼低价出租给丙公司。双方代理,涉及对代理权之限制,即代理人原则上不得以同时代理双方当事人

---

〔32〕 参见黄忠:《论恶意串通损害第三人利益无效规范的存废——基于体系的一项检讨》,载《人大法律评论》,法律出版社2014年版,第202页。

的方式行使代理权。很多国家或地区的民法对此予以明文规定,如《德国民法典》第181条、《日本民法典》第108条、我国台湾地区"民法"第106条。我国学理上普遍认为此行为属于滥用代理权,《民法总则》第168条第2款[33]对此进行规定,若未经被代理的双方同意或者追认,其效力为无效。

2. 骗取保证的行为属于第三人欺诈的民事法律行为,其效力为可撤销

在保证担保中,主合同当事人双方串通,骗取保证人提供保证的。该情形下,保证合同一方当事人——债权人与合同之外的第三人——债务人进行恶意串通,损害保证合同另一方当事人——保证人,属于非真正的恶意串通。同样的,债务人与保证人恶意串通,使债权人与之订立主合同和保证合同的,亦属非真正恶意串通。并且,此情形下,双方的恶意串通行为,并非直接导致保证人、债权人受损的原因,还需要合同相对人陷入错误认识,自愿作出违背真实意愿的意思表示,属于第三人与合同一方串通欺诈合同相对方的欺诈行为。《民法总则》第149条、[34]《担保法司法解释》第41条,[35]认定该行为效力属于可撤销。而《担保法》第30条、[36]《审理经济合同纠纷案件有关保证的规定》第19条,认为保证人不承担保证责任,即保证合同无效。笔者认为受欺诈所为之法律行为属意思表示瑕疵,其效力应当系于受欺诈之人,不宜直接认定无效。

(二)不满足主观要件的行为

1. 恶意的通谋虚伪表示

若双方当事人恶意串通进行虚伪意思表示,损害他人的合法权益,属于恶意串通与通谋虚伪表示之间的交叉,即恶意的通谋虚伪表示。虚伪意思表示已足够判定其为无效,无须再适用恶意串通规则。基于此前文将恶意串通限缩解释为真实意思表示,恶意的通谋虚伪表示,则视为一种非真正的恶意串通,应当被排除。

2. 投标人、招标人串通投标行为大多不属于法律行为,而是缔约过程中的违反诚实信用原则的不正当竞争行为,应适用《反不正当竞争法》《招标投标法》等相关法律

招标投标活动是一种竞争性缔约活动,由招标人发出招标公告——要约邀请,投标人进行投标——要约,招标人评出中标人——承诺。串通投标分为投标人串通

---

[33] 《民法总则》第168条第2款:代理人不得以被代理人的名义与自己同时代理的其他人实施民事法律行为,但是被代理的双方同意或者追认的除外。

[34] 《民法总则》第149条:第三人实施欺诈行为,使一方在违背真实意思的情况下实施的民事法律行为,对方知道或者应当知道该欺诈行为的,受欺诈方有权请求人民法院或者仲裁机构予以撤销。

[35] 《担保法司法解释》第41条:债务人与保证人共同欺骗债权人,订立主合同和保证合同的,债权人可以请求人民法院予以撤销。因此给债权人造成损失的,由保证人与债务人承担连带赔偿责任。

[36] 《担保法》第30条:有下列情形之一的,保证人不承担民事责任:(一)主合同当事人双方串通,骗取保证人提供保证的;(二)主合同债权人采取欺诈、胁迫等手段,使保证人在违背真实意思的情况下提供保证的。《最高人民法院关于审理经济合同纠纷案件有关保证的若干问题的规定》第19条:主合同债权人一方或者双方当事人采取欺诈、胁迫等手段,或者恶意串通,使保证人在违背真实意思情况下提供保证的,保证合同无效,保证人不承担责任。

投标和招标人与投标人的串通投标，依据《招标投标法实施条例》第39条、第40条、第41条的规定，[37]前者表现为投标人报价的协同行为，以谋取中标或排斥特定投标人。细分为两种：①投标人之间订立合作投标协议，但投标人非中标合同当事人，成立非真正恶意串通。②投标人之间没有协议，而采用同一项目管理成员、同一投标保证金账户、委托同一单位或个人投标，此行为很难简单地界定为法律行为，更接近于事实行为，有学者认为其属于侵权行为。[38] 后者表现为泄露投标文件、评标人、标底等投标信息，暗示投标人修改投标文件等行为，此类行为亦不属于法律行为，成立非真正的恶意串通。

笔者认为，招投标活动涉及社会公共利益和经济效益，国家对其进行管控并非仅为特定当事人，更为保障公正、合理的竞争秩序，因此，其实质上损害不特定第三人的合法权益，不宜适用恶意串通规则。串通招投标行为违反《反不正当竞争法》第15条，《招标投标法》第32条、第53条[39]的禁止性规定而致中标无效。与此类似，竞买人之间恶意串通，损害他人利益的，依据《拍卖法》第37条、第65条的规定，[40]拍卖无效。中标合同无效后，串通行为人应当承担缔约过失责任。

(三)不满足客观要件的行为

股权对外转让，未将转让条件通知其他股东并实际履行转让协议，协议本身并不构成恶意串通，而是由于未履行法定通知义务损害优先购买权，协议因违反公司法强制性规定而无效。

实践中，有限责任公司股东与第三人恶意串通签订股权转让协议，未将转让条件通知其他股东，导致其无法行使优先购买权的案例。[41] 笔者认为，股东优先购买权是法律限制股东转让股权在对象选择上之自由，但以“同等条件”保证股权转让在内容上的公平、合理。即股东有权自由处分股份，其与第三人订立股权转让协议并

---

〔37〕《招标投标法》第39条：禁止投标人相互串通投标。有下列情形之一的，属于投标人相互串通投标：(一)投标人之间协商投标报价等投标文件的实质性内容；(二)投标人之间约定中标人；(三)投标人之间约定部分投标人放弃投标或者中标；(四)属于同一集团、协会、商会等组织成员的投标人按照该组织要求协同投标；(五)投标人之间为谋取中标或者排斥特定投标人而采取的其他联合行动。第40条：有下列情形之一的，视为投标人相互串通投标：(一)不同投标人的投标文件由同一单位或者个人编制；(二)不同投标人委托同一单位或者个人办理投标事宜；(三)不同投标人的投标文件载明的项目管理成员为同一人；(四)不同投标人的投标文件异常一致或者投标报价呈规律性差异；(五)不同投标人的投标文件相互混装；(六)不同投标人的投标保证金从同一单位或者个人的账户转出。《反不正当竞争法》第15条：投标者不得串通投标，抬高标价或者压低标价。投标者和招标者不得相互勾结，以排挤竞争对手的公平竞争。

〔38〕转引自王玉辉：《串通投标法律性质研究》，载《公民与法》2008年第8期。

〔39〕《招标投标法》第53条第1句：投标人相互串通投标或者与招标人串通投标的，投标人以向招标人或者评标委员会成员赔赂手段谋取中标的，中标无效。

〔40〕《拍卖法》第37条：竞买人之间、竞买人与拍卖人之间不得恶意串通，损害他人利益。第65条：违反第37条规定，竞买人之间、竞买人与拍卖人之间恶意串通，给他人造成损害的，拍卖无效，应当依法承担赔偿责任。

〔41〕参见郑传湘、湖北泰发房地产开发有限公司公司决议效力确认纠纷二审民事判决书，(2015)鄂咸宁中民终字第709号；李春山与魏小平、徐爱民、杨小兰、南京五环新型材料科技有限公司股权转让纠纷一案的民事判决书，(2015)宁商终字第733号；解新势与烟台泰达铜材设备有限公司股东资格确认纠纷二审民事判决书，(2014)烟商二终字第294号。

不会损害优先购买权,也不被法律所禁止。其恰好是优先购买权行使的基础。

因"优先"和"同等条件"均需一个参照物,即股东与第三人关于股权转让价格、履行方式、期限等约定。[42] 若其他股东表明愿意以相同条件购买,则出现"一股多卖"。两个合同均为有效,但赋予优先购买权人之股权转让合同优先履行的效力。[43] 类似于司法解释对普通动产、特殊动产的数个平等债权履行顺位之规定。当事人主观的恶意串通并非指向股权转让协议本身,而是其违反通知其他股东之法定义务。通知内容应包括股东与第三人拟签订股权转让合同的基本条款,如拟受让人、拟转让价格、股权转让价款的支付方式等。[44]此乃其他股东优先购买权行使之前提,该不作为使之丧失行使优先购买权的机会。笔者认为,其效力因实际履行情况的不同而不同。第一,若双方已实际履行该股权转让协议,并办理工商变更登记,股东无法再追认行使优先购买权,消极不作为已实际侵害债权人的优先购买权。但该股权转让协议与损害优先购买权并无直接的因果关系,属于不真正的恶意串通。据《公司法》第71条、[45]《公司法司法解释(四)》第27条,该协议由于未履行公司法和司法解释规定的订立程序,判定该合同无效。第二,若尚未实际履行,则股东还可主张优先购买权,来阻止股权转让协议履行,无须认定其为无效。

四、真正恶意串通行为的法律适用

笔者认为,民法各部门法已明确规定、类型化的真正恶意串通行为,依照特别法优于一般法。因恶意串通规则位于民法典总则民事法律行为一节,就体系解释论,它是判定合同无效之一般规则,其构成要件上相较于分编而言,稍欠可操作性,易赋予法官过大的自由裁量权,应当慎用,性质上属于兜底条款,起到弥补法律漏洞之作用。

(一)债务人与第三人订立合同,危及债务人清偿能力时,应优先适用债权人撤销权规则

实践中,债务人与其中一个债权人恶意串通,将部分财产抵押给该债权人,从而丧失其他债权的清偿能力,该抵押合同效力为可撤销。[46] 债务人与债权人恶意串通订立抵押合同,将一部分本应属于平等受偿的财产优先向特定债权人清偿,导致剩

---

〔42〕《公司法司法解释(四)征求意见稿》第24条:《公司法》第71条第3款所称的"同等条件",应当综合股权的转让价格、付款方式及期限等因素确定。

〔43〕参见赵旭东:《股东优先购买权的性质和效力》,载《当代法学》2013年第5期。

〔44〕《公司法司法解释(四)征求意见稿》第25条:有限责任公司股东向股东以外的人转让股权,书面通知其他股东,通知中已经包括受让人的姓名或名称、转让股权的类型、数量、价格、履行期限及方式等股权转让合同主要内容的,其他股东在收到通知后,应当在公司章程规定的行使期间内主张优先购买。

〔45〕《公司法》第71条:股东向股东以外的人转让股权,应当经其他股东过半数同意。股东应就其股权转让事项书面通知其他股东征求同意,其他股东自接到书面通知之日起满30日未答复的,视为同意转让。其他股东半数以上不同意转让的,不同意的股东应当购买该转让的股权;不购买的,视为同意转让。

〔46〕参见中国民生银行股份有限公司上海分行诉上海泓元实业有限公司等债权人销权纠纷一审民事判决书,(2013)宝民二(商)初字第1568号。

余责任财产不足以清偿其他普通债权，损害其他普通债权人的债权，符合恶意串通行为和行使债权人撤销权的条件。[47]那么，究竟适用何种制度？笔者认为应当适用债权人撤销权。理由如下：

第一，债权人撤销权在主观方面证明标准相对较低。一般而言，债权人撤销权构成要件为：①债权人与债务人存在有效债权；②债务人对财产进行法律处分；③债务人的行为需有害于债权，包括减少积极财产或增加消极财产，并且行为导致债务人无资力；④债务人、受让人存在主观恶意。对比恶意串通的构成要件，两者主要区别为主观恶意之内涵不同。债权人撤销权的"恶意"无须具有意思联络，无须构成"串通"。分为债务人的恶意和第三人的恶意，并采用观念主义，即无须积极侵害债权的意思，只要债务人明知其行为可能损害债权人的利益，即能够预见到其行为可能引起或增加无资力即可。[48] 而第三人的恶意根据行为的性质要求不同。一种是无偿行为，包括：放弃到期或未到期债权、放弃债权担保、无偿转让财产、恶意延长到期债权之履行期、为无担保的债权提供担保。其中前两类属于债权人单方法律行为，不属于恶意串通。后两类行为属于重叠部分，只要客观上实施，并造成了债务人无法清偿债务的后果即可。另一种是有偿行为，包括以明显不合理的低价转让财产或者以明显不合理高价收购财产，需受让人知道该情形，此种"恶意"可由债务人以明显不合理的低价转让财产等客观行为进行推定。[49] 由此观之，适用债权人撤销权在证明标准上比恶意串通低，更有利于保护债权人。

第二，债权人撤销权行使范围和行使期间更为合理。债权人撤销权行使范围需以债权人之债权为限，可能仅需撤销合同一部分，能满足债权人清偿要求即可。但适用恶意串通，则整个合同归于无效，对债权人财产处分权限制过大，不利于善意受让人之保护。此外，行使撤销权应在法定1年除斥期间内，可督促债权人积极行使自己的权利。现行立法对宣告无效并无期间限制，不利于保障动态的交易安全。

（二）多重转让行为分两种情况，无权处分适用善意取得，有权处分可能构成恶意串通

实践中，常出现房屋出卖人将房屋卖给甲，又与乙恶意串通另行订立房屋买卖合同，即构成多重买卖。笔者分类讨论：第一，出卖人已将房屋过户给甲，丧失所有权，属于无权处分行为。根据《关于审理买卖合同纠纷案件适用法律问题的解

---

〔47〕《担保法司法解释》第69条：债务人有多个普通债权人的，在清偿债务时，债务人，将其全部或者部分财产抵押给该债权人，因此丧失了履行其他债务的能力，损害了其他债权人的合法权益，受损害的其他债权人可以请求人民法院撤销该抵押行为。

〔48〕参见申卫星：《论债权人撤销权的构成——兼评我国〈合同法〉第74条》，载《法制与社会发展》2000年第4期。

〔49〕详见崔建远：《合同法》（第2版），北京大学出版社2013年版，第181页；王洪亮：《债法总论》，北京大学出版社2016年版，第152页。

释》[50]第3条,无权处分人实施的负担行为效力无瑕疵,效力待定的是处分行为意义上的合同。此时结合《物权法》第106条善意取得的规定,因乙与出卖人恶意串通,不符合"善意"的要件,乙无法取得房屋所有权。可见无权处分情况,可适用善意取得解决,无须恶意串通规则。第二,出卖人尚未办理过户登记,仍然是房屋所有权人,他并不仅因为订立买卖合同就丧失处分所有物之权利,他仍有选择履行对象之可能。[51]《德国民法典》第137条第1句明文规定:"对可让与权利进行处分,不得以法律行为排除或限制。"即出卖人对自己的财产订立多个买卖合同,只要不具有欺诈、胁迫、乘人之危等明显效力瑕疵,原则上均属有效。基于债权平等性和相对性,后成立债权可能损害在先成立债权,单是如此,并不会使后一债权绝对无效。后一受让人若仅明知有在先债权人存在,尚且不足,唯有当后一受让人与出卖人恶意串通,故意侵害在先债权人之债权,此时才构成恶意串通使后一债权无效。《商品房买卖司法解释》第10条[52]采纳此观点。

(三)隐藏行为是否构成恶意串通需要具体分析,若是恶意通谋虚伪表示下的隐藏行为,可能构成恶意串通

当通谋之虚伪表示是为掩盖双方当事人真实之意思表示,即存在隐藏行为时,对该隐藏行为的效力,应当依据有关的法律规定处理,[53]此时有可能构成恶意串通。

1.损害优先购买权合同的效力

在实践中,股东向第三人转让股权,虚抬转让价格,使其他股东放弃优先购买权,但股东与第三人之间尚存一个较低价格的真实意思表示,即存在隐藏行为。优先购买权的条件:①同等条件真实存在;②书面通知其他股东;③规定期限内行使。《公司法司法解释(四)征求意见稿》第27条[54]认为转让合同无效,并未指明虚抬价格的虚伪表示抑或真实交易条件都属无效。笔者认为,股东与第三人订立两个合同,一个是真实意思,另一个是虚假意思。虚假意思意图使第三人误以为"同等条件"的参照物,使之放弃优先购买权,这构成恶意的通谋虚伪表示——第一个非法目的。而真实意思则于股东放弃优先购买权后,实际完成对股权的转让,实现最终非

〔50〕《关于审理买卖合同纠纷案件适用法律问题的解释》第3条:无权处分的买卖合同有效,不能转移标的物所有权的,处分人负违约责任。

〔51〕参见吴一鸣:《一物二卖场合"知情"因素之法经济学分析》,载刘云生主编:《中国不动产法研究》(第8卷),法律出版社2013年版,第49页以下。

〔52〕《商品房买卖司法解释》第10条:买受人以出卖人与第三人恶意串通,另行订立商品房买卖合同并将房屋交付使用,导致其无法取得房屋为由,请求确认出卖人与第三人订立的商品房买卖合同无效的,应予支持。

〔53〕《民法总则》第154条第2款:以虚假的意思表示隐藏的民事法律行为的效力,依照有关法律规定处理。

〔54〕《公司法司法解释(四)征求意见稿》有限责任公司的股东向股东以外的人转让股权,有下列损害其他股东优先购买权的情形之一,其他股东请求确认转让合同无效的,应予支持。……(三)股东与股东以外的人恶意串通,采取虚报高价等方式违反公司法和司法解释规定的同等条件,导致其他股东放弃优先购买权,但是双方的实际交易条件低于书面通知的条件。转让合同被认定无效后,其他股东同时请求按照实际交易条件购买该股权的,应予支持。受让人交易时善意无过失,请求股东承担赔偿责任的,应予支持。

法目的。隐藏行为目的实现之前提为股东放弃优先购买权，而放弃的原因是虚伪表示，虽然真实表示并非直接导致其放弃优先购买权，但是虚伪意思亦是隐藏行为实现其目的之手段。此时虚伪表示与隐藏行为不可分割，于造成的后果之间属于“复因一果”，此时的隐藏行为属于真正的恶意串通，当属无效。

2. 建设工程阴阳合同的效力

在实践中，建设工程发包人与承包人为了避税等原因，往往签订一份不实际履行的建设工程合同（以下简称阳合同）用以备案，而在私下订立一份建设工程合同（以下简称阴合同）用以实际确定双方权利义务。这亦涉及通谋虚伪表示及隐藏行为的法律适用问题。笔者搜索相关案例，对案例以及法院判决进行归纳和分类，分为以下两大类。

（1）依法需进行招投标并确实依招标投标文件订立中标合同。因招标投标涉及社会公共利益、公众安全；国有资金投融资；国际组织、外国政府贷款、援助的项目，此类项目一般规模较大、牵涉众多利益方，因此需确保竞争缔约的过程公平、公开和诚信，此类建设工程合同效力判定较为严格和审慎。笔者依据阴阳合同订立时间先后分为“阴前阳后”[55]“阳前阴后”[56]两种。

情形一，当事人先订立一份总价款较高的合同，随后的招投标活动提供较低报价，以价格优势排挤其他投标人，获得中标机会，亦起到避税作用。双方中标合同并非真实意思表示，并损害其他投标人合法权益，属于恶意的通谋虚伪表示而无效，构成非真正恶意串通。隐藏行为于招投标前，招标人与投标人恶意串通，对投标价格、投标方案等实质性内容进行谈判，损害其他投标人的合法权益，属于真正的恶意串通。适用《招标投标法》第43条、第55条[57]的规定。

情形二，当事人先经过正常招投标签订中标合同并备案。①此后的合同若对前者进行实质性变更并实际履行，应认定阳合同为虚伪表示，而阴合同亦损害了其他投标人的合法权益，认定为恶意串通。不过情形一是事前的恶意串通，情形二是事后的恶意串通，两者均损害其他投标人的合法权益。适用《招标投标法》第46条、《审理建设工程施工合同纠纷适用法律问题解释》第21条[58]的规定。②若此后的合同并未对其进行实质性变更，则不宜认定构成通谋虚伪表示，前一个合同系真实意思表示，后一个合同仅仅是对它的合理变更和补充约定，两者不构成阴阳合同，且

---

[55] 参见山东省中级人民法院作出的青民一终字（2007）第289号民事判决书。

[56] 参见新疆维吾尔自治区博尔塔拉蒙古自治州中级人民法院作出的（2014）博中民二初字第48号民事判决书。

[57] 《招标投标法》第43条：在确定中标人前，招标人不得与投标人就投标价格、投标方案等实质性内容进行谈判。第55条：依法必须进行招标的项目，招标人违反本法规定，与投标人就投标价格、投标方案等实质性内容进行谈判的，给予警告，对单位直接负责的主管人员和其他直接责任人员依法给予处分。前款所列行为影响中标结果的，中标无效。

[58] 《招标投标法》第46条：投标人与中标人应当自中标通知书发出之日起30日内，按照招标文件和中标人的投标文件订立书面合同。招标人和中标人不得再行订立背离合同实质性内容的其他协议。《建设工程施工合同司法解释》第21条：当事人就统一建设工程另行订立的建设工程施工合同与经过备案的中标合同实质性内容不一致的，应当以备案的中标合同作为结算工程价款的依据。

均为有效合同。

(2)无须进行招投标的工程。[59] 双方签订阳合同进行备案仅为履行建设工程之行政手续,不同于经招投标后将中标合同备案,这里不涉及其他投标人的权益以及国家对招投标活动的监管等社会公共利益,而仅是当事人之间的契约行为。此情况下,应更注重当事人真实的意思表示。一般而言,用于备案的阳合同采通谋虚伪表示认定无效,而双方真实意思表示有效,不构成恶意串通。

(四)小结

出现疑似恶意串通之行为,首先判断主体是否适格,若不适格,不得适用恶意串通规则,应寻找民法部门法中的具体法条处理。若适格,则继续判断主观条件是否满足,若是虚伪意思,则适用《民法总则》第154条关于通谋虚伪表示的规则。若为真实意思,则进一步判断是否损害第三人的合法权益,若是不特定第三人,则依公序良俗、违反法律行政法规强制性规定判定合同无效。若是损害特定第三人的合法权益。则看是否满足债权人撤销权、多重转让、无权处分、恶意串通招投标、股东优先购买权等法律有明确具体规定的特殊真正恶意串通行为。依照特别法优先于一般法的原则优先适用其他规则。若不能寻找到具体规则,再具体分析是否构成恶意串通,并利用《民法总则》第154条条文进行兜底。

五、恶意串通行为的效力

(一)恶意串通所致的无效应当是相对无效仅能是特定的利害关系人得以主张,一旦特定人主张则合同对任何人均是无效

因恶意串通无效的法律行为,是何种无效?谁可以主张?法院能否依职权认定?无效所及范围何在?无效法律行为有所谓绝对无效与相对无效之分,而相对无效,在不同理论体系下有不同的意义。恶意串通是损害特定相对人合法权益的行为,通常认为,绝对无效背后的法理是损害国家、社会公共利益等不特定多数人利益。而相对无效仅涉及特定第三人利益,其效力的判定应授予受到合同影响之特定第三人决定,赋予他们选择权。即恶意串通效力应当为相对无效。我国司法实践及相关司法解释中对许多恶意串通行为效力规定为可撤销,[60]也体现了这一立法精

---

[59] 参见山东省青岛市中级人民法院(2008)青民一终字第602号民事判决书。

[60] 《最高人民法院关于人民法院网络司法拍卖若干问题的规定》第31条:当事人、利害关系人提出异议请求撤销网络司法拍卖,符合下列情形之一的,人民法院应当支持……(三)竞买人之间,竞买人与网络司法拍卖服务提供者之间恶意串通,损害当事人或者其他竞买人利益的;《最高人民法院关于适用〈中华人民共和国企业破产法〉若干问题的规定(二)》第15条:债务人经诉讼、仲裁、执行程序对债权人进行的个别清偿,管理人依据《企业破产法》第32条的规定请求撤销的,人民法院不予支持。但是,债务人与债权人恶意串通损害其他债权人利益的除外。《最高人民法院关于适用〈中华人民共和国担保法〉若干问题的解释》第69条:债务人有多个普通债权人的,在清偿债务时,债务人与其中一个债权人恶意串通,将其全部或者部分财产抵押给该债权人,因此丧失了履行其他债务的能力,损害了其他债权人的合法权益,受损害的其他债权人可以请求人民法院撤销该抵押行为。

神。不过按照目前《民法总则》的规定,其效力为无效。因此,有必要将“无效”限缩解释为“相对无效”。

我国现行法尚未对相对无效进行明确的界定。笔者认为,相对无效作为绝对无效的对应概念,绝对无效有三层内涵:一是无效所及范围;二是主张无效的主体;三是无效之程度。由此,相对无效的概念可分为“程度说”“范围说”“主体说”。

1. 程度说。法国学界一般认为绝对无效与相对无效的区别在于绝对无效保护公共利益,而合同之相对无效则在于保护私人利益。受法国法影响的加拿大魁北克省和美国路易斯安那两个州则将这一区分标准写入民法典。[61] 他们认为相对无效只能由相对无效所要保护的人或其他诚信行事并因此而蒙受严重损失的合同当事人才能援引,由此相对无效合同可以被承认为有效。[62] 即包含我国效力待定、可撤销合同等效力有赖于特定人行使追认或者撤销权。我国学者有持类似观点,认为相对无效包括行为人无相应的行为能力和意思表示不真实之合同。[63] 笔者不同意该观点。理由如下:(1)从程度上来界定相对无效,与其他效力瑕疵合同存在重叠,使相对无效成为效力瑕疵的总括性概念。(2)我国应将合同效力区分为绝对无效、相对无效、可撤销、效力待定。其中,绝对无效制度保护公共利益,其余则保护私人利益。私人利益区别为当事人的私人利益与第三人利益。可撤销、效力待定保护合同内私人利益,相对无效则保护第三人的私人利益。

2. 效力范围说。德国法认为相对无效指处分行为对所欲保护之第三人无效,而对其他人特别是合同当事人有效。即当一个法律行为只对于特定人不生效,而对其他人仍生效时才能被称为相对无效。[64] 我国台湾地区继受这一理念,认为法律行为的无效以其效果的范围为标准,可分为绝对无效及相对无效。前者任何人均得主张,并得对任何人主张。后者不得以其无效对抗善意第三人。[65] 很显然,德国和我国台湾地区都是采取“范围说”。我国也有不少学者采“范围说”,他们认为相对无效是指合同有效,但是特定人(善意第三人)可以主张无效;或者合同无效,但该无效不能对抗特定人。[66] 有学者的定义只包括其中之一。[67]

---

〔61〕 参见《魁北克民法典》第1420条;《路易斯安那民法典》第2031条。

〔62〕 参见黄忠:《论恶意串通损害第三人利益无效规范的存废——基于体系的一项检讨》,载《人大法律评论》,法律出版社2014年版,第234页。

〔63〕 参见李新:《论相对无效合同——兼评我国合同法相关规定》,载《宁夏社会科学》2001年第1期;龙卫球:《民法总论》,中国法制出版社2002年版,第520页。

〔64〕 参见[德]卡尔·拉伦茨:《德国民法通论》(下册),王晓晔、邵建东、程建英、徐国建、谢怀栻译,法律出版社2003年版,第627页。

〔65〕 王泽鉴:《民法总则》,北京大学出版社2014年版,第463页。

〔66〕 参见李文涛:《合同的绝对无效和相对无效——一种技术化合同的效力评价规则》,载《法学家》2011年第6期。

〔67〕 参见王轶:《民法总则法律行为效力制度立法建议》,载《比较法研究》2016年第3期。

将该学说观点列表如下：

主体	特定第三人（善意第三人）	当事人	表述
效力	有效	无效	不得以其无效对抗善意第三人（中国台湾地区为代表）
	无效	有效	相对于特定第三人无效的法律行为（德国为代表）

笔者不赞同此观点，理由如下：(1)所谓无效所及范围，区分为当事人之间的效力，以及合同对于第三人的效力，不同的情况下对效力区分对待。相对无效仅影响特定第三人，而特定第三人应当是自己利益最佳和最正当的判断者，法律无须提前预设对其有效或者无效的强制预判，这有损于合同的意思自由。(2)根据合同相对性原理，其效力有无在于判定当事人是否受有效合同约束、实际履行义务。难以想象合同于当事人间无效，却对特定第三人有效。[68] 其实，上述相对无效适用情形，通常都与物权行为密切相关，当前手买卖合同有效力瑕疵时，后手的善意相对人能否取得物权，可通过公示公信原则和善意取得制度解决。即笔者认为合同效力应在当事人的范围讨论，至于无效对第三人之影响是另外的问题。

3. 主体说。持此观点的学者认为应从宣告无效主体划分，绝对无效是指任何人，甚至于合同无利害关系之人均得以主张，法院亦可依据职权宣告无效。而相对无效则仅能是特定的利害关系人得以主张，一旦特定人主张则合同对任何人均是无效。[69] 笔者赞成主体说，“范围说”和“程度说”对主张无效的事由、主张无效的效力所及范围存在不同见解，但均认可相对无效的合同仅影响特定人，仅能由其主张无效。

(二)相对无效应当适用除斥期间

既然相对无效保护特定第三人利益，是否应适用除斥期间？笔者认为，除斥期间可督促行为人尽快行使权利，尽早确定悬而未决的法律关系，并有利于收集证据和查明案情。在请求法院保护各种私人利益时，总会受时间限制，例如，民法上的各类请求权、形成权。[70] 综观效力瑕疵合同如效力待定、可撤销合同，效力并非自始、确定的无效，而是系于特定之人。效力待定的合同取决于是否被追认，可撤销合同取决于是否被撤销，而它们均是形成权而受除斥期间的限制。而相对无效也并非自始的、确定的无效，仍然取决于第三人是否宣告其无效。为使合同的效力尽快确定，应当同样适用除斥期间。而合同绝对无效，涉及不特定人的利益，是属于自始的、确定的、当然的无效，不适用除斥期间。这样一来，相对无效之法律效果与合同的可撤销类似，但有所区别。①无效事由不同，前者损害第三人权益、欠缺合法性要素，后者是意思表示存在瑕疵、欠缺意思真实性的要素。②主体不同，宣告相对无效主体是合同之外的特定第三人，可撤销是意思表示存在瑕疵的合同相对人。

---

〔68〕 参见陈忠五：《法律行为绝对无效与相对无效之区别》，载《台大法律论丛》1998 年第 4 期。

〔69〕 参见黄忠：《论恶意串通损害第三人利益无效规范的存废——基于体系的一项检讨》，载《人大法律评论》，法律出版社 2014 年版，第 310 页。

〔70〕 参见茅少伟：《论恶意串通》，载《中外法学》2017 年第 1 期。

留置权善意取得之质疑

——以《民法典·物权编》制定为契机

潘　磊*

内容摘要：通说认为留置权取得可适用善意取得制度，然而这一观点存在质疑空间。本文首先从比较法的角度说明了对于留置权的不同定性及其对于善意取得适用的影响；其次，从制度构成要件层面考察留置权善意取得，得出留置权与善意取得在要件上的非契合性；最后，通过制度功能层面亦得出留置权不能善意取得，且《担保法解释》第 108 条不能作为留置权善意取得的法条基础。

关键词：留置权　善意取得　构成要件　制度功能

《物权法》第 106 条第 3 款规定"当事人善意取得其他物权的，参照前两款规定"，从文义上看，该款给人们对于留置权的善意取得留下了想象的空间，再加上《担保法解释》第 108 条规定，"债权人合法占有债务人交付的动产时，不知债务人无处分该动产的权利，债权人可以……行使留置权"，更让人坚定了留置权善意取得观念。但是实际上，无论是《物权法》第 106 条，还是《最高人民法院关于〈中华人民共和国担保法〉若干问题的解释》（以下简称《担保法解释》）第 108 条，都没有直接明确留置权可以适用善意取得制度。另外，《物权法》当中对于善意取得制度的规定是以所有权的善意取得为模型，所有权作为一种自物权，其善意取得是否能够直接类推适用到他物权当中值得思考。即使同属他物权抵押权的善意取得无争议，也不一定代表留置权的善意取得也同样无争议。如此种种，都值得审视讨论留置权的善意取得问题。

理论上对于留置权的善意取得持肯定观点，但是肯定说的主要理由仍然值得思考。对于留置权善意取得问题的研究，最终要回到留置权的性质上，也即留置权的特殊性质会对于其善意取得产生怎样的影响。

本文主要从 3 个层面对留置权善意取得问题进行探讨：第一部分着重分析比较法上留置权性质及其对于留置权善意取得制度的影响，并概括理论当中对于留置权善意取得的几点理由；第二部分、第三部分重点从留置权的构成要件和制度功能两个层面进行分析。其中，第二部分的结论是，留置权与善意取得在制度构造层面并不具有一致性，留置权无善意取得可能性。第三部分侧重分析两种制度在功能方面的差异，并对学者以《担保法解释》第 108 条的规定作为留置权善意取得的主要依据进行反思，同样得出留置权不适用善意取得制度的结论。

---

* 潘磊，上海对外经贸大学贸易谈判学院硕士研究生。

一、留置权定性的比较法分析及影响

(一)罗马法及德国法中的留置权:抗辩权性质立法

留置权是指债务人在不履行到期债务时,债权人可以留置已经合法占有的动产,并有权就该动产折价或以拍卖、变卖该动产的价款优先受偿的权利。[1] 据学界考证,留置权最早可以追溯到古罗马时期。[2] 在罗马诉讼法当中,很多情况下并不是诉讼本身缺乏证据,而是被告自己也拥有一种将原告的权利完全或部分的排除的权利。[3] 从功能上来说,古罗马法时期,留置权就是一种抗辩权,也就是说,仅仅作为一种对抗他人诉讼主张的工具。[4]

《德国民法典》第273条和第274条规定了留置权制度。《德国民法典》第273条第1款规定:“以债务关系不另有规定为限,债务人因其所依据的同一法律关系而有对债权人的已到期的请求权的,债务人可以拒绝履行其所到期的给付,直到其所应得的给付被履行为止。”[5] 从内容上看,《德国民法典》的该种规定是完全继受了罗马法。德国法将留置权规定在第二编“债务关系”里,也就是说,在《德国民法典》当中,留置权的性质实际上与债权的性质一样,在性质上更加倾向于一种债权性的抗辩权,[6] 而非一种担保物权。其基本原理在于,如果其中一项债权没有得到履行,或者至少没有提供担保,则另一项债权就没有必要履行。[7]

(二)瑞士及日本等国家及地区的留置权:物权性质立法

1. 在《瑞士民法典》中,采取了与德国不同的规定,瑞士是采取民商合一的国家,《瑞士民法典》对留置权作了规定。第895条第1款规定:“经债务人同意,债权人占有债务人的动产或有价证券,如其债权已届清偿期,且债权和留置物之间没有实质性关联,则债权人在债务人清偿债务之前,有权留置这些物品。”[8] 瑞士民法上将留置权规定为一种物权,这一点与德国有异。

2.《日本民法典》第295条与我国台湾地区“民法”第928条,也都对留置权制度采取了和瑞士相类似的规定。日本和我国台湾地区“民法”也是将留置权规定为一种物权性质立法。我国台湾地区“民法”第928条第1款规定“债权人占有属于其债务人之动产,而具有下列我国要件者,于未受清偿前,得留置之”。除此之外,我国台湾地区“民法”第445条、第446条、第447条、第448条、第612条、第647条、第662条、

---

[1] 参见梁慧星、陈华彬:《物权法》,法律出版社2010年版,第369页。

[2] 参见谢在全:《民法物权论》,中国政法大学出版社2011年版,第1057页。

[3] 参见[意]彼德罗·彭梵得:《罗马法教科书》,黄风译,中国政法大学出版社1992年版,第100页。

[4] 参见[意]马西米利亚诺·文奇:《论留置权制度的历史发展——罗马法、意大利法与中国法之比较》,载《厦门大学学报》(哲学社会科学版)2013年第2期。

[5] 陈卫佐:《德国民法典》,法律出版社2015年版,第92页。

[6] 参见刘凯湘:《比较法视角下的商事留置权制度》,载《暨南学报》(哲学社会科学版)2015年第8期。

[7] 参见[德]迪尔特·梅迪库斯:《德国债法总论》,杜景林、卢谌译,法律出版社2004年版,第173页。

[8] 于海涌、赵希璇:《瑞士民法典》,法律出版社2016年版,第310页。

第791条都对于留置权有较为具体的规定,虽然留置权是债权人对债务人享有的权利,但是其是对于债务人的物所享有的权利,故属于一种物权。

(三)留置权性质对其善意取得的影响

比较法上对于留置权不同性质的规定对于留置权善意取得有决定性的影响。在采取纯粹抗辩权性质的立法模式之下,留置权并无善意取得的空间,但是在采取物权性质的立法,留置权的善意取得就有可能存在善意取得适用的空间。

在对留置权采取抗辩权性质立法的德国,留置权由于其性质并没有适用善意取得制度之前提要件之一[9]——物权。但这并不是说,在将留置权规定为物权的国家,适用善意取得就毫无障碍。相反,在采物权性质立法的国家里,理论上对于留置权适用善意取得制度仍然有较大的分歧,其与同时履行抗辩权之间也会存在相似之处。故此,对留置权的善意取得应从理论上详加阐明,梳理不同的学说观点,仔细思考从而达到释疑解惑的目的。

(四)留置权适用善意取得的主要观点

对于留置权善意取得这个问题,尚存理论争议,主要有"肯定说"和"否定说"两种。通说观点是持肯定态度。[10] 对于肯定说的观点主要是从制度功能、体系以及构成要件角度分析认为留置权适用善意取得:

1. 制度功能

留置权作为担保物权除了担保债权人债权实现之外,还有着维护社会交易安全、促进市场经济的运行的作用。留置权与善意取得制度在保护交易安全、平衡社会交往中的风险分配规则、促进市场经济方面不谋而合。[11] 例如,甲占有的实为乙所有的A汽车送于丙修理铺进行修理,如果丙明知甲占有之汽车为乙所有,便不能予以维修,或者在修理过后不能留置该物以督促债务人履行债务,这不符合社会现实,也不符合民法中关于鼓励交易、促进物尽其用的原则。

2. 体系角度

善意取得属于即时取得,源自日耳曼法的"以手护手"原则。[12] 我国《物权法》第106条规定了善意取得的一般构成要件。《物权法》第106条第3款规定了他物权善意取得。留置权的取得与所有权的取得一样均属于权利变动的环节,在出现占有与所有不一致的情况之下,"如何保护与债务人发生关系的债权人的利益就应落入善意取得规范的调整范围"。[13] 我国台湾地区学者王泽鉴认为,该款(我国台湾地区"民法"

---

[9] 当然,对于债权善意取得问题,肯定说也有一定市场,比如具有债权性质的股权的善意取得,依据《最高人民法院关于适用〈中华人民共和国公司法〉若干问题的规定(三)》第25条的规定,就可能存在善意取得的适用空间。当然,也有不同观点,参见张双根:《股权善意取得之质疑——基于解释论的分析》,载《法学家》2016年第1期。

[10] 参见刘佳:《论我国留置权善意取得问题》,载《东南大学学报》(哲学社会科学版)2009年第6期。

[11] 参见崔令之:《论留置权的善意取得》,载《河北法学》2006年第12期。

[12] 参见梁慧星、陈华彬:《物权法》,法律出版社2010年版,第210页。

[13] 常鹏翱:《留置权善意取得的解释论》,载《法商研究》2014年第6期。

第 928 条第 2 项)已经在立法上承认了民事留置权制度的善意取得,“否则与民法动产所有权或质权之善意取得精神有违”。[14] 史尚宽亦认为留置权与质权在性质上极为类似,在解释上,应认为善意取得对质权和留置权同样适用。[15] 谢在全指出“惟动产善意取得之规定,于留置权亦有适用”。[16]

3. 构成要件角度

首先,善意取得的构成要件之一在于应当完成动产交付或者不动产的登记,而留置权成立要件之一便是债权人基于合法手段占有,这“完全符合善意取得制度对完成物权公示方面的要求”。[17]

其次,善意取得的另一个构成要件在于支付对价,这一点与留置权“担保债权实现”这一功能相吻合。[18] 依照此种观点,债务人将汽车交给修理工人维修的时候就视为“交付”,如果债务人不偿还债务,债权人可以主张自己“善意取得”留置权。

最后,如果不允许留置权善意取得,会导致债权人与债务人缔结合同之时,就要求债务人提交有关标的物的证据材料,这样徒增交易负担,更加不利于促进交易。[19]

笔者认为,留置权无适用善意取得之可能性,上述持“肯定说”的观点及理由看似合理,但仍然有待质疑,其论证也只是停留在表面阶段,实际上是对“留置权取得”和“善意取得”的错误认识,经不起揣摩。故此,笔者将从构成要件和制度功能两个角度来分析这个问题。

二、留置权善意取得之构成要件层面质疑

从构成要件角度来分析留置权以及善意取得这两项独立的制度是否在某些方面具有契合性是探索留置权是否适用善意取得制度问题的重要层面。本来,《物权法》第 106 条规定的善意取得制度是一项概括性规定,既包括自物权的善意取得,也包括他物权的善意取得,而留置权属于他物权,这种一般与特别的关系决定了,留置权可能有善意取得的适用空间。两者在构成上虽有大同,亦存在小异。那么,在“大”的方面,两者均属于物权的范畴,初步判断是似乎留置权是可以进行善意取得的。那在“小”的方面的异处是否会影响其善意取得呢?笔者认为,忽视异处并非研习者之正确态度,相反,两者之间的区别也直接决定了是否可以通过善意取得方式来获得留置权。

---

〔14〕 王泽鉴:《民法物权》,北京大学出版社 2009 年版,第 405 页。

〔15〕 参见史尚宽:《物权法论》,中国政法大学出版社 2011 年版,第 494 页。

〔16〕 谢在全:《民法物权论》,中国政法大学出版社 2011 年版,第 1064 页。

〔17〕 李赛敏:《论商事留置权——兼评〈物权法〉第 231 条》,载王保树主编《商事法论集》(总第 14 卷),法律出版社 2008 年版,第 207 页、第 214 页。

〔18〕 参见孟强:《论我国物权法上的商事留置权》,载《政治与法律》2008 年第 10 期。

〔19〕 同上。

先从善意取得制度的构成要件角度考察。[20]《物权法》第106条规定了善意取得的构成要件,分别是:(1)处分人无权处分;(2)相对人善意;(3)动产完成交付;(4)支付相应对价。笔者将从这四个方面逐一进行分析,说明留置权的成立不适用善意取得制度。

(一)留置权成立不存在无权处分

善意取得的成立要求无权处分人进行无权处分,这已无争议。何为无权?一般说来,除对物享有所有权的人才有权对该物进行处分之外,尚且包括破产人的管理人、法院(在拍卖、变卖阶段)等。无权处分,即是无权进行权利转让。自古罗马就有"任何人只能向他人转让属于他自己的权利"的法谚。[21] 我国《物权法》第39条亦规定了所有权的"占有、使用、收益、处分"四种权能。然而,现代市场经济的高度发达,导致并非在任何情况下,所有物与所有权人为同一人,占有与所有的分离时常发生,为维护交易安全,设善意取得制度。[22] 此为维护"动态"的法律秩序。何为处分?最广义之处分,包括事实上之处分及法律上之处分。[23] 前者如物理毁损等,后者如抵销、债务免除等,此处只需讨论法律上的处分。法律上的处分是指依据法律行为直接使得某种权利产生、变更和消灭,[24]如所有权的移转、债权转让等。法律上之处分的一个显著特征就在于,它能够直接使一项权利产生变动,具体来说就是权利的产生、变更、消灭等,如无权处分人甲将乙之A物无权处分给丙,这里的无权处分直接后果使乙所有权消灭,丙取得该物的所有权,也即无权处分直接使得所有权产生变动(不考虑构成善意取得的其他要件)。

那么在留置权成立中存在这种情况吗?这里需要分析两个问题:其一,留置权的成立需要"处分"吗?其二,如果需要,是"处分"直接使留置权产生的吗?甲将汽车交给乙进行维修,甲乙之间只有一个承揽合同,这是两者之间的基础关系,从甲方角度来讲,其主要目的是想乙维修好该汽车;而从乙方角度来讲,主要目的为修好汽车以获取维修费。一般来说,按照社会正常观念,乙方在承揽该业务的过程中不会问甲方这个车的真正所有权归谁,他只会问,这个车哪个部位出了问题以及维修价款等事项。在这个过程中,实际上一直没有出现"处分",甲方将汽车交由乙方进行维修,并不是对其汽车的"处分",因为处分是建立在权利存在的基础之上,这是基于处分权的确定原则,[25]而在此过程中,并没有出现汽车的权利变动的情况。那这种情况之下,留置权怎么存在呢?这里我们应当认识到,债权人在合同履行过程中并没有实实在在的留置

---

[20] 虽然在理论上对于不动产善意取得有"登记之公信力"一说,但通说仍然是对于不动产善意取得持肯定态度,笔者在此对于该问题不作探讨。对于留置权的客体,由于不动产的价值以及自身特殊性,并不将其纳入留置权的标的物范畴内,所以本文此处所指的善意取得特指动产留置权的善意取得。

[21] 参见[意]彼德罗·彭梵得:《罗马法教科书》,黄风译,中国政法大学出版社1992年版,第209页。

[22] 参见梁慧星、陈华彬:《物权法》,法律出版社2010年版,第210页。

[23] 参见王泽鉴:《民法学说与判例研究》(合订本),北京大学出版社2015年版,第303页。

[24] 同上。

[25] 参见朱庆育:《民法总论》,北京大学出版社2013年版,第160页。

权,换句话说,在合同成立甚至在合同履行的时候,留置权的存在仅仅是潜在的或"隐形的",如果双方当事人之间能够顺利履行合同且不发生任何争议的话,留置权便永远不会发生,只有当甲不履行约定或法定义务的时候,乙的留置权才"浮出水面"。那么,是基于双方当事人的意思表示让留置权"浮出水面"的吗?答案是否定的,而应当是依据法律规定产生的。从留置权的制度功能角度——担保债权实现的角度来看,其担保物权性质也就决定了只有在债权得不到实现的情况下,留置权才会真正"浮出水面"。

那么可能会有疑问,在善意取得和留置权成立的过程中,所有权的移转与发生留置权的效果,都是法律直接规定的,这样两者不刚好契合吗?事实并非如此。所有权的善意取得前提须有处分行为的存在,但是留置权的成立则无须处分行为的存在,即使是保管合同情形,债务人未履行债务时,债权人也有权进行留置。

还需要强调一点:"处分"与"移转占有"的关系。首先我们知道,善意取得的构成要件是无权处分而非移转占有。那么在善意取得中的处分,应当是具有移转所有权的效果意思,换句话说,甲在无权处分乙之汽车时,主观目的就是想移转该汽车的所有权。进一步说,如果甲没有该意思表示,即使汽车的占有移转到了丙,丙也没有取得该物之所有权。比如甲有说梦话的习惯,一夜甲说梦话"丙,这个汽车你开回家吧"。在这种情况之下,也不能认定交付行为的存在,更不能认定处分行为成立,丙并不能取得所有权。但是,无论如何,都不应当否认,丙即使没有经过甲同意将汽车开回家,其取得了对于该汽车的占有的事实。所以,"处分"与"移转占有"并非一回事。其次,既然交付是一个法律行为(也有观点认为是事实行为,对此不作讨论),留置权的成立过程中也要求债权人合法取得占有,那么债权人合法取得占有是不是就等于债务人交付呢?答案是否定的。交付与合法取得占有实际上是一种手段与法律效果的区别。上例中,甲无权处分中的交付确实能使丙取得占有,但是,无权处分中的交付应当具有移转某项权利的意思。在动产善意取得过程中的交付应当具有移转所有权的意思表示,而在留置权成立中并不存在使对方取得留置权的意思表示,即使在债务不履行过程时,债权人享有留置权,这种权利的产生也非由处分所生。最后,是否具有移转的意思就等于交付呢?答案仍然是否定的。只有当移转占有的效果意思在于移转所有权时,移转占有才等于交付。例如,甲移转占有是因为甲丙之间又签订一个租赁契约,移转该占有是为了履行该租赁契约(而非先前的买卖合同),这种情况下,也不能构成交付。在留置权成立过程中,债权人确实享有占有的权利,该占有也是由债务人交付所致,但是与善意取得存在核心的区别在于,善意取得中的交付是为了移转所有权,留置权的成立中是为了履行合同,非为让对方取得留置权。

那是否是"无权"呢?答案自然也是否定的。《物权法》第230条的用语是"债务人的动产",那"债务人的动产"是指"债务人占有的动产"还是"债务人享有所有权的动产"呢?笔者认为,应当作前一种解释,这是考虑到物权公示原则以及促进交易的考量。[26] 既然把“债务人的财产”解释为“债务人占有的财产”，那就不存在“无权”的情况。甲可以将其占有的任何汽车交由乙进行维修。这就回答了上述问题，在留置权的成立过程中，并没有出现“无权处分”，更不存在“无权处分”产生留置权这一说。试问连善意取得成立之最基本要件都不存在，留置权的成立又是如何适用善意取得制度的呢？留置权出现的时间是债务人不履行债务的节点，依法律直接规定而产生。

（二）债权人善意与否与留置权的成立无关

我国台湾地区“民法”第928条第2款后段规定：“其占有之始或因重大过失而不知该动产非为债务人所有者，亦同。”根据该条规定，当债权人明知或者因重大过失而不知留置物为非债务人所有时，债权人不得留置动产。学者认为，“惟有如此，方能维护交易之安全与贯彻占有之公信力”，[27] 台湾学者依体系解释，认为第928条与第948条相呼应，留置权性质上既为物权，自然有善意取得的适用空间。笔者认为，这种理由并不能支撑留置权必然适用善意取得制度。首先，从维护交易安全角度来看，不能以“明知或因重大过失不知非为债务人之财产”为由要求债权人放弃行使留置权。现代市场交易除了越来越重视安全之外，也越来越重视效率，竞争使市场交易更加繁荣，无论是民事留置权制度还是商事留置权制度都不否认这一点。甲将汽车交由乙维修，乙明知该汽车为丙所有，那在这种情况下，如果认为非善意就不得行使留置权，乙便不会承接该项业务或者即使承接该项业务也可能面临着收取不到报酬的情况，乙只得放弃该项业务或者请求返还不当得利。这明显不符合社会现实，市场主体之间是一种竞争关系，乙不可能将本应属于自己的业务“拱手相让”，这也符合“来者不拒”的社会现实。其次，台湾学者的体系解释并不能套用在我国《物权法》当中，主要是由于我国《物权法》将“善意取得”问题规定在“所有权取得的特别规定”一章当中，担保物权与所有权并行规定在《物权法》分则当中，所有权当中的权利取得方式并不必然可以适用到担保物权的取得当中。最后，如果依不当得利返还制度行使权利的话会对债权人债权保护方面也有不妥。不当得利之债性质上为请求权，而这种请求权的行使是有期限的，较之于留置权，则有权利保护不力之嫌。所以从这方面来看，留置权与善意取得无丝毫关系，这是基于留置权本身的特质而存在的。故此，留置权的成立不以债权人“不知为债务人占有的为他人所有的财产”为限，也就是说，即使债权人知道标的物为他人所有，也可以行使留置权。至于债权人的留置权与第三人的所有权之间如何协调，则是另一个问题。

（三）善意取得中的“交付”与留置权成立中的“交付”不能作同义解释

交付是物的现实管领力的移转，其具有移转占有和移转所有权之法效。《物权法》第106条规定，善意取得受让人交付的动产，即是说，双方当事人要基于法律行为完成所有权的移转，且受让人受让标的物在主观上是为了取得物的所有权。在拾得遗

---

[26] 参见李赛敏：《论商事留置权——兼评〈物权法〉第231条》，载王保树主编《商事法论集》（总第14卷），法律出版社2008年版，第213页。

[27] 王泽鉴：《民法物权》，北京大学出版社2010年版，第405页。

失物、赠与、遗赠等无对价行为的场合，则不得适用善意取得制度。交付在善意取得制度当中起着举足轻重的作用。在留置权制度当中，虽然也有交付的行为，但是这里的交付跟善意取得制度的交付是不同的。留置权的构成要件中的交付目的并非为了获得留置权，而是履行合同。有观点认为，留置权的占有完全符合善意取得制度对完成物权公示方面的要求。〔28〕这种观点并不可取。留置权中的占有指的是一种公然、和平、持续的占有，表示的是一种状态；善意取得中的占有则是指"移转占有"的动作，准确来说应是交付行为，两者并不能画等号。从另一个角度来说，笔者认为，在留置权成立要件中的"交付"实际上是债权人履行其附随义务，在如承揽合同等双务合同中，债权人享有债权之同时亦承担相应债务。附随义务目的是更好地履行合同，而并不具有转移某种权利的合意。

（四）留置权的成立不存在"支付相应对价"

有观点认为，留置权制度是为了担保债务人对债权人的债权而存在，那么债权人对债务人所享债务就可以视为支付对价。〔29〕这种观点缺乏说服力。善意取得中的"支付对价"应当有交付行为，承诺支付亦可，如果双方当事人非基于交易行为，则不得适用善意取得。留置权中并不存在"支付对价"的行为，虽然债权人基于某种原因享有对债务人的债权，但是这种债权是基于合同或者其他行为产生的，且非旨在产生留置权。此外，既然善意取得要求"合理价格转让"，而留置权成立过程中不要求价格是否合理，即使汽车修理方收取一块钱作为修车的报酬，如果对方没付款，也可能成立留置权，但是此种情况却不满足"善意取得"的"合理价格"要件。可见，存在某种情况，可能成立留置权，但是不成立善意取得的情况。

综上所述，从善意取得制度的构成要件方面分析，留置权成立并无可能适用善意取得。

三、留置权善意取得之制度功能层面质疑

多数认为留置权可善意取得的观点都会认为，如果承认留置权善意取得的话，可以起到维护交易前安全，保障债权人利益的作用。〔30〕从留置权的制度功能方面考察，留置权与善意取得制度在保护交易安全方面确实是有不谋而合之处，但是制度方面的相似性并不能说明留置权成立可适用善意取得制度。

有学者指出，"民法基于公平原则而设留置权"。〔31〕但是似乎并没有阐明公平原则的实质内涵。民法的任何制度的设立似乎都可以说是为了实现公平原则。不可否认，留置权的存在确实可以在实现债权人债权、保障交易安全方面起到很重要的作用，

〔28〕参见孟强：《论我国物权法上的商事留置权》，载《政治与法律》2008年第10期。
〔29〕同上。
〔30〕参见崔令之：《论留置权的善意取得》，载《河北法学》2006年第6期；金凌：《论留置权善意取得》，载《政法学刊》2003年第6期。
〔31〕谢在全：《民法物权论》，中国政法大学出版社2011年版，第1058页。

且其与善意取得在保障交易安全方面不谋而合，但是单纯以这一点就来说明留置权可以适用善意取得制度，未免难以让人信服，笔者认为，不借助于善意取得制度，留置权仍然可以起到保障交易安全、促进公平的作用。

实际上，善意取得制度的适用范围非常狭窄，善意取得制度是以所有权为模型设计出来的，故所有权的善意取得问题不存在问题。不过不应当将善意取得任意扩张至其他类型物权的取得当中。质权的善意取得也不是完全的，主要在于质权有动产质权和权利质权之分，对于权利质权是否能像动产质权那样适用善意取得，亦存在疑问。

我们已经知道，在我国《物权法》上，留置权的性质为担保物权的一种，且为法定担保物权。对于另外两种担保物权——抵押权和质权来说，有善意取得之可能性，理由在于，在抵押权和质权的成立过程中均有"设权"行为的存在，也就是说，双方当事人的主观目的就是成立抵押权或者质权。而留置权的成立并不是基于双方当事人的主观意思，而是依据法律规定设立，这也是《物权法》第239条"留置权优先于抵押权质权受偿"的法理依据所在。既然立法上对留置权采取这样的规定，就说明，留置权的成立容不得意思自治，只要条件一满足，债权人就可以行使留置权。这样的立法是为了更好地保障债权人的债权，也很大程度上满足了制度的功能设计。

多数学者主张留置权善意取得的适用主要依据便在于《担保法解释》第108条。实际上，通过对《物权法》《担保法》以及相关司法解释进行分析之后，便可得知在我国的《物权法》《担保法》关于留置权的规定当中，均没有对债权人主观方面的要求。最可能让学者认为，留置权的成立要求债权人主观上善意的是《物权法》第230条中："……债权人可以留置已经合法占有的债务人的动产……"当中"合法占有"一词。因为，从《物权法》关于占有制度的规定当中，可以看到"恶意占有人应当承担赔偿责任"，这里的恶意实际上就是不合法占有的意思，也即是无权占有。善意占有和恶意占有都是无权占有的再分类。〔32〕 于是，既然法律规定留置权要求合法占有，那么说明留置权的成立要求主观善意，再加上留置权本身是物权，那留置权的成立自然可以适用善意取得制度。

但是这种解释明显站不住脚，善意取得是一种权利取得方式，且仅限于法律行为方式的权利变动领域。〔33〕 如果认为留置权是一种法定担保物权（这是一项最基本的前提），再认为可以通过善意取得的方式加以取得，逻辑上将会有不可调和的矛盾：留置权的成立真的像所有权的善意取得那样，通过无权处分获得吗？有学者从解释论的角度来阐述为留置权的善意取得，〔34〕但是似乎并未阐明留置权善意取得的必要性。如果说，留置权适用善意取得的话，那又为何将其规定为法定担保物权呢？另外，在判

〔32〕 参见崔建远：《物权：规范与学说——以中国物权法的解释论为中心》，清华大学出版社2001年版，第333页。
〔33〕 参见张双根：《股权善意取得之质疑——基于解释论的分析》，载《法学家》2016年第1期。
〔34〕 参见常鹏翱：《留置权善意取得的解释论》，载《法商研究》2014年第6期。

断是否是合法占有的时候,需要考虑的因素在于是否具有法律上的原因。[35] 具有法律上的原因则说明是合法占有,否则,为非法占有。既然《物权法》第230条的用语是“合法占有”,则说明是有权占有,在此前提之下,就不用再去讨论无权占有当中的恶意或者善意了。在留置权成立中的占有满足这种情况吗?答案自然是肯定的。前已述及,留置权“浮出水面”之时是债务人不履行合同的时候,那么留置权人占有动产的原因必然是基于双方当事人之间的合同,承揽合同也好,保管合同也罢,均可以成为占有的依据,债权人基于合同所取得的占有必然是有权占有。当然,应当是以有效合同为前提。或许这里可能会有质疑:在债务人明知标的物非债务人所有的情况之下,仍然有必要赋予其留置权吗?笔者认为,仍然是有必要的。主要是因为,立法并没有对债务人的标的物的占有取得方式作出规定,而只对于债权人的占有取得方式作出了规定,如果认为,在当债权人已明知标的物非债务人所有时,便能抑制留置权“浮出水面”,那么必然是违背立法者意图的。即使甲已经知道乙送来维修的汽车非为乙所有,仍然可以进行维修并在债权得不到实现的时候,主张行使留置权,因为甲乙之间的承揽合同是有效的。

可能有疑问:《物权法》第230条“合法”是说,债权人占有标的物是基于合法有效的合同关系,善意取得的“善意”是说债权人不知债务人无转移占有的权利,两者并不矛盾。但是应当知道的是,留置权的成立前提是存在合法有效的合同关系,而不是债权人是否知晓该物的所有权人是谁,即使债权人已经知晓债务人不是所有权人,只要其取得占有合法有效(如存在表见代理的情形),仍然有可能成立留置权,但是在善意取得当中,善意的内容则指债权人不知道物的所有权人是谁,如若知晓,则抑制善意取得的产生,因此两者在内容上并不相同。

实际上,笔者认为,可以不要将《担保法解释》第108条看得过于重要。该条实际上最让人联想到善意取得的地方在于“不知债务人物处分该动产的权利”,进一步认为留置权可以适用善意取得制度,也即“债权人即使不知,也可以享有留置权”,这与善意取得制度具有类似的构造。实际上,正如上文所述,留置权的成立中根本不存在无权处分,司法解释者可能想表达“即使不是债务人的财产,债权人也有权进行留置”,但是由于语言的模糊性,再加上解释出现误区,让人误以为善意取得是留置权成立的方式之一。

对于这一条,未尝不可将其视为留置权的扩大适用条款。从《物权法》第230条以及《担保法》第82条的条文来看,实际上仅仅规定留置权的客体为“债务人的财产”,这样就让人困惑:债务人占有的非债务人的财产是否可以成为留置权的客体?司法解释的作用在于定分止争,这一条规定目的在于确定,即使是针对债务人占有的他人所有的财产,债权人也可对其行使留置权。根据公平原则、诚实信用原则、保护善

〔35〕 参见崔建远:《物权:规范与学说——以中国物权法的解释论为中心》,清华大学出版社2001年版,第332页。

意第三人原则,应承认债权人对其善意占有的非债务人所有的动产享有留置权,但这并不等于善意取得。所以,从这个角度来说,也可以解释不存在留置权的善意取得问题。

四、结语

在民法典制定的当下,已经确定了“总—分”两步走的方略。《民法总则》已于2017年10月1日生效,分则部分的制定也正在进行。在制定《民法典·物权编》之时,对于留置权的问题应当予以充分重视,尤其是对于留置权善意取得问题进行一定的探讨。对法定担保物权——留置权的规定应当更为具体明确,统合司法实践的做法,结合当下理论观点,对于留置权的取得问题作出更为详细的规定。当然,这一切都得回归到对于留置权的定性。究竟是采类似于德国的抗辩权性质立法还是类似于瑞士、日本的物权性质立法,直接影响留置权在民法典当中的位置,更进一步影响留置权善意取得适用的问题,应当慎重。

从当下的相关法律文件来看,《物权法》《担保法》已经将留置权的性质定位为担保物权。《担保法解释》第108条的规定给人留下了很大的想象空间。实际上,问题远非想象中那样复杂。从制度构成要件的角度来看,留置权的成立当中并不存在无权处分,《担保法解释》第108条中的“无处分该动产的权利”并不能简单理解成善意取得制度当中的“无权处分”;此外,留置权的成立过程当中,不需要善意的存在,这一点也符合社会实践的需要;最后,留置权的成立不存在对价关系。从制度的功能角度来看,虽然留置权与善意取得制度在维护交易安全的层面具有相同的功能,但是并不能据此认为,留置权的成立有善意取得适用的可能性。善意取得的维护交易安全功能在于所有权的取得上,通过善意取得的方式来避免在每一场交易都出现必须先调查所有权人的情况,而留置权在维护交易安全上则是通过保障债权实现的角度,避免出现留置权人明明占有财产却不能实现权利的困局。对于《担保法解释》第108条,没有必要将其认为是留置权的善意取得的规定,如果将该条认定为留置权制度标的物的扩大适用,也即从原来只能对债务人的财产才能适用到现在对债务人占有的他人财产也可以适用,所有的问题将迎刃而解,更不会出现留置权善意取得一说。

论权利冲突体系下不动产物权权利归属及其裁判规则的构建

——理论与实证的双重视角

黄 忠*

内容摘要：就房屋等不动产的物权变动而言，我国《物权法》采登记生效主义，然而不动产物权在进入流转阶段之后，由于登记制度的不完善以及不动产交易方式的复杂性，在出现多重权利主体的情形下，仅仅依靠登记生效主义往往难以对不动产物权变动的情况作出准确的判断。在多重权利冲突的体系下，应当依照各种公示方式所具有的权利推定能力的强弱构建不动产物权权利归属的裁判规则。依此逻辑进路下的裁判规则包括基本规则："法定公示方式强于非法定公示方式规则"，以及"占有强于其他非法定公示方式、其他非法定公示方式强于未公示规则"，在此基本规则之下，当已经占有房屋的先买受人较已登记的后买受人更加应当被保护时，则应当适用"优先保护占有人规则"。

关键词：物权变动　权利冲突　公示方式

一、问题的提出："从所有到所有"方式的转变

物权系以对物之支配性为其根本属性，是故，现代社会物权之根本任务在于确保财物的安全交易与安全利用。[1] 然而，物权之支配性的前提在于其权利归属的确定，若物权的权利归属不明则必多发争议危及物权价值的实现。实践中，在房屋等不动产进入流通领域后，[2] 出现多方权利主体时，极易引发物权归属的不确定性。以下用几则案例说明：

案例一：金和公司在其开发建设的小区尚未办理初始登记的情况下，与刘某签订了A房的买卖合同，刘某支付全部购房款并办理了网签。交房前，金和公司因欠王某工程款到期未还，王某强行入住A房。后刘某诉至法院请求王某返还A房，法院以其尚未成为A房之物权人判决驳回其该项诉讼请求。[3]

案例二：2003年4月，原告苏某与雷鸣公司签订商品房买卖合同，购买雷鸣公司开发建设之B房，并于2013年3月办理了产权登记。2005年雷鸣公司与被告宗某签

---

* 黄忠，法学硕士，淮安市中级人民法院法官助理。

〔1〕 [日]田山辉明：《物权法》，陆庆胜译，法律出版社2001年版，第4页。

〔2〕 本文论及不动产均仅指房屋等建筑物。土地类权利由于受特别法所调整，有的则采登记对抗主义，故本文仅讨论实务中大量出现，且较难把握的房屋等建筑物的物权变动。

〔3〕 详见江苏省盱眙县(2015)盱民初字第0161号民事判决书。

订购房协议书,将B房出售于宗某,并交付宗某使用至今。后苏某与宗某就B房之权属发生争议并诉至法院。法院经审理判定苏某系B房之登记所有权人,故诉争房屋应归苏某所有。[4]

案例三:左某与李某在夫妻关系存续期间建C房,后二人离婚,离婚协议中约定C房归左某所有,但因AC系建在集体土地之上,故无法过户至左某名下。双方离婚后,李某因向童某借款到期未还,被法院判决还款并强制执行,在法院执行C房的过程中,左某向法院提出执行异议,表示C房系其个人财产。童某表示,因C房并未过户至左某个人名下,李某依然对其享有物权,其可以申请执行该房中李某的份额。法院经审理认为左某对C房的过户请求权应为债权请求权,但该债权请求权在伦理上优先于童某对李某之债权。[5]

透过上述案例之表象,不动产物权在进入流转阶段之后,常常并非遵循"从所有→所有"的物权变动方式,典型如在多重买卖情形中,由出卖人、先买受人、后买受人所构成的其实是一个包含多重权利主体的权利冲突体系,此种冲突并非是通常所言物权与债权间、所有权与定限物权间之权利冲突,[6]而是不动产物权进入流转阶段后,在多重权利人之间权利的归属问题。此情形下不动产物权权利归属人并不一定即是该不动产的物权人,其亦有可能仅是该不动产物权之权利享有人。因此,相对于单一主体权利评判的"权利要件论",多重主体间的权利冲突应以"对抗优先论"为评价规则。[7]

若以类型化方式分析,根据原始权利人与权利继受主体之间基础法律关系的不同,以及权利继受主体之间对不动产的现实掌控情况,可以进一步将不同权利主体之间的对抗关系列表如下(见表5、表6):

表5

A	甲	情况1	情况2	情况3	情况4
乙	买卖	合同	合同+其他公示方式	合同+其他公示方式	合同+占有
丙	买卖	合同+其他公示方式	合同+占有	合同+登记	合同+登记

表6

A	甲	情况1	情况2	情况3
乙	买卖	合同+其他公示方式	合同+占有	合同+其他公示方式
丙	其他债权	执行请求权	执行请求权	无权占有

---

〔4〕详见江苏省徐州市泉山区(2014)泉民初字第3412号民事判决书。

〔5〕详见江苏省淮安市淮阴区(2016)苏08民初5433号民事判决书。

〔6〕我国有关物权权利冲突的研究通常指物权的内外部权利冲突,即物权与债权之间、所有权与定限物权之间的权利冲突。如常鹏翱:《物权法上的权利冲突规则——中国法律经验的总结和评析》,载《政治与法律》2007年第5期。

〔7〕从权利创设的角度,明确阐述某一权利的含义、构成、主体、范围等的分析形式可以称之为"权利要件论",而多重权利冲突下的权利归属则需要通过比较得出,此种比较的分析可以称为"对抗优先论"。

上述实例与表格所涉及之不动产物权变动中的权利冲突与权利归属,及其与登记、占有等公示形式的关系问题,长期以来既为理论与实务界所困扰,又引发了众多学者的讨论。然而,相较于理论界对此问题的研究与关注,司法实务中对上述问题的解答与应对依然处于个别化与分析性状态,由此导致的是对相关问题的判决往往陷入法律确定主义或决断主义的立场,损害物权法的明确性。究其原因,一来对相关问题理论研究之"通说",其体系尚不完全;二来应用法学与理论法学研究的割裂与泾渭分明,导致学理讨论向裁判理论之转变缓慢。从民法研究的形式与目的而论,有立法论与解释论之别,[8]但本文并非单纯运用解释学方法解释具体问题的法律适用,亦非从立法论的角度对立法提出修改意见,而系以"规范—分析性"的方式,对上述问题进行规范性研究,并以此构建解决上述问题的裁判规则,毋宁说本文之研究系裁判证立之过程。

二、经典物权理论下不动产物权变动形式及其在权利冲突体系下的困境

在权利冲突体系下,对物权归属进行判断的首要依据即是物权变动的形式,如某一权利人之权利符合物权变动之形式要件(此种微观之个别判断依然系"权利要件论"),该权利人则系不动产之物权人,亦当然为物权权利的归属人。借用哲学概念,本文将大陆法系传统物权理论中物权变动的形式称为经典物权理论下的物权变动论。

(一)经典物权理论下的物权变动形式

经典物权理论下的物权变动以立法模式区分,有登记对抗主义与登记要件主义之别。[9] 然现代以来,无论是登记对抗主义还是登记要件主义均以其不能同时兼顾交易安全与交易便捷之双重目的而备受冲击。故物权变动的折衷形式"债权形式主义"由此而生。依此主义,物权因法律行为而变动时,除债权之合意外,仅须践行公示方法(登记或交付)之法定形式,始足生物权变动之效力。[10] 我国《物权法》亦受此种学说影响,就房屋而言,物权变动采登记生效主义,则其变动模式可以简化为:合同+登记=物权变动。在此种制度构造之下,登记仅为使物权发生变动的条件,而非独立的物权行为。同时,尚需履行登记的法定条件,物权才发生变动,在维护交易安全的同时也体现了物权法定的形式要求。

(二)登记生效主义在权利冲突下不动产物权变动中的适用困境

按照登记生效主义的立法旨意,买受人在签订不动产买卖合同后,即使款项已经交付,但若未履行登记手续,买受人此时并非该不动产物权人。然而,登记生效主义之

---

〔8〕 [日]铃木贤:《中国的立法论与日本的解释论——为什么日本民法典可以沿用百多年之久》,载《中日民商法研究》(第2卷),法律出版社2004年版,第538~539页。

〔9〕 采登记对抗主义之立法例,登记仅具对抗效力。而采登记要件主义,则物权行为,除有得丧变更之意思表示外,尚须具备法定方式,始能成立。参见杨与龄:《民法物权》,台北,五南图书出版股份有限公司1982年版,第9页。

〔10〕 参见谢在全:《民法物权论》(上),中国政法大学出版社2011年版,第51页。

逻辑结构的基本前提为不动产原已登记于出卖人名下，进入流转阶段后，物权的变动以是否转移登记为依据。然前述案例一与案例三中，不动产物权变动尚不具备登记条件，且发生争议之物权变动所涉及交易亦非由甲→乙的简单模式，而是由多重权利主体并列存在的非典型模式。在多重权利主体并存的前提下，一来不动产物权变动过程可能尚未结束，不同权利主体之权利均非形式完全之物权；二来不动产的登记亦有可能出现客观不能或自始不能之情形；三来不同权利主体之权利的取得过程与内容不尽相同，若完全按照登记生效主义原则判断，则难免陷入一概而论的境地。因此，如何应对登记生效主义在实务中的不足便成为理论与实务中的难题。

三、现有理论对权利冲突体系下不动产物权权利归属实践困境的解答与应对

为解决登记生效主义在不动产物权变动中的实践困境，学者从多个角度对此进行了有益的探讨与研究，根据研究对象与形式的不同，本文将以往与此有关的研究分为静态的物权变动理论与动态的物权变动理论。

（一）静态的物权变动理论

静态的物权变动理论系以物权变动中权利主体的法律地位为研究的重点，主要包括我国学者所提出的事实物权理论与我国台湾地区的事实上处分权理论。

所谓事实物权，孙宪忠教授认为是指不存在交易第三人的情况下能够对抗法律物权的物权。事实物权的权利主体也称为真正权利人。[11] 与此相对的，法律物权则是具备《物权法》规定的法定公示形式的物权。法律物权与事实物权所暗含的前提即物权归属的判断标准问题。即以何种标准确定物权归属的条件，从而使具备此种条件的人成为真正的物权人，而这其中处于核心位置的便是物权的正确性判断标准。依据事实物权理论，物权正确性的评判包含两个条件：第一，按照物权法定主义，物权必须符合法律规定的类型和内容。第二，物权归属具有正当性，即物权人有资格支配标的物、获得其中的利益并排除他人的侵害，而且权利人所取得的这种资格，符合社会中的公平、正义观念和社会整体秩序。[12]

事实上处分权为我国台湾地区司法实务中为解决违章建筑买卖问题，由法官造法所创设之判例法上之权利。依照我国台湾地区"民法"规定，不动产物权变动因采登记要件主义，如未经登记，其所有权转移行为不生效力。[13] 我国台湾地区"最高法院"判决曾指出此项规定并不因不动产为违章建筑而有例外。然而，由于此种未经登记房屋的转让在交易上屡见不鲜，我国台湾地区"最高法院"遂于1978年度民事庭庭长会议中达成如下共识："违章建筑之让与，虽因不能为转移登记而不能为不动产所有权之让与，但受让人与让与人间如无相反之约定，应认为让与人已将该违章建筑之事实

〔11〕 参见孙宪忠、常鹏翱：《论法律物权和事实物权的区分》，载《法学研究》2001年第5期。

〔12〕 同上书，第82页。

〔13〕 参见我国台湾地区"民法"第348条第1项、第758条第1项、第759条。

上处分权让与受让人。”[14] 此后,我国台湾地区“最高法院”的判例和决议关于违章建筑买卖逐渐形成两点共识:(1)违章建筑不能办理所有权移转登记,不能的原因在于地政机关并不允许其办理第一次登记;(2)如当事人无相反约定,违章建筑所有权的移转其实是违章建筑事实上处分权的移转。[15]

(二)动态的物权变动理论

动态的物权变动理论以物权变动的形式与过程作为研究对象。主要包括物权意思主义理论与物权变动三阶段论。对此,本文限于篇幅仅选择阐述对于司法实践有较大意义的物权变动三阶段理论。[16]

物权变动三阶段理论认为,区别于传统债权与物权二元区分理论,在不动产买卖关系中,当不动产交付于买受人时,买受人实际上占有使用财产并享有收益权,买受人的此种权利系在债权阶段与物权阶段之间的一种过渡性质的中间型权利,该中间型权利既非纯粹债权,又非完全物权,而是具有“物权性”属性的权利。[17] 物权变动三阶段理论的核心在于过渡形态的中间型权利的独立存在,其主要构成要素包括支付价款和交付占有。支付价款使买受人的权利从纯粹的债权转变为“期待权”,而交付占有则使得买受人取得了类似物权的支配权。[18]

物权变动三阶段理论的正当性论证系从所有权概念的解构开始,其认为全面的整体的所有权概念仅仅是一种理论假设,所有权权能的分割在实践中是一种社会常态。[19] 对此,我国台湾地区亦有学者认为,不动产买受人在已经登记成为该不动产之所有权人但尚未占有该不动产时,其尚未取得该不动产之使用、收益、处分及排除他人之干涉之权。[20]

(三)对上述理论应对的总结与评价

宏观而论,以上物权变动的静态理论和动态理论,均为解决登记生效主义在实际适用中之不足的途径。但无论是事实物权、事实上处分权还是物权变动三阶段论在本质上均属于“权利创设型”理论。其中,物权变动的三阶段理论虽然为一种动态物权变动理论,但其本质在于创设一种“中间型权利”,陈永强教授将此种权利亦称为“事

---

[14] 许政贤:《台湾地区“最高法院”法官造法案例的浅析——以违章建筑事实上处分权为例》,载《比较民法与判例研究》(第1卷),法律出版社2015年版,第271~272页。

[15] 参见林诚二:《论违章建筑事实上处分权之移转》,载《物权与民事法律新思维》,台北,元照出版有限公司2014年版,第2页。

[16] 物权意思主义理论由于系改变我国《物权法》不动产物权变动登记生效主义的基本规定,与本文论述主题较远,故不作阐述。具体详见董学立:《也论交易中的物权归属确定》,载《法学研究》2005年第5期。

[17] 参见陈永强:《物权变动三阶段论》,载《法商研究》2013年第4期。

[18] 参见陶丽琴、陈永强:《不动产事实物权的适用与理论阐释》,载《现代法学》2015年第4期。

[19] 参见陈永强:《物权变动三阶段论》,载《法商研究》2013年第4期。

[20] 参见李太正:《债之关系与无权占有》,载苏永钦主编:《民法物权争议问题研究》,清华大学出版社2004年版,第62页。

实物权”。[21] 如上所述,多重权利冲突下不动产物权权利归属于“对抗优先论”者。因此,对该问题的探讨并不属于权利创设的“权利要件论”的范畴。以法律上处分权为例,这一权利的创设专为解决我国台湾地区“违章建筑”买卖问题,若不动产不属于违章建筑则该理论并无适用余地。尽管如此,上述理论对权利冲突下不动产物权权利归属依然有其重要的借鉴意义,尤其是物权变动三阶段理论所创设之“中间型权利”,该种权利类型打破了传统债权物权的二元区分,使从债权向物权过渡阶段权利人的权利保护获得了正当化的理论依据。而本文所论多重权利主体之权利亦多发生在此种过渡阶段,属于过渡性权利(如案例1~3中刘某、宗某以及左某之权利)。然而,与上述理论研究所不同的是,本文之“对抗优先论”需要探究的是不同权利之间的对抗效力以及效力来源,此时,需要解决的不仅是某一权利的效力与法律物权的关系,而是权利冲突体系内部各权利之间的效力关系问题,从实务的角度而言,即是要在“登记生效主义”这个元规则外,构建一系列衡平规则,以解决权利冲突下不动产物权权利归属这一“问题域”。

四、构建不动产物权权利归属裁判规则的理论基础及其现实性论证

构建一定的裁判规则或裁判方法,关键在于证立此种裁判规则或裁判方法的正当性。此并非狭义的法学方法论,而是将法官的裁判视为既非对法律的单纯“适用”,亦非法官任意的行为,而是未由法律(完全)确定,但却是可理性论证的决定。[22] 因此,在构建权利冲突下不动产物权权利归属的裁判规则时,关键在于论证的合理性,即为其寻找正当性基础。

(一)裁判规则的理论基础及其合理性

如前所述,不动产物权变动以登记生效主义为其法定形式,然登记作为物权变动的要件,在大陆法系民法中更是法定的不动产公示方式。因此,登记生效主义的实质是以公示作为判断物权变动的依据,此即不公示物权不生变动原则。

在传统物权理论中,登记被赋予了绝对效力,所谓登记的绝对效力,系为保护第三人起见,将登记事项赋予真实之公信力。[23] 然而,实务中大量存在的一房二卖等情况表明,尽管《物权法》明确规定不动产物权变动应当登记的必须登记,但登记作为不动产公示形式仍难做到面面俱到。对此,我国学者普遍认为这是由于当前我国登记制度

---

〔21〕 但此种事实物权并不完全等同于孙宪忠教授所称“事实物权”,孙教授所称“事实物权”系不涉及交易第三人的情况下相对于法律物权而存在,其重在从伦理的角度判断正确的物权人,此种“事实物权”在实务中的典型应为“登记错误”或“借名买房”的情形。而陈教授所称中间型权利(事实物权)则属于法律物权在其具备完全形态之前的权利状态。从实务的角度,此二种意义上之“事实物权”均已为法院判决所借鉴或采用,前者详见河南省邯郸市(2015)邯市民四终字第137号民事判决书,后者详见北京市(2016)京02民终4607号民事判决书、湖南省长沙市(2015)长中民三终字第00275号民事判决书。

〔22〕 [德]乌尔弗里德·诺依曼:《法律论证学》,张青波译,法律出版社2014年版,第2~4页。

〔23〕 参见杨与龄:《民法物权》,台北,五南图书出版股份有限公司1982年版,第13~14页。

的不完善导致。由于这一客观现状的存在,应当对登记的公信力进行一定的限制。[24] 对此,作者认为,在多重买卖等情况下各权利人之间的权利冲突,虽然主要是因为当前登记制度的不完备导致,但对此问题的解决之道并非是降低登记的公信力。登记作为不动产物权的公示方式在于登记的权利推定功能,物权为支配权,只有对其权利的存在状态进行一定的推定,方可保护信赖该权利推定的交易相对人。法定物权之所以具备对世性,亦是由于登记作为法定的公示方式具有绝对的权利推定效力。有登记方有登记之绝对权利推定效力,无登记则无此推定效力。因此,登记的权利推定效力与登记制度的不完善之间并不矛盾。

换言之,物权的设立需以一定的方式予以公示,登记作为法定的公示方式,产生绝对的权利推定效力,因此,具备完整形式的物权具有对世性。而在登记之外,尚需承认还存在其他方式,可以将物权的权利状态予以公示,但由于该公示形式并非法定方式,此时基于该种公示方式仅能产生相对的权利推定效力。此种相对的权利推定效力表明,此时权利人的权利系基于物权变动而产生,但由于该物权变动并非完整形式,权利人此时尚不具备法定物权,但此时权利人的此种权利比未经公示之权利更具权利推定效力,因此,在多重权利冲突之下,应当优先保护此种权利。

(二)可以作为不动产物权变动公示方式的其他方式

对于可以作为不动产物权变动的其他方式,我国有学者认为,实际上,只要是能够将当事人物权变动的意志或者物权的状态让他人知道的方式,都可谓物权变动的公示方法。[25] 对此,我国台湾地区有学者认为,能构成公示者,是能让有意愿进行交易者能以低资讯成本的方式确认产权状态之制度。[26] 上述学者之研究表明,能够作为不动产物权变动公示方式的其他方式,不仅须使他人能够知晓该不动产的权利状态,且他人知晓该不动产的权利状态无须花费大量的成本。基于此种原则,本文认为能够作为不动产物权变动的其他公示方式至少包括以下几种:

1. 占有及其权利推定效力

占有虽然并非我国《物权法》明定的不动产物权公示方式,但是通过对不动产的现实占有,依然可以使物权变动的事实为交易第三人所知晓。因此,占有成为不动产物权的公示方式之一,并不存在实践或逻辑上的难题。前述物权变动的三阶段理论即是将已经签订房屋买卖协议且实际占有该房屋的权利人所享有的权利称为中间型权利,并赋予其准物权或事实物权的地位。在论证占有房屋的买受人应当得到优先保护的理由时,其认为,应当参考债之占有的物权化,赋予已占有的买受人准物权人的地位。[27]

占有固然具有权利推定的功能,但在实务中,基于占有的权利推定仅具有相对的

---

〔24〕 参见许德风:《不动产一物二卖问题研究》,载《法学研究》2012 年第 3 期。
〔25〕 参见郭明瑞:《关于物权法公示公信原则诸问题的思考》,载《清华法学》2017 年第 2 期。
〔26〕 参见张永健:《物权法之经济分析:所有权》(第 1 册),台北,元照出版有限公司 2015 年版,第 328 页。
〔27〕 参见陈永强:《未登记已占有的房屋买受人的权利保护》,载《环球法律评论》2013 年第 3 期。

效力,即已经签订买卖合同且实际占有不动产的买受人仅较已签订买卖合同但未占有不动产之买受人更具优势。此已为理论与实务之通说,[28]但这是否意味着在其他情况下,占有的权利推定不具有优先效力?笔者认为,对此不能一概而论,因占有之权利推定能力系基于占有之事实本身,而实务中占有之事实状态千差万别。例如,已就房屋装潢并实际居住多年的买受人与仅短暂占有该房屋且未实际使用之买受人相比,前者占有的权利推定效力显然要更强。下文对此将作进一步分析。

2. 预告登记、网签、备案及其权利推定效力

对于预告登记的性质及其效力,我国学者认为,预告登记本是一项蕴含"两栖"特性的制度,其主旨在于保全以房屋等不动产所有权转让以及其他变动为内容之债权请求权。[29] 德国学者则认为,预告登记的对象是债权,它是债权物权化的重要表现。[30] 因而,德国法上的预告登记,旨在对债法上的、指向物上权利变动的请求权作出保障。[31] 而根据我国《物权法》以及《不动产登记暂行条例》的规定,预告登记实质上具有阻却处分的作用,且可以为交易第三人通过查询获得预告登记的信息,因此,在涉及不动产物权权利冲突的情况下,预告登记权利人的权利应当得到优先保护。实务中应当注意的是,我国的预告登记制度系专门针对商品房预售这一情形而言,且具有时效性,即在预告登记期间经过后,买受人若未就该不动产进行登记,预告登记则失去其效力。因此,若买受人虽已经预告登记,但在预告登记期间经过后未为产权登记,则此时已经预告登记的买受人仅为普通债权人,而不能得到优先保护。

在实务中具备权利推定功能的其他公示方式还包括网签、备案等,本文限于篇幅对其不做具体分析,但应当明确的是,将网签、备案等作为不动产物权变动公示方式,其权利推定能力较弱。实务界亦仅仅是认为具备网签、备案等形式的买受人比仅签订合同的买受人应当得到优先保护,[32]且由于网签、备案等的施行情况及其可公示情况具备地域性特征,因此,法院在确定不动产物权权利归属时还需考虑各地对网签、备案等的具体开展情况,并以此确定进行了网签或备案的买受人应否得到优先保护。

五、权利冲突下基于不同公示方式之不动产物权变动中权利归属的裁判规则

根据上文分析,在物权变动过程中,当多重权利主体就该不动产物权的权利归属发生争议时,应当根据各权利人是否已就该不动产物权变动履行了一定的公示方式,以及各公示方式权利推定能力的强弱判断该不动产物权的权利归属。此为本文所论

---

〔28〕《最高人民法院关于人民法院办理执行异议和复议案件若干问题的规定》(法释〔2015〕10 号)第 28 条规定,实际上已经赋予了占有房屋的买受人可以对抗普通债权的能力,司法实务中亦赋予其准物权的地位。

〔29〕参见张双根:《商品房预售中预告登记制度之质疑》,载《清华法学》2014 年第 2 期。

〔30〕参见[德]鲍尔、施蒂尔纳:《德国物权法》(上册),张双根译,法律出版社 2004 年版,第 418 页。

〔31〕参见杜景林、卢谌:《德国民法典评注》,法律出版社 2011 年版,第 883 页。

〔32〕参见:《全国民事审判会议纪要》(法办〔2011〕442 号)、《北京市高级人民法院关于审理房屋买卖合同纠纷案件适用法律若干问题的指导意见(试行)》(京高法发〔2014〕458 号)第 13 条、《北京市高级人民法院关于审理房屋买卖合同纠纷若干疑难问题的会议纪要》(京高法发〔2014〕489 号)第 16 条。

述的解决权利冲突情形下不动产物权权利归属的基本原则。下文将在这一基本原则的基础上构建具体的裁判规则。根据规则适用的具体情形，本文将其分为基本规则、例外规则和特殊规则。

（一）基本规则："公信力强弱规则"

权利冲突下不动产物权权利归属的基本规则即"公信力强弱规则"，具体包括两条：一是"法定公示方式强于非法定公示方式规则"；二是"占有强于其他非法定公示方式、其他非法定公示方式强于未公示规则"。

1. 法定公示方式强于非法定公示方式规则

由于物权法定原则系物权法之基本原则，我国《物权法》亦不例外。基于该原则，采用法定公示方式创设之物权方为法定物权，采用登记作为公示方式其权利推定效力最强，因此，除登记错误等特殊情形外，已就不动产履行登记手续的买受人其权利当然优先于采用占有、网签、备案等公示方式的买受人。唯此需要注意的是，我国《物权法》及相关特别法中，法定公示方式除不动产所有权登记外尚包括预告登记。如前所述，预告登记具有阻却处分的功能，且源于法律的直接规定。因此，在预告登记期间，占有房屋的买受人不得以此权利对抗预告登记权利人。

2. 占有强于其他非法定公示方式、其他非法定公示方式强于未公示规则

占有由于其权利表征的直接性与现实性，在大陆法系民法中一直被视为所有权的外观。有学者认为："德国的立法者倾向于事先选择一些标志，第三人可以相信这些标志表明了某一特定主体在某一特定时点对某物享有某一权利，这些标志包括土地登记簿等。与物的事实关系也可被用来实现这一点。"[33] 尽管占有作为所有权的外观通常被适用于动产，但于不动产领域，已签订买卖合同并且现实占有该不动产的权利人，已经可以就其占有的不动产为使用、收益。即其已经实现了所有权的部分功能，因此理论与实务上多赋予其准物权人地位，比起仅就该不动产进行了网签、备案等手续的买受人而言，优先保护已占有不动产的买受人显然更加有利于维护物权的稳定。当然在多重权利主体均未就不动产为占有的情形下，如前所述，应当优先保护采取网签、备案等形式的买受人。应注意的是，在适用此条规则时，由于占有、网签、备案等均不具备绝对的权利推定效力，法官在判决时应较适用第一条规则更为谨慎，根据具体情形分析是否存在不应当对占有、网签、备案买受人进行优先保护的例外情况（如价金支付等）。

（二）例外规则："优先保护占有人规则"

本文所构建之例外规则是对上述基本规则之例外，即"优先保护占有人规则"。依上述基本规则，因登记具备绝对的权利推定效力，因此已就不动产履行登记手续的买受人应较占有该不动产的买受人优先受到保护。同时，在如"一房二卖"的情形中，

---

〔33〕［意］鲁道夫·萨科、拉法埃莱·卡泰丽娜：《占有论》，贾婉婷译，中国政法大学出版社2014年版，第29页。

两份合同均属有效,出卖人的行为均为有权处分,因此不适用善意取得的规定。[34] 但此时的问题是,若甲与乙在订立房屋买卖合同后,乙已经占有该房屋但未登记。后甲再将房屋出售于丙并办理登记的情况下是否均认为丙应当得到优先保护。本文认为,对此不能一概而论。如上文所述,占有基于其事实状态不同而在其权利推定效力上呈现出极大的差异,如前买受人已经就该房屋占有使用数年之久的情况下,若不加区分直接判定已经登记的后买受人为该房屋的所有人则难免有失公允,且此时后买受人丙若想对该房屋为现实支配,尚需请求乙返还,由于乙已经就该房屋居住使用多年,此时返还亦不符合经济效益原则。

尽管我国物权立法对此问题没有做出明确规定,但观察各国物权立法与实践,第二买主必须遵循一定的伦理规范,其行为才能够被认定属于自由竞争范围内的正当行为,其权利才能获得法律保障。[35] 对此问题,日本学者普遍从《日本民法典》第177条的反面解释进行分析,认为第177条所规定的第三人不应当包括"背信的恶意者",但对该背信的恶意者应当采用伦理性的反对价值进行解释。[36] 同时,日本的判例中亦有运用诚信原则和公序良俗原则将背信的恶意者排除在第三人范围之外。[37] 从民法诚实信用原则和公序良俗原则的宗旨看来,若后买受人违反上述原则,即使其权利已经登记,此时依然应当优先保护已占有该不动产的买受人,此即为"优先保护占有人规则"适用的第一种情形。对此我国理论与实践中通常认为,此种情形下,后买受人的行为因违反合同无效的原因而导致后买受人不能取得物权。作者认为此时可以根据"类推方法"构成要件类似以及法律评价类似的适用情形,[38]"类推"适用《物权法》关于善意取得的规定,从而判决先买受人取得该不动产物权。

实践中的另一种情形是后买受人仅仅知晓该房屋已为他人占有,由于单纯知晓在我国立法与实践中并不构成违反诚信和公序良俗的行为,此时则应依据公平原则,若先买受人已经长期占有使用该房屋,且后买受人在订立房屋买卖合同时确已知晓先买受人长期占有使用该房屋的事实,则此时宜应类推适用《物权法》善意取得的规定,判决该不动产物权归属已占有该房屋的买受人,此为例外规则适用的第二种情形。依此规则对照前文案例二,尽管宗某已经就其所购房屋长期占有使用,但因苏某签订购房合同的时间系在宗某占有房屋之前,因此,该案例并不适用本条例外规则,房屋的所有权应当归苏某所有。

(三)特殊规则

本文所述特殊规则系不动产物权变动过程中的外部规则,即已经占有房屋的买受人在尚未进行登记前对其所购不动产的权利是否可以对抗法院的强制执行或对妨害

---

[34] 参见王利明:《解释论视野下的物权法》,载《政治与法律》2008年第10期。

[35] 参见朱晔:《不动产双重交易纠纷中的利益衡量》,载《浙江大学学报》(人文社会科学版)2007年第4期。

[36] 参见[日]铃木禄弥:《物权的变动与对抗》,渠涛译,社会科学文献出版社1999年版,第34~35页。

[37] 参见[日]加贺山茂:《日本物权法中的对抗问题》,于敏译,载《外国法译评》2000年第2期。

[38] 参见[德]卡尔·拉伦茨:《法学方法论》,陈爱娥译,商务印书馆2005年版,第258页。

占有的行为提起物权排除妨害请求权等。

依据当前理论界与实务界的通说,已订立房屋买卖合同且实际占有该房屋的买受人可以依据其对该不动产所享有的准物权而对抗法院的强制执行。较有疑问的是,此种情况下的准物权人能否通过诉讼的途径行使物权请求权。依据准物权人的权利内容,其已经就该不动产享有占有、使用、收益等所有权的大部分权能,此时,若准物权人的权利内容不包括物权请求权,则其占有、使用、收益权能有可能遭受他人不测之侵害,其占有该不动产之权利亦将无从谈起。因此,本文认为已占有该不动产的买受人可以其权利对抗法院的强制执行并可以提起物权请求权。

农民住房财产权抵押制度的构建

陈晓宇*

内容摘要：农业现代化建设对我国农村土地制度提出了挑战，农民住房财产权抵押制度的构建正是应对这一挑战的重要举措。囿于我国长期以来的农村土地管理制度，农民住房财产权抵押贷款试点工作在实践中存在诸多障碍。构建农民住房财产权抵押制度可以采取“两步走”战略，在制度构建初期，将宅基地使用权和房屋所有权一并抵押，在抵押权实现时，宅基地使用权不发生移转，而是在房屋受让人和宅基地使用权人之间设定土地使用权的法定租赁权。

关键词：农民住房财产权　宅基地使用权　法定租赁权

农业是关系国计民生的大事。现代农业发展呈现规模化、标准化、组织化和集约化的特点。先进的农业科学技术和农业设备的应用加大了农业生产对农村资金的需求，对农村金融的发展提出了巨大的挑战。然而，目前我国农村金融仍是整个金融体系中较为薄弱的部分，金融供给不足，金融产品类型单一，金融风险较大都成为制约农业现代化建设的重要因素。[1] 我国长期以来坚持严苛的土地制度，极大地限制了农村土地和住房的流转，以土地为核心的农民财产权不能得到充分的实现，使农民融资受到严重的约束。农业现代化建设迫切需要对农村经济体制特别是农地制度做出改革。

党的十八届三中全会《中共中央关于全面深化改革若干重大问题的决定》指出：“保障农户宅基地用益物权，改革完善农村宅基地制度，选择若干试点，慎重委托推进农民住房财产权抵押、担保、转让，探索农民增加财产性收入渠道。”2015 年 8 月 10 日，国务院发布《关于开展农村承包土地的经营权和农民住房财产权抵押贷款试点的指导意见》(以下简称《“两权”指导意见》)。虽然国家关于农民住房财产权抵押制度政策构建初步完成，各试点地区抵押贷款工作逐步展开，但是关于农民住房财产权抵押的立法尚未成型，实践中各试点地区工作的开展仍存在诸多困境。

农民住房财产权抵押问题所涉及利益关系复杂，在实践和理论上都有其实施的障碍。因此，构建农民住房财产权抵押制度，对于厘清农村土地交易中的权属关系，规范农民房屋、土地交易的流转，完善我国土地管理制度有着重要的理论意义。同时农民住房财产权抵押利于发挥土地这一重要资源的效用，对于拓宽农民的收入渠道，加快推进城乡一体化具有重要的实践意义。

---

* 陈晓宇，南京师范大学法学院博士研究生。

[1] 参见高圣平、刘萍：《农村金融制度中的信贷担保物：困境与出路》，载《金融研究》2009 年第 2 期。

一、农民住房财产权抵押的立法政策及实施现状

长期以来,我国在住房财产权流转的制度规定上,无论城市国有土地上建造的商品房还是农村集体所有土地上建造的农民住房,一直坚持的是“房地一体”主义,实行“地随房走”或者“房随地走”的原则,也就是土地使用权或者房屋所有权一并变动的模式。而为了便于对土地进行管理,各项关于农民住房财产权流转的法律制度或者各项政策大多数都是直接规定土地使用权的流转。自20世纪50年代后,我国农民住房财产权流转呈现国家公权力逐渐扩张,农民住房财产权日渐萎缩的状态。中华人民共和国成立初期,农民从国家无偿分到原属于地主的土地,获得农村土地的所有权,可以自由处分其房屋;20世纪60年代初期,随着经济发展、国家改革需要,农村土地逐渐由国家统一收归集体经济组织所有,形成了农民房屋所有权和其占用范围内土地所有权相分离的局面,农民只享有其房屋流转的权利。直到20世纪90年代后期国家禁止城市居民购买农村房屋,并且规定了农村居民实行“一户一宅”原则,基本上限制了农民房屋流转。

随着农业现代化建设的展开,城乡一体化进程的加快,2007年开始,国家逐渐开始放宽对农民住房流转的限制。2007年党的十七大报告提出推进新农村建设,促进农民增收,让更多农民获得财产性收入。2008年10月12日党的十七届三中全会《中共中央关于推进农村改革发展若干重大问题的决定》提出加快推进社会主义新农村建设,大力推动城乡统筹发展,要求完善农村宅基地制度,严格宅基地管理,依法保障农户宅基地用益物权。抓紧完善相关法律法规和配套政策,规范推进农村土地管理制度改革。2013年11月12日党的十八届三中全会《中共中央关于全面深化改革若干重大问题的决定》指出:“保障农户宅基地用益物权,改革完善农村宅基地制度,选择若干试点,慎重稳妥推进农民住房财产权抵押、担保、转让,探索农民增加财产性收入渠道。”再次明确要保障农民宅基地用益物权权能,并首次在正式文件中提出“农民住房财产权”这一概念。2014年中央一号文件《关于全面深化农村改革加快推进农业现代化的若干意见》进一步强调“改革农村宅基地制度,完善农村宅基地分配政策,在保障农户宅基地用益物权前提下,选择若干试点,慎重稳妥推进农民住房财产权抵押、担保、转让”。同时还要求加快包括农村宅基地在内的农村地籍调查和农村集体建设用地使用权确权登记颁证工作。2014年4月20日,国务院办公厅下发《关于金融服务“三农”发展的若干意见》,提出要“创新农村抵(质)押担保方式,慎重稳妥地开展农民住房财产权抵押试点”。2014年8月1日农业部印发《农业部关于推动金融支持和服务现代农业发展的通知》要求推动创新农业信贷担保机制,发挥财政促进金融支农的作用。2015年中央一号文件《关于加大改革创新力度加快农业现代化建设的若干意见》再一次重申要在确保土地公有制性质不改变、耕地红线不突破、农民利益不受损的前提下,按照中央统一部署,审慎稳妥推进农村土地制度改革。同时提出建立健全市场交易规则和服务监管机制,按照相关立法加强对农户宅基地权益的保障,调整

农民取得住宅用地的方式,完善并创新农民住房保障机制。2015年1月,中共中央办公厅、国务院办公厅联合印发《关于农村土地征收、集体经营性用地入市、宅基地制度改革试点工作的意见》标志着我国农村土地制度改革正式进入试点地区实行阶段。该意见中在改革完善农村宅基地制度方面,提出要探索在农村居民进城落户的情况下,自愿有偿退让宅基地或者在集体经济组织内部成员间转让宅基地的途径。这说明宅基地使用权可按照自愿、有偿的原则,在集体经济组织内部流转。2015年8月10日国务院发布《关于开展承包土地的经营权和农民住房财产权抵押贷款试点的指导意见》,提出在农民住房财产权抵押贷款工作中要坚持依法有序、自主自愿、稳妥推进、风险可控的原则。明确将"农民住房财产权"具体化为"宅基地使用权"和"农民住房所有权"且坚持在农民住房财产权设定抵押时维系"房地一体"主义原则。2015年12月27日,第十二届全国人民代表大会常务委员会第十八次会议决定,在试点地区暂时调整实施我国《物权法》《担保法》关于"宅基地使用权不得抵押"的规定,赋予农民住房财产权(含宅基地使用权)抵押融资功能。此决定由我国人大常委会通过,解决了国务院制定的行政法规和相关规范性文件并无突破《物权法》和《担保法》的权限这一法律桎梏。自此,试点地区推行农民住房财产权抵押贷款工作有了明确的法律依据。2016年3月15日,中国人民银行、中国银监会、中国保监会、财政部、国土资源部、住房和城乡建设部印发《农民住房财产权抵押贷款试点暂行办法》。该办法全面细致地规定了试点地区农民住房财产权抵押贷款工作的实施规则。

《"两权"指导意见》明确指出,农民住房财产权内容应该包括农民住房所有权和宅基地使用权。全国范围内共有包括北京市大兴区等233个试点县(市、区)、天津市蓟县等59个试点县(市、区)在相关政策指导下正式开展了农民住房财产权抵押的试点工作。其中重庆市、四川、浙江、广东等省市"因地制宜",创新农房流转模式,具体分为"权利兑换""地票交易""置换""股份制"等模式,为农房融资担保创造了条件。安徽省金寨县作为全国第二批农村改革试验区,相继出台了《金寨县农村产权流转交易管理办法》《"三权一诚"抵押贷款实施方案》《农村土地承包经营权和森林资源资产抵押贷款管理办法》,创新性地提出"三权一诚"抵押贷款模式,农民或者涉农组织可以选择自建房产、交通工具、大型农机具等财产权、承包土地经营权、林地林木使用权或所有权向金融机构申请抵押贷款,同时金融机构也可以通过农村信息体系,对诚信农户直接贷款。笔者调研中发现金寨县"三权一诚"模式有其独特的优点:将宅基地使用权和农民房屋所有权一并登记抵押,加快抵押权实现时的变现流程;统一的农村综合产权中心,涵盖农户确权登记、农房价值评估等各方面,各环节标准明确;县里设立抵押贷款不良资产收储资金,分担银行在农民住房财产权抵押贷款后的资金风险。通过对农民住房财产权抵押试点地区的总结,可以证明放开农民住房流转有重要的实践和理论意义。

1. 有效地盘活农村资源

改革开放以来,我国经济发展迅速,大量农村劳动力涌入城市,农民生活水平也得到了显著的提高，进城买房定居的农民显著增多。因此这些农民在农村的房屋和土地就闲置下来，但受到国家法律和政策的限制，大部分情况下这些房屋和土地很难得到转让，导致了闲置宅基地和农民房屋现象普遍存在，出现了大量的"空心村"。随着市场经济的发展和人民生活水平的提高，原来作为农民基本生活保障的宅基地渐渐转化为一项辅助工具。农民的生活目标已由原来的"谋生活"发展为"求发展"。笔者在调研期间发现，随着城镇化进程的加快，越来越多的农村居民到城市或者周边地区购买房屋，安家定居。在安徽省金寨县天堂寨镇，依附于天堂寨景区，很多农民迁徙到景区附近或者公路附近景区从事旅游业等旅游周边业务，造成大量村里农房闲置，出现了"空心村"现象。"物尽其用"是我国《物权法》重要的立法目标，如果有人愿意对这些闲置房屋、农地进行利用，法律又有何理由加以阻止呢？农民住房流转的放开，将农村土地和房屋资源同市场经济工具相结合，提高农村土地要素资源配置和利用效率。

2. 保护农民的财产权利，促进农村市场经济发展

严格限制农村宅基地上房屋流转，使农民房屋产权虚化，合法交易受到阻碍，广大农民的住房无法为他们带来任何财产性收入。在市场经济中，相对于城市居民，农民本就在技术、信息等方面处于劣势，放开农民住房流转丰富了农民投资、融资的手段，维护了农民平等参与市场经济竞争的权利。

3. 维护农村社会稳定

农民住房买卖流转法律的缺失与我国私下形成的农民住房买卖实践相脱节的矛盾必然造成严重的社会问题。实践证明，客观存在的住房市场需求使得城市近郊地区的农民房屋流转有了巨大的市场，农民房屋买卖愈演愈烈，"以租代卖"或者"以借代卖"的现象也层出不穷。国家从立法和政策上规范农民住房财产流转，让农民房屋买卖交易"有法可依"，可以更好地维护交易市场秩序，保障买受人和出卖人的权益。

二、农民住房财产权抵押实施障碍及其克服

尽管国家政策上放开农民住房流转，各试点地区也创新性地提出了很多改革办法并取得了一定的成效，但是受困于我国现有土地法律制度和长期以来的农村土地管理模式，农民住房财产权抵押实施工作仍面临诸多困境。

（一）限制宅基地使用权流转是农民住房财产权抵押的主要障碍

根据我国《物权法》第 147 条、第 148 条的规定，"建筑物、构筑物及其附属设施"和"建筑用地使用权"属于相互独立的财产类型。为了在实际生活中，简化房地产交易程序、防止权利冲突、提高房地产交易效率，我国采用了"地随房走、房随地走、房地一体"的原则。同时根据我国当前《物权法》和《担保法》相关条文的规定，设定抵押时，抵押人应该对抵押的物具有处分的权利。但是根据我国《物权法》第 152 条的规定，农民对宅基地使用权仅有占有、使用的权利，不能行使收益和处分的权利。因此受到宅基地使用权的限制，农民无法为其房屋设定抵押，农村房屋无法在市场自由流转。

党的十八届三中全会发布的《中共中央关于全面深化改革若干重大问题的决定》

提出要“慎重稳妥推进农民住房财产权抵押、担保、转让”，其后学术界就出现了对农民住房财产权抵押权内容讨论的热潮。高圣平教授认为现有法律规范下对宅基地使用权流转采取了限制的方式，那么既然要慎重稳妥地推动农民住房财产权抵押，就意味着在设定抵押时要将农民房屋所有权同其占用范围内的宅基地使用权相互独立抵押。[2] 陈小君教授认为，宅基地和在宅基地之上的房屋属于相互独立的财产，宅基地使用权因其特殊的身份性、保障性，仍然需要对其流转加以限制，而宅基地之上的房屋因为权能完整，可以自由抵押、转让。[3] 蔡卫华认为，农民“住房”和农民“住宅”是两个不同的概念，农民“住房”财产权的内容不应该包括宅基地，当前中央的政策文件允许的是在抵押贷款试点地区进行“住房”财产权的抵押。[4] 彭诚信、陈吉栋同样认为在农民住房财产权抵押问题上坚持“房地分离”的模式，不仅可以充分实现当事人意思自治，也能达到“物尽其用”的目的。也有学者对以上观点持不同看法。房绍坤教授认为，《“两权”抵押指导意见》将宅基地使用权同房屋所有权一并抵押，解决了理论争议，具有一定的合理性。[5] 叶兴庆认为：根据十八届三中全会的《决定》精神，应该放宽农民房屋所有权的限制，而农民房屋所有权的流转必然地会引起宅基地使用权的转让。[6]

尽管在国务院发布的《关于开展承包土地的经营权和农民住房财产权抵押贷款试点的指导意见》中已经明确将“农民住房财产权”具体为“住房所有权”和“宅基地使用权”，且在农民住房财产权抵押设定时坚持“房地一体”原则，中国人民银行、中国银监会、中国保监会、财政部、国土资源部、住房和城乡建设部印发《农民住房财产权抵押贷款试点暂行办法》在解释“农民住房财产权抵押贷款”时，也提出“本办法所称农民住房财产权抵押贷款，是指在不改变宅基地所有权性质的前提下，以农民住房所有权及所占宅基地使用权作为抵押……”但从试点地区的实践中可以看出，对于农民住房财产权内容，都采取了比较谨慎或者是回避的态度。有的试点地区在相关政策文件中直接不提及农民住房财产权内容，只是在实践中根据具体情况处理；有的试点地区采用“迂回”的方式，变更宅基地使用权性质，将其转换为“集体建设用地使用权”或者“国有土地使用权”，使之成为法律上允许的抵押物。综合来看，试点地区谨慎处理“宅基地使用权”的做法既体现了我国土地立法的滞后性，又反映出宅基地使用权本身经济价值的模糊。现有法律规定宅基地使用权的财产属性难以体现。

国家相关政策坚守我国实定法上“房地一致”的原则，尽管结束了长期以来的理

---

[2] 参见高圣平：《宅基地制度改革试点的法律逻辑》，载《烟台大学学报》(哲学社会科学版)2015年第3期。

[3] 参见陈小君：《我国农村土地法律制度变革的思路与框架——十八届三中全会〈决定〉相关内容解读》，载《法学研究》2014年第4期。

[4] 参见蔡卫华：《宅基地能否抵押》，载《中国土地》2014年第10期。

[5] 参见房绍坤：《农民住房抵押之制度设计》，载《法学家》2015年第6期。

[6] 参见叶兴庆：《准确把握赋予农民更多财产权利的政策含义与实现路径》，载《农村经济》2014年第2期。

论争议,[7]但这种在试点地区"暂时调整实施《物权法》《担保法》关于集体所有的宅基地使用权不得抵押的规定"的做法不是"长久之计"。在构建农民住房财产权抵押制度中,如何界定宅基地使用权性质,如何在立法上妥善处理宅基地使用权,使房屋所有权人取得正当的土地权源仍然需要讨论。

(二)农民住房财产权抵押实施的其他障碍

除了上述法律上的障碍外,在实践中也存在其他障碍阻碍了农民住房财产权抵押的开展。集中体现在以下几个方面:

第一,抵押物抵押变现困难。抵押物能否合法地、顺利地处置,是保障抵押权人合法权利最终实现的根本问题。农民房屋由于受早期建筑工艺和其地理位置等因素影响,本身蕴含的经济价值不高,当抵押权实现时,往往难以变现。《农民住房财产权抵押贷款试点暂行办法》第 12 条规定,贷款人在抵押权实现时,应该配合试点地区政府,结合试点地区实际情况,在对农民基本居住条件有所保障的情况下处置抵押物。这条规定又为抵押物处置时,银行的操作带来了困扰。实践中发现,在很多民事诉讼案件中,城镇住房的强制执行就受到"唯一住房"问题的困扰,现在农村房屋的处理又会因为"农村村民一户只能拥有一处宅基地"的法律规定带来更大的挑战。同时《农民住房财产权抵押贷款试点暂行办法》第 12 条在规定受让人范围时提出要"原则上应限制在相关法律法规和国务院规定的范围内",这就基本将受让人限制在抵押人所在的集体经济组织成员内,如此施行,处置受让范围受限,抵押物的变现效果也将大打折扣。

第二,农村房屋评估价值体系不成熟。实践中发现,城镇居民房屋抵押贷款已经有了一套成熟的价值评估体系。1999 年《中华人民共和国国家标准房地产估价规范》指出,城市房屋抵押估价参考当时的房地产市场普遍价格,同时要考虑可预期范围内市场价格的浮动和短期处分对价格造成的影响。但是对于农村房屋,在目前已经开展的农民住房财产权抵押业务中,作为抵押物的农房价值是由农村宅基地制度改革试点办公室协调农委、房管局、国土资源局等部门共同评估、认定的。由于国家和地方都尚未出台统一的农民房屋价格评估办法或标准,实践中相关部门大多依照主观确认农房的抵押价值,采用重置价格法等,而这种办法必然会导致农村房屋的价值评估有失公允。同时由于农民住房财产权抵押是宅基地使用权和住房所有权一并抵押,那么宅基地使用权的价格评估办法也需要讨论。在试点地区,可以对个案采取特事特办的处理办法,若将来在全国推广农民住房财产权抵押制度,类似行政机关主导的农房价值评估模式显然不具备权威性。

第三,风险分担体系不完善。农民房屋由于其建筑工艺、地理位置等因素影响,房屋本身经济价值不高。一旦出现用于抵押担保的房屋未能变现或者变现价值远远低

[7] 主张"房地分离"模式的学者中,也有人认为当前国情下,只是单纯为了放开农村房地交易市场就去构建新的农村土地管理制度并不符合实践的要求。

于融资数额时,抵押权人就会面临巨大的资金风险。尽管农村产权交易平台已经建立,但是流转机制尚不健全,相关政策和制度也未能跟进,作为抵押物的农房在抵押权实现后,其处置流转仍缺乏操作依据。

(三)农民住房财产权抵押障碍之克服

从前文所述可知,宅基地使用权的限制流转是阻碍农民住房财产权抵押的主要障碍。学术界对于农民住房财产权抵押权的权利内容也意见不一。尽管国家相关政策规定农民住房财产权包括住房所有权和宅基地使用权,但是这种规定没有从理论上解释宅基地使用权可以参与流转的法理基础,同时在《农民住房财产权抵押贷款试点暂行办法》中也采取了谨慎的处理方式。[8] 要解决这一障碍,需要先从宅基地使用权的性质入手,逐步展开分析。

虽然《物权法》将宅基地使用权单独作为一章纳入用益物权编,但是从宅基地使用权设立起,权利本身就有着区别其他物权的特点。因此学术界对如何界定宅基地使用权的性质仍然存在不同的看法,具体分为自物权说、地上权说和用益物权说。我国学术界大多数观点认为宅基地使用权的性质是用益物权,与《物权法》规定相一致。宅基地使用权符合用益物权的多种特性。学术界大多数观点认为宅基地使用权是土地使用权,应该以土地使用权制度对其进行调整。[9] 也有学者曾认为宅基地使用权符合罗马法中地上权的规定,无须就其单独立法,可以用地上权制度法律体系对其规范。[10] 在这种学说的指导下,结合前文所述宅基地使用权制度创设的背景及其历史变迁过程,宅基地使用权可以被定义为从公法性质向私法性质转变的民事权利,兼具社会保障性和财产私权性,属于物权法体系中一种特殊的用益物权。

罗马法中提出的"以所有权为中心"的观点是大陆法系国家创设物权制度的起点。强调物的静态归属(所有权)是"以所有权为中心"这一理念的核心内容。此种观点无疑在早期经济发展阶段,社会经济秩序尚未完备时起到了重要作用。强调物的归属,利于解决当时市场上的交易纠纷。但随着工业革命引发的生产力变革,经济的发展对生产资料也就是物的需求的增加,迫切要求提高物的利用效率。但是实际生活中,拥有物的人即物的所有权人不一定可以最大程度地发挥物的使用价值。受到传统物权理论过分重视物的归属的影响,物的利用效率较为低下,不利于社会经济的发展。经济的高速发展和落后的法学理论的矛盾使大陆法系国家更多地重视日耳曼法确立的"以利用为中心"的物权理念。该理念更加注重物的动态效果,即物在流转中创造的价值,其倡导在尊重物的所有权的前提下,可以将物的使用权给予那些更能发挥物的效用的民事主体。作为"他物权"中重要的一类,用益物权应该被定义为在不改变物的所有权的前提下,独立地利用物行使占有、使用、收益的权利。

---

[8] 《农民住房财产权抵押贷款试点暂行办法》第12条规定,受让人的范围原则上应限制在相关法律法规和国务院规定的范围内。这种处理方式没有从根本上解决农民住房抵押变现难的困境,有"名不副实"之嫌。

[9] 参见王利明:《物权法研究》,中国人民大学出版社2013年版,第470页。

[10] 参见崔建远:《我国物权法应选取的结构原则》,载《法制与社会发展》1995年第3期。

我国《物权法》将“宅基地使用权”确立为用益物权，那么在该项权利的行使过程中，也应该具备用益物权权能。从现代民法物权理论出发，宅基地使用权可以被理解为，在不改变土地公有制性质的前提下，分离产生的对宅基地占有、使用、收益的权利。构建我国农民住房财产权抵押制度，就是保证宅基地使用权的用益物权权能，充分实现其作为物的利用权的价值。这也符合现代物权理论发展的趋势和要求。

笔者认为在我国当前国情以及社会保障制度的发展现状下，宅基地使用权流转采取渐进的“两步走”处理模式无疑是稳妥的选择。

其一，农民住房财产权抵押设定时，宅基地使用权和房屋所有权一并抵押，抵押权实现时，房屋所有权自然地转移，但是宅基地使用权不发生移转，而是在房屋受让人和宅基地使用权人之间设定土地使用权的法定租赁权。房屋受让人通过法定租赁权获得房屋所有权的正式土地权源，而宅基地使用权人通过法定租赁权行使宅基地使用权的收益权能。设定“法定租赁权”，不仅实现了宅基地之上农民房屋的处分自由，同时农民还可以依此获得土地的增值收益。且在土地租赁关系结束后，还可以保证农民对宅基地的继续使用，对农村社会稳定，农民的生活保障都有所裨益；另外，可以有效地防止宅基地投机行为。如果不设立法定租赁权，根据我国目前农民住房财产权抵押政策，宅基地使用权和房屋所有权一并清偿。这种模式下很好地解决了《土地管理法》第62条可能造成的宅基地使用权多次申领的土地投机现象。[11]

其二，农民住房财产权抵押制度最终要实现农村宅基地使用权的自由流转。设定“法定租赁权”模式是针对我国国情和现行法律法规下的一种权宜方案。宅基地使用权流转最终应该同国有土地使用权一样实现自由流转，将两者纳入相同的土地制度体系中。

三、农民住房财产权抵押制度具体设计

农民住房财产权抵押问题涉及我国土地政策的城乡二元结构等深层次的宪法问题，因此在具体制度设计时要做到谨慎稳妥。根据《中共中央关于全面推进依法治国若干重大问题的决定》的精神，要“实现立法和改革决策相衔接，做到重大改革于立法有据、立法主动适应改革和经济社会发展的需要”。因此这就要求我们在解决该制度实施障碍的同时，要结合试点地区实践经验，实践证明有效的，要及时上升为法律；实践证明还不成熟的，要及时调整；对于不适合改革要求的法律法规，要及时修改和废止。[12]

（一）农民住房财产权抵押主体要求

《农民住房财产权抵押贷款试点暂行办法》第22条规定“对于以农民住房财产权为他人贷款提供担保的，可参照本办法执行”。说明抵押人可以为他人债务提供抵

〔11〕 王卫国、朱庆育：《宅基地如何进入市场？——以画家村房屋买卖案为切入点》，载《政法论坛》2014年第3期。

〔12〕 参见高圣平：《农民住房财产权抵押规则的重构》，载《政治与法律》2016年第1期。

押。根据我国担保法基本理论,抵押人可以为自己或他人债务设定抵押。[13] 在农民住房财产权抵押中,农村村民用自己的房屋为本人债务设定抵押的,无可厚非。在为他人债务设定抵押方面,各试点地区规定不一。[14] 抵押人为何人债务设定抵押是其权利行使的自由,尽管限制抵押人以自己房屋为他人设定抵押,出于保障农民生活,维护社会稳定的考虑,但这种考量不应该成为限制权利行使自由的因素。

《农民住房财产权抵押贷款试点暂行办法》第4条规定,在农民住房财产权抵押设定时,抵押人除用于抵押的农民住房,还应有其他长期稳定居住场所,并要求提供相关证明材料。是否必须保证抵押人在抵押权实现时"居有定所"?对此问题,学术界有的观点认为,在保证抵押权实现后抵押人有可以居住的场所时,才能设定农民住房财产权抵押。为此,在设定农民住房抵押时,抵押人须提供除抵押住房外还有其他居住场所的证明,以防止抵押权实现时抵押人流离失所,引发社会风险。[15] 虽然这种观点有其成立的理由,但是并不能因此限制农民住房抵押。首先,城镇居民用自己的房屋设定抵押时,并没有因为抵押权的实现也可能造成出现抵押人没有居住场所的情况的限制条件而影响住房抵押的设立。法律上的平等,其范围涉及法律待遇的平等、机会的平等和人类基本需要的平等。[16] 那么从平等的角度来说,农民在以自己的房屋设定抵押时也不应该受到基本居住情况的限制。其次,农民由于其群体特性如知识水平不高等在市场经济中处于相对弱势地位,但是农民也是"经济人",可以趋利避害,评估市场风险。况且,"授人以鱼不如授人以渔",与其担心农民难以遭遇经济风险,不如普及知识,教授其如何合理规避风险。最后,设定抵押需要"住宅以外其他适当住所的证明"这一条件在实践中的真实性难以分辨,难以落实。同时,由于我国"一户一宅"原则,实践中,农民具有多处住房的情况并不多见。将抵押限定到抵押人必须在抵押权实现时有居住场所,会很大程度地限制农民住房财产权抵押的成立,给农民住房财产权抵押制度的推进带来挑战。

《农民住房财产权抵押贷款试点暂行办法》第2条规定,农民住房财产权抵押中,贷款人只能是"银行业金融机构"。实践中,有人提出其他组织或者自然人能否为抵押权人。党的十八届三中全会《决定》提出"慎重稳妥"推进改革工作。目前,农民住房财产权抵押贷款工作尚处于农村金融改革的探索阶段,因此适宜将其他组织或自然人列入抵押权人范围,防止有其他组织或自然人借机购买农村房屋的现象,混乱农村土地市场,给本不完备的农村土地市场带来风险。

同时,总结试点地区经验。由于农民住房财产权抵押贷款实际金额不大,因此金融机构也难以获得合适的利润。同时由于农村房屋的特点,抵押变现难度大。许多金

〔13〕 参见郭明瑞:《担保法》,法律出版社2010年版,第145页。

〔14〕 我国丽水市、舟山市相关政策规定,限制农民只能为自己提供抵押。

〔15〕 参见林依标:《农民住房财产权抵押、担保、转让的思考》,载《中国党政干部论坛》2014年第9期。

〔16〕 [美]E. 博登海默:《法理学——法律哲学与法律方法》,邓正来译,中国政法大学出版社2010年版,第308页。

融机构在推进农民住房财产权抵押贷款业务时表现出不积极的态度。〔17〕 因此国家应该在银行业金融机构中选拔特定单位,给予例如税务、利息上的政策支持,鼓励金融机构在农民住房财产权抵押贷款工作中发挥积极作用。《"两权"抵押指导意见》中也提出"人民银行要支持金融机构积极稳妥参与试点,对符合条件的农村金融机构加大支农再贷款力度"。

但是从农民住房财产权制度发展的长远角度来看,农民住房财产权抵押贷款工作最终要打破向银行提供抵押的限制。农民所享有的全部财产权利,应该最终消除因其"身份性"而受限的所谓"保护性规定",实现完全的权利自由。

(二)农民住房财产权抵押的设定

1. 农民房屋所有权和宅基地使用权登记是农民住房财产权抵押权设定的前提

房屋或者土地的确权登记是其物权变动的公示形式,关系到农民住房交易的安全。农民住房抵押本就属于物权行为,其会产生关于农民住房的担保物权。而担保物权的实现需要建立在产权明晰的基础之上。产权不明的农村住房难以实现物权转移,无法保障担保权人的权益,自然也不利于农民住房财产权抵押制度的推广。作为不动产的农民房屋,在物权的转移中以登记为准,若农民房屋本身尚未确权登记,那么房屋附着的担保物权更无从谈起。

我国《物权法》规定不动产物权变动采用登记生效主义。因法律行为所引起的不动产物权变动,采用登记的公示方法,且未经登记,不动产物权变动不发生效力。农民住房财产权抵押权理论上属于不动产物权,同时我国也没有特别法对其公示方法做出规定,因此遵从体系解释的模式,农民住房财产权抵押权应该采用登记生效主义。〔18〕《物权法》明确规定,"建设用地使用权"设定抵押时,应该向登记机构登记。因此可以推定采取登记生效主义。宅基地使用权是在集体土地上设立的具有保障性的用益物权,就权利内容而言,与建设用地使用权相似。宅基地使用权只可以在集体土地上设定,且用途有限,而建设用地使用权可以在国有土地上设定,且除了住宅之外还包括搭建其他建筑物。基于公平和平等的要求,对宅基地使用权可以作一样的处理,采用登记生效主义。

试点地区就农民住房财产权抵押时要求设定抵押权需要提供房屋和土地的权属证明。虽然农民住房财产权中的宅基地使用权是否以登记作为生效要件不予讨论,但如果农民要以农民住房财产权设定抵押时,应该先行登记。为此可以参照城市的住房登记管理制度,抓紧推进农村房屋和土地的确权登记。

2. 抵押合同加上登记是农民住房财产权抵押权设定的核心

农民住房财产权抵押权包括房屋所有权和宅基地使用权,两者适用《物权法》上的物权变动规则和物权抵押规则,抵押人和贷款人当然应该通过签订抵押合同并就农

---

〔17〕 参见华旭日:《农房抵押融资案例及风险分析》,载《中国农村金融》2014年第10期。

〔18〕 参见崔建远:《物权法》,清华大学出版社2009年版,第50页。

民住房财产权这一特定抵押物进行抵押登记。从《农民住房财产权抵押贷款试点暂行办法》第 2 条的相关规定分析可以得知,农民住房财产权抵押合同应该是该项规定的应有之义。由于宅基地使用权的特殊性,该项抵押合同是否还需要经过农村集体经济组织的同意? 实践中,多数试点地区规定农民住房财产权抵押的设定需要村民委员会或者本集体经济组织的同意,抵押人向金融机构提交抵押物所在地村集体经济组织或村民委员会同意抵押和同意处置抵押物的书面证明。〔19〕 德国民法学界通说认为,物权是一种物的财产归属权,其包括物直接归属权利人和对抗任何人的效力。〔20〕 王泽鉴先生同样认为,物权人依法律直接支配物,他人无权干涉。〔21〕 农民村民虽然无偿获得宅基地使用权且宅基地使用权具有保障农民基本生活的特点,但是在农民住房财产权抵押设定时,并不涉及集体土地所有权,其并未改变宅基地所有权的权属性质,对于集体经济组织利益没有触及。即使当抵押权实现时,在前文所述"法定租赁权"模式下,宅基地使用权的权利人不发生变化,对宅基地所有人也没有影响。况且,从鼓励农民住房财产权抵押,增加农民融资渠道的角度来说,也无须经过集体经济组织的同意。

"根据《物权法》的规定,现行担保物权规则是以抵押财产类型化为其前提和基础的,并将抵押物登记做出了明确的规定,由于抵押权设立不转移抵押物的占有,因此抵押权的公示自不能以交付占有为之,登记即成了抵押权公示方式的唯一选择。"〔22〕因为我国《物权法》将宅基地使用权列为不得抵押的物,所以造成立法上宅基地使用权的公示方法和公示效力的缺失。这就需要进一步按照现行担保物权规则对其进行制度设计。在农民住房财产权抵押制度设计中,可以考虑将宅基地使用权置于《物权法》第 180 条第 1 款第 7 项"法律、行政法规未禁止抵押的其他财产"中。参照建设用地使用权登记生效主义模式,按照平等的原则,宅基地使用权抵押权中也可做相同处理。高圣平教授也同样认为在不动产统一登记制度下,农民住房财产权抵押权宜采用登记生效主义模式。〔23〕

(三)农民住房财产权抵押的实现

构建流转顺畅,保护严格的农民住房财产权的市场交易体系,是其抵押权实现的重要保障。总结试点地区经验发现,当前农民住房财产权抵押贷款工作中,由于自发的农村房地交易市场尚未成型,农民住房财产权流转又未完全放开,农民用于抵押的房屋及土地使用权难以变现成为阻碍该项工作发展的一个重要原因。《"两权"抵押指导意见》中提出"建立抵押物处置机制,做好风险保障","允许金融机构在保证农

---

〔19〕 参见《成都市农村房屋抵押融资管理办法(试行)》第 5 条第 1 款第 1 项;《铜陵市农村房屋抵押融资管理办法》第 7 条第 7 项;《湖州市农村住房抵押借款暂行办法》第 9 条第 6 项等。

〔20〕 参见崔建远:《物权法》,清华大学出版社 2008 年版,第 16 页。

〔21〕 参见王泽鉴:《民法物权》(第 2 版),北京大学出版社 2010 年版,第 31 页。

〔22〕 焦富民:《"三权分置"视域下承包土地的经营权抵押制度之构建》,载《政法论坛》2016 年第 5 期。

〔23〕 参见高圣平:《农民住房财产权抵押规则的重构》,载《政治与法律》2016 年第 1 期。

户……基本住房权利前提下,依法采取多种方式处置抵押物”。“完善抵押物处置措施,确保承贷银行能顺利实现抵押权”。为构建农民住房财产权抵押处置机制提供了指引。

前文所述,抵押权实现时,可以采用“法定租赁权”的模式处理宅基地使用权。当受让人不属于本集体经济组织成员时,其不能取得宅基地使用权,而只能取得债权性质的土地使用权,当宅基地使用权市场化条件成熟,其应当与国有建设用地使用权具有相同的法律地位,届时在农民住房抵押物处置时,应当回归“房地一致”原则。

根据受让人身份的不同,分类处理。具体设计为:①当受让人同为本集体经济组织的内部成员时,因为该成员具有取得宅基地使用权的资格,并不成就法律上的限制条件,因此宅基地使用权理应顺利转移,也即该成员因受让抵押房屋而取得宅基地使用权。②当市场行为致使土地和房屋分属不同人时,那么房屋所有人与土地所有人之间被视为租赁关系,即法定租赁关系。〔24〕 当受让人为本集体经济组织之外的其他人时,因法律上对宅基地使用权人的限制条件,并不取得宅基地使用权,而是代之取得宅基地使用权的“租赁权”。在农民住房财产权抵押权实现时,农民住房的受让人为非本集体组织内部成员时,通过取得宅基地使用权的法定租赁权代之该房屋占用范围内的宅基地使用权,从而使农民房屋所有权的受让人获得正当的土地权源。

《“两权”抵押指导意见》规定,农民住房财产权抵押物的处置应该与商品房作为抵押物时的处置方式有所区别。在法定租赁权成立的情形下,非本集体经济组织成员受让取得农民房屋,村集体经济组织可以凭借土地所有权向房屋买受人主张收取租金。“法定租赁权”模式下,作为宅基地所有权人的村集体经济组织通过出租行为和房屋所有权人即受让人之间形成债权关系。农村村民同本村集体经济组织的宅基地使用权的物权关系不会消失,而是作为向房屋买受人主张租金的正当法律事由。

(四)抵押物处置方式的选择

我国《物权法》第195条规定,抵押物的处置方式包括协议折价、协议拍卖、协议变卖、强制拍卖和强制变卖几种。笔者认为,农民住房财产权抵押物处置当然地可以采用拍卖、变卖的方式,但折价的处理方式需要重新探讨。房绍坤教授认为,根据房屋受让人主体资格要求的不同,折价方式的适用问题结果也不相同。在受让人主体没有特别要求的情况下,可以采取折价方式对抵押物进行处置,由抵押权人取得农民房屋所有权。同时,房绍坤教授认为,对受让人的身份不应限定于本集体经济组织成员。〔25〕 笔者认为这种观点值得商榷。《农村住房财产权抵押贷款试点暂行办法》中规定,在农民住房财产权抵押中,抵押权人的范围仅限于银行业金融机构。同时我国《商业银行法》第43条规定,禁止商业银行向非自用不动产投资的行为。银行业金融机构若通过协议将农民住房财产权折价而取得农民住房财产权,既违反了上述法律规

〔24〕 参见谢在全:《民法物权论》,中国政法大学出版社2011年版,第173~178页。

〔25〕 参见房绍坤:《农民住房抵押之制度设计》,载《法学家》2015年第6期。

定,也不符合资源优化配置的要求。所以当抵押人到期拒不履行债务或者发生约定的其他实现抵押权的情形时,银行业金融机构可以与抵押人协议拍卖、变卖农民住房财产权,就所得价款优先受偿;双方当事人不能就拍卖、变卖农民住房财产权达成一致的意见时,抵押权人可以向人民法院申请强制拍卖、变卖农民住房财产权。有的试点地区规定,法院对拍卖、变卖未成交又不能抵债的,可以将房屋强制管理,强制管理期间的收益归申请执行人收取、扣除费用后抵扣债权。强制管理这种处置方式不改变抵押物的权利归属,仅以抵押物的收益来满足抵押债权,维护农民基本居住权利,利于农村社会的稳定,值得在构建农民住房财产权抵押制度中推广。

(五)抵押权实现时合理安排受让人范围

农民住房财产权抵押权实现后受让人范围的确立受制于农民住房财产权权利主体的资格要求。鉴于我国目前没有法律规定了农民住房财产权的权利主体,需要将农民住房财产权拆分,各自讨论。立法上对农民房屋所有权人的主体没有限制,但是规定了宅基地使用权人只能是本集体经济组织内部成员。基于此,《农民住房财产权抵押贷款试点暂行办法》第12条规定,受让人范围原则上应限制在相关法律法规和国务院规定的范围内。

抵押物处置的受让人范围在试点地区各不相同,有的地方将受让人限定于本集体经济组织内部成员;[26]有的地方规定,受让人除了属于本集体经济组织成员外,还可以是具有农村户籍的公民;[27]有的地方规定受让人只能在集体经济组织成员内,如果因此造成抵押物无法处置的,由政府指定有关机构收购;[28]有的地方通过变更宅基地使用权性质,变相地取消了受让人的范围限制。[29] 笔者认为,限定受让人的范围,实际降低了农民住房财产权的经济价值,不利于抵押权的实现。受让人的过度限制,必然阻碍房屋和宅基地的流转量。[30] 不难看出,《"两权"抵押指导意见》中"兜底式"地对抵押物处置时受让人的范围进行了限制,给各试点地区留下了创新改革的余地。如果将农民住房财产权抵押物处置范围仅限于本集体经济组织,结合前文所述农村社会的特性,很难实现《"两权"抵押指导意见》中所提出的"盘活农民土地用益物权的财产属性"的目标。同时,将抵押物处置范围局限于农民住房所在地的集体经济组织的做法,没有创新性,失去了试点地区的意义,更无法为下一轮土地制度改革提供实践经验。

农村现代化建设离不开农村金融改革的创新,而农民住房财产权抵押制度的构建便是这一改革创新的积极探索。从近年来,中央出台的一系列关于农村改革的政策文件来看,都透露出国家对于农村金融改革的态度和决心。在慎重稳妥地推进改革的前

---

〔26〕 参见《湖州市农村住房抵押借款暂行办法》第20条第3款。

〔27〕 参见《中共乐清市委关于加快推进农村改革发展的实施意见》。

〔28〕 参见《重庆市高级人民法院关于为推进农村金融服务改革创新提供司法保障的意见》第11条。

〔29〕 参见《成都市农村房屋抵押融资管理办法》第17条。

〔30〕 参见林依标:《农民住房财产权抵押、担保、转让的思考》,载《中国党政干部论坛》2014年第9期。

提下，建构合法科学的配套制度，一定可以真正地落实农民住房财产权抵押制度，达到国家政策设计的目标，对农民财富的增长、农业现代化建设、农村的繁荣稳定起到积极的作用。

超越全面落实司法责任制的“阿喀琉斯之踵”

——司法人员工资制度改革困局及其破解

吴　烨*

内容摘要：司法人员工资制度的改革困局，是全面落实司法责任制进程中的突出障碍。过低的薪酬水平、迟滞的改革节奏，导致司法责任制改革“去行政化”的力度被削弱，并在问责举措不断强化的背景下产生约束疲劳的“内卷化”效应，严重制约司法责任制改革的纵深行进。对此，本文认为，央地之间财政支出责任分配的失衡，法检机关相对的弱势地位和有限的改革策略，以及司法人员特别是法官、检察官优薪制的认同缺失，是导致工资改革进展缓慢的主要原因。现阶段应当把握深化司法体制综合配套改革的有利契机，加快理顺司法人员工资财政支出责任的分配关系，统筹提升司法体制改革各环节之间的协调水平，深入开展系统内外双向的司改公关，使工资制度改革平稳落地。

关键词：司法责任制　工资改革　司法体制综合配套改革

引言

党的十九大对深化全面依法治国实践作出重大战略部署，并对进一步深化司法体制改革提出明确要求，指出：“深化司法体制综合配套改革，全面落实司法责任制，努力让人民群众在每一个司法案件中感受到公平正义。”作为关键的物质保障，司法人员工资制度改革对全面落实司法责任制具有基础性作用、标志性意义、全局性影响，对于建设公正高效权威的社会主义司法制度、推进国家治理体系和治理能力现代化具有十分重要的意义。2015 年 9 月，中央深改组通过《法官、检察官单独职务序列改革试点方案》和《法官、检察官工资制度改革试点方案》，2016 年 7 月，人力资源和社会保障部、财政部印发《法官、检察官和审判辅助人员工资制度改革试点实施办法》。上述规定结合司法人员职业特点，要求建立有别于其他公务员的单独职务序列和与之相衔接的工资制度，加大对基层和一线办案人员工资待遇的倾斜力度，并明确提出“进入员额的法官、检察官的工资水平按高于当地其他公务员 50% 左右确定”的重大政策宣示。然而众所周知，有关方案通过至今已过多时，但无论是在已经完成责任制改革的试点地区，还是目前正在分批推进责任制改革的各级法院、检察院，除预发增资等临时性措施外，工资待遇均未出现规范性的调整。[1] 增资未能落地、待遇基本“空转”，可

---

* 吴烨，福建省漳州市芗城区人民法院办公室干部。

〔1〕 与之形成鲜明对比的是，公安系统在 2016 年年初人社部、财政部联合下发《关于调整人民警察警衔津贴标准的通知》（人社发〔2016〕11 号）、政法委机关和司法行政系统在 2017 年两部下发《关于建立政法委机关工作津贴有关问题的通知》（人社部规〔2017〕12 号）后的短时间内，即将调整后的警衔津贴或工作津贴发放到位，迅速完成全员增资的改革目标。

以说,司法人员工资制度改革目前处在一个推而不动的困局之中。“基础不牢,地动山摇”,物质保障这一基础性问题的困局,已令司法人员的改革积极性严重受挫。如若不加改变,必将成为制约全面落实司法责任制纵深行进的阿喀琉斯之踵。破解这一困局,加快提升司法人员的工资待遇,是司法改革的研究者、参与者在现阶段所不能回避的重大问题。

一、工资制度改革困局对全面落实司法责任制纵深行进的双向制约

(一)对司法责任制“去行政化”价值的解构

工资制度改革困局对司法责任制改革的首要威胁,在于其对司法责任制改革所蕴含的实现法检机关“去行政化”管理这一重要价值的解构。司法责任制改革所指向的“判者不审,审者不判”等不利问责的行政化现象,同司法人员的素质问题密切相关。改革开放以来,为满足法治建设需要,法检系统在党政军群机构经历数次以精兵简政为主题的机构改革、裁军、人员分流之际,出现另类“逆生长”。以法院为例,全国法院编制总额自1978年至今已从5.9万余人激增至33.8万余人,翻了近6番。队伍庞大而素质参差、信息不对称的环境诱使部分司法人员徇私和怠惰,并且“众声喧哗”的环境使法律适用的统一难度大增。通过行政化手段对办案过程进行“把关”,从而规范司法权运行,成为法检两院不得已而为之的管理手段。因此,破解司法行政化问题,离不开法官、检察官的精英化。达成这一目标的基础是法官、检察官的职业吸引力不断提升,使大量优秀人才加入队伍,这实际上涉及法律人力资源配置的问题。在市场经济条件下,人力资源的配置最终取决于工资这一杠杆。根据人力资源管理理论,工资设计需要满足以下两组标准,才能有效发挥杠杆作用。

1. 补偿性工资差异标准,即因特定劳动需要所产生的成本

人的劳动能力并非天然资源,而是由家庭培养、社会教育、职业培训等资源的投入所累积而成。因此,人的劳动是将知识、技能、身体素质等要素集合而成的资本存量投入生产性活动、以工资为经济产出的投资行为。[2] 司法活动是需要投入较多人力资本存量的工作。根据《法官法》《检察官法》的任职要求,法官、检察官须年满23周岁,身体健康,具有法律知识,在高校毕业后从事法律工作满一定年限,并通过司法考试。以上条件,无一不意味着高昂的教育成本。同时,按照目前的改革思路,参与入额遴选者还需具备三年以上司法辅助人员工作经历,并满足一系列办案绩效要求。当一名法科毕业生经历竞争激烈的公务员考试、司法考试,经过长期的辅助工作历练,通过遴选考核,最终跻身法官、检察官方阵时,往往已跨而立甚至已届中年。与资历相当的一般公务员相比,他们沉积了更多的人力资本存量,理应在工资水平上有所反映。

2. 竞争性工资差异标准,即特定劳动的供给水平

劳动力的价值大小与其供给能力息息相关,特定劳动的供给量在一般情况下取决

---

〔2〕 参见钟思远:《谈工资差别的形成》,载《劳动理论与实践》2001年第12期。

于其对劳动附加值的要求。简单劳动如服务员、销售员等,劳动附加值较小,入职门槛较低,供给量能够快速适应市场需求的增减变化,工资水平自应偏低;而复杂劳动如大型组织管理、医疗、科研、文艺创作、体育竞技等,则由于对劳动附加值的较高要求,使其需求缺口的补充很难即时完成,供给时常处于短缺状态,工资水平自应趋高。[3] 司法活动正是一种门槛极高、供给难度极大的复杂劳动,且现阶段"案多人少"和司法人员离职现象交织并生的局面,更是在不断放大这一劳动供给的短缺程度。紧张的供求关系,必须通过较高的竞争性工资加以平衡。

以上两组标准分别从静态、动态两个层面揭示了科学界定工资水平所应遵循的基本规律。当工资水平偏离人力资源实际价值时,工资的价格杠杆作用就会失灵,从而对人力资源的配置产生扭曲。司法人员工资制度的设计也不能脱离这一规律。目前,司法人员工资水平基本不能满足这两组标准,导致法官、检察官职业对于法律职业群体的其他成员(如律师、学者等)的吸引力不足,也使在校法科生报考法检两院的人数日渐减少。往年公务员考试中一岗难求的法院、检察院,如今却频频出现因报考人数不足而无法开考的局面;部分地区因招收不到符合条件的法律人才,而不得不降低招考标准。[4] 如果职业吸引力低迷不振的状况持续下去,讨论员额限制和以严苛条件选择法官、检察官,就会变得荒谬滑稽而不合时宜,全面落实司法责任制所亟须的精英化队伍也就难以成型。

(二)对司法责任制"内卷化"风险的形塑

司法人员工资制度改革困局影响司法责任制改革的另一层面,在于其进度相对滞后所造成司法改革"权—责—利"关系失衡的局面。司法责任制改革通过错案追究制的再塑造,使司法人员对其所办案件,责任到人、责任到面、责任到底,问责之网越织越密,办案压力与日俱增,职业风险也逐渐上升。[5] 与此同步的人员分类管理改革又通过员额指标的设置使法官、检察官人数出现大幅下降,工作量随之骤然加大。全面落实司法责任制改革后,司法人员不仅要迎来日益常态化的"5+2""白+黑"的工作节奏,而且工作中稍有错讹、瑕疵,就有可能遭到追责,就要被扣工资、免奖金,甚至要转岗、下岗、免职。

从管理学的角度观察,司法责任制改革属于典型的约束性管理要素投入。根据边际效用递减规律可知,当保持其他投入要素的量不变,片面增加特定要素,其效用会不断下降,直至出现负效用,从而产生投入越多、效能越低的"内卷化"效应[6](如图3所示)。

[3] 参见前注,钟思远文。

[4] 参见吴国平:《对提高法官待遇问题的思考》,载《海峡法学》2015年第2期。

[5] 参见汤维建:《司法改革二题:员额制与涨工资》,载《团结》2015年第5期。

[6] "内卷化"一词源于美国人类学家吉尔茨(Chifford Geertz)的著作《农业内卷化》(*Agricultural Involution*)。根据吉尔茨的定义,"内卷化"是指一种社会或制度在某一发展阶段达到一种确定的发展形态后,便停滞不前或无法转化为另一种高级模式的现象。黄宗智在《长江三角洲小农家庭与乡村发展》中,把"内卷化"这一概念用于中国经济发展与社会变迁的研究,他把通过在有限的土地上投入大量的劳动力来获得总产量增长的方式,即边际效益递减的方式,称为"没有发展的增长",即"内卷化"。

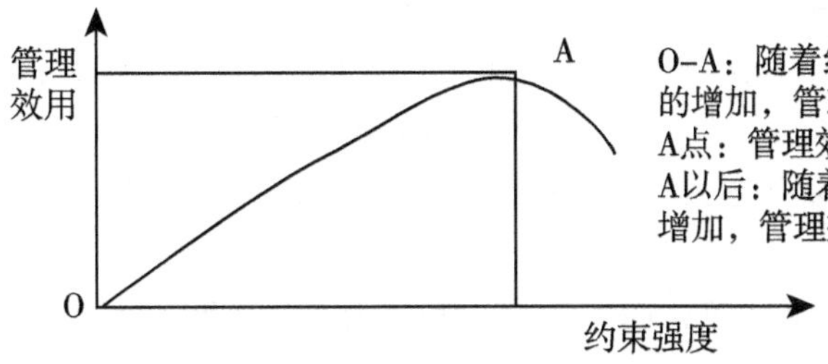

图3　约束强度与管理效用关系

根据这一原理，在责任制改革强化约束性要素的投入后，激励性管理要素的投入必须跟进，否则势将出现约束疲劳的内卷化局面，使问责举措的实际效用不断下降。当前，工资改革迟迟不见落地，权责利关系严重失衡，约束疲劳改革内卷效应正通过日益加剧的法官、检察官离职问题不断显现。以法院为例，2015 年全国法院辞职法官达 1075 人，占比 0.5%；[7] 最高人民法院第一巡回法庭原副庭长孔祥俊、原新闻发言人孙军工等著名法官的辞职，更是引发了舆论的轮番震动。考虑到辞职法官、检察官多为经济发达、人案矛盾较大地区的业务骨干，其危害不容小觑。

二、司法人员工资制度改革困局的生成机理

司法人员工资制度改革困局的形成，是由来自国家权力纵向、横向配置中存在的固有矛盾以及来自改革共识缺位所产生的观念挑战所共同塑造的结果，兹分述之。

（一）财政博弈中的“委托—代理”问题：改革困局的基础性成因

司法人员工资制度改革陷入困局的根本因素，来自国家财政体制中的固有矛盾对司法改革财政支持的制约。众所周知，党的十八大以来全面深化司法体制改革的一项核心任务，就是要实现司法的“去地方化”。但一方面中央通过“去地方化”的司改将司法权上收中央事权，另一方面又不得不经由“省级统管”的平台将改革所产生的财政负担委诸地方财政，造成事权与财政支出责任之间的脱节，从而在改革过程中引发央地之间的利益冲突与持续博弈。

从组织社会学的角度观察，在工资改革议题上的央地博弈，主要围绕因改革决策权与执行权在中央和地方之间的分配所形成的“委托—代理”关系而展开。组织社会学中的公共选择理论认为，由于各类政府均存在自身的特定利益，其在行政过程中也必然会追求自身利益的最大化。以委托方身份存在的决策主体、以代理方身份存在的执行主体之间，同样会存在利益的不一致甚至冲突。在自身利益与中央利益冲突时，执行主体就会依据自己的利益需要，利用信息不对称、顶层设计的模糊性和刚性约束的缺位等制度漏洞，采取机会主义的代理行为架空委托目标，实现自身利益。[8] 如前

〔7〕 参见王梦遥：《法官现离职潮　人大代表称要给待遇和尊严》，载《新京报》2016 年 3 月 11 日，第 6 版。
〔8〕 参见经庭如、曹结兵：《委托—代理视角下政府间共同事权与支出责任匹配的研究》，载《财经科学》2016 年第 2 期。

述，由于司法体制改革中事权与财政支出责任之间出现脱节，因此可能存在部分地方通过调整增资基数、曲解改革文本等变通方式减轻自身负担，使“入额法官、检察官较当地同级公务员增资50%”的目标在实践中变形走样。具体而言，执行主体在改革执行中凭借以下条件实施机会主义的代理行为，谋求与整体利益相冲突的自身局部利益：

一是信息不对称。工资改革所面对的是一套极为复杂的薪酬体系，主要包括基本工资、津补贴、奖金3个部分，承担工资支付职能的主体又被分为中央、地方2个部分。其中，中央财政负担基本工资，地方财政承担津补贴和奖金。津补贴、奖金名目繁多，比重极大，[9]不少地方津补贴、奖金甚至占据司法人员工资的主要部分。庞大的津补贴与奖金展现了地方财政对法检“饭碗”的强大影响，而其繁杂且缺乏规范、增减操之于地方的特征，又使地方政府较中央掌握了更多关于各地法官真实工资的信息，使中央处于相对“无知”的状态，为地方政府在改革中的机会主义代理行为提供了制度空间。工资改革两份《方案》发布以来，部分地区增资未见落地，既有收入却出现了缩水的局面，要么地方停发具有“本地特色”的津贴、奖金，要么省级财政不认可原先地方的“土福利”，不愿将之列入增资基数。如此，中央设定的增资目标，在地方克减过去的各类补贴、奖金后，难免出现增减持平，甚至不升反降的局面。[10]

二是改革方案的模糊性。改革方案一般性、原则性、倡导性规定较多，操作规范或实施细则过少。以《法官、检察官工资制度改革试点方案》中最为关键的“进入员额法官的工资水平，按高于当地其他公务员50%左右确定”这一政策表述为例，首先，政策文本中的“当地”，是指省级、地市，还是可以下沉到县区？众所周知，由于我国发展不平衡的经济格局和省级行政区划的设计考量，多数省份内部经济发展水平存在较大落差。对于同一省份内部发达地区而言，以全省平均值作为增资基数，将使其收入在改革后不升反降，甚至大为缩水；其次，“其他公务员”是指何种职级的公务员？结合现有的员额制改革方案，入额法官、检察官将实行新的职务等级，且不受行政职级、职数限制。如在基层法院、检察院，许多法官、检察官具有四级、三级高级职称，对应处级公务员。如果改革结果只是“高于”当地其他公务员的人均工资水平，甚至让四高、三高法官和检察官收入仅较科员级公务员高出50%，就会让改革红利较预设缩水。最后，如前所述，50%的增资基数，是否涵盖改革前既有的全部津补贴与奖金？这些改革方案中随处可见的模糊地带，使改革执行主体实施机会主义代理行为的风险大为增加。

三是法律保障的缺失。刚性的法律保障是约束政策执行中机会主义代理行为的有力手段。正是鉴于司法人员收入的复杂性与敏感性，成熟法治国家和地区普遍将之视为宪法性问题，通过基本法层级的法律加以保障。如《美国宪法》第3条规定，联邦

---

〔9〕 津补贴主要包括交通补贴、餐饮补贴、通讯补贴、传统节日补贴、执行勤务补贴、维稳备勤补贴、重大活动补贴等；而奖金则主要包括绩效考核奖金、年终目标考核奖金、党风廉政考核奖金、精神文明建设考核奖金、综治平安建设考核奖金等。

〔10〕 参见王亚新：《“省级统管”改革与法院经费保障》，载《法制与社会发展》2015年第6期。

法官在任期间工资不得削减；英国早于1760年，即由国会专门制定《法官委任及薪金法》，对法官工资保障做出了详细规定。澳大利亚、南非等师承英国的普通法系国家，均通过宪法性法律确立法官工资“可加不可减”的原则。在大陆法系方面，战后伊始，联邦德国率先建立了法官、检察官优薪制，在宪法中明确规定其工资应高于高级公务员的最高额，且可加不可减；1987年韩国军政府统治结束后颁布的《第六共和国宪法》规定，除非受纪律处分，否则不得降低法官、检察官工资；我国台湾地区的法官、检察官工资在20世纪80年代前与公务员完全等同，至80年代后期，由于一般公务员享有的优厚待遇不断受到公众质疑和改革冲击，司法界遂提出设立独立的司法官工资机制的主张，并最终通过立法形式获得实现，使法官、检察官工资出现逆势增长，达到普通公务员的2~3倍。[11] 相形之下，目前我国内地不但未在《宪法》中对法官、检察官工资问题进行任何规定，《检察官法》《法官法》乃至《公务员法》，亦未及时跟进十八大以来全面深化司法体制改革的步伐作出及时调整，使不少地方在改革中的机会主义代理行为难以得到刚性约束。

(二)“边缘化”主体的改革策略：改革困局的内生性动力

工资改革是事关司法改革整体物质保障的基础性工作，理应与司法责任制改革同步展开。但实践中司法改革事项的推进顺位，恰恰与这一常理相悖：一方面是责任制改革的“大军先行”，另一方面是工资改革的“粮草不动”，从而造成前文述及的改革内卷效应。这一局面的形成，也为我们生动地展现了作为改革主体的司法机关在国家权力结构中的边缘化地位，以及“压力型体制”对司法改革的扭曲作用。

有论者指出，我国司法改革历来有着多种改革措施之间各自分离、各自针对特定问题的碎片化传统；[12] 同时，从整体上看，“(司法改革)基本上是在司法系统内部进行的改革。这种改革在很大程度上导致了改革措施与现实情况的脱节，难以与司法制度外部环境的政治制度、经济制度相互衔接、共同发展。尤其是在政治体制改革尚未取得根本性进展的条件下，那些在自我封闭状态下出台的各种司法改革措施，或实施受阻，或自然终止，应是预料之中的事”。[13] 这一现象深植于我国国家权力结构中“九龙治水”的横向分权模式。司法改革涉及立法、行政、司法、组织人事、财政等不同领域的统筹协调，而在权力结构中，法检两院又处在相对边缘的位置。[14] 囿于自身的权力和地位，司法系统在设定自身的改革愿景和路径过程中，对一些全局性的改革问题，

---

〔11〕 参见《海外法官薪资知多少?》，载《检察风云》2014年第19期。

〔12〕 参见傅郁林：《以职业保障为前提实行法官员额制与选任制度》，载《中国审判》2015年第3期。

〔13〕 齐树洁：《司法改革任重而道远》，载《司法改革论评》2014年第1期。

〔14〕 法检地位的边缘化其来有自。中华人民共和国成立之初，党内最重要的干部在军队。地方政权中，事权集中于党委。因此工作能力最强并且在政治上被充分信任的干部普遍被安排在党委系统及政府机要部门内。在司法领域，大案要案多由军法机关处理，适用军事审判程序，进入到非军事审判程序的普通案件受重视程度较低，即使如此，普通案件中影响稍大的案件，都要请示党委或政府。除此之外涉及婚姻家庭、小额债务的民事案件，因无关宏旨，始交由法院决断。“文化大革命”中砸烂公检法后，法检系统更是长期瘫痪，无人问津。改革开放以来，法检两院的地位虽然得到了大幅度的提升，但仍未上升到宪法所宣示的高度。

往往没有资格论及。

工资改革正是涉及央地关系、财政体制的复杂问题,繁重艰巨,需耗费较长周期。但全面深化司法体制改革的现实需要,又形成了巨大的政治压力和紧迫感,使法检系统必须在短时间内尽快完成改革任务。在这一格局中,法检系统所能选择的策略,只能是在自身可掌控的范围内迅速展开改革,用“自我折腾”的牺牲交出改革答卷,因此工资改革在进度上远远滞后于责任制改革。我国“压力型体制”的治理模式,也使司法改革这一政治任务在层层加压之后,形成改革“锦标赛”局面;部分地方出于一时的政绩需要,将改革异化为“为改革而改革”的应景作秀,乐于在责任制改革上作自我加压的积极姿态,同时回避工资改革等难度系数较大、真正伤筋动骨的举措,使改革试点走过场,难以真正发现问题、总结经验。上述法检系统中各种内生性动力的作用,使工资改革被放到了边缘化的位置,司法人员的正当权益诉求让位于加速“完成”司法体制改革政绩的需要,导致责任制改革在工资改革等基础性配套措施完成度不足、论证试点也未取得明显进展的情况下,以硬性任务的姿态急促铺开的局面。这一改革策略固然符合先易后难的逻辑,但也蕴含极大的技术风险。在当前职业责任、职业风险迅速增长而资源配给、职业保障红利未有跟进释放,特别是在部分司法体制改革试点地区工资改革长时间“空转”的负面示范情况下,继续讨论控权、问责,只会激化司法人员的集体逆反心理,使法官、检察官职业吸引力受到削弱,极可能使改革在整体上触及内卷效应的“玻璃天花板”而后劲不足。

(三)共识缺位中的认同困境:改革困局的观念因素

司法人员工资制度改革所面临更深层次的阻碍,来自观念的层面。目前舆论围绕工资改革的质疑和反对声音层出不穷,反映出各界对改革的认同问题。一方面是内部认同的不足。“不患寡而患不均”。与政法委机关、公安系统和司法行政系统“全员增资”的工资改革方案不同,[15]法检系统工资改革以法官、检察官的优薪制为导向,与人员分类管理改革相挂钩,改革后法官、检察官的增资幅度较司法辅助人员和行政后勤人员存在30%～40%的落差。而在人员分类管理实施后,各级法院、检察院司法辅助人员和行政后勤人员的比例将普遍达到60%以上,占绝对多数。这部分绝对多数人员在工资改革中的相对剥夺感,势将削弱他们对改革的认同;[16]另一方面是外部认同的不足。法官、检察官工资应当高于一般公务员的优薪制理念,固然是成熟法治社会的制度共识,但这一制度共识在我国社会中远未成形。每当其他党政机关的干部谈

〔15〕 本轮公安工资改革主要以提升警衔津贴标准的方式进行。凡属中央政法专项编制内人员,即具警察身份,配备对应警衔。因此,尽管有警种、岗位之分,并且配备大量“辅警”,但公安机关在不调整人员结构的前提下,以津补贴为突破口,实现全员增资的普惠性目标。政法委机关和司法行政系统的工资调整则以全国统一的每人1200元/月的工作津贴完成,在技术上更加简便易行。

〔16〕 特别是对于部分在入额遴选中被淘汰的人员而言,正如有论者所指出:“一个法官搭配一个心怀怨念、待遇降格、等级停摆的前法官,除非这位助理近3年内还有入额可能,否则……改革的‘最大公约数’可能很难形成”。参见何帆:《美国法院如何配置“员额外”法官》,载中国法治网:http://www.zhongguofazhi.org/content_3147619_1.html,最后访问日期:2018年1月15日。

到司法人员增资涨薪的话题时，就会听到类似的诘问：“都是为人民服务，你们搞审判，别人搞侦查、起诉、征税、审计、城管、市政、招商，只是分工不同，凭什么你们的工资就得比我们高？”[17] 更为难解的是，由公众对司法公正的期待和对现实司法供给不满交织的矛盾心理所产生的逆反情绪。时见报端的冤假错案和贪腐丑闻，导致人们很容易把法检系统涨工资与少数司法人员的枉法行为、腐败现象关联起来，使改革遭遇杂音和阻力。

工资改革所遭遇的上述认同困境，在某种意义上折射出改革过程中公关策略和行动的缺位。公关缺位至少从以下两个方面形塑了改革的认同困境：一方面是利益相关主体的参与缺位。现代公共关系学的研究表明，任何一项公共政策的实施，均需要遵循程序正义与公平原则，全面考虑其利益相关者的诉求，才能减少因利益冲突而造成的执行风险。司法人员工资制度改革在一定程度上关系到社会利益格局的变化，不可避免地触及敏感的社会分配问题。依照利益相关者的分析范式，作为改革对象的法检两院人员、作为改革执行主体的地方党政机关、作为纳税主体的社会公众，都应当对改革享有充分的知情权和参与权。然而，目前工资改革缺乏各利益相关主体广泛参与的调研论证，客观上加大了各方的疑虑。另一方面是宣传工作的缺位。公共政策的宣传水平，是决定公共政策执行质量的重要变量。[18] 就工资改革而言，敏感的利益分配和复杂的技术属性，更使舆论引导、政策阐释显得极为重要。然而目前司法人员工资独立化与优薪制的必要性及具体举措，均未得到适足的宣讲和解读，对内缺乏深入的思想动员，对外缺乏充分的宣传造势，从而引发不少对改革的误读和误解。

三、司法体制综合配套改革条件下的工资制度改革推进思路

司法人员工资制度改革与司法责任制之间的脱节及其后果，充分表明孤立的分散性改革很难具有生命力，相应的配套和保障措施必须跟进到位。党的十九大做出“深化司法体制综合配套改革，全面落实司法责任制”的重大部署，标志着司法责任制改革进入全面推开、爬坡过坎的决胜阶段，也为破解包括工资制度改革困局在内的一系列问题指明了方向。现阶段应当以深化司法体制综合配套改革为契机，在工资改革问题上加速攻坚，补齐短板，直至形成后发优势，释放应有的改革红利。

（一）以增量建设破解司法人员工资制度改革中的“委托—代理”陷阱

围绕工资改革所产生的“委托—代理”问题，是由司法改革对既有利益格局的撬动所引发的央地博弈的具体体现。对此，我国改革开放的一条基本历史经验，即通过创造增量来牵引存量，从而破解既得利益格局对改革的阻碍，富有相当的启示意义。具体而言，应当以财政增量满足地方政府在改革执行过程中合理的利益诉求，同时以制度增量为保障提升中央对地方改革执行行为的监控力度。

---

〔17〕 参见吴国平：《对提高法官待遇问题的思考》，载《海峡法学》2015 年第 2 期。

〔18〕 参见郑毅：《作为中央与地方事权划分基础的“委托—代理”理论》，载《云南大学学报》（法学版）2015 年第 1 期。

1. 打造财政增量，平衡央地之间的利益关系

根据事权与财政支出责任相统一的财政伦理，司法既升格为中央事权，即应当以中央财政为主承担司法人员工资的财政支出责任。而作为阶段性措施，目前可通过增量改革的方式，即由各级地方政府在省级财政统筹下负责存量工资的发放，继续按照既有的水平承担司法人员的各项津补贴与奖金；而改革后工资提升的增量部分，则由中央财政向省级财政转移支付，由后者予以统筹。同时，要高度重视区域间经济发展水平的差异，对于经济相对落后、财政相对困难地区的基层法院、检察院，应当增加省级转移支付力度，确保中央确定的增资幅度落实到位；对于传统上人员收入较高的基层法院、检察院，则要避免"明升暗降"现象的出现。待将来时机成熟，再将司法人员工资全面调整为中央财政负担。

2. 构建制度增量，提升改革执行行为的监控水平

一方面要构建工资调查制度，减少央地之间的信息不对称。厘清工资构成现况，是工资改革的基础性工作。应及时展开摸底调查，整理各地参差不一的津补贴与奖金设置，切实改变工资结构复杂混乱的状况。就其原则而言，对于地方同级政府公务员普遍享有的津贴、奖金，只要是符合中央规定的，暂时予以保留，试点期间试点地区法院、检察院已经为一线办案人员争取到的主审判/公诉团队津贴或者以案定补津贴等，只要层报省委政法委备案认可，即使是由同级财政保障，也应予以保留，一些违反规定自行发放的，根据有关规定及时清理、纠正。另一方面要推进工资改革相关的立法工作，以法律增量提升改革相关政策的周延性与执行力。应尽快结合工资改革相关文件的精神，修订《法官法》《检察官法》，确立法官、检察官优薪制和任职期间收入不得减少等原则，并对工资水平、调整方式与财政保障作出细化规定，将政策意图表达得更为清楚准确；待时机成熟后，再通过修订宪法，使法官、检察官的工资待遇获得基本法层面的保障。

（二）以统筹思维协调工资制度改革与全面落实司法责任制间的进度关系

针对现阶段的司改策略所致的工资改革滞后问题，应提升站位，坚持中央统筹的原则，摆脱各自为政、闭门改革的司改传统，保证工资改革与各项改革任务之间的充分衔接。

1. 进一步强化工资改革的外部统筹协调

司法体制改革是我国国家治理体系和治理能力现代化变革这个更大整体的组成部分，只有在治理现代化的宏观架构中加以把握，才能使改革富有成效。根据我国的改革经验，具有"最大利益相关性"的人事、财政问题，往往是改革中的核心难点。工资改革正处在司法体制改革中人事与财政问题的交汇点上，涉及现行法律、行政体制和财政体制等一系列复杂因素，可谓难上加难。没有来自顶层设计的统一部署与跨部门协调，这一改革必将成为不可能完成的任务。因此，必须进一步树牢"四个意识"，毫不动摇地坚持中央统筹的改革原则，确保改革在党的领导和推动下展开。

2. 进一步强化司法改革各环节之间的统筹协调

从法检系统内部的角度看,由于责任制、员额制、人财物省级统管乃至司法运行机制改革与司法保障制度改革之间存在相互影响、相互作用的整体性关系,因此也必须注意各个改革环节之间的统筹,使各项改革举措齐头并进、形成合力,最终推动司法改革的良性发展。因此,改革的方案也应当具有整体性和开放性。只有采取多元的、全方位的、系统的整体推进方式,理顺改革重点措施与整体推进之间的紧张关系,控制好改革的节奏与幅度,提升改革的内部自洽程度,才能使改革的努力不至于流于形式。

(三)以公共关系策略破解司法人员工资制度改革的认同困境

司法人员工资制度改革所面临的认同困境涉及法治观念的型塑问题,因而需要较长的解决周期。应当利用全面依法治国上升为国家核心战略的有利外部环境,从公共关系学的角度加强凝聚改革共识。

1. 提升利益相关主体的改革参与度

要提升法检人员、党政机关、社会公众等不同利益相关主体的改革参与程度。当前最为迫切的任务是要在更大范围内组织对改革执行方案的调研论证,切实听取各方意见,合理配置不同人群的待遇提升比例,减小因改革引发的内部矛盾。需要特别指出的是,改革后行政后勤工资不宜与司法辅助人员出现差别,因为行政后勤人员大多为法院检察院的业务骨干出身,相当一部分人具有法官检察官资格,所从事工作也是为执法办案服务,性质与司法辅助并无本质不同。工资改革方案中“三类人员、三种待遇”的设计或使其出现最为强烈的相对剥夺感,从而导致其与一线办案人员争抢员额,且基于资历等因素,其在竞争中将更具实力,导致不少一线办案人员的出局。目前多数地区在工资改革实际操作中,拟按照司法辅助人员的政策调整政工干部工资,这是一个实事求是、值得肯定的动向,应当进一步总结相关经验,探索形成“两类人员、两种待遇”或其他避免收入待遇出现不必要分化的制度安排。从长远的角度看,应建构多方参与和协调的开放性司法人员工资调整磋商机制,使工资水平在反映其人力资源价值的基础上,与社会经济发展水平、公众接受度等建立更为密切的衔接。对此,可以参照我国香港地区通过设置第三方机构为政府提供法官工资调整建议的做法,成立独立机构,承担法官、检察官工资水平的调查与调整建议职能。[19]

---

〔19〕 针对法官工资调整问题,我国香港特别行政区早于 1987 年即在当局主导下组建了的第三方机构“司法人员薪俸及服务条件常务委员会”。该机构每年发布《司法人员工资检讨报告》,就法官的工资、服务条件以及薪俸结构的原则和措施,定期向行政长官提出改革建议。该机构主要根据以下变量提出法官工资调整建议:(1)法官与私人执业律师在职责、工作条件和工作量方面的比较;(2)法官招录和流失的情况;(3)法官职业的特点,如法官的任期保障、声望及崇高地位;(4)法官的退休年龄和退休福利;(5)禁止离职后再在香港私人执业的规定;(6)法官享有的福利和津贴;(7)生活费用的调整幅度和消费物价指数;(8)香港的整体经济状况;(9)政府的财政状况;(10)其他普通法国家法官工资变化情况;(11)私营机构的工资水平及趋势;(12)政府其他机构公务员工资变化情况。多数普通法系国家和德国、法国、日本等主要的大陆法系国家均有类似制度。参见何帆:《法官高薪的前提是什么》,载《人民法院报》2013 年 5 月 24 日,第 4 版。

2. 提升改革的宣传力度和水平

一是要在系统内部积极加强政策解读。各级法院、检察院领导干部应当把改革精神讲清楚，把改革措施讲透彻，引导法检人员认识改革的普惠意义，认识到不同人员之间的工资增长差异中所包含的司法规律和职业属性要求，防止因为解读不到位、引导不正确而产生改革“负能量”。二是要在系统外积极争取舆论支持。各级法院应当主动借助互联网、新媒体、自办专业媒体，周密策划、权威发声，广泛宣传改革政策、进展和成效，提升工资改革的能见度，在全社会深入宣讲工资改革背后所蕴藏的现代法治理念、所体现的法治建设规律、所释放的改革红利，努力争取党政机关、社会各界对工资改革的理解和支持。三是应就改革的政策解读、改革宣传、舆论引导等事务明确责任主体，细化工作程序，并建立相应的考核评价指标，形成常态化、制度化的宣传公关机制。

地方人大立法听证程序存在的问题及其对策

——以深圳市六次立法听证为样本

周剑君*

内容摘要：在现代民主政治体制中，地方人大立法听证制度意义重大。但就其现实运行状况而言，却存在诸多问题，例如，地方人大立法听证的成本高昂且缺乏激励机制，相关机构热情不足；关于地方人大立法听证事项的范围过于抽象且属于授权性条款，实际可操作性不足；地方人大立法听证程序当中利益相关人员参与性不足；听证会具体制度安排不利于充分听取民意；地方人大立法听证制度实效性不足等。为有效应对当前地方人大立法听证程序中存在的问题，可以尝试从以下四个方面予以完善：即健全地方人大立法听证工作机制，完善听证激励机制；进一步明确“可以”举行立法听证会和“应当”举行听证会的情形；畅通地方人大立法听证程序当中利益相关人员参与机制；切实保障立法听证当事人在听证程序中所享有的各项权利；建立地方人大立法听证评估预警机制。

关键词：地方人大　立法听证　实证分析　对策研究

在现代民主政治体制中，地方人大立法听证制度是贯彻人民主权原则，实现人民当家做主，保障立法符合民意，维护公众参政议政和立法监督权利的重要保障，其意义不容小视。但就地方人大立法听证程序的现实运行情况而言，其还有诸多需要进一步完善的空间。因此，选取具有代表性的样本来客观审视地方人大立法听证程序的现实运行状况也就显得尤为必要。而在当前地方人大立法听证的实践中特区深圳走在了全国的前列。截至目前，深圳市人大常委会已经举行了七次较大规模的听证会，其中六次为立法听证会，一次为重大事项听证会。正是鉴于此，本文以深圳市人大常委会组织的六次立法听证会议为样本，对当前地方人大立法听证程序中所存在的问题予以分析，并进一步提出完善的意见。

一、深圳市人大听证会的基本样貌

据相关资料显示，1993 年深圳在全国率先实行了被看作是中国听证制度雏形的价格审价制度。随后，1999 年深圳市人大计划预算委员会再开全国先河，进一步明确了关于地方人大立法听证的具体操作程序，制定了《深圳市人大计划预算委员会听证制度》的操作规则。以此为契机，2000 年深圳市人大就《深圳经济特区审计监督条例（草案）》举行了立法听证会，这是 2000 年《立法法》颁布以后全国第一次具有听证规

* 周剑君，深圳市人民政府法制办公室法制研究所副所长，助理研究员。

则的立法听证会。[1] 正是鉴于我国 2000 年颁布实施的《立法法》当中对立法过程中举行各种形式的听证会以听取不同群体意见的问题作出了原则性的规定。为进一步贯彻落实《立法法》的相关精神,深圳市人大常委会组织草拟了《深圳市人大常委会听证条例》。该条例是国内首部关于立法听证制度的地方性法规,其不仅填补了深圳市的立法空白,同时也为其他省市地方人大立法听证制度建构提供了可供借鉴的有益经验。

自该条例通过以来,深圳市人大又举行了六次听证会,其中有五次立法听证会,一次重大事项听证会。第一次听证会是 2002 年 1 月 24 日举行的《深圳经济特区人才市场管理条例(草案)》立法听证会,听证主题事项是应否就人才市场和劳动力市场进行统一立法。第二次听证会是 2003 年 7 月 15 日举行的《深圳经济特区机动车停放条例(草案)》立法听证会。此次听证会的听证主题事项共包括四个问题:一是道路临时停放是否必要;二是如何设置临时停放路段;三是停车场管理单位对所停放的车辆损毁的法律责任问题;四是条例草案规定停车场管理单位的民事责任是否妥当。第三次听证会是 2003 年 9 月 9 日举行的《深圳经济特区道路交通管理处罚条例(修正案)》立法听证会,听证主题事项为特区内是否应当禁止摩托车行驶和如何禁止。第四次听证会是 2004 年 6 月 29 日举行的关于南坪快速路丰泽湖段线位优选方案听证会,此次听证会属于重大事项听证会。第五次听证会是 2008 年 9 月 9 日举行的《深圳经济特区无线电管理条例(草案)》立法听证会。第六次听证会是 2013 年 5 月 14 日举行的《深圳经济特区控制吸烟条例(修订草案)》立法听证会,听证会主要就吸烟者、经营管理者、销售者以及广告发布者违反控烟规定的法律责任问题进行了听证,参见表 7。

表 7 深圳市人大举行的七次听证会列表[2]

听证会阶段	听证会时间	听证会性质	听证会组织者	听证会议题	听证会社会背景
《条例》通过之前	2000 年 11 月 28 日	立法听证会	市人大常委会计划预算委员会	《深圳经济特区审计监督条例(草案)》立法听证会	政府投资项目审计监督管理体制运行不畅
《条例》通过之后	2002 年 1 月 24 日	立法听证会	市人大常委会法制工作委员会	《深圳经济特区人才市场管理条例(草案)》立法听证会	特区人才和劳动力市场管理体制运行不畅

[1] 参见唐娟:《地方立法民主发展的实证分析——以深圳市人大立法听证规则及其运行过程为分析对象》,载《云南行政学院学报》2004 年第 4 期。

[2] 同上。

续表

听证会阶段	听证会时间	听证会性质	听证会组织者	听证会议题	听证会社会背景
《条例》通过之后	2003 年 7 月 15 日	立法听证会	市人大常委会法制工作委员会	《深圳经济特区机动车停放条例(草案)》立法听证会	特区机动车辆停放管理过程中所遇到的问题
《条例》通过之后	2003 年 9 月 9 日	立法听证会	市人大常委会法制工作委员会	《深圳经济特区道路交通管理处罚条例(修正案)》立法听证会	特区内是否应当禁止摩托车行驶和如何禁止的问题
《条例》通过之后	2004 年 6 月 29 日	重大事项听证会	市人大常委会法制工作委员会	关于南坪快速路丰泽湖段线位优选方案听证会	道路选址规划的相关问题,道路修建中的空气和噪声污染等问题
《条例》通过之后	2008 年 9 月 9 日	立法听证会	市人大常委会法制工作委员会	《深圳经济特区无线电管理条例(草案)》立法听证会	无线电管理无序混乱的相关问题
《条例》通过之后	2013 年 5 月 14 日	立法听证会	市人大常委会法制工作委员会	《深圳经济特区控制吸烟条例(修订草案)》立法听证会	吸烟者、经营管理者、销售者以及广告发布者违反控烟规定的法律责任问题

从深圳市人大举行的七次听证会的基本情况来看,其表现出了以下几大特点:其一,深圳市人大常委会对建立和完善立法听证制度以及开展立法听证工作高度重视。其一直在探索适合特区法治发展现状的地方人大立法听证模式,从《深圳市人大计划预算委员会听证制度》操作规则的出台到《深圳市人大常委会听证条例》的颁布便是最好的例证。此外,为进一步提升立法听证的实效性,深圳市人大常委会于 2014 年 7 月 3 日在其官方网站等媒体上发布公告,公开征集社会各界对条例实施情况以及评估工作的意见和建议。2016 年深圳市人大常委会为主动适应深圳市改革和经济社会发展需要,充分发挥特区立法权和设区的市立法权的叠加优势,坚持改革方向、问题导向,坚持为需而立、立以致用,不求多、不求快,但求精、求管用、求突出深圳特色,进一步增强立法的针对性和可操作性,又进一步探索立法辩论制度,研究修订听证条例。[3] 其二,听证会的性质主要为立法听证会。在深圳市人大举行的七次听证会当中,除 2004 年 6 月 29 日组织的“关于南坪快速路丰泽湖段线位优选方案听证会”属于重大事项听证会之外,其他六次听证会的性质均为立法听证会。其三,深圳特区立法听证组织工作逐步走向规范化和常态化。从以上七次听证会来看,听证会的组织者也从第一次的市人大常委会计划预算委员会逐渐转变为市人大常委会法制工作委员会,

---

〔3〕 参见李舒瑜:《探索立法辩论制度 研究修订听证条例》,载《深圳特区报》2016 年 2 月 2 日。

自此深圳特区立法听证工作也逐步走向规范化和常态化。其四,听证会议题选择均与民生事项息息相关。从以上七次听证会来看,无论是关于特区人才和劳动力市场管理体制的问题,还是深圳经济特区机动车停放的问题,无论是深圳经济特区道路交通管理的问题,还是深圳经济特区控制吸烟的问题均关系到普通社会民众的社会生活,其对于确保地方立法质量、提高公民的立法参与性均发挥了重要作用。

二、地方人大立法听证程序中存在的问题

客观而言,地方人大立法听证程序其在提升地方立法工作水平,加强地方人大常委会的自身建设,进一步推进一流法治城市建设等方面均扮演了举足轻重的角色。但不容置疑的是,地方人大的立法听证程序还存在诸多的问题,还有进一步完善的空间。

其一,地方人大立法听证的成本高昂且缺乏激励机制,相关机构热情不足。[4] 以深圳市的样本为例,地方人大的立法听证工作均由立法机关的工作机构来具体负责(市人大常委会计划预算委员会和市人大常委会法制工作委员会)。而这些机构除去要负责立法听证工作之外,还负责新法律文本的起草、宣传等诸多日常性的事务。而地方人大立法听证程序本身就是一个异常烦琐的事务,通常要组织好一次地方人大立法听证至少要经历立法听证议题的选定,听证公告的发布,听证代表的遴选,听证报告的制作等诸多流程。整个流程一般都要经历半年左右的时间,这进一步加剧了立法机关工作机构在时间、人力资本、工作任务分配等方面的负担,地方人大立法听证的成本十分高昂,而其效果又具有长期性和隐蔽性,不像GDP增长那样显性可见,因此相关机构热情不足。鉴于此,自2000年以来深圳市人大常委会仅仅举行了七次较大规模的听证会,其中六次为立法听证会,一次为重大事项听证会。深圳市人大常委会举行的立法听证不仅次数少,且从听证会举办的时间来看,深圳市人大常委会听证活动的开展频率也具有不稳定的特征。在已举办的七次听会中,有五次听证会举办于(2000年至2004年),其后仅2008年和2013年分别举行过一次立法听证会。而这一数据与其他省市相比较,深圳市人大常委会举办听证会的次数依然处于领先水平。

其二,地方人大立法听证事项的范围过于抽象,且关于听证事项范围条款属于授权性条款,而非义务性条款,这导致地方人大立法听证随意性过大,可操作性不足。以《深圳市人大常委会听证条例》为例,其采用了相对概括式列举的方式来划定地方人大立法听证事项的范围。其规定有下列情形之一的,可以举行听证:(1)涉及社会普遍关注的热点、难点问题的;(2)涉及对特定组织和个人的权利和义务或者对公共利益有影响的;(3)常委会、专门委员会和工作委员会组成人员之间出现较大意见分歧的;(4)需要广泛听取意见、收集信息的;(5)其他需要举行听证会的。这种相对概括式的列举方式看似逻辑周延,但仔细审视不难发现这其中包含了诸多的问题。比如,何种情形为"涉及社会普遍关注的热点、难点问题",何种情形为"对公共利益有影

---

[4] 参见徐琳:《中国立法听证制度在实践中的困难探析》,载《社会科学家》2010年第4期。

响”,这些情形列举中均包含了众多的不确定法律概念,从而带来实际操作上的难题。此外,即使相关问题属于以上事项也仅仅是“可以”举行听证而非“应当”举行听证,因此该条规定属于授权性条款,而非义务性条款,这就使听证活动的举行具有一定的随意性,更加增加了地方人大立法听证事项范围的不确定性。[5] 以深圳市 2008 年 9 月 9 日举行的“深圳经济特区无线电管理条例(草案)”立法听证会为例,社会广大民众皆在质疑地方人大借助抽象模糊的立法听证事项范围来刻意回避社会普遍关注的热点、难点问题,选择了一个相对冷门的话题从而减小立法听证程序中的观点分歧,从而将地方人大立法听证程序异化为“为了听证而听证”。

其三,地方人大立法听证程序当中利益相关人员参与不足。地方人大立法听证程序该项制度设计的初衷便是借助可以看得见的方式赋予公民、法人或其他组织等利益相关人表达自身利益的权利和机会,并将这种利益表达作为立法依据或参考。而就地方人大立法听证程序的现实运行情况来看,主要存在地方人大立法听证代表广泛性不足,听证报告公开性不足,利益相关人员意见采纳与否,事后反馈渠道不畅通等诸多问题。以深圳市人大常委会 2013 年 5 月 14 日举行《深圳经济特区控制吸烟条例(修订草案)》立法听证会为例,该听证会的争议焦点涉及了吸烟者、二手烟受害者、生产经营者、销售者、广告发布者、行政管理职能部门等利益相关群体违反控烟规定的法律责任,违反相应责任的罚款额度、谁来执行行政处罚、如何对其进行有效监管等一系列的热点问题。面对如此众多的争议焦点,而立法听证会所遴选的 4 名听证人、11 名陈述人,[6] 与立法可能涉及的吸烟者、二手烟受害者、生产经营者、销售者、广告发布者、行政管理职能部门等利益相关群体相比,显然其代表性和广泛性是存疑的。相较之许多国外的立法听证会通常均有上百人参与,为充分讨论其通常都会分为若干小组进行充分辩论和轮流听证。此外,再就听证报告公开性和利益相关人员意见采纳与否事后反馈而言,地方人大立法听证程序当中通常仅仅会有一个简单的新闻报道,其中听证报告也通常不会向未参与立法听证的利益相关群体公开。据学者统计,地方人大立法听证当中明确提出听证报告要向社会利益相关群体公布的仅有北京市、甘肃省和山东省,其余省或者市通常仅仅是向人大常委会或者有关部门报告。此外,立法听证程序结束之后。立法机关对于参与听证利益相关群体的观点或意见是否得到采纳以及不予采纳的原因等很少作出回应。[7]

其四,听证会具体制度安排不利于充分听取民意。一般而言,纳入地方人大立法听证的事项均为社会争议的焦点问题,而听证会的陈述时间却非常有限。以深圳为例,听证陈述人的发言时间是 5 分钟,[8] 在这规定时间之内陈述人显然无法充分阐释自己所代表群体的观点。而相较国外的立法听证而言,《美国环境法》在颁布之前参

---

[5] 参见饶世权:《论公众参与视阈中的地方立法听证制度》,载《湖北社会科学》2013 年第 10 期。
[6] 参见刘冬:《深圳举行控烟条例立法听证会》,载《法制日报》2013 年 5 月 16 日,第 6 版。
[7] 参见张利军:《政治参与视角下立法听证会的困境与机遇》,载《经济社会体制比较》2012 年第 4 期。
[8] 参见陈家刚:《程序民主的实践——中国地方立法听证规则的比较研究》,载《政治学研究》2004 年第 3 期。

议院负责环境治理的专门小组委员会在美国12个城市举行了数次立法听证会,《空气质量法案》在颁布之前的立法听证会,持续18天,《清洁水源法案》的立法听证会持续44天。[9] 此外,立法听证程序当中参会代表的发言顺序也有待进一步完善。以深圳市为例,《深圳市人大常委会听证条例》规定,"听证会一般按下列顺序发言:(一)与听证事项有利害关系的陈述人;(二)了解听证事项的陈述人;(三)专家陈述人"。显然该规定未明确列明是由赞成还是反对的陈述人进行陈述,我们再结合立法听证的主要目的来看,其主要是为了听取各方面意见,尤其是反对意见(或称原则性分歧意见)。[10] 因为,无论是立法还是决定重大事项,正方意见通常已经有了较充分的论证和考量,在此时,认真听取反对意见尤为重要,所以,在立法听证过程中,持反对意见者应优先发言,其意见更应受到重点对待。主持人应当公平、合理地确定陈述人发言的具体顺序及发言时间。

其五,地方人大立法听证制度实效性不足的问题。所谓地方立法听证程序的实效性即要求地方立法活动必须要回应老百姓真正关心的问题,其通常从着手制定立法规划时就应该有所体现。就其本质而言地方人大立法听证制度设计的目的就是要通过倾听社会各界与立法事项相关利益主体的各种声音,尤其是那些持不同意见的声音,从而为正在进行的各项立法活动注入新的活力,为各项立法过程带来民主参与的气息,从而促进科学立法、民主立法。[11] 但就现实运行情况而言,地方人大立法听证制度确存在着实效性不足的问题,同时缺乏对于立法听证参与者准入资质或必要物质保障问题等方面的具体规定,甚至在一些地方出现了"职业听证托"的问题。根据某项关于地方人大立法听证的实证调查数据显示,有19.4%的被调查者认为地方人大常委会在立法或决策的过程中举办听证会的意义不明显,有32.3%的被调查者认为地方人大立法听证会的效果一般,9.7%的被调查者认为地方人大立法听证会的效果较差,30.8%的被调查者表示说不清楚。从这一数据当中也不难发现存在的问题,正是由于地方立法听证程序中的配套制度方面所存在的缺憾,从而进一步侵蚀了地方人大立法听证制度实效性,最终影响到了社会多元利益在拟制定法律法规当中的反映。

三、地方人大立法听证程序的完善对策

理想状态下,地方人大立法听证程序能够为立法决策民主化、科学化提供制度保障。但就客观而言,各地人大立法听证的效果与理想状态还有一定的距离,还有许多需要改进的地方,主要有如下几方面:

其一,健全地方人大立法听证工作机制,完善听证激励机制。为了提高举行地方

---

〔9〕 参见李淑英:《立法听证制度的功能分析》,载《华东政法学院学报》2002年第4期。

〔10〕 参见杨雪冬:《制度移植与本土实践:以立法听证为个案的研究》,载《华中师范大学学报》(人文社会科学版)2005年第6期。

〔11〕 参见马怀德、陶杨:《我国地方立法听证效力的表现方式》,载《苏州大学学报》(哲学社会科学版)2007年第3期。

人大立法听证的效率、节约举办成本,可尝试引入地方立法听证的繁简分流机制。在保障广泛、有效地听取意见的前提下,可以适用简易听证程序的事项主要有以下三个方面的特点:第一,管理对象较为特定,如特种设备安全管理方面的法规,这类法规的规范对象较为特定,且数量相对有限;第二,虽涉及面广泛但牵涉利益不大,如控烟方面的法规,这类法规虽然涉及面较为广泛,但涉及的利益却并非事关重大;第三,涉及专业领域,社会公众不熟悉的,如无线电管理领域的法规,这类法规涉及的领域较为专业,不具备相关的专业知识背景,很难理解和把握相关立法规定的合法性与合理性。简易听证程序可以精简听证主体的人数、不设旁听席,甚至不当场宣读听证纪律,争取以尽可能少的投入达到同样或者是更好的听证效果。此外要想从根本上增强地方人大立法听证程序的实效性,避免地方人大立法听证活动的"运动化"和"集中化",必须要进一步加强听证组织领导。由地方大常委会领导挂帅强化听证活动的领导机制,加强对听证活动的组织和引导。建立健全听证常态工作制度,地方人大常委会可以制定具体的听证工作制度,对组织听证工作的具体规则进行细化,以建立健全常态化和制度化的听证工作机制。建立相关考核机制,建议各级地方人大常委会将各委举办听证会的频率、听取意见情况等内容纳入绩效考核中,以推动听证工作的有序开展。

其二,进一步明确"可以"举行立法听证会和"应当"举行听证会的情形。可以借鉴国内外关于地方人大立法听证中的有益经验,除去之前已经规定的五种情形外,进一步将"设定义务性规范较多的;设置的行政处罚种类较多、较重或者行政处罚幅度较大的;对制定、修改或者废止地方性法规的必要性有较大争议的;对地方性法规草案的内容有较大争议的"等情形纳入"可以"举行立法听证会的范畴当中。此外,针对相关部门出于追求决策效率或者"少惹麻烦"的心态,而在重大决策或者立法中刻意回避听证活动的情况,[12]为避免此类情形的发生可以尝试将诸如"设定行政许可,设置行政强制措施,设定行政机关收费项目,禁止或者限制公民、法人和其他组织从事某类活动,对正常生产经营活动造成普遍重大影响"的情形纳入应当举行听证活动的范围之内,从而提高地方人大对社会关注度较高的热点、难点事项举办听证会的积极性。

其三,畅通地方人大立法听证程序当中利益相关人员参与机制。正是鉴于地方人大立法听证程序不同于立法座谈会,唯有通过充分的辩论才能深刻剖析立法过程中可能涉及的多元化利益冲突。因此为进一步增强辩论的效果,一方面,可尝试建构立法听证会前不同观点和支撑材料的交换程序,将立法听证陈述人的陈述报告以及相关的证据材料等提前互相交换,从而进一步增强立法听证的辩论效果。另一方面,建议将辩论环节明确为听证会的法定程序。辩论环节宜设置在正式陈述环节之后,在听证陈述人陈述各自观点后,听证主持人归纳争论焦点,组织听证陈述人围绕争论焦点展开辩论,公平、合理地确定陈述人发言的具体顺序及发言时间。通过机会均等的辩论,使

---

〔12〕 参见彭宗超、薛澜、沈旭晖:《国外立法听证制度的比较分析》,载《政治学研究》2003年第1期。

力量不等的各方利害关系人有平等的对话机会,激活公众参与听证的积极性,使听证会真正成为一个利益博弈和意见交换的平台。此外,还要进一步建立利益相关人员听证激励引导机制。无论是专家学者还是普通市民,参与听证会均需付出一定的时间、精力和经济成本,却又无法产生直接收益。在缺乏激励机制的情况下,公众参与听证活动的热情与积极性很容易被削减,为此必须要逐步完善利益相关人员听证激励引导机制,从而让专家学者和普通市民都积极主动地参与到立法听证程序当中。最后,要逐步完善立法听证报告公开机制和立法听证意见的反馈机制。就立法听证报告而言其是对之前人大立法听证会的总结性书面文件,其对于立法草案的决策扮演着重要的咨询参考功能,其对于对立法者在审议法案中的影响程度会对之前举行的大人立法听证程序的效力产生最根本的影响。正是鉴于此,必须要保障立法听证报告的公开化和透明化,最大程度上避免立法上的"暗箱操作"。〔13〕就立法听证反馈机制而言,唯有真正建立起立法听证的听证事项评估机制与听证意见反馈机制,才能让民众真正了解立法过程的多元利益博弈,才能让民众感受到立法听证过程的实际效果。这一过程不仅增强了立法条文的社会知晓度,而且潜移默化中起到了宣传普法的功能。〔14〕 立法听证反馈机制主要从两个方面着手:一方面,听证报告中增加意见反馈的内容。在听证报告中,对听证陈述人提出的意见和建议进行逐条分析,对意见采纳情况进行说明,对于未能采纳的要充分说明理由。〔15〕 另一方面,建立质疑回应机制。听证报告公开后,社会公众对听证报告提出质疑的,听证机构应该积极回应,必要时可以制作听证回应报告,向社会公开。

其四,切实保障立法听证当事人在听证程序中所享有的各项权利。要保证立法听证当事人的权益,首先,要进行制度创新从而对听证过程的时间予以保障。以深圳为例,听证陈述人的发言时间是5分钟,〔16〕这时间规定显然陈述人无法充分阐释自己的观点主张,若听证过程中陈述以及辩论的时间过短,容易让普通民众产生立法听证走过场、形式化的质疑。出于立法听证成本的考量,可以尝试立法听证的形式创新即组织利益相关群体进行网上听证。相较之旁听人旁听和媒体新闻报道而言,网上立法听证具有传播快、受众广、成本低、公开度高的优势。〔17〕 其次,要进一步确定和强化"反对意见(原则性分歧意见)优先发言、重点对待"原则。〔18〕 对此可将立法听证陈述人的发言顺序进一步优化为:(1)提出听证事项的陈述人;(2)反对或直接反对听证事项

---

〔13〕 参见田玉麒:《地方人大立法听证制度:功能定位、实践经验与发展趋向——基于上海市人大立法听证实践的政治学分析》,载《河北法学》2016年第7期。

〔14〕 参见焦洪昌、杨敬之:《从立法听证看人大立法的民主化与科学化》,载《北京联合大学学报》(人文社会科学版)2009年第1期。

〔15〕 参见杨福忠:《论我国公共信任期待下的立法听证制度》,载《武汉理工大学学报》(社会科学版)2010年第4期。

〔16〕 参见陈家刚:《程序民主的实践——中国地方立法听证规则的比较研究》,载《政治学研究》2004年第3期。

〔17〕 参见焦洪昌、杨敬之:《从立法听证看人大立法的民主化与科学化》,载《北京联合大学学报》(人文社会科学版)2009年第1期。

〔18〕 参见黄信瑜:《从程序正义的视角看我国立法听证制度的实践》,载《法学杂志》2008年第4期。

的陈述人;(3)与听证事项有利害关系的陈述人;(4)专家陈述人;(5)其他陈述人。最后,要从实体内容上切实保障立法听证当事人所享有的权利,诸如享有知悉拟举行听证立法草案的基本内容、制定立法草案的法律依据及对其进行解释说明的支撑辅材料的权利;在法定时间内获得立法听证事项通知的权利;可以依法依规陈述关于听证事项不同意见的权利;对立法听证笔录进行审查后确认自己发言观点的权利等。[19]

其五,正是鉴于地方人大立法听证程序的实效性不足,从而要通过建立地方人大立法听证评估预警机制等一系列的配套制度来实现提质增效。[20] 具体而言,地方人大立法听证评估预警机制所评估的内容主要包括了立法听证程序的合理性、有效性和可操作性这三个方面。就立法听证程序的合理性而言主要是评估遵循现有条款是否符合合规律性、合科学性、合逻辑性的基本要求,[21]进而从最大限度调动广大民众的立法听证积极性,通过正当程序的方式保障社会民众真正参与到立法听证当中。就立法听证的有效性而言主要是关注现有规定是否可以回应老百姓真正关心的问题,其是否有助于实现立法听证所要求的经济效果、社会效果、舆论效果,[22]一般而言其通常从着手制定立法规划时就应该有所体现,以此来避免为了举行听证而听证的窘境。就立法听证的可操作性而言其主要是关注程序性和实体性的相关规定是否"管用",是否"够用",是否可以通过支付最小的社会成本实现最大的社会收益,其通常会围绕权利性条款、义务性条款、法律程序性条款以及法律责任性条款的技术设计可实现来展开评估。[23]

四、结语

立法听证制度作为"舶来品",在我国各地方人大正进行着不断地探索实践,为立法决策民主化、科学化提供了制度保障。各地也基本形成了不同形式的立法听证规则,对整个立法听证过程予以规制。在各种立法听证程序规则中,既有亮点也有需要改进之处。对于地方人大立法听证制度中存在的问题,本文针对性地给出了一些制度构建性的建议。应当指出,地方民主法治建设是一个漫长的过程,我国的地方人大立法听证制度同样需要通过长期实践来逐步发展和完善。

---

〔19〕 参见刘伟、刘畅:《法治程序下的立法听证制度》,载《中共四川省委省级机关党校学报》2005 年第 2 期。
〔20〕 参见朱力宇、孙晓东:《立法听证效果评估研究》,载《法学杂志》2007 年第 5 期。
〔21〕 参见汪全胜:《论立法的可操作性评估》,载《山西大学学报》(哲学社会科学版)2009 年第 4 期。
〔22〕 参见陈书全:《论立法后评估常态化启动机制的构建》,载《现代法学》2012 年第 2 期。
〔23〕 参见汪全胜:《论立法的可操作性评估》,载《山西大学学报》(哲学社会科学版)2009 年第 4 期。

论行政赔偿先行处理与行政赔偿诉讼之衔接

殷　勤*

内容摘要：国家赔偿责任以国家主权豁免原则为前提和基础，国家有权决定公民提起国家赔偿诉讼的条件和类型，行政赔偿作为国家赔偿之一种而概莫能外。我国行政赔偿诉讼除受国家赔偿法调整外，还受行政诉讼法调整，单独提起的行政赔偿诉讼依法属于课予义务诉讼类型，先行处理程序则是作为课予义务诉讼前提的申请决定程序；经过先行处理既是单独提起行政赔偿诉讼之诉讼要件，也对诉讼双方在嗣后行政赔偿诉讼中的诉讼行为构成必要限定；行政赔偿诉讼遵循违法归责原则，行政行为未经确认违法而请求人单独起诉请求行政赔偿的，因缺乏相应请求权而不具备诉之利益，除非行政行为存在重大明显违法等无效情形，或者行政机关在先行处理程序自认行政行为存在违法情形；法院在单独提起行政赔偿诉讼中仅针对赔偿请求人的赔偿请求是否合法进行审查，法院判决赔偿即同时宣告了行政机关的拒绝决定无效，而无须再判决撤销该拒绝决定。

关键词：行政赔偿　先行处理　诉之利益　诉讼衔接

一、问题的提出

我国《国家赔偿法》第9条第2款规定：赔偿请求人要求赔偿应当先向赔偿义务机关提出，也可以在申请行政复议或者提起行政诉讼时一并提出。此即我国行政赔偿"先行政，后复议、诉讼程序"和"行政复议、诉讼一并提起程序"并行模式。习惯上，"先行政，后复议、诉讼程序"（以下简称先行处理程序）又被称作"先行处理程序""单独提起程序"；"行政复议、诉讼一并提起程序"（以下简称一并处理程序）又被称作"一并处理程序""附带处理程序"。[1] 实践中，一并处理程序由于是在撤销诉讼中附带解决赔偿问题，在诉讼类型上仍属于撤销诉讼，所争议的问题也主要围绕具体行政行为的合法性展开，作为行政赔偿程序本身争议较少；相反，先行处理程序由于较少与行政行为诸撤销要件发生关联，而我国行政诉讼程序又主要围绕撤销诉讼加以规定，因而受学界、实务界关注较少。实践中，由于国家赔偿法、行政诉讼法等有关先行处理程序规定还较为粗疏且缺少相互衔接条款，这使对先行处理以及单独提起的行政赔偿诉讼，法院的裁判往往在诉讼类型、诉讼要件、审查对象等基本问题上产生争议，莫衷一是。

具体来说，对于先行处理程序与单独提起行政赔偿诉讼的关系问题，有的法院将

---

* 殷勤，最高人民法院第三巡回法庭法官助理。

〔1〕 参见沈岿：《国家赔偿法》，北京大学出版社2017年版，第346页。

先行处理作为单独起诉赔偿的诉讼要件把握;[2]有的法院则不考虑是否经过先行处理径行裁判;[3]对于经先行处理后发动行政赔偿诉讼的请求权基础问题,有的法院将行政行为违法与经过先行处理,共同作为单独提起行政赔偿诉讼的诉讼要件把握;[4]有的法院则将行政行为是否违法作为本案审查要件把握(未经确认违法即判决驳回诉讼请求);[5]还有的法院在单独提起行政赔偿诉讼中主动延伸对行政行为合法性审查;[6]对于单独提起行政赔偿诉讼的审查对象问题,有的法院在判决赔偿的同时判决撤销先行处理决定(拒绝决定);[7]有的法院仅作出赔偿判决而不撤销先行处理决定;[8]还有的法院则明示先行处理决定不属于司法审查范围;[9]对于先行处理程序的受理条件问题;有的行政机关对认为不符合受理条件的赔偿申请作出不予受理决定(或者告知不予受理);[10]有的行政机关则作出不予赔偿决定;[11]有的法院裁定驳回起诉;[12]有的法院判决驳回诉讼请求。[13]

法院的不同处理表明对先行处理程序性质、诉讼地位的不同立场,虽有利于从不同侧面认识和把握先行处理程序,但也明显降低了法律的确定性和可预测性,弱化了先行处理程序的纠纷解决功能。有学者指出,应当废止或者搁置先行处理程序。[14]但法律是一国人民集体意志的反映,朝令夕改不是法律的特点,对于法律条文首先不是去质疑其合理性和正当性,而是通过解释的方法,融贯、体系、合目的地加以理解,使之能够不断适应社会的需要。基于这一立场,本文尝试对上述争议问题提出具体看法,以回应司法实践的需要。

二、先行处理的诉讼地位

政府的赔偿责任是建立在放弃主权豁免原则这一基础上的,[15]立法机关在同意国家赔偿时,当然可以对国家赔偿诉讼规定其认为适当的条件。因此,认识和把握我

---

[2] 参见福建省高级人民法院(2016)闽行赔终31号行政赔偿裁定书。

[3] 参见福建省莆田市中级人民法院(2015)莆行初字第91号行政赔偿判决书。

[4] 参见最高人民法院(2017)最高法行申4733号行政裁定书。

[5] 参见浙江省高级人民法院(2016)浙行赔终46号行政赔偿判决书。

[6] 参见江苏省南京市中级人民法院(2014)宁行初字第44号行政判决书。

[7] 参见江苏省南通市中级人民法院(2016)通中行终字第00489号行政判决书。

[8] 参见江苏省高级人民法院(2016)苏行终550号行政判决书。

[9] 参见浙江省高级人民法院(2016)浙行赔终39号行政裁定书。

[10] 参见上海市第三中级人民法院(2016)沪03行初231号行政判决书。

[11] 参见浙江省杭州市中级人民法院(2016)浙01行赔初4号行政赔偿裁定书。

[12] 参见上海市第一中级人民法院(2016)沪01行初347号行政裁定书。

[13] 参见浙江省杭州市中级人民法院(2013)浙杭行赔初字第3号行政赔偿判决书。

[14] 参见杨海坤、章志远:《中国行政法基本理论研究》,北京大学出版社2004年版,第557页。

[15] "国王不能为非"(The king can do no wrong)意即当人民受到政府侵害要求国家赔偿时,只能请求君主出于恩惠而给予补偿,不能要求国家承担法律责任。美国联邦最高法院大法官霍姆斯在1907年Kawannakoa v. polybank一案的判决中就认为:"权利是由法律创造的,没有法律上的权利可以反对制造法律的权威,所以主权者不能被诉。"参见王名扬:《美国行政法》(下),北京大学出版社2016年版,第545页。

国先行处理程序的诉讼地位,不能脱离我国国家(行政)赔偿诉讼整体的规定性。

我国国家赔偿责任最早规定于1954年《宪法》第97条,该条规定:“由于国家机关工作人员侵犯公民权利而受到损失的人,有取得赔偿的权利。”1982年《宪法》第41条规定:“由于国家机关和国家工作人员侵犯公民权利而受到损失的人,有依照法律规定取得赔偿的权利。”1986年实施的《民法通则》,确立了国家赔偿责任的民事性或私法性,该法第121条规定:“国家机关或者国家机关工作人员在执行职务中,侵犯公民、法人的合法权益造成损害的,应当承担民事责任。”之后,1989年《行政诉讼法》首次以专门法律明确设定了国家的行政赔偿责任,即国家行政机关或者行政工作人员对其行政侵权行为,应当承担有别于民事责任的、公法性质的赔偿责任。[16] 该法第67条第1款规定:“公民、法人或者其他组织的合法权益受到行政机关或者行政机关工作人员作出的具体行政行为侵犯造成其损害的,有权请求赔偿。”第2款规定:“公民、法人或者其他组织单独就损害赔偿提出请求,应当先由行政机关解决。对行政机关的处理不服,可以向人民法院提起诉讼。”为了落实、实施行政诉讼法对行政赔偿责任的规定,1992年《国家赔偿法(试拟稿)》完成,1994年《国家赔偿法》正式出台并于1995年1月1日实施。该法除在第2条原则性规定“国家机关和国家机关工作人员行使职权,有本法规定侵犯公民、法人和其他组织的合法权益的情形,造成损害的,受害人有依照本法取得国家赔偿的权利”以外,还在第二章专门规定行政赔偿程序,并在第9条第1款规定违法确认程序,第2款规定先行处理程序。现行《国家赔偿法》沿用了行政赔偿、刑事赔偿的区分,并保留了先行处理程序。现行《行政诉讼法》由于《国家赔偿法》已经专门规定行政赔偿程序和先行处理程序而不再重复规定,但仍然将行政赔偿诉讼中的若干程序问题作为行政诉讼程序问题加以规定和解决,如第38条第2款规定了行政赔偿案件举证责任分配,第60条第1款规定了行政赔偿案件适用调解原则,第76条、第78条第1款分别规定了赔偿损失的附带判决方式。总体上,通过历史和体系地加以理解,可以发现我国现行法律是将行政赔偿诉讼作为行政诉讼程序加以规定的。

鉴于《国家赔偿法》明确规定行政机关对赔偿请求人的赔偿申请有先行处理的法定职责,因而可以将单独提起的行政赔偿诉讼归属于给付之诉或者履行职责之诉,以区别于行政附带赔偿诉讼的撤销诉讼类型。给付之诉的诉讼目的,就是“原告基于一个具体的事实状况提出的如下主张:他的权利由于所请求的行政行为被拒绝或未作出而受到了伤害”。“如果行政机关已经通过否定性决定拒绝作出行政行为,那就涉及一种否定决定之诉;如果有管辖权的行政机关既没有拒绝,也没有作出被申请的行政行为,当事人就可以提起不作为之诉。”[17] 根据请求给付的对象是法律行为还是事实

---

〔16〕 参见杨寅:《我国行政赔偿制度的演变与新近发展》,载《法学评论》2013年第1期。

〔17〕 [德]胡芬:《行政诉讼法》,莫光华译,法律出版社2003年版,第283页。

行为,给付之诉又分为课予义务诉讼和公法上一般给付诉讼。[18] 德国学者胡芬指出:"如果原告只想获得不含有调整内容的实际给付,例如,单纯的答复、信息、咨询、事实声明的收回等,那么适当的就不是义务之诉,而是一般给付之诉。如果在实际给付之前,需要进行一次对前提的要式审查,并就给付作出(裁量)决定,这个决定就是调整,义务之诉便因此是适当的。"[19] 并且"一般给付诉讼是相对于撤销诉讼和课予义务诉讼的补充诉讼类型,解决的是行政相对人直接起诉要求行政机关给予事实上给付事项,如果能够通过撤销诉讼或者课予义务诉讼给予救济时,则不允许再提起一般给付诉讼"。[20] 由于行政机关存在对是否符合法定赔偿要件、是否决定赔偿以及赔偿的具体方式、数额等的审查判断和裁量决定问题,行政赔偿决定一经作出,就是在行政机关与相对方之间设定了相应的行政赔偿法律关系,故单独提起的行政赔偿诉讼宜具体归属为课予义务诉讼类型。

课予义务之诉,就是"民众因行政机关对其依规定申请之案件,于法定期间内应作为而不作为或者予以驳回,认为其权利或法律上利益受损害者,向行政法院提起请求该机关应为行政处分或应为特定内容之行政处分之诉讼"。[21] 我国《行政诉讼法》明确规定了课予义务诉讼这一诉讼类型。该法第 47 条第 1 款规定:"公民、法人或者其他组织申请行政机关履行保护其人身权、财产权等合法权益的法定职责,行政机关在接到申请之日起两个月内不履行的,公民、法人或者其他组织可以向人民法院提起诉讼。法律、法规对行政机关履行职责的期限另有规定的,从其规定。"第 69 条规定:"原告申请被告履行法定职责或者给付义务理由不成立的,人民法院判决驳回原告的诉讼请求。"第 72 条规定:"人民法院经过审理,查明被告不履行法定职责的,判决被告在一定期限内履行。"《最高人民法院关于适用〈中华人民共和国行政诉讼法〉若干问题的解释》(以下简称《适用解释》)第 22 条还规定:"原告请求被告履行法定职责的理由成立,被告违法拒绝履行或者无正当理由逾期不予答复的,人民法院可以根据行政诉讼法第七十二条的规定,判决被告在一定期限内依法履行原告请求的法定职责;尚需被告调查或者裁量的,应当判决被告针对原告的请求重新作出处理。"因此,对单独提起的行政赔偿诉讼,人民法院完全可以根据上述规定,按照课予义务诉讼类型的审判思路进行审理和裁判。

结合单独提起的行政赔偿诉讼是课予义务诉讼这一判断,先行处理程序在诉讼地位上,就是行政机关对行政相对人所要求之利益,依照本案事实和法律,作出赋予或者拒绝的决定程序。行政机关在先行处理程序中,较为明显存在依其自由意思作出行政处分、设定双方间权利义务的高权性和形成性特点。这也意味着,先行处理程序并非

---

〔18〕 一般认为,我国《行政诉讼法》第 72 条和第 73 条就是对课予义务诉讼和一般给付诉讼分别作出规定。参见李广宇:《新行政诉讼法逐条注释》(下),法律出版社 2015 年版,第 611 页。

〔19〕 [德]胡芬:《行政诉讼法》,莫光华译,法律出版社 2003 年版,第 283 页。

〔20〕 陈清秀:《行政诉讼法》,法律出版社 2016 年版,第 173 页。

〔21〕 同上。

只是形式上单独提起行政赔偿诉讼的前提，而是有着内在的关联性和决定性。有观点认为先行处理程序，就是指受害人与侵权人之间先行协商和处理的程序，〔22〕并不能反映先行处理决定的高权性，也没有将之与行政赔偿诉讼类型相关联，实践性不强。其实，当事人在起诉要求赔偿之前申请行政机关先行处理，美国、奥地利、瑞士、韩国、我国台湾地区等都有规定，可谓世界通例。〔23〕设立先行处理程序的一个动因，是能够有效减轻法院的负担。如美国1946年制定《联邦侵权赔偿法》时，行政处理程序仅仅作为一个次要程序，当事人可以不经行政处理程序直接向法院起诉，但由于直接向法院起诉的案件太多，判决耗时太久，以至大量赔偿案件无法及时处理，至1966年修改《联邦侵权赔偿法》时，先就规定履行行政赔偿程序是法院取得管辖权的前提。〔24〕通过把处理政府侵权赔偿的重心转移至行政机关，使法院事实上成为解决问题最后的手段，如果赔偿问题能够用简易、迅速、廉价的方式解决，就不必用费时费钱的复杂程序解决。

三、申请行政机关先行处理的条件及与诉讼的衔接

《国家赔偿法》第12条具体规定了提出行政赔偿请求、启动先行处理程序的形式要件。该条规定："要求赔偿应当递交申请书，申请书应当载明下列事项：受害人的姓名、性别、年龄、工作单位和住所，法人或者其他组织的名称、住所和法定代表人或者主要负责人的姓名、职务；具体的要求、事实根据和理由；申请的年、月、日。赔偿请求人书写申请书确有困难的，可以委托他人代书；也可以口头申请，由赔偿义务机关记入笔录；赔偿请求人不是受害人本人的，应当说明与受害人的关系，并提供相应证明。赔偿请求人当面递交申请书的，赔偿义务机关应当当场出具加盖本行政机关专用印章并注明收讫日期的书面凭证。申请材料不齐全的，赔偿义务机关应当当场或者在五日内一次性告知赔偿请求人需要补正的全部内容。"据此，赔偿请求人一般需要提出书面赔偿请求，口头赔偿请求，或者行政机关只是知悉损害已经发生，除非赔偿请求人书写申请书确有困难，否则不产生请求赔偿的效果；申请书应当记载受害人的身份信息、具体赔偿要求、产生损害的事实信息和相应的证据；行政机关认为申请不够明确或者申请齐全的，有权要求赔偿请求人补正。

对上述"具体的要求、事实根据和理由"，应分别解释为"提出具体明确的赔偿请求"和"提供支持其请求的证据"。第一，根据赔偿数额确定原则，赔偿请求人在先行处理程序中就应当提出明确具体的赔偿请求，以便利行政机关迅速作出决定，而"如

〔22〕参见陈国栋：《行政赔偿先行处理程序研究》，载《行政法学研究》2008年第3期。

〔23〕例如，《美国法典》第28编第2675节(a)款规定："法院不能受理追诉美国政府的侵权赔偿诉讼，除非当事人已经先向行政机关请求赔偿，行政机关已经作出最后的书面决定，并且发出了通知，或者行政机关在收到当事人申诉后6个月期间以内未作决定。"我国台湾地区"国家赔偿法"第11条也规定："赔偿义务机关拒绝赔偿，或自提出请求之日起逾30日不开始协议，或自开始协议之日起60日协议不成立时，请求权人得提起损害赔偿之诉，但已依行政诉讼法规定，附带请求损害赔偿者，就同一事实，不得更行起诉。"

〔24〕参见王名扬：《美国行政法》(下)，北京大学出版社2016年版，第554页。

果不要求提出一个确定的数额,则等于鼓励当事人隐藏重要的信息”。[25] 因此,对未提出确定赔偿请求的,应当视为没有提出赔偿请求,当事人相应的诉讼权利也将因此受到妨碍。该赔偿请求还同时决定之后起诉请求赔偿的请求,即当事人向法院请求的赔偿额,不得超过向行政机关的赔偿额。第二,根据《国家赔偿法》第15条第1款有关“人民法院审理行政赔偿案件,赔偿请求人和赔偿义务机关对自己提出的主张,应当提供证据”的规定以及课予义务诉讼一般法理,原告已经在行政程序中详细说明其合法权益遭受侵害之事实,是其得以提起课予义务诉讼的前提,[26] 因而赔偿请求人在先行处理程序中,应当提供支持其请求的相应的证据,赔偿请求人在申请赔偿之前取得而在先行处理程序中未出示的证据材料,法院在嗣后的诉讼中不予接纳。第三,根据《行政诉讼法》第38条第2款有关“因被告的原因导致原告举证不能的,由被告承担举证责任”的规定,[27] 对因行政机关的原因导致赔偿请求人举证不能的,赔偿请求人仅提供其实际遭受损失的初步证据或者线索,不能视为未提供支持其请求的证据。

根据《国家赔偿法》第13条规定,行政机关对赔偿请求人之赔偿申请,可以作出赔偿或者不予赔偿决定,但该条未规定赔偿申请不符合法定受理条件时如何处理。实践中,不符合申请赔偿条件还可分为不符合赔偿申请形式要件和不符合赔偿申请实质要件。前者如,有书写能力但未提出书面申请或者虽然提出书面申请但内容明显不符合法定要求、经行政机关要求补正后仍未提出具体明确的赔偿请求、被请求的行政机关不是因其行为产生损害的行政机关等,即属于未提出一个有效的赔偿申请;后者如,致害行为系行政机关工作人员与行使职权无关的个人行为,因受害人自己行为致使损害发生,未提供充分证据支持其请求,未造成实际损害等。对于不符合形式要件的赔偿申请,行政机关可以参照《行政复议法》第17条规定决定不予受理,或者以其他书面方式告知赔偿请求人不予处理;对于反复纠缠的赔偿请求人,行政机关可以径行不予答复而仅作存档处理,以与一个有效的赔偿处理程序相区别;对于不符合实质要件的赔偿申请,行政机关应当作出不予赔偿决定书,同时载明不予赔偿的理由。由于赔偿问题关涉赔偿请求人基本权利的实现,行政机关在作出赔偿或者不予赔偿决定前,应当参照《行政复议法》第22条的规定,向有关组织和人员调查情况,听取赔偿申请人、相关行政机关工作人员等的意见。除非有新的证据证明,行政机关在先行处理决定中自认的事实和确定的赔偿方式、数额等,在嗣后的诉讼中一般不得主张与之相反的事实以及减轻赔偿责任。

〔25〕 参见王名扬:《美国行政法》(下),北京大学出版社2016年版,第556页。

〔26〕 参见陈清秀:《行政诉讼法》,法律出版社2016年版,第184页。

〔27〕 对该条款原、被告举证责任问题以及最高人民法院裁判观点,参见最高人民法院(2017)最高法行申26号行政裁定书。

四、经过先行处理发动行政赔偿之诉的请求权基础

根据《国家赔偿法》第3条和第4条的规定,如果行政机关的行政行为已经被有权机关撤销或者确认违法,或者由行政机关自行撤销,则原告作为行政行为的相对人或者利害关系人,认为其人身权、财产权受到违法行政行为侵害的,经行政机关先行处理之后,一般即具备发动行政赔偿之诉的请求权。但如果行政行为尚未被撤销或者确认违法,则赔偿请求人即便经过先行处理,是否已经具备发动行政赔偿之诉的请求权,仍存有疑问。

《国家赔偿法》第9条第1款原为:"赔偿义务机关对依法确认有本法第三条、第四条规定的情形之一的,应当给予赔偿。"2010年修改《国家赔偿法》时,删除了本款中的"依法确认",取消了国家赔偿程序中的确认程序。据此,似乎行政行为被撤销或者确认违法,并不构成当事人起诉要求赔偿的前提,只要赔偿请求人已经经过先行处理程序,法院对其提起的行政赔偿诉讼就应当受理。有观点指出,国家赔偿系因侵权行为而产生,本质上是一种过错责任,只要行政行为在结果上造成原告合法权益损害且行政机关存在过错的,即存在"不法"情形,应认可原告具备请求权。[28] 比较法上,上述观点虽然与我国台湾地区"国家赔偿法"有关"公务员在执行职务行使公权力时,由于故意或者过失不法侵害人民自由或者权利者,国家应负损害赔偿责任"的规定有所重合,但不符合我国有关行政赔偿法律体系的规定,且给实践处理带来诸多疑惑。笔者认为,如果行政机关的行政行为尚未被有权部门撤销或者确认违法,除非行政行为因存在重大且明显违法情形而归于无效,人民法院可以根据《行政诉讼法》第76条规定判决被告承担行政赔偿责任,或者行政机关在先行处理程序中自认行政行为违法或者不合理而需要赔偿的,否则原告即便经过先行处理,仍不具备相应的请求权,不具有发动行政赔偿诉讼的必要性。理由如下:

第一,国家赔偿法并未采过错责任原则。虽然《国家赔偿法》将原来第2条第1款"由于国家机关和国家机关工作人员违法行使职权侵犯公民、法人和其他组织的合法权益,受害人有依照本法取得国家赔偿的权利"修改为"国家机关和国家机关工作人员行使职权,有本法规定的侵犯公民、法人和其他组织合法权益的情形,造成损害的,受害人有依照本法取得国家赔偿的权利"。但这主要是为了与现行宪法规定在文字表述上保持一致,并不表明《国家赔偿法》将国家赔偿责任归责原则修改为过错责任原则。因为《国家赔偿法》将国家赔偿责任进一步区分为行政赔偿责任和刑事赔偿责任以后,从分则部分相应各具体规定来看,行政赔偿仍采违法责任,刑事赔偿则采结果责任。比如,《国家赔偿法》第3条、第4条均通过直接列举各类行政行为违法情

〔28〕 参见胡建淼:《行政法学》,法律出版社2002年版,第431页。

形,赋予受害人取得赔偿的权利。[29] 因此,《国家赔偿法》第2条并没有直接确立国家赔偿责任的具体归责原则,对于行政赔偿诉讼的归责原则,仍应从《国家赔偿法》第3条、第4条规定中去寻找。

第二,取消确认程序并不意味着行政行为违法不再是法院审理行政赔偿问题的前提。众所周知,行政附带提起赔偿诉讼中,法院遵循的是违法归责原则,即只有行政行为被撤销或者确认违法,法院才会进一步审理相应的行政赔偿争议,如果行政行为经审查合法,则不存在嗣后赔偿的问题。虽然行政附带提起赔偿诉讼首先是附带诉讼,但在法院判决行政机关承担行政赔偿责任时,其又属于一并判决,或者说是客观的诉之合并。[30] 就此而言,在附带赔偿之诉与单独赔偿之诉中,法院对相应赔偿问题的处理并无本质区别,因而不可能一并诉讼适用违法责任,单独诉讼适用过错责任。分析《国家赔偿法》第9条第1款的字面意思,法律也是规定存在该法第3条、第4条规定情形时,行政机关应当给予赔偿,而上述"第三条、第四条"即明确将行政行为违法作为承担赔偿责任的前提。因此,《国家赔偿法》取消确认程序,只是取消了由行政机关自行对行政行为违法的确认权,而不是取消了行政行为被有权部门撤销或者确认违法后,法院才会审理行政赔偿争议,行政机关才可能承担行政赔偿责任这一构成要件。质言之,取消确认程序并不当然得出行政机关承担行政赔偿责任不需要行政行为违法这一基本前提。事实上,在我国台湾地区,如果原告之前已经提起行政诉讼而行政法院也已经判决宣告行政行为合法的,其嗣后选择向普通法院起诉请求行政赔偿,普通法院仍会以原告所诉不具有请求权为由予以驳回。[31] 美国普通法院对于类似情形也会作出类似处理。[32]

第三,违法责任与过错责任之间也没有实质冲突。在传统侵权法领域,过错责任一直是侵权责任的金科玉律,过错责任理论也经历了从"结果不法说"[33] 到"行为不

---

〔29〕《国家赔偿法》第3条规定:"行政机关及其工作人员在行使行政职权时有下列侵犯人身权情形之一的,受害人有取得赔偿的权利:(一)违法拘留或者违法采取限制公民人身自由的行政强制措施的;(二)非法拘禁或者以其他方法非法剥夺公民人身自由的;(三)以殴打、虐待等行为或者唆使、放纵他人以殴打、虐待等行为造成公民身体伤害或者死亡的;(四)违法使用武器、警械造成公民身体伤害或者死亡的;(五)造成公民身体伤害或者死亡的其他违法行为。"第4条规定:"行政机关及其工作人员在行使行政职权时有下列侵犯财产权情形之一的,受害人有取得赔偿的权利:(一)违法实施罚款、吊销许可证和执照、责令停产停业、没收财物等行政处罚的;(二)违法对财产采取查封、扣押、冻结等行政强制措施的;(三)违法征收、征用财产的;(四)造成财产损害的其他违法行为。"

〔30〕参见李广宇:《新行政诉讼法逐条注释》(下),法律出版社2015年版,第658页。

〔31〕参见伍劲松:《台湾行政赔偿制度研究》,载《台湾研究集刊》2002年第1期。

〔32〕参见王名扬:《美国行政法》(下),北京大学出版社2016年版,第545页。

〔33〕"结果不法说"认为,加害行为肇致权利被侵害的结果,即构成违法性;只有在例外情形下,因法定事由的存在,可以认为没有违法。这些法定事由通常称为违法阻却事由,包括正当防卫、紧急避难、自助行为、无因管理、正当的权利行使以及被害者的允诺。参见沈岿:《国家赔偿法》,北京大学出版社2017年版,第83页。

法说”[34]再到“过错客观化”的演进。所谓过错的客观化,是指将原来隐匿在主体行为背后的主观故意或者过失样态,通过规定具体行为违法的客观标准,使行为主体的注意义务客观化、可视化,当行为人违反这些客观的标准,就推定存在主观过错,产生相应的违法责任。[35] 可见,违法责任与过错责任并无本质区别,违法责任说到底就是推定的过错责任。近年来,民事侵权法领域的学说和判例,已明显呈现过错客观化之趋势。[36] 区别于《侵权行为法》,《行政法》将依法行政原则奉为圭臬,根据《行政诉讼法》第70条,对行政行为是否合法的判断,又具体化为主要证据不足、适用法律法规错误、违反法定程序、超越职权、滥用职权、裁量明显不当6个方面标准。通说认为:在行政法上除行政机关滥用职权属于主观故意违法形态以外,其余均为过失违法。[37] 因此,如果某一行政行为被撤销或者确认违法,即表明作出该行政行为的行政机关未尽法律上的合理注意义务,存在主观过错,并可能承担行政赔偿责任。质言之,行政机关的过错与否仅仅取决于其是否违背了法所明确规定的合理注意义务。相反,将违法与过错二分,既强调行政行为违法性,又要求原告对行政机关主观上存在过错予以证明,事实上也很难实现,违法归责原则实际上是降低了原告的举证责任。

第四,基于行政行为公定力的原理,只有行政行为违法性,才具备解决行政赔偿争议的必要性。诉的利益是确定当事人诉权的构成要件之一,狭义的诉的利益理论[38]认为,只有在具有利用诉讼制度的必要时,即原告在客观上确实需要法院帮助其实现权利,才能启动诉讼,而不允许以任何形态利用诉讼制度。[39] “诉的利益,是一个出于如下之趣旨而创设的要件,即根据每个具体请求的内容,得出本案判决的必要性以及其实际上的效果,当认为存在这种必要性及实效性时,该请求就存在着要求获得本案判决之利益。这里的必要性是指有无必要通过本案判决来解决当事人之间的纠纷,实效性则是通过本案判决能否使纠纷获得解决。”[40]《行政诉讼法》第25条仅规定了原告适格的判定标准,未涉及诉的利益问题。有学者指出,判定行政诉讼中诉的利益的法规范基础是《行政诉讼法》第2条,即“公民、法人或者其他组织认为行政机关和行政机关工作人员的行政行为侵犯其合法权益,有权依照本法向人民法院提起行政诉

---

[34] “行为不法说”认为,故意侵害他人权利的情形,当然构成违法,因为法律禁止故意侵害他人权利的行为;但是,在过失侵害他人权利的情形中,其违法性的成立,则须以行为人未尽避免侵害他人权利的注意义务为要。换言之,若行为人已经尽合理注意义务,就不具有违法性。参见沈岿:《国家赔偿法》,北京大学出版社2017年版,第83页。

[35] 参见蔡仕鹏:《行政赔偿违法归责原则的合理定位》,载《行政法学研究》2008年第1期。

[36] 参见王泽鉴:《侵权行为法》(第1册),中国政法大学出版社2001年版,第230页。

[37] 参见何海波:《论行政行为“明显不当”》,载《法学研究》2016年第3期。

[38] 原田尚彦指出:诉的利益,通常从以下三个侧面来加以判断:一是请求的内容是否适合作为审判的对象;二是当事人对于请求是否具有正当的利益(当事人适格问题);三是从周围情况看,是否存在足以使法院对请求做出判断的具体实际利益(具体利益或者必要性的问题),即狭义的诉的利益问题。参见[日]原田尚彦:《诉的利益》,石龙潭译,中国政法大学出版社2014年版,第2页。

[39] 参见王贵松:《信息公开行政诉讼的诉的利益》,载《比较法研究》2017年第2期。

[40] [日]新堂幸司:《新民事诉讼法》,林剑锋译,法律出版社2008年版,第187页。

讼”,[41] 最高人民法院在相关行政裁定中亦表达此立场。[42] 因此,《国家赔偿法》第3条和第4条即是行政赔偿诉讼的诉之利益条款。[43] 课予义务诉讼通常以原告所起诉公法上请求权之履行期届至,即有权利保护必要,原告在起诉之前,原则上应向主管机关申请为行政行为,而如果原告本身并不具有相应申请给付的公法上请求权,也当然认为没有权利保护必要。“履行职责之诉并不意味着:公民、法人或者其他组织随便向任何一个行政机关提出任何一项请求,该行政机关就有履行该项请求的义务;也不意味着只要行政机关不作为就可以提起不作为之诉。他所申请的事项应当具有实体法上的请求权基础,必须具有法定的权利依据。”[44] 因行政行为具有公定力、确定力和执行力,其一旦作出即产生相应的拘束效果,而无论该效果是授益性还是损益性的,都被视为正当的行政目的,除非该行政行为嗣后被依法撤销。因此,在行政行为经过法定的违法性确认程序(复议、诉讼或者自行撤销)之前,并不产生相应消灭行政法律关系的后果,行政机关也当然无须对行政相对人的损失承担赔偿责任。《行政诉讼法》第76条有关“人民法院判决确认违法或者无效的,可以同时判决责令被告采取补救措施;给原告造成损失的,依法判决被告承担赔偿责任”的规定,同样持违法有责的立场。

其实,在违法与归责的关系问题上,违法只是归责的必要条件而非充分条件,如在行政行为与原告的损失之间不存在因果关系时,即便行政行为违法,也不产生相应的行政赔偿责任;而违法性判断与因果关系判断的区别则在于,当行政行为未被确认为违法时,原告单独提起行政赔偿诉讼被认为不具备诉的利益,此时应当裁定不予立案或者驳回起诉;当行政行为被确认违法但与原告的损失之间不存在因果关系时,属于不具备其请求获得支持的理由,此时应当判决驳回诉讼请求。

五、单独提起行政赔偿之诉诉讼对象的确定

诉讼对象即程序标的。在拒绝申请之诉中,因行政机关作出了一个拒绝决定,当

---

[41] 参见章剑生:《行政诉讼中滥用诉权的判定》,载《交大法学》2017年第2期。

[42] 最高人民法院在李山林诉北京市朝阳区人民政府、北京市人民政府政府信息公开及行政复议一案行政裁定中明确指出:“按照行政诉讼法第一条的规定,人民法院审理行政案件的首要目的是保护公民、法人或者其他组织的合法权益。该法第二条因此规定,公民、法人或者其他组织认为行政机关和行政机关工作人员的行政行为侵犯其合法权益的,有权向人民法院提起行政诉讼。据此可知,行政诉讼法首先是一种权利损害法律救济,提起行政诉讼的前提,是存在被诉行政行为侵害原告合法权益的可能。”参见最高人民法院(2016)最高法行申3007号行政裁定书。

[43] 关于赔偿请求人诉之利益的判断问题,说到底仍是一个司法政策问题:如果坚持绝对的权利保障,则应放宽审查诉之利益,将更多起诉纳入行政赔偿诉讼受案范围,如果坚持绝对的国家权威,则应严格审查诉之利益,将更多实体判断问题前移至诉讼要件审查阶段,因为如果赔偿请求人在实体上不应当获得赔偿时,其当然也就不具备请求法院审理的必要性。更多时候,法院对诉之利益的判断是在上述宽松与严格之间摇摆。目前阶段,应当严格按照法条的字面意思理解和适用诉之利益,将违法确认和先行处理同时作为单独提起行政赔偿诉讼的诉讼要件把握。

[44] 参见最高人民法院(2016)最高法行申2864号行政裁定书。

事人在提起诉讼时,会首先请求撤销该拒绝决定,法院在判决时通常也会首先判决撤销该拒绝决定。因而,在单独提起的行政赔偿诉讼中,对行政机关作出的赔偿决定,法院是否需要先行撤销后再决定赔偿,就成为一个问题。

认识和把握单独提起行政赔偿之诉的诉讼对象问题,可以通过区分课予义务诉讼和撤销诉讼加以解决。一般而言,撤销诉讼旨在撤销一个有效的行政行为,使原来行政机关通过行政行为形成的行政法上的权利义务关系归于消灭,回复到行政行为作出之前的状态,是形成之诉;课予义务诉讼旨在要求行政机关作出特定的行政行为,形成行政法上的权利义务关系,是给付之诉。两者的审查对象是截然不同的,撤销诉讼的审查对象是行政机关作出的特定的行政行为,课予义务诉讼的审查对象是原告请求行政机关作出特定行政行为的请求。有学者指出,逻辑上首先要排除已经存在的否定决定,"对怠为处分之诉为有理由之判决主文,应判命行政机关为行政处分,或应为特定内容之行政处分,并就诉讼费用为裁判;唯对拒绝处分之诉为有理由之判决主文,则除前列两项主文外,尚包含一项撤销原拒绝处分及诉愿决定之主文,或包含一项撤销诉愿决定之主文。此乃课予义务诉讼中,为达到获得原告所申请处分之诉讼目的,必须先排除否准处分之当然结果"。[45] "在单独提起行政赔偿诉讼中,人民法院应当确定赔偿义务机关作出的赔偿决定和赔偿争议为共同的审查客体。"[46] 但是,在课予义务诉讼中,原告针对的并不是行政机关的否定决定,而是要求履行给付义务,形成特定的权利义务关系,属于主观诉讼类型,因而对行政机关否定决定予以撤销,就不是必要的。或者说,由于课予义务诉讼具有"彻底裁判"的特点,对行政机关的否定决定,就已经包含于对职权行为的履行之中。"提起拒绝申请之诉,必然有拒绝原告申请事项之公文书存在,拒绝申请之诉作用即在替代撤销诉讼,以单一之起诉声明俾能'毕其功于一役',因之似应认为不必先请求撤销原处分及原决定,从而,行政法院之判决主文亦毋庸为撤销之谕知。"[47]

可见,在单独提起的行政赔偿诉讼中,法院审查的对象只能是原告要求行政机关承担行政赔偿责任之请求,而不是行政机关赔偿或者不予赔偿决定本身,原告无须请求撤销行政机关否定决定,或者确认行政机关不作为违法,而只要提出具体赔偿请求即可。或者说,在法院判决行政机关承担相应的行政赔偿责任中,就已经包含了对行政机关赔偿或者不予赔偿决定的否定性评价,而这是由行政赔偿诉讼属于课予义务诉讼类型这一本质决定的。对此,《适用解释》第22条前段即规定:"原告请求被告履行法定职责的理由成立,被告违法拒绝履行或者无正当理由逾期不予答复的,人民法院可以根据行政诉讼法第七十二条的规定,判决被告在一定期限内依法履行原告请求的法定职责。"同时,根据裁判成熟性理论,如果法院认为行政机关拒绝决定违法,但又不适宜由法院就赔偿问题直接作出决定的;或者赔偿请求人在先行处理程序中已尽到

---

〔45〕 参见翁岳生编:《行政法》(下),中国法制出版社2002年版,第1454页。

〔46〕 李蕊:《单独提起行政赔偿案件审查客体之确定》,载《人民法院报》2009年3月20日,第2版。

〔47〕 参见吴庚:《行政法之理论与实用》,中国人民大学出版社2005年版,第427页。

相应的举证义务,而行政机关未经正当程序即轻率地作出拒绝决定时,可以根据《适用解释》第22条后段有关"尚需被告调查或者裁量的,应当判决被告针对原告的请求重新作出处理"的规定,判决由行政机关作出或者重新作出赔偿决定。

六、结语

作为行政赔偿解决机制中较为独特的争议解决装置,行政赔偿先行处理程序却面临着可有可无的风险:行政机关和赔偿请求人并不真正重视和利用先行处理,赔偿请求人往往既不信任行政机关,也没有充分履行赔偿申请义务,双方间缺乏必要的沟通理性,先行处理更多异化为行政机关单方面决定不予赔偿或者象征性赔偿;法院更多是把经过先行处理作为单独提起行政赔偿诉讼的诉讼要件把握,但忽视了其自身的程序价值和纠纷解决功能,忽视了先行处理与诉讼的衔接;并且由于司法处理的不确定性,人们总体上对于先行处理程序还缺乏明确、统一的认识,而这又进一步弱化了先行处理的制度功能。

本文对先行处理程序的诉讼地位、申请行政机关先行处理的条件及与诉讼的衔接、经过先行处理发动行政赔偿之诉的请求权基础、单独提起行政赔偿之诉的诉讼对象等基本争议问题进行了梳理和分析,基本观点是:国家赔偿责任是建立在主权豁免基础上的,国家有权决定提起行政赔偿诉讼的先决条件和诉讼类型,从我国法的历史沿革和具体规定来看,我国行政赔偿诉讼除受《国家赔偿法》调整外,还受《行政诉讼法》调整,单独提起的行政赔偿诉讼在诉讼类型上是课予义务诉讼,先行处理程序则是作为课予义务诉讼前提的申请决定程序;赔偿请求人申请先行处理应符合相应的形式要件,经过先行处理既是单独提起行政赔偿诉讼的诉讼要件,也对诉讼双方在嗣后行政赔偿诉讼中的诉讼行为构成必要限定;在先行处理与诉讼的衔接上,赔偿请求人向法院请求的赔偿额不得超过向行政机关提出的赔偿额,原则上除新证据外,赔偿请求人未在先行处理程序中提出的证据也不得在诉讼中提出,行政机关也不得主张其在先行处理程序中已经确认和自认的相反的事实;行政赔偿诉讼应遵循违法归责原则,行政行为未经确认违法而请求人单独起诉请求行政赔偿的,因缺乏相应的请求权而不具备诉之利益,除非行政行为存在重大明显违法等无效情形,或者行政机关在先行处理程序中自认行政行为存在违法情形;法院在单独提起行政赔偿诉讼中仅针对赔偿请求人的赔偿请求是否合法进行审查,法院判决赔偿即同时宣告了行政机关的拒绝决定无效,而无须再判决撤销该拒绝决定。

"行政行为的蓝本是法院的裁判。"[48]行政诉讼既旨在保护公民、法人或者其他组织的合法权益,也旨在纠正违法的行政行为,因而兼有主观诉讼和客观诉讼的特点,行政诉讼必然关联对行政行为合法性的复审,而无论其诉讼类型是撤销诉讼还是给付诉讼。在单独提起的行政赔偿诉讼中,先行处理决定是行政机关的初审决定,法院的判

〔48〕 [德]奥托·迈耶:《德国行政法》,刘飞译,商务印书馆2013年版,第100页。

决虽不直接表明先行处理决定是否合法,但判决赔偿亦宣告了先行处理决定的违法性、无效性,同样是对行政机关行为的否定性评价。因而,“受理赔偿之诉,也是法院取得司法审查权的手段”。[49]

立足于初审决定、复审决定的关系视角,先行处理程序与嗣后的诉讼程序应有相应的职能分工,这便如同初审法院与上诉法院之分工。具体来说,先行处理程序应重在事实查明,即赔偿请求人所主张的具体损失是否有其事实根据,引起行政赔偿的行政行为是否被有权部门认定违法;行政赔偿诉讼则应重在法律判断,即违法行政行为与赔偿请求人之损害是否具有因果关系,赔偿请求人自身的过错责任,两个以上赔偿义务机关的责任分担等。只有解决制度分工问题,行政判断与司法判断才能各得其所,相得益彰。

---

〔49〕 参见王名扬:《美国行政法》(下),北京大学出版社2016年版,第544页。

论专利善意侵权案件中不当得利制度的不可适用性

——兼评《专利法》第70条

乐　耀*

内容摘要：虽然主张在"专利善意侵权"案件中适用不当得利制度在一定程度上而言有鼓励创新之用，但是在这类案件中仍然不能适用不当得利制度，主要理由如下：一是适用不当得利制度实际上是变相地要求善意侵权人承担赔偿责任，有违《专利法》第70条之规定；二是专利善意侵权人所获得的利益基于《专利法》第70条取得"法律根据"，因此不构成不当得利。由于专利权等知识产权的特殊性，立法者在立法之时便对各种利益进行考量和平衡，而第70条便是利益平衡原则的体现。为了更好地鼓励创新和弥补专利权人的实际损失，在我国加强知识产权保护力度的时代背景下，可通过司法诉讼中个案把握、职能发挥和行政执法中监管力度加强等方式来维护专利权人的权益。

关键词：专利法　专利善意侵权案件　不当得利制度

一、问题的提出

近些年来，伴随有关"创新""知识产权"发展纲要和意见的相继出台，我国知识产权保护达到前所未有的高度。专利权等知识产权立法意在鼓励创新，兼顾社会发展。加强专利权等知识产权保护意味着对既有利益分割局面产生影响甚至直接打破既有的利益格局。在公平正义和相对稳定的法律秩序下如何平衡各方的利益是一个不可回避的问题。

在《民法总则》中有不当得利制度，在《专利法》中有善意侵权制度。根据《专利法》第70条之规定，"专利善意侵权"是指"为生产经营目的使用、许诺销售或者销售不知道是未经专利权人许可而制造并售出的专利侵权产品，能证明该产品合法来源的"，且专利善意侵权人无须承担赔偿责任。另外，根据《专利法》第11条等相关规定，"专利善意侵权"落入专利权的规制范围从而被定性为侵权行为，而由于知识产权被视为准物权，是一种绝对权，且出于平衡双方当事人利益的考量，因此，通说

* 乐耀，中山大学法学院研究生。

观点认为，尽管该行为无须承担赔偿责任，但仍需承担停止侵害等其他侵权责任。[1] 此外，根据司法解释《最高人民法院关于审理侵犯专利权纠纷案件应用法律若干问题的解释（二）》（以下简称《专利权司法解释（二）》）第25条第1款规定，在该类案件中，如果能够举证证明已支付该产品的合理对价的使用者不用承担停止侵害此民事责任。[2]

在现有的理论研究中，虽然《专利法》第70条明文规定该行为无须承担赔偿责任，但有观点[3]基于以下理由主张对"专利善意侵权"适用不当得利制度，要求专利善意侵权人返还所谓的"不当利益"——基于专利善意侵权所取得的利益（以下简称"专利善意侵权所得"）。其理由主要是：其一，专利善意侵权使得专利权人的利益受到损失，且该行为构成侵权，专利善意侵权所得不具有许可合同等法律依据，因而专利善意侵权所得符合不当得利的构成要件，尤其是在市场趋于饱和的情况下，行为人不应享有侵权所得；其二，在现实社会中，由于恶意侵权的上游销售者、生产制造者等出售方刻意躲藏，专利权人很多时候难以发现其侵权事实或者找到他们，即使有时候专利权人得到侵权线索也需要花费巨大的成本去寻找他们和固定证据，或者是找到之后由于专利权人不具有限制人身、查封扣押等公权力从而让恶意侵权人"逃之夭夭"，进而导致胜诉判决难以得到执行——意味着权利人的损失得不到弥补，从而会影响到专利权人和其他主体的创新积极性，而如果对"专利善意侵权"适用不当得利制度则有利于直接增加专利权人的利益进而激励创新；其三，实践中，由于赔偿责任豁免制度为其提供"避风港"，侵权人基于逐利性会对侵权持放任态度，进而借此掩盖其恶意。同时，有观点[4]主张适用不当得利制度之时对不当得利返还请求权从请求权行使主体、请求权行使对象、不当得利返还范围等方面进行限制。而在现有的司法实践中，笔者通过检索并未发现有国内法院对此适用不当得利制度。

虽然该观点的提出有一定的理由，但是此观点及理由是否妥当？笔者认为不然，下文将详细阐述理由并针对该问题的实际情况提出建议。

二、解释论上不当得利制度在专利善意侵权案件中的适用困境

本文认为，在专利善意侵权案件中适用不当得利制度是变相地要求专利善意侵权

---

[1] 虽然包括《专利法》在内的我国知识产权法并未对侵犯知识产权承担何种民事责任作出具体规定，但是知识产权作为权利主体享有的民事权利之一，仍然适用《民法总则》（包括《民法通则》等）和《中华人民共和国侵权责任法》（以下简称《侵权责任法》）中对于侵权责任的相关规定。通说认为，知识产权是一种准物权，是一种绝对权。因此根据请求权理论，当知识产权受到侵害或有侵害之虞时，权利人可以当然地要求侵权人停止侵害，无须考虑侵权人的主观要件。参见郑成思：《知识产权论》，法律出版社2001年版，第252页。而专利善意侵权是侵害知识产权的一种情形，因此，其原则上仍需承担停止侵害等其他侵权责任。

[2] 尽管对于如何在案件中适用何种具体的其他民事责任尚有一定范围内的争议，但是其并非本文关注点，因而不在此进行论述。

[3] 参见王冬梅、吴明科：《善意侵权引发的不当得利之思》，载《卷宗》2015年第12期；王渊、贾丽娜：《专利法中善意侵权救济路径的"张"与"度"》，载《知识产权》2015年第5期。

[4] 参见王渊、贾丽娜：《专利法中善意侵权救济路径的"张"与"度"》，载《知识产权》2015年第5期。

人承担赔偿责任，而且专利善意侵权所得并不构成不当得利，适用不当得利制度有违《专利法》第70条之规定、有违《专利法》立法目的，理由如下：

（一）适用不当得利制度是变相地要求善意侵权人承担赔偿责任

或许是考虑到要求专利善意侵权人承担返还过多利益责任并不适当，所以主张引入不当得利制度的观点也一般主张行为人可以扣除相应的成本费再将剩余的利益进行返还。[5] 尽管这些观点已经限缩了所谓不当得利的“返还利益”范围，但从实际效果上看，其主张仍然是变相地要求专利善意侵权人承担赔偿责任。

1. 按照侵权所得确定赔偿数额之时

一方面，根据《专利法》第65条规定，[6] 在实际损失难以确定的情况下，侵权人的赔偿数额对应侵权人因侵权所获得的利益，而根据最高人民法院于2015年修订的《最高人民法院关于审理专利纠纷案件适用法律问题的若干规定》（以下简称《专利纠纷若干规定》）第20条第2款之规定，[7] “侵权所得”是指其基于该侵权行为所获得的营业利润，而营业利润正是扣除相应成本费之后所获得的利益，因此，对于非完全以侵权为业的侵权人，其所需要承担的赔偿数额对应的“侵权所得”是“扣除相应成本费后所获得的营业利润”，而由于专利善意侵权案件的赔偿责任豁免制度的存在，善意侵权人所被豁免的赔偿数额对应“扣除相应成本费后所获得的营业利润”。另一方面，主张适用不当得利制度的观点要求善意侵权人返还的“扣除相应的成本费所剩余的利益”实际上正是善意侵权人扣除相应成本费后所获得的营业利润。因此，如果在专利善意侵权案件中适用不当利益制度，“不当得利”所指向的“扣除相应的成本费所剩余的利益”等同于善意侵权人由于赔偿责任豁免制度中其所不需要承担的赔偿数额。简言之，返还“不当得利”所指向的“扣除相应的成本费所剩余的利益”是“扣除相应成本费后的营业利润”，而善意侵权人所被豁免的赔偿数额对应的也是“扣除相应成本费后的营业利润”。因此，尽管两者有不同的理论基础，但在专利侵权纠纷案件中，不当得利返还责任与侵权赔偿责任实际效果相同，至少在实际损失难以确定的情况下如此。因此从一定程度上而言，适用不当得利制度是变相地要求专利善意侵权人承担赔

[5] 参见王冬梅、吴明科：《善意侵权引发的不当得利之思》，载《卷宗》2015年第12期。亦可参见王渊、贾丽娜：《专利法中善意侵权救济路径的“张”与“度”》，载《知识产权》2015年第5期。

[6] 《专利法》第65条规定：“侵犯专利权的赔偿数额按照权利人因被侵权所受到的实际损失确定；实际损失难以确定的，可以按照侵权人因侵权所获得的利益确定。权利人的损失或者侵权人获得的利益难以确定的，参照该专利许可使用费的倍数合理确定。赔偿数额还应当包括权利人为制止侵权行为所支付的合理开支。权利人的损失、侵权人获得的利益和专利许可使用费均难以确定的，人民法院可以根据专利权的类型、侵权行为的性质和情节等因素，确定给予一万元以上一百万元以下的赔偿。”另外，《最高人民法院关于审理侵犯专利权纠纷案件应用法律若干问题的解释》第16条规定：“人民法院依据专利法第六十五条第一款的规定确定侵权人因侵权所获得的利益，应当限于侵权人因侵犯专利权行为所获得的利益；因其他权利所产生的利益，应当合理扣除。”

[7] 《专利纠纷若干规定》第20条第2款规定：“专利法第六十五条规定的侵权人因侵权所获得的利益可以根据该侵权产品在市场上销售的总数乘以每件侵权产品的合理利润所得之积计算。侵权人因侵权所获得的利益一般按照侵权人的营业利润计算，对于完全以侵权为业的侵权人，可以按照销售利润计算。”

偿责任。

2. 按照实际损失确定赔偿数额之时

按照侵权所得计算之时，适用不当得利制度是变相地要求善意侵权人承担赔偿责任，当按照实际损失计算之时，同样也近乎如此。[8]

首先，专利法等知识产权法的立法者之所以会将侵权所得作为确定赔偿数额的一种依据，从现实角度考虑，是因为在相对多数的情形下，侵权所得与权利人的预期可得利益具有一定的联系，换言之，在数额上，尽管两者之间可能有所差别，但是也具有一定的关系，具有一定的可替代性——根据《专利纠纷若干规定》第20条第1款[9]之规定，当“专利权人因被侵权而销售量减少的总数”难以确定的时候，侵权人的侵权产品在市场上销售的总数可以视为“专利权人因被侵权而销售量减少的总数”。

其次，当实际损失可以计算并且小于侵权所得之时，从实际效果来看，若适用不当得利制度将侵权人的侵权所得划分为权利人，此时不仅是变相地要求专利善意侵权人承担赔偿责任，而且是加重其赔偿责任。因为《专利法》第65条对赔偿数额的计算依据作出了顺位要求的规定——在一般的专利侵权纠纷案件中，即使侵权所得大于实际损失的时候也要按照实际损失确定赔偿额。因此，当实际损失可以计算并且小于侵权所得之时，即实际损失相对应的赔偿数额小于侵权所得相对应的赔偿数额之时，如果适用不当得利制度将侵权所得划分给专利权人，从实际效果来看，此时不仅是变相地要求专利善意侵权人承担赔偿责任，而且会加重其责任——因为，如果没有赔偿责任豁免制度的存在，侵权人本来只需要按照实际损失赔偿即可，现在却需要按照大于实际损失的侵权所得来赔偿。

而当实际损失可以计算并且大于侵权所得之时，即实际损失相对应的赔偿数额大于侵权所得的赔偿数额之时，从责任效果来看，若适用不当得利制度，单单从赔偿责任角度来看，似乎并没有达到按照侵权所得计算的程度，但是，第一，其差距并不会太大，这也是《专利纠纷若干规定》会将侵权产品在市场上销售的总数视为“专利权人因被侵权而销售量减少的总数”的原因所在，而且，如果按照侵权所得计算出来的赔偿数额过低，权利人基于现实的成本收益分析，其主张不当得利返还责任的可能性则会大大降低；第二，专利侵权的责任形式不仅有损害赔偿，也有停止侵害等，综合这些责任形式再从责任效果上看，依照两者所计算出来的赔偿数额的差距对整体的责任效果的影响比重则会降低。

因此，按照实际损失确定赔偿数额之时，适用不当得利制度同样也存在变相要求

---

[8] 由于《专利法》第65条的顺位要求，因此，实践中认定赔偿数额之时不存在“实际损失”和“侵权所得”孰大孰小的问题，但在这里为了更好地说明，因此进行比较。

[9] 《专利纠纷若干规定》第20条第1款规定：“专利法第六十五条规定的权利人因被侵权所受到的实际损失可以根据专利权人的专利产品因侵权所造成销售量减少的总数乘以每件专利产品的合理利润所得之积计算。权利人销售量减少的总数难以确定的，侵权产品在市场上销售的总数乘以每件专利产品的合理利润所得之积可以视为权利人因被侵权所受到的实际损失。”

善意侵权人承担赔偿责任的嫌疑。而对于许可使用费的合理倍数以及法定赔偿,其分析与上文分析具有相似之处,不再赘述。

另外,在一般民事侵权纠纷案件中,如果该行为构成侵权,不当得利制度可能有适用的余地,因为侵权损害赔偿责任与不当得利返还责任的理论基础是不同的,在出现不当得利返还责任与侵权损害赔偿责任竞合的情况下,从保护受害人的利益出发,一些观点主张或是司法实践中一般允许受害人就这两种请求权择一行使。而之所以如此允许,原因之一是:在这两种责任竞合〔10〕的情况下,受益人(加害人)不承担此种责任也要承担彼种责任,受害人二选一,并没有加重受益人的责任,换言之,允许二选一的前提是立法并没有豁免受益人(加害人)的侵权损害赔偿责任或者是不当得利返还责任。〔11〕 但在专利善意侵权案件中,立法已经豁免行为人的侵权赔偿责任,如果要求行为人承担不当得利返还责任,则显然是相对的加重其责任。

(二)专利善意侵权所得并不构成不当得利

通说认为,不当得利是指无法律上的原因,一方受益而致他方受损失的法律事实。其构成要件有四:一是一方取得财产上利益;二是他方受有损失;三是取得利益与他方所受损失间有因果关系;〔12〕 四是取得的利益无法律上的原因,〔13〕 我国民法总则称为"没有法律根据"。"没有法律根据"〔14〕是指缺乏受利益的法律上的原因,而非仅仅指权利或者财产的取得没有法律上的直接原因。

如前文所述,有观点认为专利善意侵权所得符合不当得利的构成要件,但笔者以为不然,具体理由如下:

1. 对于要件一、二、三,需个案认定

对于要件一即该行为人需受益,如果行为人并未获益,如行为人购进一批专利侵权产品进行许诺销售,尚未实际销售或者实际销售不多,则不符合构成要件一,因此,行为人(侵权者)是否获益需个案认定。

对于要件二即专利权人受损失,当专利权人将其专利权授权他人或者是自己出于生产经营目的使用其专利权时,该行为人的行为则会对专利权人的利益造成消极影响;即使是在行为人并未实际销售的情况下,专利权人的预期利益也会受到影响。但如果专利权人并未授权许可他人,抑或者自己不将该专利用于生产经营,若该行为此

〔10〕 专利善意侵权已经被定性为侵权行为需承担相应的侵权责任,如果对此适用不当得利制度,则会出现侵权责任与不当得利返还责任的竞合。这一"竞合"现象是不能被忽略的。

〔11〕 参见王利明:《论返还不当得利责任与侵权责任的竞合》,载《中国法学》1994年第5期。

〔12〕 尽管不少理论观点与司法实践主张在适用不当得利制度之时根据第三个构成要件因果关系内容的不同对其区分为给付不当得利和非给付不当得利,并将后者根据其发生事由和内容进一步分为"权益侵害不当得利""支出费用不当得利""求偿不当得利"这三种情形,但是此分类主要是基于第三个构成要件的不同而进行(其他三个构成要件即第一、第二和第四并无实质性差别),而如下文所述,第三个构成要件需要结合具体个案来进行判断,因此,此分类对本文所要讨论的意义不大,不做细谈。

〔13〕 参见李永军主编:《〈中华人民共和国民法总则〉精释与适用》,中国民主法制出版社2017年版,第192页。

〔14〕 尽管有学者认为"无法律上的原因""没有合法根据"以及"没有法律根据"这3个概念有所差异,但是这并非本文重点,因此本文不做细谈,而统一使用《民法总则》中"没有法律根据"一词。

时出现,可否认定专利权人受到损失?笔者认为,需要结合具体案情予以认定。另外,如果认同王泽鉴教授的观点即不以实际上受有损失为必要,[15]则无须过多考虑此要件。

对于要件三即受益与受损失须具有因果关系。由于各种缘故,尽管当前存在诸多无价值或者市场价值很小的专利,但由于该行为构成侵权——经过司法审判认定构成专利侵权,因此可认为,一般情形下,涉案专利具有一定的市场价值,[16]在此前提下,可推定行为人基于此行为而获益与专利权人的涉案专利具有直接性即受益与受损失具有因果关系。但是,也存在行为人构成专利侵权但涉案专利并无普遍意义上的市场价值或者市场价值微乎其微,抑或是对涉案专利产品并无价值贡献的情形,即行为人所取得收益并非来自该专利。因而,也需在具体案件中予以探讨。

2. 对于要件四,专利善意侵权人保有其侵权所得具有法律根据

对于要件四即没有法律根据,该要件是主张适用不当得利制度观点的重要依据。但是不当得利制度的目的在于使受益人返还其没有法律根据的利益,换言之,其应考虑的是:受益人保有该利益是否有正当性,而非其取得该利益过程的违法性问题。[17]那在现有法律框架中,行为人保有其专利善意侵权所得是否具有正当性?笔者认为具有正当性,理由如下:

现代法律舍个人主义而采团体主义,权利是法律分配一部分社会利益给权利人,尤其是随着社会不断发展,新的利益及其格局不断形成,新的权益(进而可能是权利)通过主张及研究(进而是立法化)正在不断形成,[18]这在知识产权领域内体现得尤为明显。[19] 而且,如王泽鉴教授所言,权益侵害不当得利类型涉及对权益的保护范围,也与社会经济制度密切联系。[20] 由于专利权等知识产权具有强大的排他性、权利客体的非物质性、权利边界的模糊性等特殊性,因而,其一,相比传统一般民事权利所相

---

〔15〕 参见王泽鉴:《不当得利类型论与不当得利法的发展——建构一个可操作的规范模式》(下),载《甘肃政法学院学报》2015年第6期。尽管其认为解释上应认定侵害权益不当得利的成立,不以他方实际上受有损害为必要,因为不当得利法的目的非在于填补损害,而是在消除无法律上原因所取得的利益。同时他也肯定要件三,即致他人受损害的直接性所发挥的功能,例如避免借不当得利请求所谓的反射利益(如渔夫利用灯塔夜航)。

〔16〕 经过一段时期的诉讼经验积累,对于涉案专利,被告往往会发起专利权无效宣告程序以此从根本上否定侵权存在。但需注意的是,也存在由于被告请不起专利律师而不了解此诉讼策略的情形。

〔17〕 关于如何判断侵害他人权益的不当得利,学说上有两种理论,分别是违法性说和权益归属说,在王泽鉴教授看来,违法性说很难得到认同。其认为,是否有法律上的原因考虑的应当是保有利益的正当性而非不当得利的过程。其认为,给付过程的违法性与保有给付的正当性是两个不同的判断基准,多数时候两者一致,有时则不同,例如故意以背于善良风俗的方法从事营养竞争。参见王泽鉴:《不当得利》,北京大学出版社2009年版,第139页。因此,笔者认为,即使该行为过程不具有合法性,其获益也未必会构成不当得利,仍然需要从体系解释出发,到具体情形去衡量。

〔18〕 参见胡长清:《中国民法总论》,中国政法大学出版社1997年版,第386页。

〔19〕 原因在于知识产权与一国之经济、社会主体之经济利益密切联系,且其相比传统的一般民事权利是一种新事物。

〔20〕 参见王泽鉴:《不当得利》,北京大学出版社2009年版,第138页。

对着眼于个体利益,知识产权则主要是通过激励个体从而提升社会整体效益如促进文化传播、促进科学技术进步和经济社会发展;其二,对知识产权原则上创设应当采取法定原则,[21] 即由立法者对知识产权中各种利益进行衡量后在法律中予以体现;其三,知识产权在不断发展强化的同时也基于利益平衡原则被限制着,如专利法中的强制许可制度,著作权法中的合理使用、法定许可制度,滥用知识产权行为反垄断法规制制度等。也因此,在民事权利体系之中,知识产权具有许多特殊制度,立法者通过设计这些特殊制度对相关利益进行分配,而专利善意侵权案件中赔偿责任豁免制度便是这众多特殊制度之一。

之所以说此制度是知识产权相比一般民事权益所形成的特殊制度之一,理由是:在一般的民事侵权责任制度中,并不存在赔偿责任豁免制度。换言之,在一般的民事制度中并不存在立法者在将某一行为定性为侵权行为的同时又规定该行为无须承担损害赔偿责任的情形。[22] 因此,在一般民事侵权案件中,侵权人基于该行为所取得的利益在一定程度上需要返还给权利人,[23] 无须特别考虑这部分利益的划分问题。也因此,如前文所述,在一般民事权利体系之中,当存在不当得利返还责任与侵权损害赔偿责任竞合之时,原告往往可以择其一进行主张。那如何理解立法者对专利善意侵权规定赔偿责任豁免制度?

在专利权领域中,一般情形下,善意侵权人有很大的可能性通过该侵权行为而获得利益或者权利人会因该侵权而受到损失,但立法者在明知此类情形之下仍然通过例外规定豁免其赔偿责任,放弃通过此途径[24] 救济专利权人所遭受的损失——说明立法者意在通过立法将这部分获益分配给善意侵权人,因为,如果立法者希望将专利善意侵权所得分配给专利权人而不是善意侵权人,那么大可不必再单独规定第 70 条——规定其无须承担赔偿责任,直接让善意侵权人基于《专利法》《侵权责任法》等相关法律承担赔偿责任即可,毕竟,财产性权利是法律将社会整体上的利益分配给不同权利人的一种体现,尤其是在具有许多特殊制度的知识产权领域,立法者在制定完善《专利法》之时便已经对该特殊情形下的利益进行考量和配置,也因此相当于在立法上给予其根据。因此,即使被定性侵权,专利善意侵权人保有专利善意侵权所得具有法律根据从而具有正当性。

---

〔21〕 参见郑胜利:《论知识产权法定原则》,载郑胜利主编《北大知识产权评论》(第 2 卷),法律出版社 2004 年版,第 57 页;李扬:《知识产权法基本原理——基础理论》,中国社会科学出版社 2013 年版,第 27 页。

〔22〕 因此,在知识产权侵权案件尤其是专利善意侵权案件中,该行为并不简单等同于民法中构成不当得利的一般情形。

〔23〕 《侵权责任法》第 19 条规定:“侵害他人财产的,财产损失按照损失发生时的市场价格或者其他方式计算。”第 20 条规定:“侵害他人人身权益造成财产损失的,按照被侵权人因此受到的损失赔偿;被侵权人的损失难以确定,侵权人因此获得利益的,按照其获得的利益赔偿;侵权人因此获得的利益难以确定,被侵权人和侵权人就赔偿数额协商不一致,向人民法院提起诉讼的,由人民法院根据实际情况确定赔偿数额。”

〔24〕 尽管赔偿责任豁免制度的存在使专利权人无法通过向善意侵权人主张损害赔偿这种途径来弥补损失,但是专利权人可通过其他途径如向恶意侵权人主张损害赔偿来弥补其损失,为此,下文也将提出相应的建议。

从解释论及目的论出发,我们不难理解,《专利法》之所以将“专利善意侵权”定性为侵权又通过第70条免除其赔偿责任,其目的在于,一方面通过停止侵害等其他侵权责任方式维护专利权人的合法权益,另一方面基于利益平衡等考量而将专利善意侵权所得分配给特定的善意侵权人。在现实中,但凡通过交易取得的利益,往往背后都有他人某种意义上的损失,对此并不能一概称之为不当得利。[25]《专利法》第70条所作出的规定旨在促进市场交易,维护善意侵权人的利益,因此相对而言,背后难以避免的代价是专利权人利益的减少,尽管如此,也不能将该行为人的获益称之为不当得利。

另外,在当前的研究中,越来越多的观点倾向于认为即使在实际损失无法确定而按照侵权所得来计算时,也不可将知识产权领域中侵权者的全部侵权所得划分给权利人,理由之一是在这全部侵权所得中,侵权者自身努力或许对其所得有所贡献,甚至其自身努力对其所得的贡献[26]大于涉案专利对其所得的贡献,尤其是在专利领域中,基于专利的复杂性,善意侵权者难以进行实质有效地侵权判断,其往往是并非有意为之,而在此时剥夺其全部“侵权所得”,显然对其有所不公;理由之二是,由于知识产权存在无形性、被复制的边际成本很低等特性,知识产权中权利人既可能因侵权而遭受实际损失,也可能而间接受益。也因此,有观点认为,将“即使侵权未发生权利人也无法获得的部分”视为权利人的“损失”而赔偿则反而会使权利人不当得利。[27]

综上所述,前三个要件需要根据个案具体情形进行判断是否符合,而对第四个要件,尽管该行为被定性为侵权行为,但是在立法者已将专利善意侵权所得分配给善意侵权人的前提下,该利益并非“没有法律根据”,因此,专利善意侵权并不构成不当得利。

三、立法论上不当得利制度与专利善意侵权案件难以契合

如前文所分析,从解释论角度而言,专利善意侵权人基于该特定的行为所获得的利益——专利善意侵权所得在《专利法》第70条明文规定之下获得保有利益的正当性,而主张对此适用不当得利制度显然会与该明文规定相冲突。因此,如果司法审判中在此类案件上强行适用不当得利制度便是司法对立法之违反。而笔者通过检索也并未发现有国内法院对此适用不当得利制度。

那么从立法论角度,不当得利制度在专利善意侵权案件中又是否具有可适用性或是契合性?具体而言,如前文分析,《专利法》第70条的存在否定了不当得利制度在专利善意侵权案件中的可适用性,因此,如果要在此类案件中适用不当得利制度则意

---

〔25〕 参见史尚宽:《债法总论》,中国政法大学出版社2000年版,第71~72页。

〔26〕 例如有更好的销售策略、销售渠道、更大的产品宣传力度等。

〔27〕 参见胡晶晶:《知识产权“利润剥夺”损害赔偿请求权基础研究》,载《法律科学》2014年第6期。该文认为,我国同样采纳了“推定说”,将利润剥夺作为实际损失难以确定时的替代方式,并且只要是因侵权而获得的利益都纳入计算数额,无须根据权利人的具体情形而对侵权产品销量作“若非侵权发生权利人应得部分”和“即使侵权未发生权利人也无法获得的部分”的区分,可见侵权获利被推定为了实际损害。

味着需要通过立法修订删除第70条。而删除第70条的影响会如何？是否具有必要性？换言之，第70条存在的必要性是什么？立法者为何在将该行为定性为侵权行为的同时又豁免其赔偿责任？

（一）《专利法》第70条的出发点

从短期来看，专利权人通过维权所获得收益会增加从而鼓励创新，但是从现实中长期来看却并非如此，因为这将对社会主义市场经济的发展产生消极影响，进而整体意义上的专利权人的专利价值也将无法真正得到体现，形成恶性循环。而《专利法》第70条的出台则是立法者立足现实和社会整体，基于专利权等知识产权的特殊性，在利益平衡原则的指导下所做出的选择，具体说明如下：

1. 出于维护交易安全和促进交易便捷的考虑

该条文通过设立"合法来源"抗辩事由免除行为人的赔偿责任在当前经济环境中有利于维护交易安全和促进交易便捷。

如前文所述，知识产权由于其特殊性，国家在加强对其保护水平的同时也在对其进行某种程度上的限制。一方面，知识产权所保护的客体具有非物质性，而侵权归责原则主张适用无过错责任——并不考虑行为人的主观状态，因而其相比其他有形财产具有更大范围的排他性，从事商业活动的行为人一不小心就会落入被规制的范围之中；另一方面，知识产权所保护客体的非物质性也决定其需要言辞予以表达，而言辞本身所具有的不确定性会在一定程度上导致其权利边界的模糊性，同时，由于专利的复杂性容易导致侵权判断的过于专业性，因而，从事商业活动的使用者、销售者（非制造者）如果想完全避免侵权就需要在每一次交易之前做大量的准备工作以判断所购买（销售）的、所使用的是否是侵权产品即承担主动审查义务，而这些准备工作在给其带来直接的审核成本的同时也将产生相应的时间成本，即使是具有丰富资源和专业知识的专利行政部门[28]对专利申请进行审核也需要不少时间，因此，如果删除该条文不给予善意侵权人免除赔偿责任势必会影响交易便捷的实现。

与此同时，如果没有该条文，基于能力、成本的考量，相关交易主体的安全感势必会降低，进而选择退出该领域。而立法者通过该条文，借鉴外观主义将"不知情"和"合法来源"作为评判标准，则显然有利于维护交易安全。在司法实践中，有观点认为，"该条规定是基于对交易安全的考虑，保护善意销售商不因销售侵权产品而承担赔偿责任，从而损害其合法权益"——直接提出善意销售商在专利善意侵权案件中也

---

〔28〕 由于现行《专利法》将地方知识产权局笼统表述为"管理专利工作的部门"，造成各地方局法律地位和机构性质方面存在较大差异，已影响到专利行政执法工作的效果，与地方专利管理工作的实际要求严重不符，因此国家知识产权局建议采用"地方人民政府专利行政部门"的表述，明确地方知识产权局的法律定位。参见国家知识产权局发布的《关于〈中华人民共和国专利法修改草案（征求意见稿）〉的说明》，基于此，《中华人民共和国专利法修改草案（征求意见稿）》和《中华人民共和国专利法修订草案（送审稿）》均统一采用"专利行政部门"的表述。

享有相应的合法权益。[29]

而且,中国正在进行经济制度改革,市场对资源配置的作用将越来越大,交易安全和交易便捷是市场得以正常、高效运行之所在;如果删除该条文即要求一般善意侵权人承当赔偿责任或者返还,则意味着,善意侵权人要么为避免侵权提前做大量准备进而导致交易便捷难以实现,要么是选择退出市场进而影响中国市场经济的发展。毕竟,众多市场主体参与市场交易活动是社会主义市场经济得以健康高效运转的重要现实保障。从长远来看,如果众多善意侵权人因为没有第70条的保障而选择退出知识产权交易领域,那么围绕知识产权的相关交易市场难免遭遇极大的不利影响,而专利的价值在健康稳定的市场经济中才能得以体现,因此,整体意义上专利权的价值将因为没有健康稳定的市场经济做支撑而大打折扣,换言之,在整体意义上,专利权人将无法在市场经济中取得预期的收益,形成恶性循环。

因此,该条文之规定对于维护交易安全、促进交易便捷从而推动中国市场经济发展、进而充分体现专利的市场价值具有重要意义。

另外,在民法中有善意取得制度,在适用善意取得制度的案件中,受让人与出卖人之间的交易行为损害了原权利人的利益,但是法律仍然通过善意取得制度保护了受让人的利益,目的便是在于降低当事人在交易时的不安全感,降低交易成本,维护商品交易秩序的稳定。一项法律制度的背后都有相应的立法目的,回归到"专利善意侵权"中,如果适用不当得利制度,那么将增加当事人在交易时的不安全感,加大交易成本,进而不利于商品市场、社会经济的发展。也因此,知识产权法制度中有了"权利穷尽原则",同时,对于此种"善意侵权",著作权法和商标法也有类似的规定。[30]

2. 出于提高社会整体经济效益、降低社会成本的考虑

其一,从反面来看,删除该条文即假设立法者不规定善意侵权人的赔偿责任豁免制度,意味着善意侵权人需要承担赔偿责任或者不当得利制度有适用的空间,换言之,善意侵权人选择进入相应市场或者已经进入后不退出该市场则需要承担主动审查的义务,[31]而这种义务配置又会给社会整体效益带来怎样的影响?

依据《专利法》第11条之规定,对专利权人的权利造成侵害主要是为生产经营目的制造、使用、许诺销售、销售、进口其专利产品等行为。相比使用、许诺销售、销售行为,制造[32]是源头即上游。而且制造与使用、许诺销售、销售之间一般是一对多的关

〔29〕 参见"鲜乐仕厨房用品株式会社与上海美之扣实业有限公司、北京惠买时空商贸有限公司侵害发明专利权纠纷上诉案",北京市高级人民法院(2012)高民终字第3974号。该案为最高人民法院公布2012年中国法院知识产权司法保护50件典型案例之一。

〔30〕 《著作权法》第53条规定:"复制品的出版者、制作者不能证明其出版、制作有合法授权的,复制品的发行者或者电影作品或者以类似摄制电影的方法创作的作品、计算机软件、录音录像制品的复制品的出租者不能证明其发行、出租的复制品有合法来源的,应当承担法律责任。"《商标法》第64条第2款规定:"销售不知道是侵犯注册商标专用权的商品,能证明该商品是自己合法取得并说明提供者的,不承担赔偿责任。"

〔31〕 毕竟,如果不承担主动审查的义务,就只能准备随时被剥夺所得,意味着这段时间的辛苦(正常的市场交易)将付之东流,其背后不仅是劳务付出,还有时间成本。

〔32〕 由于专利善意侵权并未直接评价进口行为,因而本文不对此进行讨论。

系,如果删除该条文或者适用不当得利制度则意味着每个环节都要进行主动审查。因此,可以基本判断的是,相比将主动审查义务配置给源头,而将主动审查义务配置给下游每个环节中的相关主体,社会成本将大大增加,毕竟涉案侵权产品的制造商是一个,而下游的销售商、使用者却是多数且不特定的。换言之,如果将主动审查义务主要配置给制造者,相比较而言,则可以从整体上降低社会成本,从而可将社会资源配置在社会中更加需要的地方进而促进中国经济发展水平和人民生活水平的提升。

其二,不仅可以从社会整体上降低成本,提高经济效益,而且更具有可行性。毕竟,生产制造者拥有生产线所需的技术、设备、专业人员等要素,因此,相比要求销售商、使用者,要求制造者承担主动审查的义务则更为可行。

因此,将主动审查义务配置给制造者而不是善意侵权人有利于降低社会整体成本、提高经济效益,也具有更强的可行性。

3. 出于善意侵权人承担主动审查和赔偿责任能力有限的考虑

如前文所述,如果善意侵权人想完全避免侵权需要很多的准备工作和不小的投入,而实际上这些准备也未必能够百分百避免侵权,更为重要的是,这些准备必然导致成本的大量上升,这是不具有该专业知识、专业技能的普通使用者、销售者所不能够承担得起的。尤其是对于中小型销售者如中小型超市而言,其服务对象主要是消费能力较低的普通消费者,[33]而一件产品上承载的知识产权或多或少,尤其是电子产品,其承载着的知识产权数量则更多,如何能够要求他们承担这样的审查义务?况且一般情况下其销售的产品几百件甚至上千件,这样的审查成本对于他们来说是难以想象。

所以,即使是将主动审查义务配置给这类销售者,在实际上他们也履行不能。而且专门负责执法的专利行政部门也未必能够在短期内百分百确定某件侵权产品具体侵害到哪些知识产权,更何况对于这类销售者,而且这类销售者经营获利相对微薄,专利的复杂性决定其审查需要不少的成本,这种义务与获利是不相匹配的。

相比传统民事权利,专利权等知识产权具有特殊性,但其仍然具有财产性质,仍然需要回归到现实中进行利益衡量。提高知识产权在立法上的保护水平,意味着其他民事权益主体的利益将在一定程度上降低,因此,须在社会层面上去考虑各方利益,不能单纯追求专利权人的利益。

(二)规定第70条即不适用不当得利制度对专利权人的影响

《专利法》第70条规定赔偿责任豁免制度将专利善意侵权所得分配给善意侵权人似乎对专利权人的合法权益造成不利影响,但是实际并非如此,具体通过以下三方

---

〔33〕 现实中,有不少超市面临过多的知识产权维权诉讼而不得不选择关门,而其前期的各项投入可能也因此而灰飞烟灭。具体数量还有待进一步统计。虽然从事商业活动的主体需要尊重知识产权,但是在知识产权具有如此复杂性面前,相对弱势的这些群体的利益我们也不得不去考量。虽然经过改革开放近四十年的发展,中国经济实现腾飞,大量人口实现脱贫致富。但是不能否认的是,当前中国还存在大量相对贫困的人口,这些人仍然挣扎在生存的边界线,这些人如普通农民工、落后地区的农民等一般是处于社会底层,从中国收入金字塔结构和贫富收入差距如此悬殊的现实我们不难得出这一群体的数量之大的结论,而这一基本国情却为不少学者和实务界人士所忽略。

面进行分析。

1. 并非任意"善意"侵犯专利权的行为均可被认定为"专利善意侵权"

根据《专利法》第70条等相关规定,笔者认为,"专利善意侵权"的构成要件有四个,具体如下:

一是行为人主观为"不知情"即"不知道其为生产经营目而使用、许诺销售或者销售的专利侵权产品是未经专利权人许可而制造并售出的",这不同于虽能证明该产品具有合法来源但是明知为侵权产品的主观状态。

二是行为人能够证明该专利侵权产品具有合法来源,这不同于行为人不能证明该专利侵权产品具有合法来源的情形。尽管司法审判实践之中对于"合法来源"的定义的具体理解有所不同,〔34〕但是本质差异不大,结合司法解释,〔35〕具体来讲,"合法来源"的构成要件如下:第一,合法的进货渠道即合法取得;第二,正常商业要素如合理价格,这里的合理价格因为地域性、代理商竞争、服务管理成本等因素会有所差异,因此需要根据具体情形予以把握;而为了证成这两个构成要件善意侵权人需提供包括相关票据在内的有关交易资料。〔36〕

三是行为方式仅限于"为生产经营目而使用、许诺销售或者销售",这不同于为生产经营目的生产制造的情形。司法实践中,广州知识产权法院认为将来自不同途径的零部件组装成被控侵权产品,属于制造行为,从而认定被告主张合法来源抗辩理据不足。〔37〕

四是善意侵权人身份仅为"为生产经营目而使用、许诺销售或者销售他人未经专利权人许可而制造并售出的专利侵权产品"的侵权人,这不同于既为生产制造者,又为使用、许诺销售或者销售者的双重身份情形。〔38〕

由此可见,并非任何"不知情"即"善意"侵犯专利权的行为均可被认定为"专利善意侵权",四个构成要件的存在可从立法论角度上减少对专利权人的影响,体现出立法者考量平衡各方利益的审慎态度,四个构成要件所区别的四种情形则可直接适用《专利法》第11条等相关规定进行规制从而维护专利权人的合法权益。

---

〔34〕 如广州知识产权法院在其审理的案件中认为,"合法来源是指使用者或销售者从合法的进货渠道,以合理的价格购买了被诉侵权产品,并提供相关票据,且使用者或销售者主观上不知产品为侵权产品。""郝重强诉中山市古镇洁怡翔五金配件门市部侵害外观设计专利权纠纷案",广州知识产权法院(2016)粤73民初1589号。

〔35〕 《专利权司法解释(二)》第25条第3款规定:"本条第一款所称合法来源,是指通过合法的销售渠道、通常的买卖合同等正常商业方式取得产品。对于合法来源,使用者、许诺销售者或者销售者应当提供符合交易习惯的相关证据。"

〔36〕 而票据并非单指发票,当前司法实践中也基本并未以发票为唯一证明,通常情形下,被告提供的相关票据可以形成证据链时,法院便会予以认可,详见下文论述。

〔37〕 参见"广州市创宏电子有限公司诉广州市华星电器有限公司侵害实用新型专利权纠纷案",广州知识产权法院(2017)粤73民初137号。

〔38〕 本文如无特别说明,文中所提到的使用者、销售者便是不具有这种双重身份的使用者、销售者。

2. 不适用不当得利制度，专利权人的合法权益并非得不到保护

其一，或许有观点认为如果不在这类案件中适用不当得利制度，专利权人的合法权益将得不到保护。笔者认为，并非如此。首先，《专利法》第70条已经明文规定专利善意侵权人无须承担赔偿责任，换言之，在立法者的规划中，专利善意侵权所得为善意侵权人所享有，其并非专利权人的合法权益内容；其次，构成“专利善意侵权”的前提是专利善意侵权人不知道相关涉案产品为侵权产品且能够证明该侵权产品具有合法来源。如若能够证明合法来源，专利权人最后要么是找到不具有合法来源的上游销售者，要么是制造该侵权产品的生产制造者，权利人可借此途径找到真正索赔方，要求该“恶意”侵权人承担赔偿责任等侵权责任，以维护其真正的合法权益。下文也将继续讨论在现有制度下针对专利善意侵权案件中如何加强专利权保护提出建议。

其二，或许有观点会认为，不给下游配置主动审查义务会加大权利人的维权成本，但是实际上，即使配置了，权利人也需要支出相应的成本，而寻找侵权线索的同时也是寻找潜在交易对象，毕竟多数专利权人有许可其专利权或者出售其专利产品的需求，进而可通过此方式进行谈判交易。

另外，根据《专利权司法解释（二）》第25条第1款之规定，在该类案件中，如果能够举证证明其已支付该产品的合理对价的使用者不仅不用承担赔偿责任，甚至不用承担停止侵害民事责任。可见，即使是在司法实践中，也需依法进行利益平衡，而并非追求专利权人利益的最大化。

其三，如前文所述，将专利善意侵权所得分配给善意侵权人，有利于促进社会主义市场经济的发展，进而让专利的价值在良好的市场中得以充分体现，换言之，专利权人也将会因市场经济的发展而相对增加收益，形成良性循环。

因此，将专利善意侵权所得分配给善意侵权人而不适用不当得利制度，专利权人的合法权益并非得不到保护。

3. 不适用不当得利制度并非鼓励侵权

有观点认为，赔偿责任的豁免（专利善意侵权无须承担赔偿责任）为商品经济下游活动者提供了一个避风港，商品经济所具有的逐利性容易在这个避风港中扩张——会导致下游活动者在购买商品时在利益驱使下侵权。[39] 那不适用不当得利制度，换言之，在现有法律框架下可否解决此问题？

首先，如前文所述，立法者在设定“赔偿责任豁免”制度的时候就已经考虑到这种情形，一方面为保护专利权，鼓励创新；另一方面又需要考虑到其他社会主体利益、社会发展的需要，因此，即使专利善意侵权人的主观是“不知道”且“能证明该产品合法来源的”，其行为仍然被定性为侵权行为且需承担诸如停止侵害等侵权责任。而这些责任也意味着不小的代价，如停止侵害责任意味着专利善意侵权人不能再继续销售该专利侵权产品，专利善意侵权人在此之前为该产品做出的努力和付出的成本将在一定

〔39〕 参见王冬梅、吴明科：《善意侵权引发的不当得利之思》，载《卷宗》2015年第12期。

程度上付之东流,这对侵权人具有不小的威慑力。

其次,为防止恶意侵权人利用赔偿责任豁免制度而故意掩盖其恶意,除权利人证明其恶意,同时可通过司法实践之中把握好相关尺度予以解决,而并非不能解决,详见下文论述。

如果时代变迁,需要将知识产权保护提高到一个更高层次的水平,那么或许需要对现有的专利法进行修改,使其“与时俱进”,而这需要接下来的理论界和实务界根据未来新出现的情况进行探讨。

四、现有制度下对该类型案件中加强专利权保护的建议

一方面,尽管不当得利制度在专利善意侵权案件中不具有适用性,但是主张适用不当得利的观点所提出的理由中相关现实问题却仍然值得关注与思考,如专利权人难以发现恶意侵权人的侵权事实或者找到他们,抑或是部分销售者基于逐利性会对侵权持放任态度,进而借此掩盖其恶意;另一方面,建设知识产权强国要求加强对专利权的保护。因此,本文将在现有制度下对该类型案件中加强专利权保护提出相关建议。

其一,如前文所分析,《专利法》第70条基于社会整体效益、商品经济发展等因素将专利善意侵权所得分配给善意侵权人,但为防止部分恶意侵权人利用该条款来逃避赔偿责任,因此需要把握好行为人注意义务和合法来源证明标准的尺度,即一方面基于现实考量不可对善意侵权人提出过高的证明要求;另一方面也不可以放低证明标准。

其二,专利善意侵权案件中的相关利益主体实际上并非只是专利权人与善意侵权人两者,还有善意侵权人的上游恶意侵权人,而《专利法》第70条是在专利权人与善意侵权人两者之间做出的利益平衡,并未将恶意侵权人纳入进去,而且如前文所分析,相比要求善意侵权人承担主动审查义务等,要求恶意侵权人承担义务则更有效率,因此,在这三者之中,更需要恶意侵权人来为其给权利人造成的损失承担责任,而为实现此目标,可通过下文提及的三种措施即善意侵权人承担告知权利人产品来源的协助义务、加强生产制造环节中的行政监管力度、充分发挥职能司法作用予以帮助实现。

其三,与此同时,实践中存在专利权人有意选择销售者而不是制造者提起诉讼以此获得更大利益的情形,换言之,存在专利权人利用司法诉讼来获取“不当”利益的情形。因为专利侵权产品流入市场后销售者的数量往往比制造者多,专利权人可通过提起规模诉讼来获得规模效益——这类权利人利用诉讼所获得的赔偿或者是借助司法执行力所取得的谈判优势地位已获取的间接利益已经远超其实际损失。[40] 司法诉讼具有一定的司法成本,其创设是为维护权利人的合法权益,而并非给部分主体创造额外价值,因此需对该类行为加以重视以避免司法资源的浪费和损害善意侵权人的合法

---

〔40〕 单个案件难以看出,但是将有关同一个涉案专利的案件结合起来便可以看出。这也是这些年来为何部分知识产权获得的侵权赔偿额在不断降低的原因。

利益。笔者在下文所提及的建议中也会对此加以回应。

(一)把握好行为人注意义务和合法来源证明标准的尺度

为加强对专利权的保护力度,鼓励创新,更好地保护专利权人的利益,笔者亦认可"专利善意侵权"中的"知道"包括"明知"与"应知",即"不知道"的含义是"实际不知道且不应知",《专利权司法解释(二)》亦对此做出规定。[41]

对于"实际不知道",不必多说。从另一个角度而言,如果销售商在得到专利权人通知之后仍然销售其库存的侵权产品,则难以认为其为不知情。如在北京市高级人民法院审理的一个案件中,被告收到原告律师函之后并未及时停止销售,因而该法院认为,难以认为其属于善意销售商。[42]

对于"不应知",往往与行为人的注意义务紧密联系。对于注意义务,需要具体结合个案进行把握。一般认为,如果行为人没有尽到注意义务,便是行为人之过错,由此行为人需要承担相应的不利后果。

而在这类案件之中,通常情形下,注意义务与"合法来源"相挂钩,一定程度上可将两者称之为一个问题的两个方面,司法实践中,行为人如果想证明其具有合法来源,也意味着其需要证明其已经尽到合理的注意义务。[43]

如前文所述,"合法来源"的构成要件包括如下:一是合法的进货渠道即合法取得;二是正常商业要素如合理价格。而为了证成这两个构成要件行为人需提供包括相关票据在内的相关交易资料。第一个构成要件侧重于商法上的合法形式如相应的资质,第二个要件则侧重于行为本身的合理性。

1. 合法的进货渠道与正常商业要素

(1)合法的进货渠道。"合法的进货渠道"要求行为人的交易行为必须符合国家相关市场监管规定,具体如下:

其一,不得随意选择生产商或者经销商等出售方进行购物,而必须选择具有相应的资质如营业资质等商主体。当前司法实践之中,亦有如此要求,如浙江省杭州市中级人民法院在其审理的案件中综合考虑欧尚公司(销售者)和鸿昌公司(制造者)的资质、经营规模等因素来认定被告欧尚公司所作合法来源的抗辩成立。[44] 又如,江苏省

---

[41] 《专利权司法解释(二)》第25条第2款规定:"本条第一款所称不知道,是指实际不知道且不应当知道。"

[42] 参见"鲜乐仕厨房用品株式会社与上海美之扣实业有限公司、北京惠买时空商贸有限公司侵害发明专利权纠纷上诉案",北京市高级人民法院(2012)高民终字第3974号。在该案件中,惠买时空公司收到鲜乐仕株式会社律师函的时间最迟为2011年8月19日,而惠买时空公司认可其停止销售被诉侵权产品的时间为9月8日。据此法院认为,惠买时空公司在知道其销售或许诺销售的产品系侵犯他人专利权的情况下,未及时采取有效的停止侵权措施,仍然实施销售和许诺销售行为,并且也未及时与鲜乐仕株式会社取得联系,难以认为其属于善意销售商。

[43] 这里涉及行为人主观状态即是否知道或者应当知道的举证责任问题。一般认为,根据"谁主张,谁举证"证明责任分配此一般原则,由原告即权利人对行为人的主观状态进行举证,而由善意侵权人对其合法来源抗辩进行举证。

[44] 参见"嘉兴捷顺旅游制品有限公司诉杭州欧尚超市有限公司等侵害实用新型专利权纠纷案",浙江省杭州市中级人民法院(2016)浙01民初1005号。

镇江市中级人民法院在其审理的案件中认为,从主观方面讲,由于被告浙江德弘眼镜有限公司具备相应的生产经营资质,因而被告李灵芝有理由相信其从一个依法成立的专业供应商处所取得产品的合法性,因此认为该案无证据证明其明知或应知所购眼镜为侵犯他人外观设计专利权的产品。从而认为,被告李灵芝称其具备合法来源的抗辩成立,依法可免除赔偿责任。〔45〕

其二,不仅专利善意侵权人所选择的出售方主体本身需要相应的资质,其专利产品也需要符合相关产品管理规范如不能是“三无”产品。司法实践中,如广州知识产权法院在司法审判中认为,被告购买的产品上没有相关信息,属于“三无”产品,无法体现被告已尽到审慎的注意义务,进而对于其提出的合法来源抗辩不予采纳。〔46〕又如广东省广州市中级人民法院在其审理的案件中认为,虽然被告提供证据能够证明其产品的来源者是存在的,但是其所销售的是没有标注生产厂商信息的“三无”产品,没有尽到合理注意义务,因而认定其赔偿责任不能免除。〔47〕

(2)正常商业要素如合理价格。产品“合理价格”一般是指该产品的“正常市场价格”,若销售者获得被诉侵权产品的价格显著低于相关产品的正常市场价格,如无其他有力证据说明缘由,则可以说明其没有尽到合理的注意义务,会对其合法来源抗辩产生直接的不利影响。〔48〕

对于“合理价格”的判断,因为地域性、代理商竞争、服务管理成本等因素会导致每个案件之中的合理价格标准有所差异,因此不能单纯根据专利权人提出的产品价格来认定“合理价格”的标准,〔49〕而需要根据具体情形予以把握;比如,不同生产产地的生产成本有所不同进而会导致出现在同一地方的相同产品的价格也会有所差异,而很多时候销售商之间正是凭借此获得经营优势,所以需要结合产品来源地、相关运输成本、管理成本等因素综合考虑合理价格的标准。

2. 提供包括相关票据在内的相关交易资料

对于“交易资料”,其中票据并非单指发票,通常情形下,如果被告提供的相关交易资料如出售方相关资质、进货凭证、付款凭证、物流或运输单证等可以形成证据

〔45〕参见“厦门全圣实业有限公司与浙江德弘眼镜有限公司、李灵芝侵害外观设计专利权纠纷案”,江苏省镇江市中级人民法院(2014)镇知民初字第 25 号。

〔46〕参见“郝重强与中山市古镇扬超发灯饰配件加工店加工合同纠纷案”,广州知识产权法院(2016)粤 73 民初 1586 号。

〔47〕参见“广东奥飞动漫文化股份有限公司诉广州市联合易和贸易有限公司侵害外观设计专利权纠纷案”,广东省广州市中级人民法院(2011)穗中法民三初字第 70 号。

〔48〕参见“广州市荔湾区宝莱利首饰店与黄飞达侵害外观设计专利权纠纷上诉案”,广东省高级人民法院(2016)粤民终 1130 号。

〔49〕在深圳万向泰富环保科技有限公司与武汉绿茵园林景观工程有限公司等侵害发明专利权纠纷上诉案[云南省高级人民法院(2016)云民终 214 号]中,尽管上诉人即权利人主张被告绿茵公司购买侵权产品的价格比专利产品的价格便宜 3 ~4 倍,不属于合理价格,但是云南省高级人民法院还是根据绿茵公司提供的证据(该院认为绿茵公司提供的证据能够形成证据链)认定其构成合法来源。

链——要求侵权产品的特征与上述交易资料记载的内容一致,法院便会予以认可。[50] 同时,相关票据需要清楚记载相关信息,如果票据本身有瑕疵也会影响其证明合法来源的效力。司法实践中,最高人民法院指出"对于合法来源证据的审查应当从严把握,尤其要注重对证据的真实性、证明力、关联性、同一性的审查"。[51] 另外,当前司法实践中也并未以发票为唯一证明,毕竟基于中国国情,要求相对底层的诸多普通善意侵权人开具发票具有相当难度。

这些要求看似正常,但是在实际中,对于那些相对底层的普通善意侵权人来说仍然需要一段适应时间。毕竟在过去很长时期里,一方面,在这些地方更多的是熟人社会机制,商品交易由熟人之间的诚信所维持,并不会有太多单据等交易资料;另一方面,出于节约成本和便利等考虑,他们也不会过多关注这些单据的形式和要求,这些行为属于不规范的经营行为,但是现实生活中却是普遍存在的。因此,对于这部分群体提出此要求实际上是在提高他们的注意义务和提高该侵权产品具有合法来源的证明标准。最高法也提到,实际交易中,经营者往往比较随意,存在不规范的经营行为,但是如此会直接造成其无法举证证明具有合法来源的后果,应当由其自身承担不利的后果。[52]

3. 特殊情形下更高的注意义务要求

前文对于两个构成要件的论述是基于一般情形下去考量的。如果专利权人根据行业习惯、特定环境下能够说明侵权人相比一般情形具有更高的注意义务,而侵权行为人并没有尽到此标准下的合理注意义务,那么侵权人认为其是专利善意侵权人即合法来源抗辩的主张便不成立。或者是基于特殊情形,专利权人可以说明需要提高该侵权产品具有合法来源的证明标准也可以进行考量。

通过在特殊情形下对注意义务的要求和"合法来源"证明标准的提高,可避免一些侵权人通过该制度逃避相应的法律责任——以此解决逐利性所带来的潜在恶意侵权问题。另外,随着时代变迁,社会主体的知识产权意识和相关能力会普遍提高,专利善意侵权人的注意义务也将进一步提高。

司法实践中,浙江省杭州市中级人民法院在其审理的案件中所提到的观点是值得我们关注与思考的。其认为,"被告拓辉公司作为从事批发、零售业务并标注经营模式为生产厂家的专业灯具经营者,具备与生产厂家相同的、根据订单大量供货的市场能力,故其同样应对于产品所使用的技术或外观应当具有一定的了解、并施加与生产

---

〔50〕 如浙江省杭州市中级人民法院在杨某某诉宁波丰某进出口有限公司等侵害外观设计专利权纠纷一案[浙江省杭州市中级人民法院(2016)浙01民初642号]中认为,丰某公司提供了其与苏某公司之间的供货合同、增值税发票、汇款凭证,合同上记载的丰某公司产品货号与杨某某在阿里巴巴国际网站公证取证的侵权产品货号、及向丰某公司邮件订购的侵权产品货号一致,上述证据可以形成完整的证据链,基于此可以认定丰某公司销售和许诺销售的侵权产品来源于苏某公司。

〔51〕 参见"再审申请人雅洁公司与被申请人杨建忠、卢炳仙侵害外观设计专利权纠纷案"(以下简称"锁面组件"外观设计专利侵权案),最高人民法院(2013)民提字第187号。

〔52〕 参见"蔡悦兵与麦德添等侵害实用新型专利权纠纷申请案",最高人民法院(2013)民申字第1219号。

厂家相当的注意义务。本案中,并无任何证据显示拓辉公司对于所售产品的技术信息有所审查”。[53] 在本案中,虽然被告拓辉公司登记的经营范围包括设计、制造、销售某些类型灯具,不过其主张并没有从事制造活动而只有销售行为,由于本案法院对此并没有正面回应,反而是提及要“施加与生产厂家相当的注意义务”,从这里可以推断出,在法律事实中,被告或许在那个时间点并没有制造行为甚至没有相应的制造流水线,因此,该法院认为被告“具备与生产厂家相同的、根据订单大量供货的市场能力”是值得商榷的。如果被告是生产厂家,同样的注意义务自然是应当的。

综上所述,既为解决逐利性所带来的恶意侵权人可能利用赔偿责任豁免制度逃避赔偿责任的问题,同时也为避免对善意侵权人提出过高的证明要求,需要把握好行为人注意义务和合法来源证明标准的尺度。

(二)善意侵权人需承担告知权利人产品来源的协助义务

虽然《专利法》第70条并没有明确要求善意侵权人提供出售方的相关信息,但是实践中为了证明合法来源,善意侵权人提供出售方的相关信息予以证明是必不可少的。

1. 善意侵权人需承担该协助义务的具体缘由

一方面,在一般情形下,在专利善意侵权人与上游销售者、生产制造者等出售方这条交易线上,专利善意侵权人是最了解上游销售者、生产制造者等出售方的主体,因此,通过专利善意侵权人了解上游销售者、生产制造者是最便捷的途径。因此,需要该善意侵权人提供出售方的相关信息即专利善意侵权人需承担告知产品来源的协助义务。

而且,为避免专利权人损失进一步扩大或是防止恶意侵权者“逃逸”等情形发生,也需要该善意侵权人及时向专利权人提供相关信息。

另一方面,要求专利善意侵权人提供出售方相关信息也存在一定的现实困境。销售者一般是在出售方和消费者之间赚取差价,换言之,出售方对于销售者而言至关重要,因而出于谨慎考虑或是商业秘密保密所需,在被提起诉讼之前,销售者一般不会随意处置出售方的相关信息,毕竟判断是否侵权尤其是在判断专利这种如此复杂的智慧成果面前,善意侵权人也难免会有所踌躇。因此,也不能要求善意侵权人无条件地向专利权人提供出售方的相关信息,而如果等到案件受理后进入证据交换阶段后,善意侵权人再提供出售方的相关信息可能会导致权利人的损害进一步扩大。

因此,需要构建一套或者从实践中总结出一套相对可行的操作机制——专利善意侵权人在特定情形下承担向专利权人告知其出售方相关信息的协助义务机制。

2. 善意侵权人承担该协助义务的具体机制构建

(1)方案一:权利人发出有效的通知函,善意侵权人需采取合理的应对措施。这

[53] 参见“欧普照明股份有限公司诉佛山市拓辉照明科技有限公司侵害实用新型专利权纠纷案”,浙江省杭州市中级人民法院(2016)浙01民初1012号。

一种方案，首先由权利人通过有效的通知函如警告函等方式[54]将其所享有的专利权的具体信息、销售者侵权事实等相应的基本情况告知善意侵权人，同时在其通知函载明其有意获取出售方相关信息的意图。如果权利人发出的并不构成有效的通知函，当善意侵权人并没有因此做出回复、停止其侵权行为或者是采取其他有效措施之时，不可推定善意侵权人对其接下来的侵权行为“知情”。这有利于解决由于善意侵权人不具有相应的主动审查能力所造成的两者之间信息不对称问题，以及限制专利权人滥用诉权等问题。

其次，由善意侵权人在合理期限内向权利人提供出售方相关信息，或者是与权利人进行诚信沟通、谈判，或者是停止许诺销售、销售等活动，或者是向法院提起不侵权之诉，或者是向专利行政部门进行咨询，[55]抑或者委托知识产权司法鉴定机构[56]进行鉴定，尤其是在难以判断是否构成侵权的时候——可借助这些行为措施更好地判断行为人是否是善意。当前，《民事案件案由规定》中已将“确认不侵害专利权纠纷”列为案由即利益受到特定专利权影响的行为人可提起针对专利权人的不侵权之诉。[57]

---

[54] 如前文所述，现实中，有不少职业维权者旨在通过诉讼本身来获得收益，而并非真正在于维权，而如果将警告函作为前置程序，可以在一定程度上判断权利人的主要目的——是真正在于维权，抑或是只想通过诉讼本身获得利益。而这涉及诉讼程度的设计目的等方面，在此不做细谈。“有效的通知函”是指包括了专利权人所享有的专利权的具体信息、销售者侵权事实等相应的基本情况在内的警告函，如果专利权人发出的警告函并没有包括这些基本情况，则可视其为非有效的通知函。通知函具有非常重要的作用和意义，具体可详见谢晓尧：《“倾听权利的声音”：知识产权侵权警告的制度机理》，载《知识产权》2017年第12期。

[55] 专利法第四次修订之时提出“强调专利行政部门在提供专利信息公共服务、促进专利运用等方面的职责”。详见国知局于2015年4月发布的《关于〈中华人民共和国专利法修改草案（征求意见稿）〉的说明》。

[56] 《北京市高级人民法院关于印发〈北京市高级人民法院关于知识产权司法鉴定若干问题的规定（试行）〉的通知》第2条规定：“本规定所称知识产权司法鉴定，是指在知识产权诉讼过程中，为查明案件事实，鉴定人运用科学技术或者专门知识对诉讼涉及的有关知识产权问题进行鉴别和判断并提供鉴定意见的活动。”《司法鉴定执业分类规定（试行）》第16条规定：“知识产权司法鉴定：根据技术专家对本领域公知技术及相关专业技术的了解，并运用必要的检测、化验、分析手段，对被侵权的技术和相关技术的特征是否相同或者等同进行认定；对技术转让合同标的是否成熟、实用，是否符合合同约定标准进行认定；对技术开发合同履行失败是否属于风险责任进行认定；对技术咨询、技术服务以及其他各种技术合同履行结果是否符合合同约定，或者有关法定标准进行认定；对技术秘密是否构成法定技术条件进行认定；对其他知道产权诉讼中的技术争议进行鉴定。”

[57] 2008年4月1日起实施的最高人民法院《民事案件案由规定》中的第152个案由确定为确认不侵权纠纷，分为三个类型：(1)确认不侵害专利权纠纷；(2)确认不侵害注册商标专用权纠纷；(3)确认不侵害著作权纠纷。涵盖了专利、商标与著作权这三种主要的知识产权类型。最高法将此类纠纷定义为“利益受到特定知识产权影响的行为人，以该知识产权权利人为被告提起的，请求确认其行为不侵犯该知识产权的诉讼”。（参见曹建明主编：《最高人民法院民事案由规定理解与适用》，人民法院出版社2008年版，第215页）至此，确认不侵权纠纷才作为三级案由正式被最高人民法院所认可。2011年最高法对该规定进行修订，其153个案由为“确认不侵害知识产权纠纷”，仍然是分为3个类型：(1)确认不侵害专利权纠纷；(2)确认不侵害商标权纠纷；(3)确认不侵害著作权纠纷。另外，最高人民法院于2009年12月发布的《关于审理侵犯专利权纠纷案件应用法律若干问题的解释》第18规定：“权利人向他人发出侵犯专利权的警告，被警告人或者利害关系人经书面催告权利人行使诉权，自权利人收到该书面催告之日起一个月内或者自书面催告发出之日起二个月内，权利人不撤回警告也不提起诉讼，被警告人或者利害关系人向人民法院提起请求确认其行为不侵犯专利权的诉讼的，人民法院应当受理。”

而相比普通的善意侵权人,知识产权司法鉴定机构及专利行政部门具有更专业的知识,因此更能够判断是否构成侵权。如果专利权人发出了有效通知函要求行为人提供出售方信息,而且通知函内有经相关法院认可的知识产权司法鉴定机构〔58〕所出具的认定构成侵权的报告,则原则上,行为人应当及时提供相关信息,否则将在司法诉讼中承担不利后果。毕竟,相对而言,经相关法院认可的知识产权司法鉴定机构所出具的认定构成侵权的报告的专业性、可信度比较高。〔59〕

作为一个理性人,一般情形下,行为人如果在收到有效的通知函后,仍然不采取相应的合理措施的话,则在一定程度上可说明其为"知情",至少在收到通知函后对其接下来的继续侵权行为是"知情"的。因此,如果行为人没有在合理期限采取以上任何合理措施时,可推定其为"知情",从而认定其不构成专利善意侵权。

最后,如果在合理期限内,行为人得到知识产权司法鉴定机构出具的认定构成侵权的报告或是在咨询专利行政部门之后得到该部门的认为构成侵权可能性较大的意见后而不向权利人提供出售方相关信息,或者是不与权利人进行诚信沟通、谈判,抑或者是不采取其他合理措施则可推定其为"知情",从而认定其不构成专利善意侵权。

与此同时,善意侵权人也不能提前将相关信息传递给出售方,否则可能构成共同侵权。

(2)方案二:专利权人直接请求专利行政部门介入调查。这种方式,基于专利行政部门具有相应的执法权限,〔60〕可由权利人直接请求专利行政部门介入调查,〔61〕行为人需配合相关执法部门在其职责范围内的工作〔62〕尤其是提供出售方的相关信息,否则亦可考虑推定其为"知情",进而认定其合法,来源抗辩并不成立。

需注意的是,相关部门介入主要是为了查清行为人及其出售方的相关案件事实〔63〕

---

〔58〕《人民法院对外委托司法鉴定管理规定》第3条规定,"人民法院司法鉴定机构建立社会鉴定机构和鉴定人名册,根据鉴定对象对专业技术的要求,随机选择和委托鉴定人进行司法鉴定"。

〔59〕《司法鉴定机构登记管理办法》第7条规定,"司法鉴定机构开展司法鉴定活动应当遵循合法、中立、规范、及时的原则"。

〔60〕《专利法》第60条规定:"未经专利权人许可,实施其专利,即侵犯其专利权,引起纠纷的,由当事人协商解决;不愿协商或者协商不成的,专利权人或者利害关系人可以向人民法院起诉,也可以请求管理专利工作的部门处理。管理专利工作的部门处理时,认定侵权行为成立的,可以责令侵权人立即停止侵权行为……"

〔61〕2015年7月1日起施行的《专利行政执法办法》第10条规定,"请求管理专利工作的部门处理专利侵权纠纷的,应当符合下列条件:(一)请求人是专利权人或者利害关系人……第一项所称利害关系人包括专利实施许可合同的被许可人、专利权人的合法继承人。专利实施许可合同的被许可人中,独占实施许可合同的被许可人可以单独提出请求;排他实施许可合同的被许可人在专利权人不请求的情况下,可以单独提出请求;除合同另有约定外,普通实施许可合同的被许可人不能单独提出请求"。

〔62〕《专利行政执法办法》第37条第3款规定,"当事人和有关人员应当协助、配合,如实反映情况,不得拒绝、阻挠"。

〔63〕《专利行政执法办法》第37条第1款规定:"在专利侵权纠纷处理过程中,当事人因客观原因不能自行收集部分证据的,可以书面请求管理专利工作的部门调查取证。管理专利工作的部门根据情况决定是否调查收集有关证据。"第2款规定,"在处理专利侵权纠纷、查处假冒专利行为过程中,管理专利工作的部门可以根据需要依职权调查收集有关证据。"

和判断该行为是否落入权利人所享有的专利权的规制范围,而并非必然对该“善意侵权行为”进行行政处罚——一方面,其需要根据相关法律规定如《专利法》第63条和第64条进行相应的执法活动;[64]另一方面,执法方式应尊重专利权之私权属性,考虑当事人的意思自治,发挥行政调解化解专利侵权纠纷的功能[65]——推动专利许可协议的达成,进而推动专利权技术扩散及其生产力转化。[66]

(三)加强生产制造环节中的行政监管力度

《2016年专利法律制度完善专项调查报告》显示,我国专利行政执法总体认可率达到85.18%,而且,90%以上的受访者认为,专利行政执法力度、司法保护力度均应当加强——在专利行政执法方面,受访者普遍希望专利行政部门查处群体侵权、重复侵权行为;希望专利行政部门可以调查取证。[67]

知识产权本质是一种私权,[68]因而总体而言,笔者基本认同“行政权力不应过度介入专利侵权纠纷领域”的观点,[69]但是基于专利行政执法具有周期较短、效率较高等比较优势,为更好地保护知识产权,鼓励创新,让创新更好地为推动经济发展服务,笔者认为,在现有的知识产权法制度框架下,需加强在生产制造等直接侵权环节[70]的监管力度。在专利善意侵权案件中,为了让权利人从源头即恶意侵权人获得损失赔偿并且真正制止侵权的发生,不仅需要善意侵权人的协助义务和当事人的申请,也需要专利行政部门等相关部门依职权加强监管力度,降低专利权人的搜索成本、防止其损失扩大化等。

具体而言,专利行政部门应积极履行自身职责,如前文所述,一方面,依申请介入相关案件中进行调查取证获得相关信息和证据,并依法将这些证据、信息提供给专利权人,从而有利于专利权人通过诉讼进一步维护其合法权益;另一方面,也应该借此机会或者其他途径积极收集恶意侵权的制造者、不具有合法来源的销售者的相关信息并

[64] 《专利法》第63条规定:“假冒专利的,除依法承担民事责任外,由管理专利工作的部门责令改正并予公告,没收违法所得,可以并处违法所得四倍以下的罚款;没有违法所得的,可以处二十万元以下的罚款;构成犯罪的,依法追究刑事责任。”第64条规定:“管理专利工作的部门根据已经取得的证据,对涉嫌假冒专利行为进行查处时,可以询问有关当事人,调查与涉嫌违法行为有关的情况;对当事人涉嫌违法行为的场所实施现场检查;查阅、复制与涉嫌违法行为有关的合同、发票、账簿以及其他有关资料;检查与涉嫌违法行为有关的产品,对有证据证明是假冒专利的产品,可以查封或者扣押。管理专利工作的部门依法行使前款规定的职权时,当事人应当予以协助、配合,不得拒绝、阻挠。”

[65] 王亚利:《专利侵权行政执法的边界——兼论〈专利法〉第四次修改》,载《知识产权》2016年第5期。

[66] 苗妙、魏建:《知识产权行政执法偏好与企业创新激励》,载《企业经济研究》2014年第6期。

[67] 《加强专利行政执法呼声高涨》,载国家知识产权官网:http://www.sipo.gov.cn/ztzl/ywzt/Zlfjqssxzdscxg/xylzlfxg/201708/t20170818_1317358.html,最后访问日期:2018年2月19日。

[68] 《与贸易有关的知识产权协议》在其序言中提及,“认识到知识产权是私权”。

[69] 参见王亚利:《专利侵权行政执法的边界——兼论〈专利法〉第四次修改》,《知识产权》2016年第5期;刘银良:《论专利侵权纠纷行政处理的弊端:历史的选择与再选择》,载《知识产权》2016年第3期。

[70] 生产制造等直接侵权环节具体包括具有主动审查义务的生产制造环节和负有合理注意义务的销售、使用环节。这两个环节相比较而言,生产制造环节尤为直接。

依法加强对此的监管力度,[71]以此解决专利权人难以从源头制止侵权即专利维权"效果差"问题、部分主体滥用诉权以求通过诉讼获利等问题。同时,对群体侵权、重复侵权等故意侵犯专利权行为,专利行政部门需依法进行查处,[72]以解决现实中恶意侵权人所带来的群体侵权、重复侵权等问题。另外,考虑到权利人因侵权遭受损失,可在查清出售方的前提下,在一定程度上由权利人通过司法途径予以解决。

除此之外,专利行政部门亦可在职权范围内,在公平、合法框架下有效率地处理纠纷如进行调解[73]等,在尊重当事人意思自治的前提[74]下促进当事人达成专利许可协议,以此解决当事人双方纠纷、专利维权"周期长"等问题,并促进商品流通进而推动社会主义市场经济的发展。[75] 而且,为支持专利权人的维权行为进而鼓励创新,行政机关和司法机关须在法律框架下,在其职责范围内积极履行相应的职责,提供相应的协助,形成系统应对机制。如税务机关可利用其税收制度为司法机关、专利权人查明产品来源提供必要的协助——税务机关在其收税过程中会掌握相关社会主体的基本信息,而这些信息可为当事人寻找恶意侵权人或相关国家机关开展行动提供必要的信息支撑,以此解决难以找到恶意侵权人的问题。

(四)充分发挥司法职能作用

如前文所述,包括《专利法》在内的知识产权法之所以规定相关销售者可以合法来源抗辩免除其赔偿责任,一方面是基于现实各种利益考量之结果,另一方面也是为了寻找恶意侵权者等出售方。包括前文笔者建议专利善意侵权人需要承担直接向专利权人告知出售方相关信息的协助义务,也是为了便于专利权人寻找恶意侵权者。因此在司法诉讼中,当善意侵权人的合法来源抗辩成立即发现出售方后,法院同样可充分发挥其司法职能将该出售方纳入程序之中,以更好地解决纠纷,维护专利权人的合法权益。具体方法如下:

---

[71] 同样依法将这些证据、信息提供给专利权人,以便专利权人通过司法诉讼从恶意侵权人处获得赔偿以弥补损失,降低其维权成本。

[72] 《中华人民共和国专利法修订草案(送审稿)》第60条第2款规定:"对群体侵权、重复侵权等扰乱市场秩序的故意侵犯专利权行为,专利行政部门可以依法查处,责令侵权人立即停止侵权行为,并可以没收侵权产品、专门用于制造侵权产品或者使用侵权方法的零部件、工具、模具、设备等。对重复侵犯专利权的行为,专利行政部门可以处以罚款,非法经营额五万元以上的,可以处非法经营额一倍以上五倍以下的罚款;没有非法经营额或者非法经营额五万元以下的,可以处二十五万元以下的罚款。"

[73] 《专利行政执法办法》第15条规定,"管理专利工作的部门处理专利侵权纠纷案件时,可以根据当事人的意愿进行调解。双方当事人达成一致的,由管理专利工作的部门制作调解协议书,加盖其公章,并由双方当事人签名或者盖章。调解不成的,应当及时作出处理决定"。

[74] 《专利行政执法办法》第3条第2款规定,"管理专利工作的部门调解专利纠纷,应当遵循自愿、合法的原则,在查明事实、分清是非的基础上,促使当事人相互谅解,达成调解协议"。

[75] 本部分所提及的问题及其对应的应对措施可参见国知局于2015年4月发布的《关于〈中华人民共和国专利法修改草案(征求意见稿)〉的说明》。

1. 充分发挥司法调解职能[76]

在专利权人与善意侵权人之间，对于专利权人而言，他们需要使用者来使用其产品，需要销售者来销售其产品，或者是许可其专利权以获取许可使用费，从而实现自己的经济目的，因此，对于一般的专利权人而言，诉讼一大作用在于让自己获得优势地位，从而在利益最大化的前提下顺利推广其专利权、专利产品；对于善意侵权人而言，面对专利权人的权利要求，主要是两种选择：一种是放弃专利权人的专利产品；另一种是许诺销售、销售专利权人的专利产品或是支付许可使用费以获取许可授权。在后者，专利权人和善意侵权人之间形成商品流通需求，因此通过调解让双方达成交易协议的可能性将显著增大。

在专利权人与恶意侵权人如生产制造商之间，专利权人对于其专利有两种选择：一种是自行实施即不许可他人实施；另一种是许可他人实施以收取许可使用费；对于恶意侵权人，一种是不愿意付许可使用费；另一种是愿意付许可使用费以获得授权。一般情形下，是否许可他人实施其享有的专利是专利权人的权利，而是否愿意付许可使用费并非恶意侵权人的自由。如果恶意侵权人愿意付一定的许可使用费，此时通过调解工作让双方达成许可协议的可能性会显著增大，而且由于"执行难"问题的普遍存在，不少专利权人也愿意通过调解来及时获得赔偿、许可费；如果不愿意，法院同样可以通过调解工作说服部分恶意侵权人支付相对合理的许可使用费，毕竟判决书所具有的强制执行力和惩罚性赔偿[77]具有一定的威慑力，以此解决"执行难"的问题，维护专利权人的合法利益，而且，尤其是当前知识产权"三审合一"制度的[78]存在，法院的调解能力也具有了更强的制度优势。

进行调解工作的阶段可以是案件受理阶段、[79]审理前的准备阶段，[80]此时被告即善意侵权人在进行答辩之时可能为证明其合法来源而提供出售方的相关信息，因此

[76] 《民事诉讼法》第 93 条规定："人民法院审理民事案件，根据当事人自愿的原则，在事实清楚的基础上，分清是非，进行调解。"

[77] 《专利法修订草案（送审稿）》第 68 条第 1 款规定："……对于故意侵犯专利权的行为，人民法院可以根据侵权行为的情节、规模、损害后果等因素，在按照上述方法确定数额的一倍以上三倍以下确定赔偿数额。赔偿数额还应当包括权利人为制止侵权行为所支付的合理开支。"

[78] 为贯彻落实党的十八届四中全会确定的司法体制改革任务以及《国家知识产权战略纲要》《关于深化体制机制改革加快实施创新驱动发展战略的若干意见》《深化科技体制改革实施方案》提出的具体要求，最高法于 2016 年 7 月 5 日发布《关于在全国法院推进知识产权民事、行政和刑事案件审判"三合一"工作的意见》。该意见的出台旨在从多个方面推进知识产权审判"三合一"工作，有利于统一法律适用标准，优化审判资源配置，提高审判质量和效率，充分发挥知识产权司法保护的主导作用，推进知识产权审判体制和工作机制改革，加快创新驱动发展战略的实施，建立公正、高效、权威的社会主义知识产权司法制度。

[79] 《民事诉讼法》第 122 条规定："当事人起诉到人民法院的民事纠纷，适宜调解的，先行调解，但当事人拒绝调解的除外。"

[80] 《民事诉讼法》第 133 条规定："人民法院对受理的案件，分别情形，予以处理……（二）开庭前可以调解的，采取调解方式及时解决纠纷……"

此时可以联系出售方参与到调解程序中；也可以是判决前即开庭审理阶段，[81]此时善意侵权人已经为证明其合法来源而提供出售方的相关信息，而且此时的信息经过质证等环节会相对更加全面、准确，因此此时同样可以联系出售方参与到调解程序中。

2. 追加侵权产品提供者即出售方为被告

相比判决，调解具有一定的优点，但有时候因为各种缘故以至于调解不成，此时法院则应当及时判决。[82]

专利善意侵权人、提供该专利侵权产品的提供者即出售方是可以抽象出同一条侵权线索，虽然这两者并非必要共同诉讼中的被告，但是可以通过专利权人的申请或者法院进行说明让专利权人以提出申请的方式追加出售方为被告。具体而言，当善意侵权人的合法来源抗辩成立后，一方面，专利权人因此无法从善意侵权人获得赔偿，为弥补实际损失，专利权人有从恶意侵权人获得赔偿的需求即向法院申请追加出售方为共同被告的动力；另一方面，相比而言，如果让专利权人为向出售方追责而另行起诉会造成司法资源浪费，为避免此情形，法院可依法对专利权人进行合法合理的说明——告知其可申请追加专利侵权产品提供者即出售方为被告，而最终专利权人基于其意思自治选择是否提出追加被告申请。

虽然这会给审理相关案件的法院增加一定的工作量，但是此工作符合立法精神，[83]毕竟有利于解决专利权人的损失赔偿问题，也利于节省宝贵的司法资源。而对于那些合法来源抗辩不成立但是却能够因此发现出售方真实存在的情况，[84]也可依原告申请在符合相关程序法的规定下追加出售方作为被告。

五、结语

虽然当今我国正逐渐加强对知识产权的保护力度和加大对创新的投入，希望借助创新、知识产权推动经济发展，但是其并非单纯追求专利权人利益的最大化，而是在社会层面上、在相对稳定的法律秩序下综合考虑各方利益进行平衡。主张对专利善意侵权案件适用不当得利制度虽有鼓励创新之用，但是却不符合我国现有的法律制度。因为知识产权有其特殊性，其创设必须采取法定原则，而《专利法》第70条已经对相关主体的利益进行衡量和配置，主张适用不当得利制度便不符合立法精神。同时，笔者

---

〔81〕《民事诉讼法》第142条规定："法庭辩论终结，应当依法作出判决。判决前能够调解的，还可以进行调解，调解不成的，应当及时判决。"

〔82〕《民事诉讼法》第9条规定："人民法院审理民事案件，应当根据自愿和合法的原则进行调解；调解不成的，应当及时判决。"第142条规定："法庭辩论终结，应当依法作出判决。判决前能够调解的，还可以进行调解，调解不成的，应当及时判决。"

〔83〕参见黄建文：《合法来源抗辩适用善意取得制度审查的合理性分析》，载《知识产权》2016年第10期。

〔84〕另外，最高法在"锁面组件"外观设计专利侵权案指出，侵权产品的使用者、销售者与制造者就各自的行为分别承担法律责任，不能因查明或认定了侵权产品的制造者就当然推定使用者、销售者的合法来源抗辩成立，免除其举证责任。也不能因为制造者已经承担了侵权责任，就免除合法来源抗辩不成立的使用者、销售者的赔偿责任。

经过对现有的网上判决书进行检索，也并未发现有法院对专利善意侵权人的获益适用不当得利制度。恰恰相反的是，江苏省扬州市中级人民法院在其审理的案件中认为，如果按照原告提出的适用法定赔偿的主张，可能致使原告所得超过其实际损失，形成不当得利。而且在这系列案中，该法院对被告的合法来源抗辩是不予采纳的。[85]

另外，为更好地鼓励创新，在我国加强知识产权保护力度的时代背景下，司法实践中把握好专利善意侵权人的注意义务和合法来源证明标准的尺度、专利善意侵权人需承担告知权利人产品来源的协助义务、加强在生产制造环节中的知识产权监管力度以及充分发挥司法职能作用可成为维护专利权人权益的重要举措。相信在加强知识产权保护力度、兼顾相关主体权益的情况下，未来我国经济将得到更好发展。

〔85〕 参见"广东奥飞动漫文化股份有限公司诉王翠兰侵害外观设计专利权纠纷案"，江苏省扬州市中级人民法院(2012)扬知民初字第0093号；"广东奥飞动漫文化股份有限公司诉王艳侵害外观设计专利权纠纷案"，江苏省扬州市中级人民法院(2012)扬知民初字第0098号；"广东奥飞动漫文化股份有限公司诉扬州东方超市连锁有限公司侵害外观设计专利权纠纷案"，江苏省扬州市中级人民法院(2012)扬知民初字第0105号等。

技术与变革:试论区块链技术在股票发行信息披露中的运用

董巧丹*

内容摘要:新股发行注册制改革的核心是建立完善的、持续的信息披露制度,其旨在解决传统股票核准制下信息披露所面临的困境,但信息披露在注册制背景下仍将面临新的难题。区块链技术具有去中心化和去信任化的特点,其可以与注册制改革的目标相接轨,妥当的运用可以使该技术运用于证券发行的优势得以发挥。区块链技术革新亦将对证券市场的诸多方面产生新的冲击,需采取相应的措施加以应对。

关键词:股票发行注册制　信息披露制度　区块链技术

自日本学者中本聪在其论文中首次提出区块链(Blockchain)的概念至今,如何将区块链技术与各个行业相结合,通过区块链本身的优势激发该行业的迅速发展成为迎接第四次工业革命的一个重要探索方向。据预测,区块链技术即将给各行业带来重大转变,尤其是在商业领域对资金结算、效率、安全和行业领先领域研究等方面作出重新定义,[1]这就意味着该技术会对调整上述相应社会关系的法律产生很大程度的冲击。学者撰文中亦谈及,区块链事实上具备颠覆和优化当前法律规范的可能,[2]因此积极应对区块链技术带来的机遇与挑战,提前预测区块链可能给未来立法带来的影响便有其必要。我国十八届三中全会提出了"推进股票发行注册制改革"的要求,2015年《中华人民共和国证券法(修订草案)》(以下简称《证券法(修订草案)》)也相应新增了股票发行注册制的内容,新股发行注册制已成定势。[3] 如果区块链技术未来在股票发行中得以运用,那么作为股票发行注册制度核心的信息披露制度的构建将受到进一步的影响,以下作详细阐述。

一、股票发行注册制背景下信息披露制度之困境

我国目前所采取的新股发行制度属于核准制,即股票发行应当对主承销商资质进行严格审查,并实行"改制辅导一年、证券机构推荐、发审委审核、通过市场确定发行

---

* 董巧丹,中国人民大学法学院硕士研究生。

〔1〕 参见区块链官网:https://www.blockchain.com/enterprise/index.html,最后访问日期:2017年12月1日。

〔2〕 参见杨东、潘璺东:《区块链带来金融与法律优化》,载《中国金融》2016年第8期。

〔3〕 参见2015年《证券法(修订草案)》相关条款。本文《证券法(修订草案)》来源于中国金融服务法治网,最后访问日期:2017年12月1日。

价格、证监会核准”[4]的审核程序。随着市场经济的逐渐成熟,核准制的弊病也逐渐凸显出来:首先,在核准制下,证券监管机构对拟上市公司进行过多的实质内容审核,使得普通投资者和机构投资者没有亲自对所持股的公司进行调查的动机,对信息需求较少;其次,证券监管机构对注册信息的实质内容进行审核实际上是掺杂着审核者的价值判断,无论是否有内幕交易、“暗箱操作”的动机,都有可能造成不公正的评判;再次,核准制下的发审委委员的审核无法预测到上市公司在股票发行之后的经营状况,即使做出了错误的审核结论也无须负责,然而他们却掌握着股票是否上市的“生杀大权”,外加上发审委委员身份处于一种不透明的状态,这使股票发行核准的公正性与透明性受到进一步质疑;最后,发行审核机关主要通过审查待发行股票的盈利能力和财务经营状况来决定股票是否上市,这种片面的审核方式看似是为投资者着想,却扭曲了市场经济下综合发展、自由竞争的实质。[5] 由此引发的后果便是,在证券市场上,即使证券监管者没有任何过错,信息造假、欺诈上市、内幕交易等侵犯投资者权利的现象仍然频繁出现。[6]

为消除股票发行核准制存在的固有弊病,股票发行注册制应运而生。在该制度下,企业拥有发行股票、筹集资本的天然权利,只要新股发行不违背国家公共利益,股票数量、价格由市场博弈形成。至于监管机构,不过多关注待发行股票的实质价值,而是将决定权赋予投资者,实现“优胜劣汰”的市场竞争局面,这也意味着发审委的角色淡出了股票发行程序。从表面上看,注册制改革赋予了发行公司更大的自由,而事实上,“实现注册制并非最终目的,股票发行改革的目的是将资本市场中的造假、欺诈行为降至最少”,[7]因此实行注册制应以持续地信息披露为核心,更加注重信息披露的准确性、完整性和真实性。但是建立一个行之有效的信息披露制度面临一个难题,即如何解决公平与效益之间的矛盾——如果信息披露制度只是一种形式上的设计,依然可以随意作虚假陈述,则反而更容易侵犯投资者权益,造成股票市场的不稳定。相反,如果信息披露的要求过高、责任过重,冗余的行政程序又会导致发行公司融资效率低下以及监管成本的浪费。易言之,有效的股票发行披露制度应当做到平衡投资者、发行公司的双方利益,即既能够保障投资者的利益,同时又能够保证融资效率。

为了保障信息披露的有效性,我国2015年《证券法(修订草案)》主要通过明确信

---

[4] 李曙光:《新股发行注册制改革的若干重大问题探讨》,载《政法论坛》2015年第3期。

[5] 许多学者在论及核准制的弊病时,都提到了监管机构做实质审核所带来的难以避免的问题。参见蒋大兴:《隐退中的“权力型”证监会——注册制改革与证券监管权之重整》,载《法学评论》2014年第2期;李文莉:《证券发行注册制改革:法理基础与实现路径》,载《法商研究》2014年第5期;李曙光:《新股发行注册制改革的若干重大问题探讨》,载《政法论坛》2015年第3期;冷静:《注册制下发行审核监管的分权重整》,载《法学评论》2016年第1期。

[6] 前段时间轰动证券市场的欣泰电气被强制退市案件,便是信息披露造成投资者权益损害的典型案件。欣泰电气由于报送包含虚假财务报告的发行申请材料,骗取发行核准,并在上市后继续进行虚假陈述,披露虚假财务报告,虽然遭到证监会的严厉处罚,但投资者的权益仍然因为合理信赖而受到巨大损害,虽然保荐机构兴业证券设置了赔付基金,但对广大投资者而言其损失仍然无法得到完全弥补。

[7] 李曙光:《新股发行注册制改革的若干重大问题探讨》,载《政法论坛》2015年第3期。

息披露的内容实现,即要求发行人公开发行人注册文件及补充修改情况、解释说明等材料,对于披露内容的标准则"应当充分披露投资者作出价值判断和投资决策所必需的信息,并且其内容应当真实、准确、完整"。为了保障信息披露的真实性,切实保护投资者的知情权,草案强调了保荐人对发行人的注册文件审慎核查的责任,证券服务机构及其从业人员出具真实、准确、完整文件的责任以及负责承销的证券经营机构的审核责任,同时设计了"交易所与证监会审监分立、相互制约的模式"。[8] 尽管如此,股票发行注册制下的信息披露制度依然还面临着难以解决的问题。

首先,是形式审查的标准问题难以把握,即公权力以及作为对待发行股票的形式审查主体——证券交易所均有可能利用所谓"形式上的理由"不公平地阻碍股票发行。但是没有对股票发行材料进行形式上的审查把关,在有必要时对发行公司进行现场检查,则又会造成发行市场的混乱。因此,信息披露制度的构建并不代表监管机构的完全退出、不再干预,更不代表"一劳永逸"。其次,信息披露的程序、形式可能对一些发行公司来说过于复杂,给信息披露义务人造成过大压力。再次,尽管规定了保荐人、中介机构以及董监高、实际控制人等主体相应的信息披露义务与责任,但是依然无法完全禁止这些审核义务人价值判断的介入,无法排除发行公司与保荐人和中介机构暗中进行不正当交易的可能,也无法防止第三方信息披露媒介带来的风险。最后,受到各方面资源的限制,无论是否进行注册制改革,审核机构都只能要求发行公司在招股说明书和年报信息等篇幅有限的文件中作出信息披露,无法体现投资者需要但非强制要求披露的信息,在两者权衡之下,发行公司自然会选择披露法律法规强制要求的信息,而对剩余的信息只字不提或者片面地提及以赢得投资者的信任。[9]

综上所述,虽然着眼于建立完善的信息披露制度的发行注册制改革已然成为共识,但由于这一改革背景之下的信息披露制度仍存在实现市场自由、公正、公开的诸多困境,仍然无法有效地解决固有的公平与效率之间的矛盾。

二、区块链应用于信息披露之积极作用及其发挥

(一)区块链于法律层面的理论期待

区块链作为新兴技术,基于密码学技术生成的分布式共享数据库,以"去中心化的方式集体维护一个可靠数据库的技术方案"。[10] 其优势在于,可以通过可共享、可编程、安全、可信的分布式记账方式,将每一笔交易信息存储在特定区块内,并按照交易发生的时间顺序将区块依次连接,形成一条数据链,接入区块链的人都能通过分布方式追踪、查询到共识的、可信的交易信息记录,从而实现方便、快捷、透明、低成本的

[8] 李东方:《论股市危机后中国股票发行注册制改革的对策》,载《中国政法大学学报》2017 年第 5 期。

[9] 注册制改革下,无法避免的信息披露难题仅是其存在的一方面的问题,事实上我国的注册制改革仍然存在许多困境需要进行克服,此方面的详细论述,参见杨峰:《我国实行股票发行注册制的困境与路径分析》,载《政法论丛》2016 年第 3 期。

[10] 林晓轩:《区块链技术在金融业的应用》,载《中国金融》2016 年第 8 期。

交易。其相较于传统的支付方式有以下主要显著优势:

第一,区块链技术无须第三方信任机构介入,即可以实现去中心化交易。去中心化交易带来两个优势。一是降低交易成本。这种点对点支付使得在线支付能够直接由一方发起并支付给另外一方,中间不需要通过任何的金融机构发行货币或者做支付中介,从而真正避免了双重支付的问题。[11] 二是提升交易安全。与以往的线下支付以及现在已经广泛应用的互联网支付方式不同的是,在去除中心权威机构的情况下,区块链中每个节点都是独立平等的,每个节点通过共识机制(Consensus Mechanism)来代替提供信用保证的政府或者第三方支付平台等中心化权威机构角色,由系统中所有参与的节点通过工作量共识(Work of Proof)对每一笔交易的真实性作出决策,如果超过51%的节点肯定了该笔交易的真实性,那么,这笔经过整个系统肯定的交易信息将对所有节点进行传播,这样一来,每个节点都存储了这一交易记录,任何节点数据的损坏都不影响其他节点,从而保证记录的最真实性。然而在中心机构存在的交易情形下,政府作为发行货币的主体,银行或者其他支付机构作为交易中介,由于他们与所有交易者相联,当受到侵犯或者产生任何波动时,其他节点也会随之受到影响,那么交易的安全性和稳定性则无法得到保障。

第二,区块链技术的运用可以实现去信任化交易。《经济学人》评价区块链的影响力远不止于加密货币,它让彼此之间没有建立信任关系的人们达成合作,无须通过中立的中央权威机构,因此它是建立信任的机器。[12] 去信任化交易的实现,一部分是基于上述去中心化的特征,同时还取决于区块链的可以追溯、不可篡改的技术特征。在共识机制的作用下,用户在交易时可以通过时间戳(time stamps)查询到最真实的、由系统共识决策机制肯定的信息,而无须担心征信信息的真实性问题。另外,由于区块链采用哈希算法进行加密,除非重新完成超过51%的工作量证明,已经形成的交易记录将不可更改。这就意味着随着参与者人数越多,破坏系统的难度越大,系统安全性也随之上升。

目前,区块链技术的应用主要集中在金融交易结算领域。但由于比特币的实践操作尚未成熟,同时对国家的货币制造、金融监管提出了很大的挑战,因此在比特币诞生初期,各国对比特币的态度各不相同,中国人民银行于2013年联合其他四个部委发布了《关于防范比特币风险的通知》,禁止比特币在我国发行。[13] 但在近年来,区块链技术在实践中的运用逐渐拓宽,除了虚拟数字货币之外,还出现了去中心化自治组织DAO(Decentralized Autonomous Organization)、智能合约等应用。由此可见,尽管目

---

〔11〕 参见王思宇:《从技术角度告诉你,区块链到底有哪些特点和运作机制》,载钛媒体:http://www.tmtpost.com/2398844.html,最后访问日期:2017年11月30日。

〔12〕 参见《区块链应用价值备受关注,可推动证券市场健康发展》,载搜狐财经网:http://www.sohu.com/a/125859391_499199,最后访问日期:2017年12月1日。

〔13〕 该通知指出,由于比特币不是由货币当局发行,不具有法偿性与强制性等货币属性,并不是真正意义的货币。从性质上看,比特币应当是一种特定的虚拟商品,不具有与货币等同的法律地位,不能且不应作为货币在市场上流通使用。

前对比特币作出禁止,但依然无法阻挡区块链技术在其他领域广泛运用的趋势,作为比特币技术基础的区块链能够将其优势扩展到其他业务领域。[14]

第四次工业革命的倡导者克劳斯·施瓦布在其《第四次工业革命》中提出区块链技术的运用趋势——由数字货币向"区块链+"过渡:"目前区块链技术可以记录比特币数字货币的财物交易,未来能够为各类食物提供登记服务,包括出生证明、死亡证明、所有权证明、学历证明、保险权益证明和投票等"。[15] 从长远角度看,将区块链技术与股票发行相结合是一个可能的发展趋势,事实上,目前已经有许多公司开始致力于"区块链+证券"的实现,研究焦点主要集中在证券登记发行、交易、结算等方面的运用。[16] 其原因在于区块链技术可追溯、不可篡改以及去中心化的特点与建构一个公平、透明的证券市场的理念十分吻合。股票发行注册制的最终目标也是如此,即通过信息披露制度与其他制度的合作,构建一个透明的股票发行市场以维护投资者的知情权,从而将股票的发行决定权真正交到投资者手中。

(二)区块链积极作用的实际发挥

如前所述,在股票发行核准制的背景下,信息披露的不完整不公开,是造成欺诈发行、虚假陈述及内幕交易的重要原因。即使在股票发行注册制背景下,信息披露仍难以达到完全真实。因此,如何实现股票发行与发行后持续披露的信息的真实、中立与共享,是防止处于弱势地位的普通投资人和机构投资者的合法权益受到侵犯的关键所在,也是当前股票发行市场亟待解决的问题。

因此,区块链技术虽然具有上述的理论优势,但其透明真实的特点如何能够运用到股票发行中,仍有待于进一步地探讨。在股票发行注册制的大背景下,区块链技术的优势恰好能够与股票发行信息披露中的公开完整性要求相接轨,以解决信息披露真实性与效率之间的矛盾,但具体的结合路径究竟为何,下文尝试从三方面展开论述。

首先,区块链技术的运用可以记录任何能够用代码表达的事物,这意味着与股票发行相关的任何真实信息,都可以被转化成代码从而被有效记录。投资者需要参考的信息诸如股票的真实发行者、企业的财务、经营状况等,在区块链技术下都可以转化成代码,并被记录在区块链中,无论发行公司以何种途径隐蔽自己,投资者都可以通过区

---

〔14〕 在实践中,多年以来我国互联网龙头企业已经在多个业务领域运用到区块链技术,例如互联网巨头腾讯公司,早于2016年便开始对区块链进行研究,如今已经实现商业化利用,并进入金融、公益、法务、物流等多个领域。参见《腾讯区块链总经理:区块链如何赋能各行业?》,载搜狐财经:http://www.sohu.com/a/220082570_455313,最后访问日期:2017年12月19日。此外,百度、阿里、腾讯、苏宁、网易等都无一例外地推出了自己的区块链相关产品。

〔15〕 [德]克劳斯·施瓦布:《第四次工业革命:转型的力量》,李菁等译,中信出版社2016年版,第20页。

〔16〕 事实上,在证券发行领域,Symbiont公司利用区块链技术组建它的智能平台,首创了"Smart Securities"的概念,并公开宣布了"Smart Securities"的发行;在证券交易领域,2016年年初Nadaq已经宣布,其区块链技术新项目Linq完成了第一笔私募股权交易,这在金融科技上具有划时代的意义;在证券结算领域,Overstock公司亦于2015年4月发起tØ平台帮助投资者进行股权交易和结算,并顺利完成了一笔500万美元的大单(通过出售给客户FNY Managed Accounts LLC500万价值的加密债券)。参见巴比特网:http://www.8btc.com/blockchain-finance-stock,最后访问日期:2018年1月6日。

块链技术追溯到最真实的信息,这也有利于满足不同投资者的信息需求,使他们对投资与否、投资金额都可以进行全方位考虑。

在区块链技术的运用下,去中心化的优势排除了第三方机构的介入,依靠全体参与者的共识机制来共同维护这一套信息披露系统,保证股票的相关信息在整个交易市场中同步更新。同时区块链技术在信息披露上的使用又能保障信息内容的真实性和一致性,任何"不诚实"的信息都会受到系统的排斥而无法记录在案。这样一来,股票信息的真实性不再依靠公权力严格的实质审核批准,这与注册制的理念相吻合,更进步之处在于,区块链中的信息也无须依靠保荐人、中介机构以及证券交易所的形式上或者是实质上的审核,这样能够减少监管机构或者是保荐人、中介机构、证券交易所对信息审核的失误造成的影响以及单方片面的价值考量的介入。与此同时,区块链的运用可以避免"单点崩溃"的风险:如果将注册信息与之后持续披露的信息都登记在第三方机构之下或者通过第三方媒介予以披露,那么任何想要恶意篡改信息的一方只要通过攻击该第三方的数据库即可实现目的。然而,在区块链之下,任何投资者手头上的记录都是相互独立的,单独一个节点数据的破坏无法影响到其他参与者"账本"中的信息记录。

其次,区块链技术的运用可以提高信息披露的效率,实现为发行公司减负的目的。美国证监会在实施信息披露制度的过程中也面临着信息披露义务过重给企业带来的负担,他们所采取的解决方式是"根据公司类别的不同制定不同的登记表格和不同的披露事项为小企业并辅之以自愿选择性质的披露规则"。[17] 事实上我国也采取了类似的做法,如《证券法(修订草案)》中规定了特定情形下的公开发行注册豁免制度,[18] 然而列举的情形如同美国实践中的表格一样,并不能周延所有公司的情形,也无法避免"名为形式,实为实质"的"暗箱操作"。而区块链技术的使用则可以更轻易地解决这一问题。既然与股票发行有关的任何信息都已经不可篡改地记录于区块链之中并对参与区块链的节点同步传送,"披露"这一行为也就不再是传统的递交文件材料再通过中间权威机构对外公布,而事实上成为了一种私有链与公有链之间的程序选择。在公有区块链中,区块中所有节点都存有相同的信息而且任何节点都可以参与某一交易的共识机制和决策程序,而私有区块链则相反,该区块中的信息只能被特定的参与者读取,虽然该区块中的参与者有限,但依然保持着去中心化的本质特征。[19] 因此"披露"新内涵指的是对特定的信息设定为所有参与者可见还是有限制地可见。同时,股票发行注册制下的信息披露不仅仅包括发行时的信息披露,也包括发行后的持续披露,因此区块链及时同步传递信息的功能恰恰能使"持续披露"的义务更好地

---

〔17〕 刘君:《美国证券公开发行如何做到"注册制"》,载《中国证券报》2013 年 11 月 20 日,第 3 版。

〔18〕 参见 2015 年《证券法(修订草案)》第 13 ~ 16 条,该条规定在互联网众筹、小额发行、员工持股计划和合格投资者方面可以按规定豁免。该种情形下发行公司可以豁免注册。

〔19〕 参见《Vitalik Buteri:漫谈公共区块链和私有区块链》,载中国证券报中证网:http://www.cs.com.cn/sglm/zjyl-1/201311,最后访问日期:2017 年 12 月 2 日。

履行而不是随意应付或者一味迎合。除此之外,发行公司无须向第三方提交信息材料,这样就节省了与第三方的沟通交流成本,而且即使监管机构认为有必要要求发行公司披露其他必要信息,也可以通过程序对于符合形式要求、真实的信息予以通过,这就可以再次降低人工操作成本。

最后,区块链技术的运用可以使得信息披露的范围更广、更真实,并满足不同投资者对信息的查询需求,使其更准确地了解自己需要的信息。我国的股票信息披露目前呈现一种供求不平衡的现状,主要分为两种情况:一是对于机构投资者,这类投资者通常有分析、搜索信息的能力,但是有限的文件篇幅无法满足他们对股票较大的信息需求;二是我国股市散户众多,而且多为短期投资,大多数不具有专业的信息挖掘、分析、理解能力,因此需求少,更青睐于"从原始信息加工而成的事实性信息和结论性信息"。[20] 区块链技术与大数据分析方法的结合可以同时解决这两个供求不平衡的问题:一方面,区块链技术可以将任何有用的信息以代码的形式存储在区块中供投资者查询,满足机构投资者的信息需求;另一方面,大数据分析方法可以将大量的数据进行整理,以总结性文件的形式呈现在投资者面前,即使储存的总信息量比以往成倍增加,通过对数据的整理也不会使普通投资者不知所措,从而激发他们查询、利用信息的需求和理性投资的主观意识。

三、区块链运用于信息披露之弊端及其克服

(一)区块链技术对信息披露制度带来的新挑战

毫无疑问,区块链技术的发展与应用会给证券行业带来很大程度上的突破,可以解决一些传统监管方法难以应付的问题。2015年起,我国多家机构和多个地区,包括两个证券交易所已经开始就区块链技术在证券业的运用进行研究。[21] 总体而言,我国证券市场的区块链实践尚处于理论研究和实验阶段,在信息披露方面的运用更是需要与股权登记、公司登记、交易结算等其他领域成熟的实践相结合才能顺利展开。除此之外,区块链技术除了诸如耗电量大、处理速度过慢、系统可承载压力过小以及其他一些技术上的固有问题之外,其在与信息披露制度相结合时仍不可避免会带来一些新的冲击。

首先,区块链技术中通过共识机制形成的信息记录更改难度系数较高,并不意味着无法更改。区块链技术对于真实信息的确认与记录是依靠共识机制实现的,然而此处的"真实"并非客观上的真实,而是以达到51%以上的系统中节点的认同为标准。这就意味着两种风险的存在,一是51%的节点认同并不一定代表最真实的信息,正如法官在真伪不明的情况下即以稍占优势的证据为根据认定了法律事实,这样虽然保证

---

〔20〕 郭建军:《注册制下上市公司信息披露制度的价值取向与实现》,载《河北法学》2015年第9期。

〔21〕 上海证券交易所牵头建立了China Ledger区块链联盟,组织国内商品交易所进行区块链场外市场交易平台的实验;深圳证券交易所评估了区块链技术对证券市场的影响。参见《中国将通过China Ledger联盟加入区块链竞赛》,载搜狐网:http://www.sohu.com/a/73319799_286863,最后访问日期:2017年12月1日。

了效率但不一定能保证认定的事实是真实客观的。而且鉴于区块链技术下信息迅速的普及力以及难以更改的特征,那么将错误的信息纠正回来的成本则过高,同时还可能需要建立一个信息异议和纠正程序以专门针对此类问题。二是定会出现一种专门从事篡改区块链上信息的团体或者公司,他们可以通过集中算力的方法而掌握超过51%的工作量,从而达到改写整个区块链上信息的目的,这样一来整个区块链的公信力和信息的真实性又处于不确定的状态。因此在区块链技术成熟使用的情形下,对此类行为的禁止与处罚将成为监管重点。

其次,区块链技术的优势是使信息透明化、可追溯,但存在泄露上市公司商业秘密等风险。所有信息都可以供投资者查询对于投资者而言诚然是利好消息,但这并不意味着对上市公司完全有利,区块链技术看似在形式上给上市公司信息披露进行了"减负",但在实质上却给上市公司带去了更多"不可承受之重"。虽然可以通过算法设定一些较为重要的信息只允许部分有资格的或者有正当理由的投资者查询,但是这又引发了技术之外的问题,即投资者或者中介机构、保荐人、证券交易所可以追溯查询到的信息范围以及对于特定信息的查询条件资格都需要由法律进一步规范。

最后,区块链技术在信息披露制度上的运用给监管理念、监管方式的革新提出了新任务。由代码替代文字形式的规范将成为第四次科技革命引领下的发展趋势,这给传统的证券监管与法律制度产生了强大的冲击。在信息披露制度公权力监管这方面,有学者预测监管层的监管空间必将大大缩减。[22]但笔者认为,根据以上分析可以得出结论,区块链技术能够解决原有的信息披露面临的问题,使这一制度更好的落实,但很可能同时造成新的风险,因此监管范围并没有因为区块链技术的运用而减少,相反的是改变了监管的对象并提出更高的要求,也就是说监管不再集中于实质或者形式上的文件,而是转向防止反区块链技术对信息披露的破坏、企业重要信息的泄露等其他行为;在立法层面,由于信息的真实性已经在很大程度上可以通过区块链解决,因此立法应当结合区块链技术的运用与监管,集中规定发行公司的披露范围以及不同投资者享有的请求披露的权限。

(二)消极作用的可能克服

基于上述的消极作用,需要从立法层面与监管层面同时跟进,紧跟技术发展的步伐,尽量克服技术带来的潜在风险。

于立法层面,总体思路是根据合理预期对区块链技术在股票发行的信息披露领域的适用进行宏观规划,并根据实践结果作出细化调整。具体而言,首先,针对错误信息的修改,笔者认为需要设立专门的错误信息纠正程序,主要包括异议提出、审查核实以及正确信息的替换这3个方面。如何保障这一程序的公正性,尽量排除审查人员主观判断的介入,避免其再次沦陷为监管机构与发行人恶意串通的平台则是设计该程序时应当考虑的主要问题。其次,对于发行人信息泄露风险的避免则涉及公有区块链的开

[22] 参见万国华、孙婷:《"区块链+证券"的理想、现实与监管对策研究》,载《上海金融》2017年第6期。

放界限。笔者认为可以将一个待发行股票的信息分为三个部分,即完全禁止投资者查阅的信息,此类信息只存在于相关发行人的私有区块中,不在投资者的节点中呈现;特定条件下可以查阅的信息则应当根据投资者的请求,经发行人同意后才可以对特定的投资者开放,同时应当设立解决此类纠纷争议的行政程序或者诉讼;发行人必须公开的信息则属于公有区块链中的内容,不按照规定公开的发行人将受到处罚。

于监管层面,在高速发展的区块链技术发展背景下,监管应当及时与技术进步相适应。如上所述,区块链技术在注册制下信息披露制度中的使用并不代表监管机构职能完全丧失,反而提出了更艰巨的任务。对于信息泄露,黑客盗窃、恶意篡改信息等问题,其本质是技术问题带来的风险,因此监管机构要在灵活掌握技术的基础上进行监管。笔者认为总体监管思路有二:一是及时发现错误以尽量减少错误信息在区块中得到确认的可能性,通过事前简易的技术审核过滤掉存在漏洞的信息,这一目的可以通过形式化验证工具实现;二是设计严格的代码审计流程,防止黑客有机可乘。〔23〕

除了上述立法与监管层面的应对措施之外,更为重要的是加强投资者对区块链技术知识的教育,尤其要加强对区块链技术的了解以及对破解区块链技术等新形式的侵权行为的防范。由于区块链是一项新兴技术,对于我国知识水平参差不齐而且数量庞大的自然人投资者群体的确带来不少的便利,为了使这些便利真正落实到每个投资者上,前提是这些投资者学会使用这项技术全面了解一项待发行股票的真实信息。同时,在黑客篡改信息的问题尚不能通过技术手段从根本上解决时,还应教育投资者保持理智谨慎的态度,不轻信区块链技术的万能论,从而减轻监管压力也能降低投资者的权益受损的可能。

(三)小结

区块链技术的运用以及与其他技术的结合给信息披露制度带来的影响具有双面性,积极意义在于去中心化、不可篡改的特点提高了信息的真实性、信息传递与信息披露的效率以及满足不同投资者的信息需求,而负面上的影响则在于固有的技术成本问题、技术隐患对信息真实性的威胁以及发行公司信息保护与投资者知情权保护之间的再平衡问题。从对证券法监管和规制的角度上看,股票发行注册制的改革使监管的重点从实质性的监管到形式上的监管,而区块链的使用会使监管重点再次转变——从形式上的监管转向技术上的监管,如何重新调整监管理念、设计制度框架都将成为新的挑战。

四、结语

股票发行注册制改革将成为我国证券法史上的一次重大改革,信息披露制度作为

〔23〕 形式化验证工具是区块链安全公司 Zeppelin 开发的工具,其使修改已部署的智能合约变得更方便。此外,苏黎士联邦理工大学开发了一键式安全审查工具可以给开发人员提供一个简单的界面,对输入的智能合约代码进行形式化验证,找出里面存在的漏洞。参见万向区块链:《约1.5亿美元被锁! Parity 钱包漏洞全分析及区块链安全风险应对措施》,载开源中国社区网:https://my.oschina.net/u/3620978/blog/1592511,最后访问日期:2017年12月3日。

协助“注册制”更好落实的一项核心制度，在实现市场经济自由、保障投资者权利方面将起着关键作用。而区块链技术在证券领域的运用将更有利于实行信息披露制度，一些改革前的弊病以及改革后还可能存在的问题都将因为区块链去中心化、透明化的优势而解决，但是引入区块链技术而可能出现的新问题则具有不可预期性，而区块链技术在信息披露上的运用也需要监管与立法适当跟进，因此需要证券法领域与其他法律部门以及其他相关学科更频繁的互动，合理规范区块链技术在信息披露制度上的使用，从而为这一尚未完全成熟的技术的发展运用提供一个可靠、安全的外部环境。

图书在版编目(CIP)数据

金陵法律评论. 2017 年. 春季卷 / 南京师范大学法学院《金陵法律评论》编辑部编. -- 北京 : 法律出版社, 2019

ISBN 978-7-5197-3086-4

Ⅰ. ①金… Ⅱ. ①南… Ⅲ. ①法律－文集 Ⅳ. ①D9-53

中国版本图书馆 CIP 数据核字(2019)第 021198 号

金陵法律评论·2017 年春季卷
JINLING FALÜ PINGLUN · 2017 NIAN CHUNJIJUAN

南京师范大学法学院
《金陵法律评论》编辑部 编

策划编辑 王 扬
责任编辑 王 扬
装帧设计 李 瞻

出版 法律出版社
总发行 中国法律图书有限公司
经销 新华书店
印刷 北京虎彩文化传播有限公司
责任校对 李景美
责任印制 张建伟

编辑统筹 独立项目策划部
开本 787 毫米×1092 毫米 1/16
印张 14.75
字数 220 千
版本 2019 年 2 月第 1 版
印次 2019 年 2 月第 1 次印刷

法律出版社/北京市丰台区莲花池西里 7 号(100073)
网址/www. lawpress. com. cn
投稿邮箱/info@ lawpress. com. cn
举报维权邮箱/jbwq@ lawpress. com. cn
销售热线/010-83938336
咨询电话/010-63939796

中国法律图书有限公司/北京市丰台区莲花池西里 7 号(100073)
全国各地中法图分、子公司销售电话:
统一销售客服/400-660-6393
第一法律书店/010-83938334/8335
西安分公司/029-85330678
重庆分公司/023-67453036
上海分公司/021-62071639/1636
深圳分公司/0755-83072995

书号:ISBN 978-7-5197-3086-4
定价:52.00 元
(如有缺页或倒装,中国法律图书有限公司负责退换)